U0897403

# 管办评分离下第三方教育评价比较研究

王 璐 尤 铮等 著

人 民 出 版 社

责任编辑:宫　共
封面设计:源　源

**图书在版编目(CIP)数据**

管办评分离下第三方教育评价比较研究/王璐 等著. —北京:人民出版社,
2023.6
ISBN 978-7-01-025706-8

Ⅰ. ①管…　Ⅱ. ①王…　Ⅲ. ①教育评估-对比研究-世界
Ⅳ. ①G40-058.1

中国国家版本馆 CIP 数据核字(2023)第 091527 号

管办评分离下第三方教育评价比较研究
GUANBANPING FENLI XIA DISANFANG JIAOYU PINGJIA BIJIAO YANJIU

王　璐　尤　铮　等著

人民出版社 出版发行
(100706　北京市东城区隆福寺街 99 号)

北京汇林印务有限公司印刷　新华书店经销

2023 年 6 月第 1 版　2023 年 6 月北京第 1 次印刷
开本:710 毫米×1000 毫米 1/16　印张:23　字数:349 千字

ISBN 978-7-01-025706-8　定价:69.00 元

邮购地址 100706　北京市东城区隆福寺街 99 号
人民东方图书销售中心　电话 (010)65250042　65289539

# 总　序

在“十四五”乃至更长一个时期，我国教育改革与发展正在面临着新的国内外环境，面临着新的发展机遇和挑战。从国际上看，正如《中华人民共和国国民经济和社会发展第十四个五年规划和2035年远景目标纲要》明确指出的，“当今世界正经历百年未有之大变局，新一轮科技革命和产业变革深入发展，国际力量对比深刻调整，和平与发展仍然是时代主题，人类命运共同体理念深入人心。同时，国际环境日趋复杂，不稳定性不确定性明显增加，新冠肺炎疫情影响广泛深远，世界经济陷入低迷期，经济全球化遭遇逆流，全球能源供需版图深刻变革，国际经济政治格局复杂多变，世界进入动荡变革期，单边主义、保护主义、霸权主义对世界和平与发展构成威胁。”从国内看，经过40多年的改革开放，我国社会经济发展取得了辉煌的成就，实现了全面建成小康社会的目标，我国已转向高质量发展阶段。在新的历史阶段，我们必须统筹中华民族伟大复兴战略全局和世界百年未有之大变局，深刻认识我国社会主要矛盾变化带来的新特征新要求，深入贯彻创新、协调、绿色、开放、共享的新发展理念，加快构建新发展格局，推动高质量发展，为全面建设社会主义现代化国家开好局、起好步。

教育是高质量发展的重要内容，也是高质量发展的基础，因此，建设高质量教育体系，实现教育现代化，建设教育强国，便成为我国教育改革发展的主旋律和归宿。我国要打造的高质量教育体系应该是服务全民终身学习的教育体系，是满足所有人的发展需要的全纳、个性化的教育体系，是上下衔接、普职融通的教育结构体系，是优质均衡的基本公共教育服务体系，是多元、高效的教育评价与质量保障体系，是政府、学校、企业、社会共同参与的教育治理体系，是全面布局、重大突破、分类发展的高水平教育对外开放体系。在“十四五”乃至更长一个时期，我国教育改革与发展将致力于推进基本公共教育均等化，增强职业技术教育适应性，提高高等教育质量，建设高素质专业化教师队伍。这些重大任务的推进，迫切需要深化教育改革。

从国际上看，自 20 世纪 80 年代以来世界性的教育改革不但没有停止，而且随着 21 世纪社会经济、科学技术、文化等方面的新发展、新要求和新挑战而日益走向深入。在教育普及化的时代，不断推进教育现代化是教育改革发展的总体目标，提高质量和促进公平仍然是教育改革发展的主旋律，主要的改革趋势包括重新界定核心素养并将核心素养融入培养目标、课程、教学和评价当中去，以培养创新能力、实践能力和学习能力为核心推进教学模式与方法的创新，以教师专业发展为指导推进教师职前教育和职后教育的一体化改革，以应对全球化时代挑战和全球性问题解决为目的推动国际理解教育、全球素养教育、全球公民教育和可持续发展教育，以教育数字化转型为途径应对信息革命、智能革命为主要驱动力的数字化社会带来的挑战，以全民终身学习和学习化社会为宗旨推进终身学习体系建设，以简政放权和提高效率为中心推进教育治理体系改革，以联合国教科文组织和多边主义等基础建构多行为体共同参与的全球教育治理体系。新冠肺炎疫情的全球蔓延使得全球教育面临着更大的不确定性，如何应对因疫情导致的面对面授课受限、国际交流与合作下降、教师与学生流动减少、失学和辍学人数飙升、毕业生就业恶化等挑战，如何在后疫情时代实现教育的重建，也成为世界各国和国际组织共同关心的问题。

在全球化时代，世界教育改革与发展进入一个互学互鉴的时代。我国的教育改革与发展的核心是建立高质量教育体系，实现教育高质量发展。这是一项前所未有的改革任务，迫切需要建立中国特色的教育现代化理论体系，探索中国式教育现代化的发展道路。这要求我们既要立足我国文化传统、教育理论和我国的现实国情，总结我国教育发展的经验，也要研究世界教育理论发展前沿、教育改革发展的趋势和经验教训，为我国教育改革与发展提供借鉴。

正是在这种背景下，北京师范大学国际与比较教育研究院组织出版了“国际与比较教育研究丛书”。该丛书主要收纳教育部人文社会科学重点研究基地北京师范大学国际与比较教育研究院和教育部国别和区域研究基地北京师范大学国际教育研究中心的研究成果，同时也对国内外国际与比较教育学者开放，力求反映世界教育理论发展的最新成果、世界教育改革与发展的最新动态，并在世界教育改革与发展的大背景下审视我国教育的改革与发展，为我国教育改革与发展提供借鉴。在丛书出版过程中，人民出版社给予了大力支持，特别是王萍女士付出了大量的心血，在此谨致以衷心的感谢。

刘宝存

2021 年 12 月于北京师范大学国际与比较教育研究院

# 目　录


序　言……1

第一章　概念辨析与相关理论研究……1
　第一节　基础教育治理政策背景与脉络……1
　第二节　管办评分离概念辨析……6
　第三节　社会第三方参与教育评价……16
第二章　美国第三方教育评价的机制与模式……28
　第一节　美国基础教育评价体系概况……28
　第二节　美国第三方教育评价的机构类型……29
　第三节　美国第三方教育评价的内容、方法与模式……40
　第四节　美国第三方教育评价机构与政府、市场的关系……51
　第五节　美国第三方教育评价的特点、价值、挑战……56
第三章　英国第三方教育评价的机制与模式……63
　第一节　英国基础教育评价体系概况……63
　第二节　教育标准局：兼有政府机构属性的第三方评价机构……65
　第三节　独立学校督导团：私立学校的第三方评价机构……70
　第四节　英国第三方教育评价机构与政府及市场的关系……79
　第五节　讨论与结语……96

**第四章 德国第三方教育评价的机制与模式**......98
第一节 德国基础教育评价体系概况......99
第二节 德国第三方教育评价的机构类型......103
第三节 德国第三方教育评价的内容、方法与模式......111
第四节 德国第三方教育评价机构与政府、督导的关系......138
第五节 德国第三方教育评价的特点及挑战......146
**第五章 芬兰第三方教育评价的机制与模式**......155
第一节 芬兰基础教育评价体系概况......155
第二节 芬兰第三方教育评价的机构类型......162
第三节 芬兰第三方教育评价的内容与方式......172
第四节 芬兰第三方教育评价机构与政府的关系......182
第五节 芬兰第三方教育评价特征及反思......188
**第六章 澳大利亚第三方教育评价的机制与模式**......192
第一节 澳大利亚基础教育评价体系......193
第二节 澳大利亚第三方教育评价的机构类型与工作机制......208
第三节 澳大利亚第三方教育评价的特点与作用......226
第四节 澳大利亚第三方教育评价的启示......229
**第七章 中国第三方教育评价的机制与模式**......233
第一节 中国基础教育评价体系概况......233
第二节 中国第三方教育评价的机构类型......236
第三节 中国第三方教育评价的内容与方法......247
第四节 中国市场机制下的第三方教育评价......261
第五节 中国政府、行业自律组织与社会第三方参与教育评价......267
第六节 中国第三方教育评价的特点、价值、挑战......279
**第八章 中国香港特别行政区第三方教育评价的机制与模式**......289
第一节 香港地区基础教育评价体系概况......289
第二节 香港地区第三方教育评价的机构类型......296
第三节 香港地区第三方教育评价的主要内容......298

第四节　香港地区第三方教育评价的结果运用 305
第五节　香港地区第三方教育评价的独特价值 306
**第九章　比较与总结** 311
第一节　比较与分析 311
第二节　理论发展 320
第三节　借鉴与建议 324

**主要参考文献** 333
**附　录　第三方教育评价机构访谈提纲** 352
**后　记** 353

# 序　言

改革开放以来，我国教育体制改革不断深化，政府、学校、社会之间关系逐步理顺，但政府管理教育还存在越位、缺位、错位的现象，学校自主发展、自我约束机制尚不健全，社会参与教育治理和评价还不充分。为进一步提高政府效能、激发学校办学活力、调动各方面发展教育事业的积极性，我国逐渐形成了“管办评分离”的理念，即处理好政府、学校、社会之间的关系，建成政府适度管教育，学校规范办教育，社会力量科学评教育的和谐健康发展局面。2010 年《国家中长期教育改革发展规划纲要（2010—2020 年)》提出“推进政校分开，管办分离”，建设“依法办学、自主管理、民主监督、社会参与的现代学校制度”。党的十八届三中全会审议通过的《中共中央关于全面深化改革若干重大问题的决定》指出，要“深入推进管办评分离，扩大省级政府教育统筹权和学校办学自主权，完善学校内部治理结构，强化国家教育督导，委托社会组织开展教育评估监测。”教育部 2015 年工作要点提出要“深入推进管、办、评分离”，“扩大社会参与教育评价的领域，委托第三方参与教育评价。”2015 年 5 月，教育部发布的《关于深入推进教育管办评分离　促进政府职能转变的若干意见》提出，要“以推进科学、规范的教育评价为突破口，建立健全政府、学校、专业机构和社会组织等多元参与的教育评价体系。到 2020 年，基本形成政府依法管理、学校依法自主办学、社会各界依法参与和监督的教育公共治理新格局，为基本实现教育现代化提供重要制度保障。”并提出“支持专业机构和社会组织规范开展教育评价。大力培育专业教育服务机构，整合教育质量监测评估机构，完善监测评估体系，定期发布监测评估报告。扩大行业协会、专业学会、基金会等各类社会组织参与教育评价。”

在管办评分离改革的机遇下，如何更好地发展第三方教育评价成为一个重要问题。从世界各国教育评价发展的历史来看，纯民间性质的教育评价专门机构普遍随着教育评价工作的专业化发展而不断繁荣，世界主要发达国家教育督导评价越来越重视各方意见和力量在教育督导评价过程中的体现，注重引导多主体参与评价，更好地适应了教育治理分权化的趋势。英美等发达国家实行宏观管理和调控，学校依法自主办学，将评价交给社会中介组织来完成。美国自 20 世纪 70 年代就已经开始致力于教育领域的第三方评价机制构建，鼓励社会中介机构广泛参与教育评价，并且逐步形成了相对完善的教育评价合同制度。“管办评分离”在英国体现得十分充分，政府主要负责宏观决策，办学自主权交给学校，而英国国家教育督导机构——教育标准局保持相对独立，为了提高督导评价的效率、公平性和专业性，教育标准局与第三方中介机构签约，把大量督导评价任务外包给专业性的中介机构，政府督导部门则主要负责督导评价的规划、标准的制定和对评价机制的监督。在各种国际学业测试中都名列前茅的芬兰也高度重视社会第三方教育评价，芬兰于 2013 年 1 月发布了《2012—2015 年教育评价计划》，聚焦于发展芬兰教育的第三方社会评价，芬兰教育和文化部于 2014 年又主导成立了一个新的教育评价中心，专门开展和实施第三方教育评价。而在我国，目前教育督导评价主要由政府主导，评价主体和模式单一，专业性相对不足。总体上看，我国第三方教育评价还处于初步发展阶段，还无法大量、有效承担政府转移出来的公共服务职能，主要存在着以下缺陷：(1) 对政府的依赖性较强；(2) 专业性不够强，权威性不高；(3) 相关的法规不健全。深入推进管办评分离，要求社会组织提升独立性和专业性。但我国第三方评价机构的公信力和专业性难以保证，同时主管义务教育的行政部门对第三方评价机制存在认识上的局限性，不敢轻易放权。

在以上背景下，我国迫切需要对其他国家和地区在发展第三方评价方面的经验进行系统的比较研究，以助力破解我国面临的难题。在国家社科基金的支持下，我们开展了“管办评分离下第三方教育评价机制与模式比较研究”，研究的目标为：以管办评分离为视角，通过比较研究和本土研究，深入探讨社会第三方参与教育评价的内涵与实质、理念与实践、机制与模式、培育与支持、规范与运用，提出针对我国社会第三方参与教育评价的政策发展建议，为发展适合我国国情的社会第三方参与教育评价的机制与模式提供理论支撑和实证依据。课题主要回答了以下问题：(1) 如何理解管办评分离概念的内涵？管办评分离要解决哪些管理和评价中的问题？不同国家对管办评分离的诠释与理论范式有哪些？(2) 如何理解第三方评价的内涵？如何理解第三方参与教育治理与评价的性质与作用？(3) 不同国家第三方参与教育评价的状况如何？有哪些类型、模式、机制？(4) 如何处理以政府为主导的督导评价与社会第三方为主导的教育评价之间的关系？政府如何培育和支持社会第三方参与教育评价？(5) 如何借鉴国际经验改善和促进我国社会第三方参与教育评价的发展？包括政策支持和发展战略的选择？此课题对于弥补我国第三方教育评价学术研究中的缺陷、推动我国相关领域的政策和实践发展具有重要的学术价值和现实意义。

本专著即是此课题的最终研究成果。与以往的研究相比，本研究具有以下显著特色：第一，本研究是国内第一次对第三方教育评价主题全面系统地开展国际比较研究。研究涉及 7 个国家和地区，包括美国、英国、澳大利亚、德国、芬兰、中国以及中国香港特别行政区，全景式地描绘了第三方评价的国际发展图景。第二，本研究第一次以管办评的视角来研究第三方教育评价，对相关概念、理论进行了系统梳理。第三，以往有限的第三方评价研究集中在几个发达国家的经验上，对我国的研究并不系统，本研究加强了对我国第三方教育评价整体状况、政策发展、挑战与问题的研究，特别在国别 / 区域和比较研究的基础上提出了促进我国基础教育第三方教育评价的政策和实践建议。第四，本研究聚焦第三方评价研究，注重从教育治理的视角分析问题，而不是孤立地看待第三方评价本身。本课题以国别和区域比较研究为基础，对不同国家和地区社会第三方教育评价的理论与实践、机制与模式、规范与关系、作用与影响进行深入系统的比较研究，对我国第三方参与教育评价进行了实证调研，并提炼第三方参与教育评价的理论模型，提出我国社会第三方参与教育评价的政策发展建议。

本研究主要基于文献分析，比较系统地收集和分析了所研究的 7 个国家和地区有关第三方教育评价的政策文件、国内外相关研究论文、研究报告。研究采用实地调研，注重收集第一手资料，特别是在中国国别研究中进行了大量实地调查研究，通过对不同群体的调研收集到许多一手资料。同时，研究采用案例研究法，对一些有代表性的案例进行了深入分析。最终，研究在比较的基础上，分析了不同国家第三方评价的特色及比较优势。

全书共分为九章。第一章概念辨析与相关理论研究，主要讨论了管办评分离和第三方评价的政策发展脉络、教育治理的理论基础，对相关概念加以梳理和辨析。第二章到第八章，是关于第三方教育评价的国别 / 区域研究，研究对象包括美国、英国、德国、澳大利亚、芬兰、中国、中国香港特别行政区，分别对各地第三方基础教育评价体系、机构类型、评价内容、方法模式、政府和市场的关系、特点价值与挑战进行了系统性分析。第九章国际比较与总结，包括第三方教育评价机制与模式国际比较，管办评分离下第三方评价的理论建构，借鉴国际经验发展我国第三方教育评价的建议，提炼带有规律性的模式与特点，最后落脚于为我国第三方教育评价的发展提出了理念性、政策性和实践性建议。

此专著的完成倾注了课题组全体成员的大量心血，也倾注了出版社编辑同仁的全力支持，在此深表感谢！

王　璐

# 第一章　概念辨析与相关理论研究

## 第一节　基础教育治理政策背景与脉络

### 一、问题的提出

改革开放40余年来，我国教育体制改革不断深化，教育发展取得显著成就，政府、学校、社会之间关系逐步理顺，但教育管理还存在越位、缺位、错位的现象，学校自主发展、自我约束机制尚不健全，社会参与教育治理和评价还不充分。① 为进一步提高政府效能、激发学校办学活力、调动各方面发展教育事业的积极性，我国逐渐形成了“管办评分离”的理念，即处理好政府、学校、社会之间的关系，建成政府适度管教育，学校规范办教育，社会力量科学评教育的和谐健康发展局面。但在我国的实践中，目前教育督导评价主要由政府主导，评价主体和模式单一，总体上看还存在以下问题：(1) 对政府的依赖性较强；(2) 专业性不够强，权威性不高；(3) 相关的法规不健全。② 深入推进管办评分离，要求社会组织必须提升独立性和专业性。目前我国第三方评价机构的公信力和专业性难以保证，同时主管义务

---

① 《关于深入推进教育管办评分离　促进政府职能转变的若干意见》，2015年5月6日，见 http：//www.moe.gov.cn/srcsite/A02/s7049/201505/t20150506_189460.html。

② 胡伶：《我国教育行政职能变革：趋势、难点和对策——透析上海浦东新区“管办评”分离与联动改革的实践》，《教育实践与研究》（中学版）2008年第11期。

教育的行政部门对第三方评价机制存在认识上的局限性，不敢轻易放权。

从世界教育评价发展史来看，民间性质的教育评价专门机构随着教育评价专业化而不断繁荣，适应教育治理分权化趋势，世界主要发达国家教育督导评价越来越重视各方意见和力量在教育督导评价过程中的体现，多主体评价参与。英美等发达国家实行宏观管理和调控，学校依法自主办学，而评价则交给社会中介组织来完成。① 民间教育评价专门机构或者隶属于大学，或者隶属于各类基金会，或者是独立的社会中介机构，或者接受政府的资助与委托等，丝毫不具有行政色彩。② 美国自 20 世纪 70 年代就已经开始致力于教育领域的第三方评价机制构建，鼓励社会中介机构广泛参与教育评价，并且逐步形成了相对完善的教育评价合同制度。“管办评分离”在英国体现得十分充分，政府主要负责宏观决策，办学自主权交给学校，而英国国家教育督导机构——教育标准局保持相对独立，为了提高督导评价的效率和公平公正性与专业性，教育标准局与第三方中介机构签约，把大量督导评价任务外包给专业性的中介机构，政府督导部门则主要负责督导评价的规划、标准的制定和对评价机制的监管。日本从 1991 年实施改革以来，其教育评价也从传统的督导向学校自主评价和第三方评价转换。在各种大型国际测试中都名列前茅的芬兰也高度重视社会第三方评价，芬兰于 2013 年 1 月发布了《2012—2015 年教育评价计划》（*Education evaluation plan for 2012—2015, Ministry of Education and Culture, 2013*），该计划聚焦于教育第三方社会评价，芬兰教育和文化部（Ministry of Education and Culture）积极执行这一计划并下拨了资金，评价覆盖从初等教育领域到高校教育的所有阶段，2014 年芬兰又成立了一个新的教育评价中心，专门开展和实施第三方教育评价。

我国迫切需要对其他国家和地区在发展第三方评价方面的经验进行系统的比较研究，目前的研究相对有限，已有研究较为零散、不成体系，缺乏实证调查依据。本研究以国别和地区比较研究为基础，对不同国家和地区社

① 刘利民：《管办评分离是学校改革的新起点》，《中国教育学刊》2015 年第 12 期。

② 李雁冰：《论教育评价专业化》，《教育研究》2013 年第 10 期。

会第三方教育评价的理论与实践、机制与模式、规范与关系、作用与影响进行深入系统的比较研究，对我国第三方参与教育评价的现状、问题和制度创新进行实证调查研究，并提炼第三方参与教育评价的理论模型，提出针对我国社会第三方参与教育评价的政策发展建议。此课题对于弥补我国第三方教育评价学术研究中的缺陷、推动我国相关领域的政策和实践发展具有重要的学术价值和现实意义。

课题主要解决以下问题：

（1）如何理解管办评分离概念的内涵？管办评分离理念的提出要解决哪些管理和评价中的问题？不同国家对管办评分离的诠释与理论范式有哪些？

（2）如何理解第三方评价的内涵？如何理解第三方参与教育治理与评价的性质与作用？

（3）不同国家第三方参与教育评价的状况如何？有哪些类型、模式、机制？

（4）如何处理以政府为主导的督导评价与社会第三方为主导的教育评价之间的关系？政府如何对社会第三方参与教育评价进行培育和提供支持？

（5）如何借鉴国际经验，从政策支持和发展战略选择的角度，改善和促进我国社会第三方参与教育评价？

## 二、我国相关政策发展脉络

2010 年《国家中长期教育改革发展规划纲要（2010—2020 年）》（简称《规划纲要》）提出“推进政校分开，管办分离”，建设“依法办学、自主管理、民主监督、社会参与的现代学校制度”，规划纲要提出了“政校分开、管办分开”，但尚未将“评”纳入。以 2010 年《规划纲要》为起点，此后我国的相关政策体系不断发展完善。2013 年，党的十八届三中全会作出《中共中央关于全面深化改革若干重大问题的决定》（简称《决定》），其中进一步指出要“深入推进管、办、评分离”，继 2010 年“管办分离”后正式形成了“管办评分离”的政策概念，具体包括“扩大省级政府教育统筹权和学校办学自主权，完善学校内部治理结构，强化国家教育督导，委托社会组织开展教育评估监测。”① 进一步强化了简政放权、学校自主、社会参与等改革思路，旨在形成和构建“政府管教育、学校办教育、社会评教育”的教育发展新格局。2015 年 5 月，教育部针对“管办评分离”制定了专门政策《教育部关于深入推进教育管办评分离　促进政府职能转变的若干意见》（简称《意见》）。《意见》在 2010 年《规划纲要》和 2015 年《决定》的政策框架内，进一步完善了内容、细化了方案。2015 年 7 月，作为《决定》的落地行动计划，教育部办公厅发布《教育部办公厅关于组织申报教育管办评分离改革试点的通知》，同年 9 月确定了北京市东城区教育委员会、上海市教育委员会、无锡市教育局、浙江省教育厅、青岛市教育局、重庆市江津区人民政府、成都市教育局、克拉玛依市教育局 8 个全国教育管办评分离改革综合试点单位，以及乌兰察布市教育局、沈阳市教育局、佛山市顺德区教育局、西北大学 4 个单项试点单位，在全国范围内有序推进“管办评分离”的改革。

教育部 2015 年工作要点提出要“深入推进管办评分离”，“扩大社会参与教育评价的领域，委托第三方参与教育评价。”2015 年 5 月，教育部发布的《关于深入推进教育管办评分离促进政府职能转变的若干意见》提出要“以推进科学、规范的教育评价为突破口，建立健全政府、学校、专业机构和社会组织等多元参与的教育评价体系。到 2020 年，基本形成政府依法管理、学校依法自主办学、社会各界依法参与和监督的教育公共治理新格局，为基本实现教育现代化提供重要制度保障。”并提出“支持专业机构和社会组织规范开展教育评价。大力培育专业教育服务机构，整合教育质量监测评估机构，完善监测评估体系，定期发布监测评估报告。扩大行业协会、专业学会、基金会等各类社会组织参与教育评价。”管办评分离已经得到了国家政府层面的关注和认可，这既是教育发展的实际需要，也是我国教育评价不断走向专业化的表现。

---

① 《中共中央关于全面深化改革若干重大问题的决定》，2013 年 11 月 15 日，见 http：//www.gov.cn/jrzg/2013-11/15/content_2528179.htm。

通过背景回顾可知，推进教育领域的“管办评分离”有两方面重要背景：一是我国教育改革发展的政策转向，20 世纪 90 年代末至新旧世纪之交，我国教育改革发展的政策主线是探索市场机制、兼顾效率与公平①，而社会事务由政府“包干包揽”的传统行政管理模式与改革发展诉求之间形成了张力，因此有学者提出传统模式难以有效服务计划经济向市场经济的转轨。在市场力量加入的背景下，有必要对“政府—学校—市场”三者的职能关系进行重新界定、分配和调整，学校的管理、举办、评价三个核心职能为职能关系的重组和再分配提供了可行的切入点。

另一方面的背景来自国际教育理念的引介和本土化。20 世纪初期，与我国探索市场机制的改革主旨相并行，“治理”（governance）作为一种理念、作为“管理”（management）的优化升级方案，进入了我国政界、学界和社会大众的视野。2010 年至今，“治理”迅速成为影响我国教育改革发展的重要理念。一般而言，教育领域认为，“教育治理”的典型特征是多元主体参与的共同治理；目标是“善治”（good governance）；衡量标准包括参与度、回应性、透明、自由、问责等十个方面；理想状态是以法治为基础的“多元共治、政府元治、学校自治”。② 了解“市场机制”和“治理理念”这两个方面的背景，为进一步界定“管办评分离”概念及其内涵提供了重要基础。

我国教育管理中长期存在政府越位、缺位、错位的现象，导致管办重合、政校不分，办学活力不足，学校自主发展机制不健全、社会参与教育治理和评价不充分等问题。管办评分离、从管理走向治理是提高政府效能、激发学校办学活力、调动各方面发展教育事业积极性的关键。在教育从管理走向治理的变革中，关键问题是厘清管办评各自的职责，重构各主体之间的相互关系，政府要转变职能、减政放权，把学校自主权交还给学校，教育评价从政府单一主体走向多元主体，同时在职权分明的框架下，三者协同参与，共同实现深化教育改革、促进教育发展的目标。

---

① 范国睿：《教育制度变革的当下史：1978—2018——基于国家视野的教育政策与法律文本分析》，《华东师范大学学报》（教育科学版）2018 年第 5 期。

② 褚宏启、贾继娥：《教育治理与教育善治》，《中国教育学刊》2014 年第 12 期。

## 第二节 管办评分离概念辨析

2010年以来，推进“管办评分离”成为我国教育领域的一个热词。以“中国知网”（CNKI）数据库为资料源，检索“管办评分离”相关概念与理论的演进历程，可以发现，2000年左右经济领域出现了“运动员”与“裁判员”双重身份对立和角色冲突的形象化探讨，由此指出要针对行政管理存在的问题，建立健全职能相对分离的行政管理体制。随后几年的时间里，上海市作为先行者，率先在教育领域开始了以行政管理职能相对分离为指向的改革探索。回顾当时的文献，政府作为政策制定者（管）、学校举办者（办）、评价实施者（评）的三重职能的嵌套统一，已经不能很好地服务“计划经济”向“市场经济”的转轨，也有悖于行政理念从“管理”向“治理”的转变。因此，上海市开始积极探索构建“政府管、学校办、社会评”的新型机制。[①] 随着2010年《国家中长期教育改革和发展规划纲要（2010—2020年）》的颁行，教育领域的“管办评分离”从经济发达地区的地方探索上升为国家层面教育改革发展的重要方向。

### 一、“管办评分离”的定义与内涵

关于“管办评分离”，2010年《国家中长期教育改革和发展规划纲要（2010—2020年）》在“建设现代学校制度”和“人才培养体制改革”的相关章节中提出，要“推进政校分开、管办分离；落实和扩大学校办学自主权；推进专业评价；改革教育质量评价和人才评价制度”。[②] 以上政策表述回应了教育治理改革的重要背景，同时也表明，界定和理解教育“管办评分离”，应该从三个方面着手：

① 李亚东：《构建“政府管、学校办、社会评”教育管理新格局——兼论我国教育行政管理体制的创新》，《辽宁教育研究》2007年第11期。

② 《国家中长期教育改革和发展规划纲要（2010—2020年）》，2010年7月29日，见http://www.moe.gov.cn/jyb_xwfb/s6052/moe_838/201008/t20100802_93704.html。

（一）“管办评分离”的基本要素

管办评指向学校等教育机构的管理、办学、评价三项核心工作，牵涉的主体有三：政府、学校、社会。管办评分离就是将“管理”职能更多地交给政府、“办学”职能更多地交给学校、“评价”职能更多地交给社会的一种制度安排，本质上是对“政府—学校—社会”三者关系的调整，通过构建三者的新型关系，推动建成更加合理的现代学校制度，促进教育更好地发展。本研究认为，“管办评分离”这一概念的学理渊源来自于国际上教育治理理念的本土化应用，“治理”（governance）作为“管理”（management）的优化升级，其典型特征是多元主体参与的共同治理；目标是“善治”（good governance）；衡量标准包括参与度、回应性、透明、自由、问责等十个方面；理想状态是以法治为基础的“多元共治、政府元治、学校自治”。不难看出，管办评分离所倡导的教育图景，体现了治理的内涵。

（二）“管办评分离”的路径

调整“政府—学校—社会”三者关系的路径主要包括：（1）针对政府，要明确政府的管理权限和职责边界，树立政府的服务意识，推动政府从“包干包揽”的统管者向引导者与服务者转型，尽可能减少学校发展的行政负担；（2）针对学校，要进一步扩大学校的自主权，明确学校是办学运行最重要的主体，完善法律制度，使学校的自主权和责任有机统一；（3）针对社会力量，教育质量评价活动要由政府、学校、家长及社会各方面共同参与，推进专业评价，鼓励专门机构和社会中介机构参与教育评价。

（三）“管办评分离”的目标

2010年《国家中长期教育改革和发展规划纲要（2010—2020年）》还指出，“要建设依法办学、自主管理、民主监督、社会参与的现代学校制度，构建政府、学校、社会之间新型关系。”① 现代学校制度及其具备的若干特征，以及三重主体之间要形成的新型关系，也可以理解为我国推进“管办评

① 《国家中长期教育改革和发展规划纲要（2010—2020年）》，2010年7月29日，见http：//www.moe.gov.cn/jyb_xwfb/s6052/moe_838/201008/t20100802_93704.html。

分离”的目标指向，通过提高政府效能、激发学校活力、调动各方积极性，最终服务教育的健康发展、学校的健康发展、师生的健康发展。

## 二、“管办评分离”下相关主体的角色转型①

### （一）“管办评分离”下的政府角色转型

“管”即管理，对应的主体是政府，主要职责包括对教育的规划、引导和管控，在“管办评”三者间处于基础地位。“管办评分离”的背景下，“管”的转型体现在政府作为管理主体的观念转变和职能转变。观念转变即从“管理”转变为“治理”，从过去单一主体的行政控制，进一步突出多样化、法制化、民主化，关注利益相关者的诉求，通过协商、对话的途径实现教育发展目标。职能转变即从“包干包揽”转变为“有的放矢、简政放权”。从过去的管控，向服务、协调、规划、支持、监督转变，从依靠短平快的行政命令的干预管控，转变为以制度和法律为依托的宏观管理和间接管理。管理上的放权，将为办学和评价的创新提供必要的空间。

### （二）“管办评分离”下的学校角色转型

“办”即办学，对应的主体是学校，主要内容是学校的办学运行，在“管办评分离”的改革中处于核心地位。在教育治理、提升学校自主权的理念和政策框架下，学校要成为办学的设计者、执行者和创新者。具体而言，就是在国家的法律法规框架内，根据学校实际，明确特色、优势和发展方向；承担好办学运行管理、办学理念落实、办学目标实现的主体责任，全面做好课程教学、人才培养、师资建设等工作；具备创新精神和创新能力，能够在尊重法律政策和办学规律的前提下，兼顾好师生的个性发展，敢于在管理方式和管理手段不断进行创新，营造健康、公正、和谐的学校发展文化。

作为学校的直接负责人，校长的治校能力事关学校的发展。因此，“管

① 王璐、王世赟：《厘清“管、办、评”职责，构建政府、学校、社会新型教育治理关系》，《教育测量与评价》2018 年第 5 期。

办评分离”下的学校角色转型和自主权提升，对校长能力提出了更高的要求。2014 年 8 月，教育部发布《义务教育学校管理标准（试行）》，倡导校长治理能力建设、要求校长依法自主办学，指出校长应该具备独立判断、独立策划、独立决策和独立执行的治理能力，成为法律、制度、治理意义上的学校之主。① 与此同时，学校自主权提升、校长治理能力建设引发的另一个问题是，学校需要建立起配套的民主监督机制，鼓励教职工、学生、家长共同参与学校的关键事项，培育民主的治校氛围，对校长权力形成必要的制约，以防止政府权力下放至学校后，又集中于校长，而有悖于改革所指。

### （三）“管办评分离”下的社会力量角色转型

“评”即评价，对应的主体是社会力量，主要内容是通过专业的监测与评价，为改进学校管理和教育教学工作，服务学校决策，为学校改革提供科学依据。在我国，政府和学校长期是教育事业的重要组成部分，鼓励社会力量参与教育评价的历史较短，工作机制尚处于探索阶段，因此，“管办评分离”下的社会力量角色转型具有创新性和前沿性，需要解决政府既管理又评价的体制弊端。管办评职能分离后，将改变以政府督导评估为主的传统模式，逐步建立起包括政府督导、学校自评、社会第三方参与的教育多元评价体系。

教育部原副部长刘利民曾表示：“教育督导有三项主要任务：督政、督学和质量监测，管办评分离后，政府部门要继续把督政和督学的工作做好，看看各级政府和学校教育教学是否按照国家要求来做，有没有老百姓不满意的问题。科学监测的工作将来就不由政府来做了，要逐渐委托给一些社会组织，比如委托大学、科研机构等。”② 鼓励社会力量的参与、培育一批社会机构，符合我国“管办评分离”的教育改革发展的需求，也顺应了教育评价工作日臻科学化、专业化的发展趋势。在这些改革的推动下，还形成了“社会第三方机构参与教育评价”等工作模式，社会机构作为第三方，有机补充了

---

① 程晗：《义务教育学校管理标准（试行）重点解读》，《人民教育》2014 年第 22 期。

② 《教育部副部长：管办评分离　强化国家教育督导》，人民网，2014 年 3 月 9 日，见 http://lianghui.people.com.cn/2014npc/n/2014/0309/c376678-24580355.html。

政府和学校传统两方在教育事业中的支配地位。

（四）“管办评分离”对我国的重要意义

除了认识到治理理念、我国教育改革需求两个背景因素对“管办评分离”的驱动，还应该看到，倡导三种职能的分离，也是对我国教育行政管理体制存在问题的反思和修正，“管办评分离”对我国教育改革发展具有重要的现实意义。

改革开放以来，我国教育体制改革不断深化，政府、学校、社会之间关系逐步理顺，处理政府、学校和社会关系方面的改革大致经历了以下几个阶段：一是恢复建立政府督导制度为主的政策探索，以 1985 年《中共中央关于教育体制改革的决定》（简称《决定》）的颁布为标志，改革主要为了处理好中央与地方管理职责的关系。1985 年《决定》颁行后，我国基础教育逐步建立了在国务院领导下，由地方政府负责、分级管理、以县为主的管理体制。① 随着教育督导制度的恢复重建，教育评价工作也进入了以政府为主导的时期。二是 20 世纪 90 年代起，进入了改革管理体制和社会力量参与办学的探索阶段，以 1993 年《中国教育改革和发展纲要》的颁行为标志，国家指出要逐步建立以政府为主体、社会各界共同办学的体制，从而改变政府包揽办学的格局。1998 年的《面向 21 世纪教育振兴行动计划》进一步明确了要调动各方力量积极发展教育事业，形成以政府为主体、社会各界参与、公办和民办教育共同发展的新格局。② 其中，教育评价工作模式并未产生大的变化，政府鼓励社会力量参与办学，但未鼓励社会力量参与评价，政府督导评价仍然是最重要的教育评价模式。

长期以来，受到计划经济的影响，我国存在着将教育的公益性等同于政府包办、直接办学的观念。改革开放以来，随着更多社会力量参与办学，以及我国政治经济体制改革的不断深入，传统观念和行政管理模式越发显得“不适应”，教育行政职能转换迟缓等问题逐渐暴露出来，并在一定程度上成

---

① 高兵等：《管办评分离的本质探析与实现路径》，《教育评论》2015 年第 3 期。

② 苏君阳、曹大宏：《试析健全统筹有力、权责明确的教育管理体制——基于〈国家中长期教育改革和发展规划纲要（2010—2020 年）〉的思考》，《中国教育学刊》2010 年第 10 期。

为我国教育事业顺利发展的障碍。[①] 概括起来主要是：政府管理教育存在越位、缺位、错位的现象，将办学权与行政权这两种不同性质权力混淆，政府主管部门集管、办、评三种职能于一身。一方面，导致了教育行政部门和学校的职责不清晰、学校运转效率不够高，以及学校自主发展与自我约束机制不健全；另一方面，社会力量无法有效参与到教育治理和评价中，政府督导这种行政性评价占主导，专业评价和科学评价滞后。在这样的背景下，改革行政管理体制，推动“管办评分离”，成为我国理顺政府—学校—社会力量三者关系、解决行政过度干预办学、激发学校办学活力、构建教育治理新格局的有力切入点。

## 三、不同国家和地区的管办评分离

在经济全球化和教育国际化的时代，国与国之间教育理念的互相传播、教育实践的互相影响、教育人员的合作交流均极大加深，没有哪一个国家能够“闭关”办教育。从我国改革开放以来的教育发展历程，以及“管办评分离”的提出背景中不难看出，无论是治理理念的引介，还是我国简政放权、市场经济等改革措施，既是结合本国实际的探索，也是学习先进经验的努力。“管办评分离”的改革探索也并非我国独有，“政府—学校—社会”三重主体在教育事业中的权责关系也是许多国家和地区教育改革发展的重要内容。对比世界上主要发达国家和地区的经验可以发现，自20世纪80年代起，倡导管办评三种职能的适当分离，突出政府的引导与服务支持职能、鼓励和保障学校的办学自主权、将评价职能从政府职责中抽离出去，已经成为一种普遍的做法。

### （一）美国

美国是一个联邦制国家，实行高度的联邦自治。美国《宪法》第十修正案规定，凡宪法中未明确由联邦一级掌管的权限，均属于各州和各州人民。因此，在教育行政管理体制上，美国有各州分权的鲜明特点。在“政

---

① 刘利民：《新形势下我国基础教育管办评分离思考》，《中国教育学刊》2015年第3期。

府—学校—社会”的关系中：政府方面，美国的教育行政管理体制包括联邦教育部、州政府教育部门、县（市）政府、学区和学校五级。如前文所述，教育管理和督导主要由州、县（市）、学区和学校承担。各州和学区两级教育管理部门既是教育行政机构，又是教育督导部门，体现出教育督导制度与教育管理相互融合和渗透。学校方面，学区和学校作为教育活动最重要的主体，享有极高的自治权和自主权。社会方面，美国是一个信奉自由经济市场的国家，相关理念在教育方面也得到了淋漓尽致的体现，尤其在社会力量参与教育评价上，商业运作、专业非营利、民间自发、研究机构、教育认证机构等社会力量可谓遍地开花、高度活跃。就“管办评分离”而言，由于社会力量庞大的体量和鲜明的多元性，社会力量在教育评价中的参与也可以说是美国教育行政管理体制的突出特征之一。

（二）英国

虽然国体、政体、意识形态大相径庭，但英国与我国一样，拥有悠久的历史传统、稳定的制度惯习和强大的政府力量，因此在我国探索教育行政管理体制的改革时，能从英国得到不少有益的启发。英国在“政府—学校—社会”的关系调节、鼓励社会力量参与教育、倡导教育评价的专业化和科学化等方面，具有更长的历史和更丰富的经验。以里程碑式的《1988 年教育改革法》为起点，英国教育改革向中央政府集权的方向靠拢，以英国教育部、英国教育标准局为主要代表的政府力量在教育行政管理体制中扮演着至关重要的角色。尽管如此，英国也在很大程度上保障了学校的办学自主权，在教育督导和评价的过程中，学校自评是重要的基础环节。社会力量方面，英国的情况要复杂得多，很难像美国一样将社会力量界定为纯粹的市场机构。诸如英国独立学校督导团（Independent School Inspection，ISI）、资格与考试管理办公室（Office of Qualifications and Examinations Regulation，Ofqual）这样的机构，在英国的教育评价中发挥着重要作用，ISI 主要对英国私立学校开展评价，Ofqual 则扮演着考试评价市场的监管角色。虽然它们均被界定为独立于政府的机构，但都与政府具有紧密的关联，体现了新旧世纪之交新工党执政以来确立的“第三条路线”的基调，即在政府（公平）与市场（效率）实现平衡。值得指出的是，也是从新工党布莱尔政府开始，英国的“教育行动区”计划（Education Action Zone，1998）、“城市学院”计划（City Academies，2000）积极鼓励社会力量（当地工商企业、学校、家长等）参与教育。[①] 目前这种措施仍在延续，同样体现了“管办评”相对分离的内涵。

（三）澳大利亚

与美国一样，澳大利亚也是一个联邦制国家，全国有六个州和两个区，其行政管理分为中央联邦政府、州（区）政府、市政府三级。联邦制的行政制度下，澳大利亚也形成了联邦政府与州政府之间“分权”的教育行政管理体制。澳大利亚教育行政管理的分权改革同样始于20世纪80年代，1989年发布的《霍巴特宣言》（*The Hobart Declaration*）提出地方、州、中央互相合作。整体上，教育行政管理制度改革呈现“上移”和“下移”并行的特征，上移是指联邦政府加强对基础教育的统筹，下移集中体现为州政府的教育管理权限下放到学校。[②] 联邦政府的统筹管理并不是政府直接介入学校运行发展的具体事务，而是在全国范围内加强对教育的重视，为学校发展提供资金支持，制定全国层面的教育发展战略和政策，管理一些国家层面的教育项目。州政府和地区政府的教育部门为其管辖范围内学校的注册和运营制定框架，并管理公立学校。随着管理权力下移，学校自我管理和校本管理的重要性不断提升。在管办评权责分配方面，澳大利亚建立了主体多元的评价参与体系，有代表性的机构主要包括三类：有法定独立地位的政府部门，例如澳大利亚课程、评价和报告管理局（Australian Curriculum，Assessment and Reporting Authority）；非营利性专业机构，例如澳大利亚教育研究委员会（Australian Council for Educational Research）；隶属于大学的专业评估公司，例如新南威尔士大学全球公司教育评估中心（UNSW Global Educational

---

① 陈学敏：《英国“教育行动区”计划探究》，硕士学位论文，苏州大学教育学院，2010年，摘要页。

② 李新翠：《G20国家教育研究丛书　澳大利亚基础教育》，同济大学出版社2015年版，第28页。

Assessment）等，它们全面参与到各级各类的教育评价中，成为澳大利亚教育事业的重要组成部分，可以说，社会力量的参与范围广、参与程度深。

（四）德国

与美国、澳大利亚等联邦制国家类似，作为一个联邦制国家的德国同样在二战后确立了地方分权制度，德国《基本法》规定了德国文化教育权由各州自治，也就是说，各州的文化教育管理权属于各州自己，各州享有教育立法和教育行政的最高权限。① 因此，德国教育行政管理体制可以概括为联邦政府、州政府、学校三级，教育的主要权责在州政府和学校两层。与该体系并行的，德国也培育和发展了不同层次的社会力量，来参与教育评价等相关工作。在联邦政府层面，德国各州教育部长联席会议（Kutusministerkonferenz，以下简称 KMK）在柏林洪堡大学（Humboldt Universität zu Berlin，以下简称 HU）成立了教育质量发展研究所（Institut zur Qualitaetentwicklung im Bildungswesen，以下简称 IQB）。IQB 具有多重属性，它是政府、大学、社会等力量共同合作的产物。根据 KMK 的初衷和定义，IQB 既是一所研究机构，也是一个咨询机构，主要工作职能是评估国家教育标准及其落实，保障学校教育质量发展。在州政府层面，由于教育管制权属于州政府，因此每个州都会成立自己的教育质量监测与评价机构。出于地理位置和资源利用的考虑，一些州也会开展合作，例如柏林（Berlin）和勃兰登堡州（Brandenburg）就共同成立了柏林与勃兰登堡州教育质量研究所（Institut für Schuqualität der Länder Berlin und Brandenburg，以下简称 ISQ）。ISQ 定位为一个独立机构，参与该地区的教育评价工作。责任成员来自政府、大学、商业协会，统合了多方的诉求和利益。到了学校层面，社会力量的参与以社会人员、家长等个体为主，专业化的机构参与不如联邦政府和州政府层面那么鲜明。

（五）芬兰

“管办评分离”下对政府、学校、社会三方关系的调整，核心内涵是重

① 张可创、李其龙：《德国基础教育》，广东教育出版社 2005 年版，第 72 页。

构政府的教育管理权责范围、保障学校办学自主权、提升教育质量。在学校办学自主权、教育质量等方面，芬兰具备一些独特优势。

经济合作与发展组织（OECD）实施国际学生评估项目（The Program for International Student Assessment，PISA）以来，由于芬兰长期保持卓越的评估结果，芬兰基础教育也顺势备受关注。除了卓越的质量，芬兰在探索"管办评分离"、重构"政府—学校—社会"职能等方面，芬兰也探索出了既反映国际共性又体现本土特色的路径。20世纪90年代之前，芬兰教育行政管理体系以中央集权为主要特征，教育与文化部（简称"教育部"）是芬兰教育行政管理的最高职能部门，依托教育部的中央领导权建立了督导工作体系，教育督导评价工作由全国教育委员会承担。20世纪90年代中期以来，芬兰的分权改革趋向逐渐显现，1995年成立高等教育评价委员会，分离了全国教育委员会的部分职能；2003年，芬兰在全国教育委员会和高等教育评价委员会之外，又单独设立了负责中小学教育评价的芬兰教育评价委员会①，进一步分散政府的权限。

这样的模式运行十余年后，多机构并存的一些问题也逐渐暴露，为此，2014年芬兰教育与文化部对现有教育评价机构进行了裁撤和合并，建立了一个单一的、职能清晰的"芬兰教育评价中心"（Finnish Education Evaluation Centre），以增强教育评价工作的组织性。虽然相关改革一直由政府力量推动，但是相关机构均兼有官方机构和社会机构的属性，很难将其归为某一单独类型。② 芬兰的经验说明，即使政府力量发挥着较大的调节作用，社会力量仍然能够以相对独立的形式参与教育评价。

（六）中国香港特别行政区

我国香港特别行政区在英属殖民地时期，长期借鉴英联邦的教育质量保证评估体系（Quality Assurance Inspection，简称QAI）开展相关工作，较早将教育评价分为内部和外部两部分。20世纪80年代，香港地区开始探

① 丁瑞常、刘强：《芬兰教育质量监测体系探析》，《比较教育研究》2014年第9期。

② 丁瑞常：《芬兰教育评价中心：社会第三方参与教育评价的新模式》，《比较教育研究》2017年第7期。

索政府教育评价职能的转变，例如，1977 年香港成立了考试及评核局（简称“考评局”），作为安排和统筹考试事务的专门机构。考评局运行 4 年后，1981 年，被正式确立为财政独立、自负盈亏的法定机构，负责从小学至大学入学阶段的考试事务。① 进入 20 世纪 90 年代，尤其是在香港回归祖国以后，结合本港实际的教育评价体系探索和构建更进一步，1997 年香港统筹委员会（现教育局）提出了“质素保证架构”（Quality Assurance Framework，用内地汉语普通话的话语习惯表达即“质量保障框架”），规定了教育评价体系的构成要素：校内评价—校外评价—国际评价。从中可以看出香港特区政府在教育行政管理方面积极发挥引导、服务、支持等职能，制定框架和标准，建立了多元参与的治理模式。在“校内—校外—国际”这个评价体系中，代表政府力量的香港教育局及下属机构香港辅导视学处（校外评价）、代表学校力量的各级各类学校（校内评价）、代表社会力量的考试及评核局与国际机构和专家（校外评价 + 国际评价）共同发挥相应的职能。虽然香港特区没有像内地一样使用“管办评分离”的表达，但是其评价体系的历程与构成，也体现了“管办评分离”的意蕴。

## 第三节　社会第三方参与教育评价

社会第三方参与评价对于“管办评分离”的改革具有重要意义，社会第三方作为参与教育治理的重要主体之一，是推进教育现代化的重要参与者。“管办评分离”本质上是对“政府—学校—社会”三重主体在教育事业中的权责关系的调整，目标是使政府主体更聚焦于宏观管理，学校担负起办学运行的主体责任，社会主体从科学和专业的角度开展教育评价。三重主体的关系调整是为了各司其职，为现代学校制度的构建、为教育质量的提升形成推动合力。正如教育部《关于深入推进教育管办评分离　促进政府职能转变的若干意见》（简称《意见》）指出的，当前我国教育事业的“‘政府管理’

① 王璐、王琳琳：《香港特别行政区教育评估体系探析》，《比较教育研究》2016 年第 5 期。

还存在越位、缺位、错位的现象”，“‘学校’自主发展、自我约束机制尚不健全”，“‘社会’参与教育治理和评价还不充分”。[①] 因此，提升和完善第三方参与评价的质量与成效是推进教育治理改革的重要抓手。

那么，“社会第三方参与评价”的本质是什么？本研究认为探讨这一概念，需要着眼于“社会”一方及其参与“教育评价”活动的定义、定位、职能与效用发挥。社会第三方评价主要是指非政府部门和人员参与教育评价，强调教育评价主体社会化，教育评价的多主体性、评价方式的多元性，其目的是促进社会对教育的监督和问责，补充政府部门督导评估以政府为主导，缺乏活力，不够公开、透明和客观等问题。同时，进一步建立健全规范化、制度化的教育评价机制，保障和落实公民教育评价的权利。

## 一、基本内涵

### （一）政策分析

在我国教育部发布的政策文件中，社会参与是指参与教育治理，并非特指参与教育评价活动。但是，在“治理”这个相对宏观、外延和内涵相对广泛的概念下，评价是应有之义，评价也是社会力量参与教育治理的主要途径之一。这种认识在《意见》的相关表述中也有所体现，例如，“推进教育管办评分离、促进政府职能转变是要进一步健全中国特色教育管理制度、现代学校制度和教育评价制度”。显然，其中的三个制度：中国特色教育管理制度指向政府主体，现代学校制度指向学校主体，教育评价制度指向社会主体。

根据《意见》第四点“推进依法评价，建立科学、规范、公正的教育评价制度”的相关内容，教育评价也是由政府、学校、社会三方共同参与，并不是完全由社会力量承担，三者的权责分配仍然体现出学校自主、政府引导、社会辅助的特征。其中，学校的评价职能集中表现为自我评价，并被明确为教育质量保障的主体作用；政府的评价职能仍然以教育督导为主，国家

---

① 教育部：《关于深入推进教育管办评分离 促进政府职能转变的若干意见》，2015 年 5 月 6 日，见 http://www.moe.gov.cn/srcsite/A02/s7049/201505/t20150506_189460.html。

提出要强化国家教育督导，加强各级教育督导的工作力量，提高权威性和实效性；社会的评价职能主要表现为对教育质量的监测评估。国家还提出，要支持专业机构和社会组织规范评价，引入市场机制，纳入政府购买服务的范围。综上，根据教育部的《意见》，社会参与方是一个多元共同体，包括行业协会、专业学会、基金会等社会组织，包括科技、文化等部门和新闻媒体，还包括学生会等学生组织，有条件的地方还要参加国际组织的评估项目。

### （二）内涵界定

通过学术文本和政策文本分析，本研究以教育部的政策文本为蓝本，将社会第三方参与教育评价界定为：学校和政府以外，国内其他社会力量为主、部分情况下国际有关方面也参与其中的，多元主体共同实施的教育评价活动。社会力量的第三方评价要突出科学性、专业性，甚至有一定的独立性。具体说来，第三方机构要具备监测和评价教育活动的科学能力与专业能力，能够有效补充学校自评的主体性和政府督导的权威性。第三方评价还要体现一定的独立性，能够不受政府力量或学校力量的干预，客观公正地开展教育评价，为教育事业的发展提供科学依据和支撑。

第三方评价主要是指非政府部门和人员参与教育评价，强调教育评价主体社会化，教育评价的多主体性、评价方式的多元性，其目的是促进社会对教育的监督和问责，补充政府部门督导评估以政府为主导的缺陷。独立的第三方评价机构，与教育行政部门和学校相比，更加具有公正性、专业性和灵活性。在“管办评分离”概念下，强调社会大众的参与权，将教育监督权和评价权归还社会。同时，建立规范化、制度化的教育评价机制，保障和落实公民教育评价的权力。

除了《意见》等政策层面指出的第三方机构需要多元化，我国教育实践领域也正在逐步形成相对多元的第三方机构体系。目前，我国的第三方教育评价机构可以分为两类：第一类是学术协会和教育研究机构，这类机构官办色彩比较浓厚，政府依附性较强，评价资源占有方面具有一定优势，可以界定为半官方机构，例如，中国教育学会、北京师范大学基础教育质量监测协同创新中心、中国教育科学研究院职业与继续教育研究所等；第二类是纯私营性质、为适应市场需求建立的民营机构，市场活力强，例如北京易乐天行健教育科技有限责任公司、上海思来氏信息咨询有限公司、广州市晨旭科技发展有限公司、深圳市海云天教育第三方测评有限公司、大连必由学教育网络股份有限公司等。①

我国第三方教育评价机构的建设路径一般有三：业务拓展分离、机构演进转变、独立兴建。首先，业务拓展分离型，即教育评价是该机构的业务之一，随着业务逐渐发展扩大，业务部门也从主体机构中分离出来，成为独立的机构，北京民生智库科技信息咨询有限公司、深圳市海云天教育等便属于这类。其次，机构演进转变型，即该机构最初并非教育评价机构，可能是一个教育研究院所，随着业务不断转型和聚焦，而演变成一家教育评价机构，大连必由学教育网络股份有限公司便由此而来。最后，独立兴建型，这类机构最开始就按照第三方机构的定义和定位建设，例如上海思来氏信息咨询有限公司。②

虽然我国的社会力量已经建立了形式多元的第三方教育评价机构，但是，分析现状，还存在一些明显的不足：首先，相比我国教育事业的整体体量而言，现有的第三方机构数量仍然不够，虽然中央政府一直积极推动管办评分离和社会力量的发展，但到目前为止，来自政府的推动和支持、第三方机构不断壮大的发展趋势仍然需要强化，才能更好地匹配我国教育事业的体量。其次，从地理分布上看，已有的第三方机构主要聚集于北京、上海、广州、深圳等发达地区的一线城市，其次主要分布在江苏省、成都市、大连市等经济发达地区，欠发达地区的第三方机构建设具有明显的滞后性。如果将教育均衡发展视为现代教育治理体系的重要内涵，且第三方机构参与教育评价的目的是推动现代教育治理体系的构建，那么，欠发达地区的第三方机构

① 王璐、邹靖：《市场机制下第三方教育评估机构的发展：机遇、路径与挑战》，《教育测量与评价》2020 年第 9 期。

② 王璐、邹靖：《市场机制下第三方教育评估机构的发展：机遇、路径与挑战》，《教育测量与评价》2020 年第 9 期。

还有较大的发展空间。第三，已有第三方机构的教育评价参与程度和效用体现是否达到了政策预期，这仍然是一个较大的疑问。对照政府推动管办评分离的背景和初衷，我国教育行政管理事业存在的问题主要有政府职能越位、评价行政负担过重、学校自主性得不到发挥；对照教育评价的实践过程，仍然存在着学生考试压力大、一考定终身、重成绩轻过程等教育评价的顽固难题。引入社会第三方评价，除了克服行政管理体制的弊端，也有应对评价顽疾的政策初衷。从这个角度看，第三方机构参与评价还有待进一步的发展，其对我国教育事业的作用和影响才能更好地发挥和实现。

## 二、不同国家和地区第三方教育评价

回顾我国社会第三方参与教育评价的背景和现状，大致经过了这样的历程：首先，我国经济社会发展从计划经济向市场经济转型、教育治理理念的引入、我国教育事业和教育行政管理体制存在的不足等背景，共同催生了政府教育行政职能转型的需求。其次，国际的普遍经验和我国的实际共同说明，政府教育行政管理职能的转变，需要从包干包揽的模式转向宏观管理和引导。在政府、学校、社会三者的关系模式中，由于三者是一个紧密相连的共同体，当政府的职能发生转变，势必影响学校和社会的职能转变。最后，同样基于对国际一般经验和我国实际的深入研判，“管办评分离”的改革导向能够很好地协调政府、学校、社会三者的关系，因此，将教育行政职能分解为“管理—办学—评价”，能够为三种力量的权责分配找到适切的定位。政府职能转型后，更加聚焦于宏观“管理”，学校成为“办学”最重要的主体，在这样的背景下，“评价”职能为社会第三方提供了更好的立足点和发力点。因此，“社会第三方参与教育评价”的概念和模式应运而生。如上文所述，“管办评分离”和“社会第三方参与教育评价”均是基于对国际普遍经验和国内特殊实际进行深入研判而制定的改革方向，因此，本质上，不同国家和地区的相关实践的根本逻辑是相似的，但在形态表现上存在一定差异。

（一）美国

美国的第三方评价机构形式多样，以自发成立为主，具有较高的独立性。主要包括 5 种类型：一是商业运作型，历史超过 160 余年的培生集团就是商业机构的典型代表。二是专业非营利型，这是第三方评价机构的主力，美国教育考试服务中心（Educational Testing Service，简称 ETS）及其负责的托福、GMAT、SAT 等重要考试在全球范围内产生了重要影响。ETS 也是美国联邦政府主导实施的国家教育进展评估（National Assessment of Educational Progress，简称 NAEP）的重要参与者。三是民间自发型，以行业协会为主，这类机构的职能主要聚焦于高等教育层面。四是研究机构型，这类机构以大学为依托，积极利用美国高等教育的科研力量，从事教育测量与评价的工作，有代表性的机构包括斯坦福评价、学习与公平中心（Stanford Center for Assessment，Learning，and Equity，简称 SCALE）、伯克利评估、评价研究中心（Berkeley Evaluation and Assessment Research，简称 BEAR）等。五是教育认证型。教育认证是美国基础教育的重要环节，根据美国的地理区划，目前一共有 4 个认证机构，负责中部（区域 1），西部（区域 2），新英格兰（区域 3），中北部、南部、西北部（区域 4）的基础教育认证工作。

虽然本研究将美国的第三方机构划分为 5 种类型，但应该指出，几种分类之间有一定的交叉，以认证机构为例，它既有商业公司的属性，也有专业行业协会的属性，同时也是研究型机构，因此，本研究的分类仅是分类的一种思路，并不代表唯一正确的分类方法。

（二）英国

英国的第三方评价机构和学校类型紧密相连，不同类型的学校由不同的第三方机构开展评价，且不同的第三方机构的定位和属性也存在较大差异。针对公立中小学校，第三方机构是教育、儿童服务与技能标准局（Office for Standards in Education Children’s Services and Skills，简称“教育标准局”）。教育标准局是政府的下设机构，但其独立性受到法律的严格保护，行政关系上独立于教育部，直接向教育大臣和议会负责，避免了教育部的行政干涉；

而且，教育标准局作出的督学报告，任何人都不得修改。① 这些法定的独立自主权是保证其监督评价公正公平的重要因素。针对私立学校（英国语境下的独立学校 Independent School），独立学校督导团（Independent Schools Inspectorate，简称 ISI）是重要的第三方机构。ISI 在 2003 年获得独立开展督导的权限，2007 年成为一家独立的非盈利性有限公司。②

督导工作之外，英国还有考试测评管理机构、商业公司两类第三方机构参与教育评价。目前两个重要的考试测评管理机构分别是资格与考试管理办公室（Office of Qualifications and Examinations Regulation，简称 Ofqual）和标准与考试局（Standard and Testing Agency，简称 STA）。其中，Ofqual 成立于 2010 年，负责与 GCSE、A-level 相关的资格、考试、评估事务，即 KS3-4 学段（相当于我国语境下的中学）的考评任务；STA 成立于 2012 年，负责学前教育到 KS2（相当于我国语境下的小学）的考试测评工作。③ 英国开展教育第三方评价的商业公司也十分丰富，影响力比较大、代表性比较强的有：评价与证书联盟（Assessment and Qualifications Alliance，简称 AQA），牛津、剑桥和 RSA 考试局（Oxford Cambridge and RSA Examinations，简称 OCR），培生爱德思－伦敦考试委员会（Edexcel Pearson-London Examinations，简称 Edexcel）等，这些机构都在英国的 GCSE、A-Level 等重要考试、各类职业技术证书等考试中发挥着相应的作用。

英国是教育督导（政府）与教育考评（社会）相结合的国家，这种教育评价工作模式比较典型，也成为一些欧洲国家的学习对象。相关机构中，虽然教育督导局（Ofsted）、资格与考试管理办公室（Ofqual）、标准与考试局（STA）均被定义为独立的第三方机构，但广义上说，它们都是英国政府

---

① 王璐：《教育督导与评价制度比较研究》，人民教育出版社 2018 年版，第 57—58 页。

② D. Turner. "An analysis of Independent Schools Inspectorate reports to assess the state of school libraries in the independent secondary school sector in England and Wales", *Library Management*, No. 27 (April-May 2006), pp.279-286.

③ 标准与测试局（STA）的前身是资格与课程局（Qualifications and Curriculum Authority, QCA，1997—2010）和资格与课程研发局（Qualifications and Curriculum Development Agency，QCDA，2010—2012）。

的组成部门之一，但是英国的行政体制和法律制度较好地保障了这些机构的独立性，能够使它们的评估工作免于政府的干扰。独立学校督导团（ISI）和相关的商业机构（AQA、OCR、Edexcel 等）则是按照商业工作或非营利性组织等模式运行的机构，它们的考试测评工作在英国政府制定的国家课程体系（National Curriculums）和资格（Levels of Qualifications）体系下展开，不受政府的干预，具有较强的科学性和专业性，成为国家考试正常运行不可或缺的力量。

（三）澳大利亚

前文已经介绍了澳大利亚主要的 3 种第三方教育评价机构，包括由法定独立的政府部门、非营利性专营机构、隶属于大学的专业评估公司。笔者以独立的政府部门——澳大利亚课程、评价和报告管理局（Australian Curriculum，Assessment and Reporting Authority，简称 ACARA），非营利性专营机构——澳大利亚教育研究委员会（Australian Council for Educational Research，简称 ACER），隶属于大学的专业评估公司——新南威尔士大学全球公司教育评估中心（UNSW Global Educational Assessment，简称 GEA）为例，简要分析它们的建设由来和参评方式。

ACARA 是一个全国性的机构。2008 年《墨尔本宣言》（*Melbourne Declaration on Educational Goals for Young Australians*）颁布，标志着澳大利亚联邦政府、各州和地区政府就澳大利亚的教育优先发展事项达成一致，在尊重各地实际和自主权的同时，澳大利亚的首个全国性课程体系即将付诸实践。在这样的背景下，2008 年年末《澳大利亚课程、评估和报告权法案》（*Australian Curriculum*，*Assessment and Reporting Authority Act*）通过，ACARA 应运成立，最初的职责就是监督澳大利亚首个全国性课程的制定实施。具体包括收集学校和学生数据，管理全国读写和计算素养评估项目（NAPLAN）和 3 种抽样评估项目，制定全国性课程大纲等，并研发高质量、诊断性、形成性的评价工具和策略。

ACER 同样是一个全国性的机构，职能范围面向澳大利亚全国的同时，又与国际接轨，国际化程度较高。1930 年，在美国卡耐基基金会的资助下，

ACER 成立于墨尔本，成为澳大利亚第一个全国性的教育评价咨询机构。成立初期的主要职责是学术考试和心理测试的标准化。由于二战期间 ACER 为澳大利亚的军队和政府部门提供了重要的服务，二战后，政府开始对其提供财政支持，并将它升级为重要的国家机构。目前，ACER 是一个自负盈亏的独立机构，业务范围广泛，包括入学和选拔考试、学生成绩监测、质量认证、语言测试、职业测试、心理测试等。① 在澳大利亚本国的教育评价中，ACER 主要负责监测学生成绩、出具学校报告，以及澳大利亚参与国际测评项目的协调和管理，包括国际数学与科学研究趋势（TIMSS）、国际学生评估项目（PISA）、国际阅读素养研究进展（PIRLS）等。

GEA 是新南威尔士大学悉尼分校全资企业——全球有限公司（UNSW Global）的一个分支机构，商业业务可以概括为：为澳大利亚学校提供评估工具，在全球范围内开展数据分析和研究服务。GEA 服务了超过 50% 的澳大利亚学校。参与本国教育评价方面，GEA 的核心职能是为 2—12 年级研发高水平的形成性和总结性评价工具，GEA 研发的具有澳大利亚特色、兼有国际水平的评价项目包括年度国际学校竞赛和评估（International Competitions and Assessments for Schools，简称 ICAS）等 4 种。

（四）德国

德国的第三方教育评价机构与其教育行政管理体制一样，共有联邦政府、州政府、学校三级，每一级都有对应的第三方机构。笔者以联邦政府层面的教育质量发展研究所（Institut zur Qualitaetentwicklung im Bildungswesen，以下简称 IQB）、州政府层面的柏林与勃兰登堡州教育质量研究所（Institut für Schuqualität der Länder Berlin und Brandenburg，以下简称 ISQ）、学校层面的巴伐利亚州（Bayern）学校外部评价项目为例，分析机构的成立背景和参评方式。

IQB 是在联邦政府协调下 16 个联邦州共同合作的产物，同时它也是一个注册的行业协会，此外它还是洪堡大学的附属机构。由于其多方共建和多

① ACER：《School Tests》，2017 年 6 月 13 日，见 http：//www.acer.edu.au/tests/school/。

重属性的背景，IQB 能够协调多方资源共同参与德国的教育评价事业。IQB 的下设研究团队有不同的业务分工，学科组织部门（Fachkoordination）负责小学阶段（Primarstufe）、中学第一阶段（Sekundarstufe I）、中学第二阶段（Sekundarstufe II）的德语、法语、英语、数学、生物、物理等学科的调研评价。IQB 研究团队（Wissenschaftliche Mitarbeiterinnen und Mitarbeiter IQB）既参与中小学阶段和相关学科的调研评价，也开展全纳教育、移民教育、各州之间小学教育比较分析等工作。IQB 的资助项目团队还对小学阶段常识课、移民语言与社会融合等议题开展研究和评价工作。可以看出 IQB 的工作业务具有内容丰富、分类详细等特点，既以中小学的学科教育为中心，也兼顾了移民教育等重要议题。

州政府层面 ISQ 的目标是在科学合理的基础上保障和提高教育质量，为学校教育的参与人员提供工具与数据支持。ISQ 主要负责的监测评价工作有：3 年级和 8 年级学业成绩比较测试（VREA）、9—10 年级统一考试和柏林与勃兰登堡州的学校外部评价项目。监测之余，也对学校提供服务和支持。ISQ 的职能更加聚焦于学校教育工作，没有联邦政府层面的 IQB 业务范围广泛，但二者都与大学开展了深度合作。

学校层面的教育评价由校内评价和校外评价组成，应该说，在学校层面的校外评价中，专业机构的参与程度不如联邦政府和州政府层面那么明显，校外评估主要是由相关个体组成评议小组。校外人员是同类型学校的教师或管理者，通常具有丰富的教育工作从业经验，还包括企业代表和家长代表，凸显校本特色。

（五）芬兰

“芬兰教育评价中心”（Finnish Education Evaluation Centre）定期开展的外部评价项目主要有专题评价、系统评价、学业成就测评、高等教育机构质量体系审查 4 大类。此外，中心还开展“欧洲工程教育专业认证体系”质量标签认证（EUR-ACE Quality Label Accreditation）、教育机构内部评价人员业务培训等收费类服务。其中，与基础教育第三方评价密切相关的是学业成就测评，该项工作以全国教育委员会颁布的国家核心课程目标和国家职业资格要求为参照，对学生的学业成就进行评价。

(六) 中国香港特别行政区

我国香港特别行政区的第三方教育评价机构是考试及评核局（Hong Kong Examinations and Assessment Authority，简称“考评局”）。考评局的前身是香港考试局，成立于 1977 年，1981 年按照自负盈亏的市场原则转型成为一个独立的机构，核心业务包括中小学考试、大学入学考试，以及国际专业资格考试。考评局的收入主要来自考试服务、刊物销售及其它相关的考试服务所得。40 余年来，考评局已经成为香港特别行政区最核心、最重要的第三方教育评价机构，服务范围覆盖全港的学校，具有高度的专业性、独立性、权威性。①

## 三、第三方评价结果的作用与影响

第三方机构参与教育评价的结果呈现方式不尽相同，一般包括：等级评判（优、良、中、差；A-B-C-D-E；卓越、良好、薄弱），结果分类（合格、不合格），数据结果（测评分数）等形式。从制度设计的角度，社会第三方机构参与教育评价是为了理顺政府、学校、社会三者之间的关系，推动政府行政管理角色转型、落实学校主体责任，第三方机构教育评价的生命线是专业性和科学性。因此，从三方机构关系协调和职能互补的角度，这些结果的发布能够为政府一方进行教育改革和教育决策、为学校一方进行质量改进提供数据支撑。从第三方机构自身发展的角度，评价结果的发布是第三方机构获得合理经济回报的重要来源，也是不断改进测评方式的工作基础。从多元治理、信息公开的角度，评价结果的发布也能为家长择校提供判断依据，间接推动学校质量的改进。

上述作用和影响在所有的国家和地区都有所体现。在美国，第三方教育评价结果是教育问责、政策制定、资质认定的重要依据。在英国，教育标准局的督导工作、学校改进项目、家长择校等环节均离不开测评机构发布的

① 王璐、王琳琳：《香港特别行政区教育评估体系探析》，《比较教育研究》2016 年第 5 期。

数据。在澳大利亚，评价结果为完善管理体制、制定学校策略、调整教师教学策略、改进学生学习方式、提升学业成就等提供了重要支撑。在德国，评估结果发挥着“诊断—指导—改进”的综合效用，以评估结果为基础，德国的第三方机构进一步开展教育趋势研究（数学和学科测试）、深入的学校自评、学生学业水平定位等工作。

在各个国家和地区测评结果的发布过程中，普遍存在一个重要的数据伦理问题，即保护学生个体。尤其是在基础教育阶段，学生大多是未成年人，教育评价的数据伦理就显得尤其重要。相关的测评项目以学生为个体参与考试测评，相关机构均掌握学生的个人信息和测评数据。受到严格的法律政策和规范的制度设计的约束，相关机构能够依法保护学生的个人信息。此外，在测评结果发布时，大多数国家的测评机构不以学生个体为单位，而是以学校为单位发布评价结果，在此基础上以学区、市、省（州）、国家为单位发布数据。在这种数据伦理规范之下，测评数据来自学生个体，但结果发布的测评压力不会回到学生个体身上，有效转移了考试、测验、评价中包含的刚性压力。在数字信息时代和教育评价专业化科学化的时代，引入社会力量参与，其中的数据安全和数据伦理无疑是需要高度重视的问题。

# 第二章　美国第三方教育评价的机制与模式

## 第一节　美国基础教育评价体系概况

美国是一个联邦制国家，实行地方分权制，在教育行政管理体制上也体现出这一鲜明的特点。美国宪法第十修正案规定，凡宪法中未明确由联邦一级掌管的权限，均属于各州和各州人民。美国宪法没有明确教育是联邦的权力，因而教育的权力属于各州。这便是美国教育地方分权的法律依据。[①]美国的教育行政管理体系由联邦、州和地方学区三级构成，但州和地方学区拥有较大的自主权。高度联邦自治使得美国缺乏统一的全国性要求，美国的第三方机构因此得以活跃发展，并在一定程度上发挥了协调全国教育事务的职能。如果各州是美国教育纵向管理的主体，那么第三方机构就起到了横向的协调作用。

与其教育行政管理体制相适应，美国的教育督导系统自上而下由联邦教育部、州、县（市）、学区和学校五级构成，但教育督导主要由州、县（市）、学区乃至学校承担。教育督导体系又与其教育行政管理体系合二为一，各州和地方学区两级教育管理部门既是教育行政机构，又是教育督导部门。美国教育督导主要承担着教学视导或辅导的功能，更多的是对学校提供的系统的专业和教学服务，以协助教师改善课程及教学。此外，教育督导制

① 王定华：《透视美国教育》，北京大学出版社 2012 年版，第 132 页。

度与教育管理相互融合、相互渗透，教育行政管理人员都不同程度地负有督导的责任。美国教育督导在其公共教育发展中占据重要位置，但由于它的机构设置较为定型，形成了以行政检查为主的管理手段。面对美国各州错综复杂和发展不平衡的教育状况，社会第三方评估可以弥补政府教育督导系统灵活性不够的问题。①

从 20 世纪中叶开始，美国就已经步入了“测试提供者的时代”（era of test providers）②，各种第三方机构逐渐成为提供教育评价服务的主体。社会第三方评价机构开始发挥显著效能，则是公共管理方向转变的结果，尤其是兴起于 20 世纪 80 年代新的公共管理（New Public Management，NPM）改革背景。公共管理权力的下放，或者“剥夺”政府功能和管理职责给私立部门，目的是促进更有效、更有竞争力、结果导向、负责任的公共部门；去集权化，或者说是授权有自主权的机构来实施公共事业，可以促进公共事业的灵活性和创新性，同时适应公众多维度价值观和需求。教育治理是指国家机关、社会组织、利益群体和公民个体，通过一定的制度安排进行合作互动，共同管理教育公共事务的过程。治理的典型特征是多元主体参与的共同治理，即“共治”。③ 第三方评价从公共政策领域逐步引入到教育领域，如今已发展成国际上推崇的教育评价模式，在推进教育治理现代化中发挥着重要作用，它既有利于政府教育政策制定实施的科学评价和反馈，也有利于学校管理水平和教育教学质量的独立评价和监测。

## 第二节 美国第三方教育评价的机构类型

目前美国唯一由联邦政府主导实施的教育评价活动是国家教育进展评估（National Assessment of Educational Progress，简称 NEAP）。作为全美唯

① 王璐：《教育督导与评价制度比较研究》，人民教育出版社 2018 年版，第 228、236、257 页。

② Richard J. Shavelson：*A Brief History of Student Learning Assessmen*，Association of American Colleges and Universities，2007. p.12.

③ 褚宏启：《教育治理以共治求善治》，《教育研究》2014 年第 10 期。

一的、全国性的权威评估体系，它在评价机制上仍然引入了社会第三方机构的参与。可以说美国社会第三方参与教育评价是主流，不仅机构繁多，而且关系复杂，体现在机构性质（营利、非营利）、规模（大、中、小）、隶属关系（独立、附属）等方面。美国社会第三方教育评价机构大致分为五种类型：一是商业运作型，二是专业非营利型，三是民间自发型，四是研究机构型，五是教育认证型。

## 一、商业运作型

商业运作型主要指大型综合教育企业，它们以教育为主要服务对象，并以营利为目的。对于大型教育企业来说，评价只是其部分业务，其对各类教育事务都有参与。

目前在美国较有代表性的综合型教育企业是培生教育集团（Pearson Education）。培生教育集团迄今为止已有 180 多年的历史，致力于为教育工作者和各年龄层的学生提供优质的教育内容、教育信息技术、测试及测评、职业认证。该公司拥有全球领先的数字化学习系统和考试开发、测试及测评系统。在全球范围内，培生教育集团在英语教育、中小学教育、专业出版、考试测评、网络教育等领域均具有较大的影响力。

### （一）培生集团的历史沿革

自 1998 年，培生集团收购了大量的教育、数据、互联网、出版公司，并逐渐将自己的业务重心转向提供考试与评价服务。1998 年，培生集团收购了美国的西蒙与舒斯特公司（Simon & Schuster）的教育部门，与自己的教育部门爱迪生–韦斯利朗文（Addison-Wesley Longman）合并，重新组建了教育出版和评估服务部门。2002 年，培生集团收购了美国教育测试和数据管理公司（National Computer Systems，简称 NCS），NCS 公司为培生联结家庭和学校的业务目标奠定了基石，同时也为培生开发个性化课程及相关的评估、测试目标做足了充分准备。2005 年，培生集团收购了美国 AGS 公司，该公司主要为有特殊教育需求的学生提供测试测评和出版服务；2007 年，培生集团收购了励德·爱思维尔旗下的哈考特教育评估业务；

同年，培生收购了远程网络学习服务商eCollege——该公司主要向各级学校提供信息增值服务。同年，培生集团收购了英国最大的考试及评价机构爱德思（Edexcel）。2011年4月，培生集团收购了美国学习管理系统公司（Schoolnet），该公司旨在提供测评、课程和其他教育服务，促进个性化学习、提高教师效率；同年9月，培生集团收购美国在线教育服务商（Embanet Compass），该公司的主要业务领域为高等教育。

2013年，培生集团宣布，会对学习成效的影响进行持续量化评估，并更深入地研究如何最大限度发挥其对学习成效的影响。同年，培生集团首次发布教育创赢计划（Pearson Catalyst for Education），支持教育技术新兴公司，该计划将培生内部的卓越人才与10家新兴公司相匹配，帮助后者的业务发展。2014年，培生启动了一项意义重大的新运动——教育普及计划（Project Literacy），致力于与同行及社区合作，促进提高全球的教育普及率。作为一家全球学习公司，目前培生国际（Pearson International）分为国际部和北美部两个部门。① 国际部（Pearson International）总部设在伦敦，在欧洲、亚洲和南美洲设有办事处；北美部（Pearson North America）总部设在纽约。培生的教育及评估产品和服务遍布全球超过70个国家，其中在北美的销售份额最大，约占60%。根据培生财报，2016年教育测评收入和服务收入比例分别29.5%和22.2%，其他收入主要来自教材和课件等出版业务。

（二）培生集团评估服务的内容

培生集团北美分部提供的教育服务分为两个部分：一是Pre-12（学前教育到第十二学级）②，二是高等教育。在Pre-12阶段，培生的教育评价服务类型如下表所示。

---

① 培生官网（总站）：https：//www.pearson.com；培生官网（英国）：https：//www.pearson.com/uk；培生官网（美国）：https：//www.pearson.com/us；培生官网（加拿大）：https：//www.pearsonclinical.ca/en.html；培生官网（印度）：http：//www.pearsoned.co.in/Web/Home.aspx。

② Pre-12为早期教育到第十二学级，到中等教育（17岁）结束；表2–1中的Pre-16即为早期教育到第十六学级，按照美国学制，相当于大学四年制本科教育（21岁）结束。

表 2–1 培生 Pre-12 阶段的教育评估服务

| 服务类别 | 内容 |
| --- | --- |
| 自动化语言评估 | 世界各地的学校、公司和政府机构可以通过其语言测试得到及时可行的反馈来加速学习 |
| 混合测试 | 纸笔测试与在线测试相结合，并助力客户从纸笔测试轻松转型为在线测试，并证明在线评估服务系统的安全、高效与报告生成 |
| 早期教育评估 | 助力家长、教师和幼儿看护人员识别有学习问题风险的幼儿，并通过发展性评估服务进行解决 |
| 形成课堂评估 | 教师通过评估了解学生们学到了什么，知道了什么及需要帮助的地方，来指导和实施个性化的教学 |
| 大规模评估 | 各个国家和地区与培生合作开发下一代的评估工具，为所有学生提供可负担得起的平台 |
| 中等教育评估 | 在培生的评估服务和申请材料准备等帮助下，将助力学生们申请大学时，在学术能力，专业知识和英语水平方面取得成功 |
| Pre-16 阶段与特殊需求评估 | 教师和心理学家将通过培生的评估和干预工具获得完整信息，使学习者实现每位个体最好的状态 |
| 干预筛查与监测 | 检索有价值的数据可早期识别处于风险的学生，并持续监测进度，以便进行有针对性的教学 |
| 教师资格证考试与绩效评估 | 教师资格证考试与绩效评估各国根据培生不同学科和教学法标准进行教师资格准入和绩效评估，以保障教师队伍的质量 |

（三）培生集团采用的数字评价系统

培生教育集团注重各种教育平台、教育软件的研发和推广，同时还提供多样的教育评价服务，涵盖学前教育（early childhood）、基础教育（K-12）、高等教育（higher education）、企业和职业培训（Industrial & Professional）等各个方面，包括自动化语言评价（Automated Language Assessment）、临床评价（Clinical Assessment）、大规模测评（Large-Scale Assessment）、学习评价（Learning Assessment）、中学后教育评价（Post-Secondary Education）、天才评价（Talent Assessment）、教师证书测试和表现评价（Teacher Licensure Testing And Performance Assessment）。需要指出的是，培生教育集团所提供的教育评价服务虽然多样，但并不是每项服务都能够覆盖整个产业链①，而是利用其专业特色在某一环节突出其主导作用。

培生集团使用的数字化工作的典型例子是 TestNav 测试运送平台（test delivery platform），就是为各类考试传输测试题目而专门研发的操作系统。随着信息技术的发达，教育评价越来越多地采用无纸化的方式进行，如何保证网络信息安全成为重要问题。为此，培生集团开发了 TestNav 这样一个具备交互功能的系统，不仅能够保障学生信息的安全，而且能够兼容 ipad 等移动设备。还比如 MyLab & Matering，该系统能够对学生的表现作出即时反馈，提供数字化的学习指导，帮助学生更好地理解课程材料并了解困难的设计。每个 MyLab & Mastering 产品都会根据特定的学科和课程特性作出调整，能够提升学生的参与度，使教育工作者跟踪学生学习进度并根据需要进行及时干预。此外，REVEL 学习平台和 Pearson VUE 全球计算机测试系统也提供了多样化的学习和考试评估方案。

## 二、专业非营利型

专业非营利型教育评价机构是第三方参与教育评价的主力。在美国，由于市场化力量的存在，各类专业性教育评价机构十分繁荣，不仅有全球第一考试服务机构 ETS，还有 ACT 等著名的高等教育入学考试机构。与大型教育集团所不同的是，这些机构一般都是非营利性机构，与美国政府和学校保持着长期紧密的关系。

### （一）美国教育考试服务中心

美国教育考试服务中心（Educational Testing Service，简称 ETS）成立于 1947 年，其成立的初衷就是为了在美国建立一个能够专注于教育评价业务的非营利性机构。② 当时美国有三家较为著名的非营利性教育评价机构，分别是美国教育局（American Council on Education，ACE）、卡耐基基金会教学改进项目组（Carnegie Foundation for the Advancement of Teaching，CFAT）

① 所谓覆盖整个产业链是指从试题研发到实施测试、评分、公布结果和发布报告的全过程。

② Educational Testing Service：“The Origins of Educational Testing Service”，Princeton，NJ：ETS，1992，p.6.

和高校入学考试委员会（College Entrance Examination Board，CEEB）。[①] ETS 的最初目标是为上述三个机构组织举办国家教师考试、美国研究生入学考试（Graduate Record Examinations，简称 GRE）和学术评估测试（Scholastic Aptitude，简称 SAT），并进行提升教育测量水平的相关研究。其使命和目标是通过提供公正有效的评估、研究和相关服务促进教育质量的提高和教育公平。新成立的 EST 合并了 ACE 的合作性测试服务（Cooperative Test Service）和国家教师考试（National Teachers Examination）、卡耐基基金会的 GRE 测试，以及 CEEB 的 SAT 测试，并由此获得了长足发展。目前，ETS 已经成为世界上最大的私营非营利教育考试评估机构，从事各阶段、各层次的教育评价测试的开发和管理工作。同时像其他非营利组织一样，ETS 也从事一些与教育评估不相关的工作，如就业考试以及为微软公司（Microsoft Corporation）、国际商业机器公司（International Business Machines Corporation，简称 IBM）、苹果公司等企业提供考试服务以维持其非营利的教育使命。[②]

美国是 ETS 的主要阵地，而 ETS 不仅是美国各类教育评价考试的主要研发者，也是教育测量与评价研究的重镇。该机构开发并管理托福、GMAT、SAT 等重要考试，在美国教育界具有举足轻重的作用。从 1983 年开始，ETS 就美国国家教育统计中心（National Center for Education Statistics，简称 NCES）签订协议，负责国家教育进步测试（National Assessment of Educational Progress，简称 NAEP）的具体实施工作，包括试题开发、抽样设计、数据分析、报告撰写等方面。随着《不让一个孩子掉队》法案的颁布实施，ETS 在为教育问责提供评价支持方面起到了重要作用，包括加州、德州、田纳西州和弗吉尼亚州等都与 ETS 进行合作，实施基础教育阶段的教育评价测试。

目前 ETS 提供 45 种测试和产品。[③] 其服务对象包括：K-12 教育阶段的

---

① 该委员会后更名为“院校委员会”（College Board）。

② 美国税法规定，非营利组织可以在一定限度下运营这些活动。

③ ETS：*ETS Products & Services*，2020 年 10 月 15 日，见 https：//www.ets.org/products/?WT.ac=products_testproducts_alpha_38990_URLoverwrite_180130。

学校和学生评估、教育工作者从业许可评估、高等教育机构、英语学习者与教师工作。其业务类型主要分为两大部分：测试；与联邦、各州政府和行业机构合作进行教育评估项目。ETS 业务类型详见表 2–2。

**表 2–2 ETS 业务类型**

| 测试 | SAT、TOEFL、TOEIC、GRE、Praxis 系列教师认证等 |
| --- | --- |
| 评估项目 | 联邦政府合作项目：国家教育进步评估项目（NAEP）② |
| | 州政府合作项目：加州公立学校学生评估、马里兰州高中评估、德克萨斯州学生学术评估、田纳西州综合评估计划、弗吉尼亚州学习标准测试项目等 |
| | 大学委员会合作项目：ACES 课堂评估在线服务、AP 课程③ 开发、大学水平考试项目（CLEP）、初级学业能力倾向测验（PSAT）和国家奖学金资格考试（NMSQT）、SAT 推理和学科测试、中学入学考试（SSAT） |
| | 其他项目：与其他评估提供商（包括培生、Measurement、AIR 等公司）合作，提供广泛的服务，包括心理测试、项目开发、评估进展、评分、报告生成与分析、项目管理等 |

（二）ACT 考试公司

ACT 考试公司（ACT inc.）也是一个非营利性的教育考试机构，在规模上比 ETS 小很多，其业务范围也比 ETS 更加聚焦，其最主要的核心业务就是大学入学考试（American College Testing，简称 ACT）的研发和运行。因此，该公司也被公认为美国高等学校入学考试方面的领导者。不过实际上，该公司不仅开发了 ACT 考试，还开发了从小学到就业各个阶段的多达 20 种测试项目。

1959 年，为了对抗 SAT 测试对美国教育界的长期统治，爱荷华大学教育学教授埃弗里特・富兰克林・林德奎斯特（E.F. Lindquist）与该校的教务

① 国家教育进步评估项目（NAEP）又称国家教育报告卡，是目前美国唯一一个在全国范围内持续监测中小学学生学业成绩的评价体系。其首要目标是向美国公众报告中小学学生的教育状况，促进教育质量和学生学业成绩的不断提高。

② AP 课程即大学先修课程（AP，Advanced Placement），是美国和加拿大等国的高级中学，由大学委员会赞助和授权的高中先修性大学课程，至今共有 34 门科目可供修读。AP 课程相当于美国大学课程水平，比一般的高中课程更深入、复杂和详细。

长泰德·麦卡雷尔（Ted McCarrel）合作发起了ACT测试。与SAT强调学校教育所获得的技能和知识所不同的是，ACT测试更强调对于学生能力的测量，并因此取得了巨大成功。ACT考试在很多方面独居特色，迄今为止仍是美国唯一一个包含科学测试的大学入学考试。不仅如此，由于ACT考试的开放性和可靠性，美国一些州还将该考试的结果作为评价学校学业表现的重要标准，要求所有学生无论是否要申请大学都参加ACT考试。例如，从2001年开始，科罗拉多和伊利诺伊两个州就开始要求所有高中毕业生都有ACT成绩，密歇根州则要求从2007年开始实施。

## 三、民间自发型

在美国，行业协会是民间自发型社会第三方的代表，它是由民间自发形成的，并独立于政府教育部和大中小学之外的机构。在美国，行业协会由于历史悠久、地位卓越，对行业具有非常重要的影响。行业协会包括但是不限于一般意义上的联盟（如常青藤高校联盟）和学会（如美国教育学会），也包括由于特定目的而自发组织起来的机构。在教育评价领域中，最为突出的典型就是“大学理事会”（College Board）。

美国大学理事会是美国的一个非营利性组织，具有非常悠久的历史，最初成立于1900年，其前身是大学入学考试委员会（College Entrance Examination Board，简称CEEB）。院校委员会最初成立于哥伦比亚大学，由9所精英大学和3所预科高中联合组成。① 大学理事会的性质非常复杂，它既不是一个公司，也不是一个高校联盟，但却管理着全美6000多家高等院校和中小学的会员资格。大学理事会的会员资格实施动态化管理，是一个会员导向（member-led）、会员驱动（member-driven）的组织，接受董事会（Board of Trustees）和若干个国家和地区议会的管理。国家级议会（national

① 这9所精英大学分别是Columbia University、Colgate University、University of Pennsylvania、New York University、Barnard College、Union College、Rutgers University、Vassar College、Bryn Mawr College、Goucher College、Princeton University和Cornell University；三所预科高中分别是Newark Academy、Mixed High School、Collegiate Institute。

assemblies）是专业性议会，由负责某一方面事务的专门人员构成，目前运行的国家级议会包括学业议会（Academic Assembly）、学院奖学金服务议会（College Scholarship Service Assembly）、指导与入学议会（Guidance and Admission Assembly）。其中，学业议会的主要工作是通过解释学业标准以及课程与教学实施标准来促进所有学生的优秀表现，该议会讨论的议题包括课程、评价、学校治理结构、教师专业发展等等。学院奖学金服务议会主要关注与高等学校招生入学相关的经济问题，帮助学生和家庭为接受高等教育所学的相关费用做准备。指导与入学议会则旨在帮助会员单位更好地指导学生和家长了解相关院校和专业信息。

大学理事会的主要业务就是标准化考试和课程的研发和管理，这些考试和课程得到全美的中小学和高等院校的广泛认可和使用，其中最为著名的就是与高校招生入学相关的 SAT 考试和美国大学预修课程（Advanced Placement，简称 AP）项目。可以说，大学理事会是美国在高校招生和预科测试方面最具权威性的机构。

## 四、研究机构型

研究机构型依托于美国一流高校的卓越科研实力，并以教育测量和评价为主要特色，涌现出斯坦福评价、学习与公平中心（Stanford Center for Assessment，Learning，and Equity，简称 SCALE）、伯克利评估、评价研究中心（Berkeley Evaluation and Assessment Research，简称 BEAR）在内的一大批顶尖科研机构。这些研究机构不仅从事教育评价方面的研究，也深度参与各类教育评价项目，是美国教育评价中的重要社会力量。

### （一）斯坦福评价、学习与公平中心

斯坦福评价、学习与公平中心是隶属于斯坦福大学的一个研究机构，它为学校和学区提供技术支持和咨询，服务于采用多元评价体系来评估学生的学习和衡量学校的表现。该中心的使命是通过开发具有创新性、教育性的表现性评价来改进教师的教学和学生的学习，通过构建学校利用评价的能力来改进教学。该中心的主要工作包括：与高校、中小学、学区合作，开发表

现性评价项目；建立和监督表现性评价的评分流程；为确保评价体系的科学性进行专门研究。经过多年的积累，斯坦福评价、学习和公平中心已经在许多领域开展工作，并且产生了一定影响。比如其主持开发的加州教师表现性评价（Performance Assessment for California Teachers，PACT）已经被31所高校的教师资格项目用作资格认证考试。此外，该中心还牵头进行了全国性的教师表现性评价联盟（Teacher Performance Assessment Consortium，简称TPAC）项目，对26个州的100所高校学生的教学表现进行评价。①

（二）伯克利评估、评价研究中心

伯克利评估、评价研究中心是由加利福尼亚大学（University of California）伯克利分校教育研究生院（Graduate School of Education）教授马克.威尔逊（Mark Wilson）于1994年成立，它致力于对单个学生、教师、学校和其他机构对综合评估，并用于教育和社会干预的研究工作。为了提升评估质量，BEAR中心已成为开发难以测量的变量的评估工具，开发和使用高级统计模型以及新颖报告模式的领导者。该中心工作的关键部分是开发一个综合评估系统，称为伯克利评估、评价研究中心评估系统（BEAR Assessment System，简称BAS）。BAS代表了测量领域中新理论与新方法的综合，适用于教育中的评估实践，并特别关注从学习进展的视角看教师管理与课堂中心的学生表现评估。BEAR中心的工作还包括开发评估工具，例如基于网站（Web）的应用程序，利用技术支持评估设计、交付和分析，以提供更优质、更创新的评估结果与更及时和有用的反馈。如今，BEAR中心团队超过30个成员，主要包括研究员、学者和相关支持人员，主持诸多教育评估项目以改善国内外教育质量状况，多年来它还参与了教育领域之外的其他项目。②

---

① SCALE：*About Scale*，2020年10月12日，见https：//scale.stanford.edu/about。

② BEAR：*About BEAR*，2020年10月12日，见https：//bearcenter.berkeley.edu/page/about-bear。

## 五、教育认证型

教育认证（Educational Accreditation）是指学校等教育机构向外部机构提供数据和信息，并在此基础上，外部机构对学校的价值实现、办学质量等情况作出独立评价，并向公众发布信息的过程。在美国，认证在教育领域有着悠久的历史与良好实践，它既是社会第三方参与教育评价的重要路径，也是教育质量保障的重要组成部分。教育分权体制延伸出了分权化的认证制度，为认证机构多元化发展提供了动力，保障了认证机构对各方利益要求的呼应，并且有利于避免认证活动中的独断和腐败行为。[①] 美国的学校认证工作形成了六大地理区域，每个区域均设有一个学校和院校协会，协会下设相关委员会，分别负责本区域中小学校、中学和非学位教育机构、高等教育机构三个领域的教育认证工作。

进入 21 世纪以来，随着认证机构的合并重组、认证地理界限的不断扩展，美国基础教育领域的认证区域划分发生较大变革，目前形成了四大区域性认证机构（见表 2–3）。2006 年，中北部学校和学院协会—认证与学校改进委员会（NCA—CASI）、南部学校和学院协会—认证与学校改进委员会（SACS—CASI）合并成立了世界先进教育认证组织（AdvancED）；2012 年，西北部认证委员会（NWAC）把中小学认证与大学认证的职能分离，中小学认证的部分并入 AdvancED。AdvancED 因此成为全球规模最大的教育专业组织之一。尽管各大区域仍然有对应的州，但它们的认证工作均已超出了既定的地理范围，在逐渐覆盖全美的同时也拓展到了海外。美国教育认证机构的合法性由政府做担保，但各大机构的自我定位均保持其独立性与专业性，认证工作的开展不受政府的干预与控制。州政府与认证机构之间形成的是互相依赖、协同治理的委托代理关系，充分体现了社会第三方参与教育评价的特征。此外，从认证制度运行与生效的角度看，这些机构在中小学教育质量

---

① 方乐：《美国政府与高等教育认证机构之间关系的研究》，硕士学位论文，上海师范大学教育科学学院，2005 年，第 85、86 页。

认证工作中采取的是质性评价为内核的多元评价方法，在彰显第三方认证机构服务性与支持性职能定位的同时保障了学校坚持特色化办学、差异化发展的空间。①

**表 2–3　美国基础教育认证区域及机构概况**

| 区域 | 州 | 机构 | 会员学校数 | 认证周期 |
|---|---|---|---|---|
| 中部 | 特拉华、马里兰、新泽西、纽约、宾夕法尼亚、华盛顿哥伦比亚区 | 中部大学和学校协会—中小学委员会（Middle State Association Commissions on Elementary and Secondary Schools，简称 MSA—CESS） | 3000+ | 7 年 |
| 西部 | 加利福尼亚州、夏威夷州 | 西部学校和学院协会—学校认证委员会（Accrediting Commission for Schools Western Association of Schools and Colleges，简称 ACS—WASC） | 5000+ | 6 年 |
| 新英格兰 | 康涅狄格州、缅因州、马萨诸塞州、新罕布什尔州、罗得岛、佛蒙特州 | 新英格兰学校和学院协会—公立学校委员会（New England Association of Schools and Colleges Commission on Public Schools，简称 NEASC—CPS） | 2000+ | 10 年 |
| 中北部、南部、西北部 | 上述以外各州 | 世界先进教育认证组织（AdvancED） | 36000+ | 5 年 |

资料来源：尤铮：《何为一所优秀的美国中小学：对四大区域认证标准的比较分析》，《外国中小学教育》2019 年第 3 期。

## 第三节　美国第三方教育评价的内容、方法与模式

如前文所述，由于教育行政管理权的高度分散，使得美国第三方评价机构繁多，而且彼此之间的关系也十分复杂。可以说，美国没有一个大规模教育测试是独立进行的，基本上都要在评价工具研发、实施测评、结果评价

① 尤铮：《何为一所优秀的美国中小学：对四大区域认证标准的比较分析》，《外国中小学教育》2019 年第 3 期。

的某个阶段或多或少地依靠第三方评价机构的力量。因此，对于美国而言，第三方机构参与教育评价的广度和深度都是其他国家所不能比拟的，其在内容、方法和组织形式上也显得错综复杂。这里，我们按照教育评价的全国性监测模式和考试模式两类，分别介绍每一类模式中各种第三方教育评价机构参与的内容与方法。

## 一、全国性监测模式

在美国，联邦政府虽然对教育没有太多管理权限，但仍然十分重视教育数据的搜集、整理和报告。早在 1867 年，美国就成立了专门的国家教育统计中心，成为世界上较早地致力于教育数据收集和分析机构。该中心不仅是美国教育科学院（Institute of Education sciences，IES）的分支机构，同时还是联邦统计系统的 13 个重要统计中心之一。① 国家教育统计中心履行美国国会授予的权利，负责收集、整理、分析和报告美国教育的完整情况并公示报告，同时审查并汇报国际教育活动。该中心成立的一项重要任务，就是在全美范围内实施国家教育进展评估（The National Assessment of Educational Progress，简称 NAEP）。

### （一）NEAP 测试的内容

作为一项全国性学业成就测试，NAEP 所包含的内容十分丰富，但主要是主体测试、长期趋势跟踪。② NAEP 依据全国评估管理委员会制定的学科评估框架，对学生的学业成绩进行测量评估。主体 NAEP 是对 4、8、12 年级学生的公民、经济、地理、数学、阅读、科学、信息技术、文学、历

---

① 其他的还包括美国劳动统计局、美国人口统计局等。

② 此外还有根据其他特别需要开展的实验性城市学区评估和专项研究。试验性城市学区评估 NAEP 是在地方学区层面的评估，是 NAEP 在全国和各州评估基础上向更小的领域扩展的一次尝试。试验性城市学区 NAEP 设立的初衷在于关注都市教育中面临的特殊“挑战”，支持大型城市学区学校的教育改革。此外，美国政府还开展了一系列的专项评估，例如 2005 年，NAEP 进行了三项主要研究——全国印第安人的教育情况研究、私立学校学生成绩研究及公私立学校学生成绩对比研究；2007 年，NAEP 进行了高中学生成绩单研究和评估技术方面的基础研究。

史以及写作科目进行阶段性的测试评估，并对成绩因素进行分析。主体 NAEP 由国家 NAEP 和州 NAEP 两部分组成，国家 NAEP 是评估全国性的学生样本，而州 NAEP 主要是评估各州的学生样本，美国的州政府在教育管理方面发挥着极其重要的作用，州和地方政府有权制定课程标准和评估标准，各州没有统一的评价标准，导致各州之间不具有可比性。NAEP 为各州的学业成绩测试提供了一个统一的标准，使各州之间的比较得以实现。州 NAEP 的测试两年一度，测试 4、8 年级学生科学、数学、阅读、写作的成绩。由于主体 NAEP 的评估内容和方式是随着教育的改革和发展不断进行更新的，对学生长时期内成绩的变化趋势难以进行比较，长期趋势 NAEP 则较大程度上弥补了这一缺憾。长期趋势 NAEP 一直使用相对固定的试题结构，可以测量出学生在一段时期内成绩的变化趋势，长期趋势 NAEP 的测量对象是 9 岁、13 岁和 17 岁的学生，测试科目主要是数学和阅读。

（二）NEAP 的组织成员及职责

由于 NAEP 是由联邦教育部门牵头进行的工作，因此整体的规划设计均有 NECS 作出，大部分的工作都外包给相应行业的第三方机构来完成。根据 NEAP 官网的最新数据显示，该项目目前有多达 12 家合约单位（Contractor），每家合约单位都有十分明确的权责。[①] 对于评价设计、试题开发、数据搜集与处理、评分、报告等最核心的业务，NAEP 还专门与其中 4 家单位签订了合约，成立了 NAEP 联盟（NAEP Alliance）。表 2–4 和表 2–5 中分别呈现了 4 家 NAEP 联盟单位和 8 家非联盟单位在 NAEP 测试中的任务和角色。

---

① National Assessment of Educational Progress：*About Us*，2020 年 12 月 13 日，见 https：//nces.ed.gov/nationsreportcard/contracts/history.aspx。

**表 2–4　NAEP 联盟单位的简介与分工**

| 单位名称 | 简介 | 主要任务 |
| --- | --- | --- |
| 培生教育集团 | 世界上最大的教育公司，也是教育、测试、评估和认证在应用、服务和技术方面的全球供应商，自 1989 以来一直向 NAEP 项目提供服务 | (1) 材料、分发、处理和评分，包括：准备和打包所有评估材料及各种辅助材料；将评估手册和材料分发到每个学校的测试管理员手中；将已完成的学生和教师的评价材料从现场运回评估中心；制定培训和评分材料，统计所有的评估结果 |
| ETS | 教育考试服务中心的使命是通过提供公平有效的评估、研究和相关服务来提高教育质量和促进教育的公平性；教育考试服务中心的产品和服务目的是衡量知识和技能，促进学习和教育绩效，并促进全世界所有人的教育和专业发展；教育考试服务中心与 NAEP 有着长久的历史渊源，自 1983 年以来一直与 NAEP 保持合作关系 | (1) 计划与协调：为 NAEP 创造与实施战略计划、协调各机构间的合作等；<br>(2) 设计、分析和报告：设计所有的试验、操作评估以及专题研究；分析数据确保最终上报结果的有效性；提议并研究能够有效分析当前和未来的评估数据的心理测量及统计分析模型；决定需要上报的达标数据并准备公开发布的结论；<br>(3) 项目开发：开发 NAEP 评估的认知项目和评分规则；制定调查问卷；参与项目审查 |
| 商业智能有限公司（Business Intelligence） | 一家由退伍军人开办的小公司，位于华盛顿地区，自 2006 年成立以来，商业智能公司提供项目管理办公室（Project Management Office，PMO）服务，确保项目目标的达成，与国家教育统计中心（NCES）的合作关系始于 2008 年 | 安排和协调：NAEP 中每个第三方机构任务目标是否能完满达成取决于其他第三方机构成员任务完成的质量和及时性，NAEP 中的每个任务都必须与其他任务同步实施，商业智能公司则从中斡旋，整合 NAEP 项目日程中的多重任务，及时提供关于时间性、可交付成果以及性价比方面的数据来支持 NCES 的评估 |
| 支点信息技术服务公司（Fulcrum IT Services Company） | 成立于 2006 年，是一家为联邦政府、州政府和地方政府提供解决方案和服务的信息技术公司，自 2002 年起成为 NAEP 项目的网络技术专家，专业从事网站内容管理、在线学习、电子商务和电子协作 | 网络 / 科技的开发，运营和维护：获取、开发、实施和支持 NAEP 及第三方机构的网络 / 科技服务；发现和配置新技术和新产品来提高 NAEP 项目的成果；确保通过网络技术及时地发布评估结果；加强和扩展 NAEP 的网站 / 科技的基础设施和体系来提高 NAEP 项目的效率和效益 |

**表 2–5 非 NAEP 联盟单位的简介与分工**

| 单位名称 | 简介 | 主要任务 |
|---|---|---|
| 美国研究院（American Institutes for Research，简称 AIR） | 成立于 1946 年，总部位于华盛顿，是一个无党派、独立的非营利组织，依据行为和社会科学研究社会重大问题，并在教育领域、学生评价领域、统计和研究方法等领域提供技术援助 | （1）向 NAEP 评估部门在分析、研究、开发方面提供技术支持，并报告 NAEP 所有评价的技术审查活动；<br>（2）在 NAEP 州评估层面上提供关于设计、实施、深入报告、学生成就的系统研究方面提供必要的技术和分析支持，包括收集、评价成果的专题研究、状态评估数据和政策简介 |
| CRP | CRP 是一家由少数族裔女性运营的小企业，负责向 NCES 提供与内部审查有关的时间进度和效率信息。该公司为提高 NAEP 的设计、研发和管理提供科研、分析、文案和物流方面的支持 | 提供研究、分析、撰写、逻辑分析等服务来推进 NAEP 评估的设计、开发、管理目标的实现。除了协调多种形式的 NAEP 相关会议外，CRP 还管理项目，并提供专题报告、分析报告，概要以及研究论文来支持 NCES 的研究和 NAEP 的考核重点。CRP 通过安排会议、员工会议、旅行以及其他与 NAEP 会议相关的活动给 NCES、NAEP 及第三方机构提供后勤与项目支持 |
| 海格夏普公司（Hager Sharp） | 成立于 1973 年，是一家员工持股的通信公司，通过提供有关策略性沟通的咨询、设计国家公共教育以及社会营销活动来获取关注和达成目标 | 出版、宣传、运营、推广支持、规划、开发以及宣传 NAEP 的印刷出版物和网络出版物；开发和分享 NAEP 的宣传材料；管理展览摊位和材料，以及为 NAEP 关键路径评估活动提供支持，包括对各州协调员、现场作业、项目开发、评分、设计、分析和报告，网络技术的操作、计划与协调的支持 |
| 人力资源研究组织（Human Resources Research Organization） | 成立于 1951 年，是一个囊括了多学科专家的非营利组织，包括工业心理学和实验心理学的专家，以及相关领域的专家，比如管理分析、社会学、运筹学、计算机科学、经济学、教育研究等领域的专家 | 质量保证：为 NAEP 的第三方机构提供过程评估，包括对第三方机构的质量控制计划和程序的审查，还包括实地考察来确保取样、权重、数据收集过程、规模及范围、等值、分析和报告的整体质量保证 |
| 考夫曼联合公司（Kauffman & Associates） | 区政府、协会、基金会和成立于 1990 年，是一个专注于公共卫生，教育和经济发展问题的小型企业，为联邦政府、州政府、地 | 向 NCES 实施的全国印第安人教育研究提供支持。考夫曼联合公司确保印第安教育署（Bureau of Indian Education，BIE）下属学校在 NAEP 项目中的参与度，编写宣传材料，公布评估结果 |

续表

| 单位名称 | 简介 | 主要任务 |
| --- | --- | --- |
| | 私营企业提供管理支持、研究和评估、通信和信息技术的服务 | |
| 最优方案集团（Optimal Solutions Group） | 成立于2000年，是一个无党派的、从事公共政策研究和提供技术援助的公司，最优方案集团提供先进的分析和创新的方法 | 向评估部门提供关于统计分析、研究举措、项目管理和协调服务方面的技术支持 |
| 部落科技公司（Tribal Tech） | 成立于2000年，是一个提供管理和技术服务咨询的小型企业，为原住民部落、联邦政府、州政府、地方政府和私营部门的客户提供培训和技术援助 | 在NAEP的国家印度教育评估中向印度教育局和其他学校提供支持 |
| 威斯塔斯公司（Westat） | 成立于1963年，拥有2000名以上专业的研究、技术和管理人员，可以设计和指导大规模的研究设计和个性化客户服务。威斯塔斯公司自1983年开始一直负责NAEP项目中的取样工作和数据收集活动 | 1. 抽样和数据收集：包括学校和学生抽样、学校招聘、现场工作人员培训、数据收集和质量保证以及抽样权重的制定；<br>2. 服务支持中心：提供持续的支持，为NAEP项目培训州协调员和实验区域协调员；培育私立学校组织的支持 |
| 各州教育长官委员会（Council of Chief State School Officers，简称CSSO） | 各州教育长官委员会是一个无党派的非营利性组织，成员包括由各州教育部门主管中小学教育的官员。该委员会对各类教育事务进行指导、倡议和技术支持 | NAEP信息网络：提供各州的最新教育政策和评价信息；定期向各州负责教育管理的机构代表通报有关最新进展、数据收集、日程安排等方面的信息；与华盛顿地区的组织协作，确保NAEP与各州之间的合作关系 |
| 各州教育管理部门（State Education Agencies） | 美国的50个州、华盛顿特区、波多黎各以及美国国防部教育活动办公室是参与NAEP测试的主要行政部门。目前，有48个州、华盛顿特区和波多黎各都与NAEP签订了合作协议 | 指定项目联络人，负责各州教育管理部门与NAEP之间的业务协调联系；作为各州的代表对NAEP测试试题和流程进行审议；分析和汇报NAEP数据；协调有关NAEP测试结果在政策和项目规划方面的使用 |

## 二、考试

考试是美国社会第三方参与教育评价最广泛的模式，并内含多种测试类型，包括促进各州基础教育质量达标一致的标准测试，选拔人才进入高校的高考，以及其他社会性考试。

### （一）各州的标准测试

《不让一个孩子掉队法案》对于美国教育产生了深远影响，加强了美国教育问责体系的建立。奥巴马政府实施的力争上游评价项目（Race to the Top Assessment Program，RTTAP）进一步加速了美国教育评价的变革。该项目提供了3.6亿美元的教育拨款，旨在促进各州之间就基础教育质量达成一致标准，并展开评价。2010年6月，美国全国州长协会和各州教育长官委员会共同颁布了“核心标准”，从大框架上统一了美国K-12年级的课程标准。与此同时，基于核心标准的州际基础教育质量评价体系也逐步建立起来，至今为止已经形成了六大联盟。

这六大联盟一共有三类，分别针对所有学生、认知障碍学生和英语语言学习者（English language learners）。首先是两大综合性评价联盟（Comprehensive Assessment Consortia），其评价对象是除了身体有明显残疾之外的所有学生。这两个联盟分别为“为升学和就业做准备评价同盟”（The Partnership for Assessment of Readiness for College and Careers，简称PARCC）和“智能平衡评估联盟”（Smarter Balanced Assessment Consortium，简称SBAC）。其次是两大特殊性评价联盟（Alternate Assessment Consortium），主要针对有明显认知缺陷的学生。这两个联盟分别是“动态学习地图”测试（Dynamic Learning Maps，简称DLM）和“多州特殊评价”（Multistate Alternate Assessment，简称MAA）。最后，是两个英语语言测试联盟，主要针对ELL。这两个联盟分别是“21世纪英语语言评价”（English Language Proficiency Assessment for the 21st Century，简称ELPA21）和维达联盟ELL入门2.0（WIDA Consortium’s ACCESS for ELLs 2.0）。每个州根据实际需要参与了部分评价联盟，并承担着相应的主管或成员角色。

评价联盟的建立是为了遵守共同核心课程标准的要求，通过教育评价来促进各州的学生达到相应标准。这个联盟评价项目的开展方式与 NAEP 类似，都是由政府教育部门主导，按照需求引入专业的第三方机构进行合作。下面，以 PARCC 联盟为例进行介绍。PARCC 联盟是基于 2010 年颁布的具有全国统一性质的《州共同核心标准》所开发的评价项目，以促进联盟各州的学生升学与就业为理念，目的是测量 3—11 年级学生在英语与数学学科方面所取得的进展。

PARCC 的试题开发与编制的具体工作由 ETS、“进步测量”（Measured Progress）和麦克劳希尔教育测评中心（CTB/Mc Graw-Hill）三家单位共同合作。此外，大学理事会（College Board）和一些高校也将参与试题研制工作。评价专家、技术专家等将共同合作开发各类测验试题的模板和范例。试题模板主要包括学生观看的视频剪辑，学生在计算机屏幕上突出文章段落的方法，以及计算机上的拖放功能和屏幕绘图功能等。然后，PARCC 的考试服务承包商将在试题范例和模板基础上研制新试题。最后，所有的试题，无论是新研制的试题还是从现存题库中获得的试题，都需接受审查检验。因此，一方面 PARCC 成立了由商业领导者、社会活动家以及社会经济问题专家，文化差异专家等人员所组成的“偏向性和敏感性委员会”（Bias and Sensitivity Committee），对文章、媒体文件、测验试题以及表现性任务进行检验，以确保评价内容不是学生、父母或其他利益相关者中的一些特殊群体所敏感或反对的，并实现公平无偏差的评价各类学生群体；另一方面，根据美国教育成果国家评价中心（NCEO）的建议，PARCC 将采取一系列措施，如委员会审查、实地测验中的统计分析、认知实验等，以检查每个试题是否满足通用设计的要求，方便所有人使用。

### （二）美国的高考

如何更好地选拔人才进入高等学校学习是所有国家面临的共同问题，有些国家采取统一考试的方式，而有些国家则由各个高校自主进行。由于美国的学校在经费来源、课程设置、评价方式上千差万别，所以美国的大学在录取时不仅要参考高中生的学习成绩、班级排名等，还需要考生提供一些高等教育适应性测试（college-readiness test）的测试的成绩。这其中最为重要的两个测试就是 SAT 和 ACT 考试。前文中已经介绍过，这两个考试都不是由美国教育行政管理部门负责组织实施的，而是由社会第三方机构负责开发和运营的，属于社会性考试。

当然，选拔性考试就意味着并不是所有学生都能进入大学，更有甚者，一部分学生未能完成高中学业就已经中途辍学。但是，对于高度发达的美国社会来说，高中学历可以说是就业的基本门槛，因此为了尽可能地为辍学学生（以及其他由于各种原因未能完成高中学业的社会人员）提供一个学历认证，美国政府推出了同等学力政策，而同等学力考试则由 ETS 负责研发和运营。

1. SAT 和 ACT 考试

SAT 考试是美国历史最悠久的标准化考试之一，早在 1926 年就第一次作为大学入学考试被使用。SAT 的所有权归大学理事会（College Board）所有，但考试的研发、评分和结果发布都由 ETS 具体负责。ACT 考试是为了对抗 SAT 测试对美国教育界的长期统治而研发出来的，与 SAT 强调学校教育所获得的技能和知识所不同的是，ACT 测试更强调对于学生能力的测量（两者的具体差别参见表 2–6），并因此取得了巨大成功。在提高考试的标准性和科学性上，ACT 公司做了非常多的工作，包括定期地公开发布技术手册，解释试题编制的信效度。

**表 2–6　SAT 与 ACT 考试比较**①

| 比较内容 | ACT 考试 | SAT 考试 |
|---|---|---|
| 考试频率 | 每年举行 6 次 | 每年举行 7 次 |
| 考试目的 | 测试对学生所学课本知识的掌握 | 测试学生智商，强调对考生独立思考和判断能力的测试 |
| 考试内容 | 为四个部分，包括英语、数学、阅读和科学推理；有复习大纲，考点从所学内容中提取 | 共三个部分，包括阅读、数学、写作；分独立的 SATI 和 SATII，没有复习范围 |

① 杨光富：《美国大学入学考试 SAT 改革述评》，《全球教育展望》2015 年第 1 期。

续表

| 比较内容 | ACT 考试 | SAT 考试 |
| --- | --- | --- |
| 考试时间 | 3 个小时 | 3 小时 45 分钟（不含 SATII 时间） |
| 评分标准 | 答错题不倒扣分，最高分为 36 分 | 答错题倒扣分，最高分 2400 分 |

目前，越来越多的美国高中生同时参加 ACT 和 SAT 考试，以增加竞争力。种种因素导致了 SAT 正在失去原有的优势。根据美国国家公平与公开考试中心（The National Center for Fair and Open Testing）提供的数据，2012 年，有 1666017 名学生参加了 ACT 考试，而 SAT 参考人数仅为 1664479，ACT 人数一举超越了 SAT。2013 年，ACT 的应考者达到 1799243 人，而参加 SAT 的学生数量却下降了 4000 人。其中越来越多的高中学生选择同时参加 SAT 和 ACT 考试。如在哈佛大学、维吉尼亚大学以及加州大学，2012 年新生中，大约有 1 /4 的申请者同时提交了 ACT 和 SAT 成绩。不过，更多的学生参加两项考试，只提交一项成绩。

另外，美国越来越多的州要求学生参加 ACT 考试。2001 年，科罗拉多州和伊利诺伊州与 ACT 签约，开始在全州范围内组织管理这项考试。密歇根州和肯塔基州于 2007 年开始推行这项考试；2009 年怀俄明州也参加了 ACT。现在，全美有 13 个州组织公立学校的学生参加 ACT 考试。另外，密苏里州、威斯康星州和另一个州（ACT 还没有公开承诺）也将计划加入这一阵营。相比之下，目前仅有缅因州、特拉华州和爱达荷州 3 个州在组织管理 SAT 考试。

2. 同等学力考试

同等学力考试是为了那些辍学学生和未达到相应文化水平的社会人员所提供的测试。凡是通过该测试的人都能够获得由州政府颁发的高中同等学力证书（high school equivalency，HSE）。目前美国共有三个测试，分别为美国教育委员会开发的 GED 测试（General Educational Development）、数据认知公司（Data Recognition Corp）开发的 TASC 测试（Test Assessing Secondary Completion）和 ETS 开发的 HiSET 测试（High School Equivalency

Tes）。这三类测试都由第三方评价机构研发和运营，各州教育部门根据需要指定一种或多种测试，凡是通过测试的人员都可以获得高中同等学力证书。

基于《成人教育的大学和生涯准备标准》（*College and Career Readiness Standards for Adult Education*，简称 OCTAE），ETS 专门针对辍学青少年和高中未毕业的成年人开发了高中同等测试（High School Equivalency，简称 TestHiSET）。该测试有英语和西班牙语两种可选的语言，可以采用纸笔测试也可以采用计算机测试。由于此类考试大多面向低收入人群，因此价格便宜是该类测试的一大特点，ETS 公司向每位考生收取的测试费仅为 10 美元。HiSET 测试由 5 个科目组成，分别是阅读、写作、数学、科学和社会。阅读测试有 40 道选择题，考查被试者理解、阐释和分析阅读材料的能力；写作有 51 道选择题和 1 道作文题，考查被试者编辑和改写文本的能力；数学有 50 道选择题，考查被试者运用基本概念和推理能力解决数量问题的能力；科学有 50 道选择题，考查被试者运用科学知识、科学原理和解释科学现象的能力；社会有 50 道选择题，考查被试者分析和评价各种社会问题的能力。

### （三）其他社会性考试

在美国，教育考试除了针对学生，也有针对社会人员的考试，这其中，教师资格考试便是一个典型。美国各个州对于教师资格的要求迥异，因此各个州都有自己承认的教师资格考试。这其中，由 ETS 公司开发的 Praxis 考试是受到各州广泛认可的教师资格考试之一。该考试的目的在于考查被试者是否具有担任教师的知识和能力，其结果作为各州颁发教师资格证的重要参考。

为了满足各州的不同需求，Praxis 共设计了三种类型的测试，分别是教育者核心学术能力测试（Core Academic Skills for Educators）、学科测试（Subject Assessments）、教学评价的内容知识测试（Content Knowledge for Teaching Assessments）。教育者核心学术能力测试是最主要的测试，考查被试者在阅读、写作和数学方面的学术能力。其中，阅读和数学均由 56 道客观题构成（包括单选、多选和填空题），测试时间为 85 分钟；写作有 40 道客观题和 2 道作文题，测试时间为 100 分钟（客观题 40 分钟，作文题 60 分钟）。学科测试考查与具体学科相关的内容知识和教学技能，涵盖了包括农学和外语在内的 90 多门科目。具体选考什么科目由各州教育部门决定。教学评价的内容知识测试是专门针对小学阶段开发的测试。因为美国的小学大多不分学科，因此每位教师需要掌握数学、阅读、写作、科学、社会等各方面的综合知识。通过该测试的人员是获得美国全科小学教师资格的要求之一。

## 第四节　美国第三方教育评价机构与政府、市场的关系

### 一、第三方教育评价机构与政府教育部门的关系

#### （一）合作、监督与规范

美国是一个高度私有化和市场化的国家，政府教育部门与第三方评价机构之间基本上没有任何垂直的行政隶属关系，大多属于扁平化的平等业务往来。总体来看，政府教育部门与第三方教育评价机构之间主要是合作、监督与规范的关系。

1. 合作

无论是联邦教育部还是各州的教育部，为了保障教育评价工作的开展，都需要与第三方评价机构进行合作。这不仅是因为第三方教育评价机构在教育评价方面具有专业优势，而且是因为教育评价所涉及的工作十分复杂，而教育部门人力有限，必须将相关业务外包给相应第三方机构去完成。比如在全国最大的教育评价 NAEP 项目中，由全国评估管理委员会（National Assessment Governing Board，NAGB）制定政策、教育部下属的全国教育统计中心（National Centre for Educational Statistics，NCES）执行方案。国会委托国家教育统计中心对 NAEP 项目实施和管理，负责协调各方评估力量，核实评估标准，检测评估样本数据是否有代表性，对各 NAEP 项目进行指导，评估 NAEP 进程安排，公布最终报告等。社会第三方机构或组织主要是通过与政府签订合同、成为政府评估的承包商或分包商的形式来参与评

估。国家教育统计中心（NESC）作为美国国家教育进展评估的负责者，与专业性教育评估组织签署合同，通过竞标的方式购买第三方机构的服务，以法律的形式规范双方的权利与责任。

前文中已经提到，目前 NAEP 共有 12 个协议合作单位，但这其中有 10 个是第三方机构，另有两个是与各州教育部门相关的管理单位，也即各州教育长官委员会和各州教育管理部门（见表 2–2）。这 10 个第三方机构依据其不同的专业优势在 NAEP 中承担不同职责，其中与评价技术和内容相关的业务（包括试题研发、阅卷等）主要由 ETS 完成，抽样和数据分析工作主要由威斯塔斯公司完成，其他公司则主要提供软硬件技术支持或者协调工作。

2. 监督

美国虽然高度自由化，但是第三方教育评价机构的成立和运营都要受到教育行政部门的授权和监督，无论是非营利性机构还是营利性机构都是如此。ETS 公司的成长经历就能够清晰地折射出美国教育行政管理部门对第三方教育评价机构的监督。早在 20 世纪 30 年代，美国教育界就开始使用各种教育评价，当时并没有专门的机构，而是由一些组织根据需要自行研发和组织测试。比如大学委员会的 SAT 考试就是如此。不少教育界人士（如哈佛大学的 Henry Chauncey）逐渐意识到，有必要将各类混杂的考试都统一在一个专门机构，以确保教育测评的科学性、公正性和专业性。于是，大学委员会、卡耐基教育基金会和美国教育委员会三大组织都将自身的教育评价职能剥离出来，以大学委员会为基础于 1947 年组建了 ETS，而该公司成立的标志则是 1947 年 12 月 19 日，纽约州教育评议会（New York State Board of Regents）对 ETS 颁发了许可执照。纽约州教育评议会是纽约州教育部下设的机构，由常务委员会（standing committee）、分会（subcommittee）和工作小组（workgroup）等组成，负责对纽约州境内所有的教育相关活动进行监督。

3. 规范

为了对教育评价进行规范，美国教育测量委员会（National Council on

Measurement in Education，简称 NCME）是一个专业组织，由各类与教育评价、评估、测试以及测量的其他方面相关的人员构成，其会员包括大学教师、试题开发人员、联邦政府和各州政府的评价官员、企业的测评专家等。该委员会成立的目的在于确保所有的评价都是在公平、公正的基础上进行的。为了对各类教育评价、教育考试进行规范，该委员会专门制定了《教育评价职业责任标准》（*Code of Professional Responsibilities in Educational Measurement*），明确了各类教育评价相关机构和人员所应该遵守的准则，无论这些机构和人员是从事研发、市场、销售、选择、管理教育评价工作，还是解释、使用、发布评价结果，或是评估和从事评价相关研究。这一准则是所有教育评价行业机构和人员都普遍遵守的行业准则。ACT 公司在其发布的技术报告中就明确指出，ACT 测试题目的开发完全遵循并符合《教育评价职业责任标准》的要求。

除了这一标准之外，还有一项重要的《教育测试公平实践准则》（*Code of Fair Testing Practices in Education*）也是规范美国各类第三方评价机构的重要行业标准。这一标准由测试实践联合委员会（Joint Committee on Testing Practices）于 2004 年颁布，该委员会是由美国教育研究会、美国心理学会和美国教育测量委员会三家单位于 1985 年联合成立的组织。该标准主要对以下 4 方面的公平性作出了规定：开发和选择合适的测试、管理和评阅测试、汇报和解释测试结果，向考生发布信息。

### （二）第三方教育评价结果的运用

第三方机构根据教育部门的要求和协议的相关内容提供评价服务，一般来说，任何参与教育部门所组织的评价的第三方机构都要求对于包括学生个人信息、评价结果在内的各种信息保密。在某些情况下，第三方机构也会根据教育部门的要求来提供数据分析报告等材料。总体来看，教育部门对第三方教育评价结果的运用主要体现在三个方面：第一，将评价结果作为教育问责的标准；第二，将评价结果作为政策制定的参考；第三，将评价结果作为资质认定的依据。

1. 评价结果作为教育问责的标准

教育部门开展教育评价的首要目的就是为了回复公众对于教育的问责，比如《不让一个孩子掉队法案》明确提出了各州所需要达到的标准，这些都需要依赖标准化测试的成绩来衡量。第三方机构利用自身优质的人力资源和技术资源，为联邦政府、州政府等机构提供评估结果。比如 ETS 为 NAEP 项目提供了专业评估服务，特别是负责 NAEP 报告的数据分析和撰写工作，为全社会了解 NAEP 的测试结果提供了信息渠道。如 2015 年国家报告科学项目的评估结果，报告中提供了参与率，4 年级的参加人数为 115400 人，8 年级的参加人数为 110900 人，12 年级的参加人数为 11000 人，报告中详细分明了 4 年级、8 年级、12 年级的科学平均分数以及涨幅点，并与 2009 年的数据进行了比较，使人们能够直观地了解到学生学业成就是提高还是降低。不仅如此，ETS 还与各州缔结评估项目，提供评估结果，包括加利福尼亚州学生学业成就和进步的评估、马里兰州高中评估、德克萨斯州学习模式评估、田纳西州综合评估方案、维吉尼亚州学习标准测试等。这些评估项目的实施为美国各州提供了学校改进和学习模式改变的依据，促进了美国各州教育的进一步改革和发展。

2. 评价结果作为政策制定的参考

第三方机构不仅能够为教育问责提供数据支持，还能够调集专业科研人员来针对某些热点问题利用数据进行深入分析，为教育部门提供各种研究报告，从而为教育政策的制定和改革提供参考。比如，美国研究院通过深入研究 NAEP 数据结果，对一系列问题提出见解，美国研究会分析不同种族或民族学生之间的成绩差异，会组织一系列专家有效地分析 NAEP 实施有效性。美国研究院针对 NAEP 项目的分析报告如《2012 年 PISA 项目与 2013 年 NAEP 项目数学评价的比较研究》，该比较研究发现两个评估项目的许多相似性，研究更注重两个评估项目在背景、复杂性、数学水平、文本全面性、评估代表性等方面的差异及比较。美国研究院还注重分析 NAEP 中学生成就差异的表现及原因，美国研究院分别于 2009 年和 2011 年发布了《黑人学生和白人学生的学业成就差异》和《西班牙裔学生和白人学生的学业成就差异》，深入分析了学业成就差异的表现及其可能因素。美国研究院发布的一系列分析报告更深层地向人们呈现了 NAEP 评估的内在联系，使政府在直观获取评估数据和结果的同时，能更深一步了解数据背后所阐释的意义，从而在制定及修改与教育相关的政策方案时有源可溯。

3. 评价结果作为资质认定的依据

在美国，第三方评价机构不仅能够为标准性测试提供解决方案，同时也为资格性考试提供服务。美国的各类资格考试（比如高中同等学力资格考试、教师资格证等）一般都是由第三方机构开发的，教育部门和学校则根据需要来购买相应的服务。因此，第三方评价的结果也常常被用作资质认定的部分依据。比如高中同等学力资格考试（HiSET），就是由 ETS 开发的一种面向辍学学生和社会人员的资格考试。一旦通过该考试，不仅能够获得高中同等学力证书，还有资格申请联邦政府的学生助学金（Federal Student Aid，简称 FAFSA），并且具有参军资格，还能够参加美国劳工部的就业公司项目（Job Corps Program）。这些都为高中辍学学生和社会人员提供了升学和就业的机会。

## 二、第三方教育评价机构与教育督导部门的关系

第三方教育评价机构对政府部门的教育督导工作起到支持作用。例如，美国教育协会下属的督导以及课程发展协会，以加强各州督导人员之间的联系、推动教育督导理论与实践发展为目的，出版刊物，召集年会，是全国性的著名教育督导学术组织。① 另外，其他一些学校及学生评估机构和组织也为教育督导的实施提供重要的数据和标准参照。例如，全美教育评估标准协会、学生考试研究中心、国际教育评价协会、教育测验服务中心、全国评价管理委员会等。② 有些地区性非政府机构，如新英格兰地区学校与学院协会，则根据学校要求视导学校，开展辅导，使学校达到该协会提出的办学标准。

① 王璐：《教育督导与评价制度比较研究》，人民教育出版社 2018 年版，第 237 页。

② 钱一呈：《外国教育督导与评价制度研究》，中央广播电视大学出版社 2006 年版，第 183 页。

### 三、第三方教育评价机构与市场的关系

美国是一个高度市场化的国家，教育评价领域中也遵循相应的市场化原则，这主要体现在开放的市场和充分的竞争上。开放的市场意味着所有机构都能够按照一定程序自由进入和退出，保证了第三方机构的权利，也保障了教育部门和学校的权利。最为典型的就是 NAEP 项目，它按期进行招投标工作，并与第三方机构签订相关协议。早在 1983 年，NAEP 就引入了公开招标机制，ETS 公司成为第一家合约单位，负责 NAEP 测试的全部工作。到 1994 年，实施方案发生了改变，ETS 主要负责试题编制和报告撰写，而国家电脑系统公司（National Computer Systems，简称 NCS）则负责阅卷工作。

充分的竞争不仅有利于促进第三方机构提升测试题目的科学性，也有利于政府部门和学校根据实际需要选择合适的评价结果来进行参考。比如，美国最著名的两大考试就是 SAT 和 ACT。前者的历史要远远长于后者，而且在大学委员会的支持下，使其在很长时间内占据绝对主导地位。后来 ACT 的出现改变了 SAT 的垄断地位，也促使 SAT 自身进行不断改革。目前 SAT 和 ACT 在市场占有率上几乎相当，大部分高校同时接受 SAT 和 ACT 的考试成绩。

## 第五节　美国第三方教育评价的特点、价值、挑战

第三方评价机构独立开展或参与美国各级各类教育评价已经有超过 70 年的历史。这些机构的产生本身就出自美国教育界对于教育测评不断高涨的多样需求，这些需求既包括高校选拔人才，也包括公共教育问责体系的构建。与教育行政管理部门和大中小学相比，第三方教育评价机构对于美国基础教育质量的提高有着自己独特的价值，产生了深远影响，但同时也面临着诸多挑战。

## 一、第三方评价机构的独特价值

### （一）专业性强

第三方评价的首要价值就是具有高度专业性。与教育行政部门相比，第三方评价机构都有一支专业的研发和运营团队，在行业领域中具有资源优势，能够高质量地完成所负责的评估任务。与单纯的教育科研机构相比，第三方评价机构能够更加准确地回应市场需求，而并非纯粹的书斋式科研。比如世界著名的ETS公司是一个囊括教育专家、心理测量专家、统计人员、研究人员以及评估开发者的专业团队。该公司雇用了250名左右的研究人员，其中包括国际上有名的心理测量和统计领域的科学家。通过雇佣这些专业人员，ETS能够有效地研究和分析支持现有的评估，并为未来的评估产品和服务提供新的想法；为教育测量和政策研究作出贡献；有效应对客户不断变化的需求，更好地满足广大教育界的需求。第三方机构中雇佣的大量专业人员是其公司的核心资产，它们正是依靠其专业化的服务和规范高效的市场化运作取得政府的支持和信任，从而保证了教育质量监测和评价的专业性。在评估方式上，第三方评估充分结合实地评估与书面评估以及同行评估与自我评估的优势。前者能够强化申请者和评估者之间的了解与交流，有效避免评估过程中的违规现象；后者则构成了内外呼应的评估模式，既确立了价值认证标准的合法依据，也保持了高校在接受认证时的主动性。① 此外，在评估依据上，第三方教育评价用来衡量一所学校整体实力的数据多来源于美国教育部、美国民权组织、统计部门等权威机构，保证了客观数据上的可靠性、透明度与权威性，采用上述重要数据作为评估依据具有较强的可信度与说服力。②

---

① 田薇：《美国高等教育第三方评估研究》，硕士学位论文，河南师范大学教育科学学院，2018年，第34页。

② 邹礼程、洪明：《美国基础教育第三方评价及其启示——以尼奇公司“美国最佳公立高中”排行为例》，《教育测量与评价》2019年第4期。

（二）具有法律权威

完善的教育立法为第三方教育评估机构提供存在的基础与保障。早在1952年，美国国会就通过了《公法82—250》（*Public Law 82—250*）的条款。该条款旨在要求颁布一个全国认可的认证机构名单，以推动外部质量保证体系的建构。同年，美国教育部成立了“认证与院校资格工作班子”（Accreditation and Institutional Eligibility Staff），公布了一套认可认证机构的标准。① 此后，美国又在相继出台的《保护消费者权益的联邦政策》《美国联邦管理条例》中对认证机构的运行作出了相关规定。这些法案都将第三方评估机构的建立、发展和评估的实施等工作纳入了法律的框架之内，为美国第三方教育评价机构的权威性提供了保护机制。②

（三）注重评价效率

第三方评价机构大多是以市场化模式运营（无论是像ETS这样的非营利性机构还是像培生这样的营利性机构），这与政府机关和学校等公共部门有着很大的区别。一般认为，公共部门是缺乏效率的，而市场是充满效率的。第三方评价机构遵循市场原则，能够根据客户需求迅速开发新的评价产品，也会根据时代要求对评价产品进行更新。比如ACT测试就在其发展的过程中根据教育部、高校和学生的要求经过多次改革。在诸如NAEP这样的大规模测试中，为了确保多个合约单位之间的相互协调，NCES专门与人力资源组织公司签订合约，让其跟踪整个项目进展，确保各个阶段的评估质量，监督不同任务第三方机构项目执行情况并进行质量控制。

（四）定位和职责相对独立

参与教育评估的第三方机构与政府之间的关系是平等的契约关系，第三方机构本身是中立的，不代表教育行政部门或者中小学的利益，完全遵循评价行业的规范工作，保持了很强的独立性与客观性。独立评估是教育问责

---

① 陈志强：《荷、美、澳三国高等教育外部质量保证体系的特点探析》，《比较教育研究》2012年第7期。

② 余凯、杨烁：《第三方教育评估权威性和专业性的来源及其形成——来自美、英、法、日四国的经验》，《中国教育学刊》2017年第4期。

体系构建的基本前提，没有科学独立的教育评估，就无法进行问责。这也是力争上游拨款计划试图在全美范围内推动建立州际评估体系的重要原因。因为原先各州的教育评估在标准上过于分散，导致无法衡量学生的真实水平。最突出的例子就是田纳西州，在2005年的州测试中，数学的及格率为87%，但是在NAEP测试中，该州学生的及格率仅为21%。此外，在机构经费运营层面，美国的认证机构属于民间机构，其活动经费的来源主要是被评估院校缴纳的会费以及慈善团体申请的项目经费等等，并不完全依赖于政府的拨款。①

（五）注重技术创新

第三方评价机构遵循市场化机制运行，因此能够更加积极地将各种技术创新应用到评估实践中。特别是网络技术的不断发展，基于信息技术的评价手段不断地被运用于各类评价中。ETS一直通过不断引入创新的心理测量设计和评价设计来辅助NAEP计划。近年来，NAEP已经开展了数字化的写作评价，在科学评估中结合交互式查询任务，并开发和管理第一次全国性的技术和工程素养（technology and engineering literacy，TEL）评估。2017年，NAEP将开展数学、阅读和写作等科目的数字化评估，这种评估方式转变反映了教育考试服务中心将尖端技术引入NAEP的承诺。教育考试服务中心的研究人员开发了NAEP数据资源管理器（NAEP Data Explorer，NDE）。NDE是一个功能强大的统计工具，包括许多的分析功能，如复杂的查询，数据的对比图和表的创建。DNE可以让用户更好地研究NAEP的数据和结论，可以建立自定义的统计图表，动画和状态图使用NAEP数据，探索不同学科几十年来的评估结果，查看影响学生学习成就的因素。

（六）保持与政府和学校的平衡协调关系

美国社会第三方教育评估结构的顺利运行依赖于广阔的市民基础、政

① 余凯、杨烁：《第三方教育评估权威性和专业性的来源及其形成——来自美、英、法、日四国的经验》，《中国教育学刊》2017年第4期。

府许可与支持和外界资源帮助等条件。[①] 同时，正因为社会第三方机构在评估和认证上能够给予这些群体或组织以相应的利益反馈，这些力量才能在美国社会并行不悖。政府、高校与社会第三方教育评估机构总以不断解决矛盾的方式得以平衡存在：一是第三方评估机构的生存依赖于对自身工作的自查、提高和完善，否则政府通过出台相应法律对其进行约束，政府与第三方机构在相互督促中塑造着共同发展的良性关系。二是为了避免第三方评估机构成为政府干涉高校事务，消解大学自治传统的外部力量，社会第三方机构在一方面通过完善自身认证制度，规范认证行为等方式降低对高校学术自由的干涉，赢得高校的质量认可；另一方面，第三方机构在改善自身评估指标体系，开展多样化的评估工作，以建构特色评估的方式适应着不同高校的办学目标与办学实际，鼓励高校办学的自主性与积极性，从而与高校之间达成一致的发展方向。总之，第三方评价机构经营的意义依靠办学质量的提升，评价过程中难免会触碰到学校和政府管控的矛盾，但矛盾与冲突总在互相协调的过程中走向融合，在各方的共同努力下积累经验，走向完善。

## 二、第三方评价机构产生的影响

### （一）奠定了美国在教育测评领域的领导地位

美国在世界教育测评领域中一直居于领导地位，这一方面得益于美国顶尖教育科研机构和学者在教育测评领域中的持续研究，另一方面也得益于美国一些著名的第三方机构持续不断地将最新的科研成果运用到评估实践中。这从 ETS 的发展历程中便可窥见一斑。ETS 建立的初衷就是为了整合各类标准化测试，成为一个独立的标准化测试供应商。当时，标准化测试的需求不仅来自于教育领域，也来自于公共部门（如部队），因此有必要组建高度专业化的机构。正是由于 ETS 的专业而又独立的机构设置，使得该公司成为集研发、测评、管理为一体的机构，不仅大大推动了教育测量理论的

① 田薇：《美国高等教育第三方评估研究》，硕士学位论文，河南师范大学教育学科学院，2018 年，第 34 页。

发展，而且奠定了美国在教育测评领域的领导地位。

（二）促进了美国教育问责体系的构建

早在1983年，ETS作为第三方评价机构就参与到了全美最大规模的国家教育测试NAEP中，并且承担了试题研发、阅卷、管理等多项工作。直到今天，ETS仍在NAEP中扮演着重要角色，不仅负责试题研发，而且负责发布NAEP成绩单。这些都有效地帮助联邦政府建立问责体系提供基础。而在力争上游拨款计划实施以来，各州政府都被要求建立州际的测评项目，为此，力争上游教育评价项目为各州提供了高达3.6亿美元的拨款，专门用于州际评价项目的开发和实施。但是，由于各州在教育评价上的需求和标准存在分歧，无法形成一个单一的评价。得益于充分的市场化竞争和多样的第三方评价机构为各州达成协议提供了技术基础，最终确立了6个评价联盟，尽管仍然有很多州没有参与进来。

## 三、第三方评价机构面临的挑战

第三方评价是经济学认为市场是一把双刃剑，它既能够促进资源的分配，也可能伴随着不正当竞争而出现垄断等现象。美国的第三方评价机构种类繁多、结构复杂，虽然也面临着各种监管，但是仍然无法避免出现种种问题，其中最为突出的就是少数第三方评价机构由于行业龙头地位而造成的垄断行为，其次就是一部分非营利性的第三方评价机构存在大量的营利性活动。

（一）少数机构存在垄断行为

大学入学考试是最为重要的教育考试，前面已经介绍过美国最主要的两个大学入学考试分别是SAT和ACT，其中后者的产生本身就是为了对抗SAT的垄断地位。因为在一些关键性的考试中，垄断地位就意味着可能存在着不公平。实际上，早在20世纪70年代，SAT考试的主管机构大学委员会（ETS是SAT考试的研发机构）就饱受来自学生、教师和消费者权益运动人士的抨击，认为大学委员会对于SAT考试具有垄断性权力，所有想要升学的学生都必须参加SAT考试（可能还不止一次），这无疑削弱了学生群体的话语权。虽然当时也有 ACT 考试作为备选，但基本上顶尖高校（如常青藤大学）都只认可 SAT 考试的成绩。当然，大学委员会的垄断权力还不止 SAT 考试，还包括大学奖学金服务（College Scholarship Service，CSS）和 AP（Advanced Placement）课程。大学奖学金服务（CSS / Financial Aid PROFILE）是一个统一的奖学金申报系统，由大学委员会负责运营和管理，受到全美 400 多所大学、学校和助学机构的认可。许多大学要求考生在申请奖学金时提供由大学委员会开具的证明材料（即 CSS/Financial Aid PROFILE）。AP 课程是大学先修课程，即在高中阶段选修部分大学的学分，通过相应的考试后，能够在大学减免部分学分要求。AP 课程的修读成绩也是进入顶尖大学的重要支撑材料。如上种种都将大学委员会变成一个不折不扣的垄断机构，而且其垄断地位随着美国高校在全球范围内影响的扩大而不断加剧。

（二）部分机构的非营利性质受到质疑

在美国，大部分从事社会第三方评价的机构都是非营利性机构，比如著名的 ETS 公司就是全世界最为著名的教育考试服务机构。根据美国的法律，非营利性机构应当从事非营利性的活动，其经营收入可以获得各种税收抵免。但实际上，随着第三方机构的业务不断扩张，很多非营利机构实际上早就脱离了其公益性的本质，从各类教育考试取得丰厚的收入。对此，不少有识之士进行了抨击，还有些群众自发组织抗议活动。最为典型的就是名为“美国教育测试改革”（Americans for Educational Testing Reform，AETR）的消费者权益组织，该组织批判大学委员会借用其非营利的地位获取了大量的经济利益，而且高层人员的收入十分丰厚。以 2009 年为例，该公司管理层的 19 名领导年薪都在 30 万美元以上，而时任该机构 CEO 的 Gaston Caperton，其年薪更高达 130 万美元。此外，AETR 还声称大学委员会不遵守行业道德规范，贩卖考试材料、游说立法委员和政府官员，损害广大考生的利益。

# 第三章　英国第三方教育评价的机制与模式

## 第一节　英国基础教育评价体系概况

英国中小学教育基本上分为四个阶段：3—4 岁早期教育，5—11 岁小学教育，11—16 岁中学教育，16—18 岁义务教育后的中学教育。本章中的“英国”只限于英格兰地区，“基础教育”为 5—16 岁的中小学义务教育。根据 2016 年以来的数据，英格兰共有 16769 所小学，3448 所中学以及 2319 所独立学校，以及 1044 所特殊学校，基础教育部门共有 880 余万名全日制和非全日制学生，共有教师 42.5 万名。① 在课程方面，英国自颁行《1988 年教育改革法》以来推行国家课程，即英国公立中小学 5—16 岁学生必须学习的全国统一课程，共有 12 个科目，其中核心科目包括英语、数学和科学，基础科目包括艺术与设计、公民课、计算机、设计与技术、外语、地理、历史、音乐、体育。所有学生都必须参加 7 岁、11 岁和 14 岁的考试，到了 16 岁则需要参加中学普通证书考试（GCSE，General Certificate of Secondary Education），考试等级为从 1（低）到 9（高）。到了 18 岁进入大学之前，需要参加高级水平证书的考试，即 A-level 考试。

第三方教育评估是指非政府部门和人员主导或参与的教育评价。独立

---

① British Educational Suppliers Association：*Key UK education statistics*，2019 年 11 月 21 日，见 https：//www.besa.org.uk/key-uk-education-statistics/。

于政府的第三方评价机构具有公正性、专业性和灵活性的特征。① 第三方教育评估的目的是为了提高教育标准，各机构与学校之间协同合作共同促进国家基础教育质量的提升。它能够有效协调政府、学校和社会的关系，弥补当前教育行政部门开展的教育评估和学校内部评估的不足。② 包含英国在内的主要发达国家适应教育治理分权化趋势，历来重视各方力量在教育督导评价过程中的体现，第三方教育评价机构蓬勃发展。③ 英国基础教育有着世界上最完善的教育监管和第三方测评体系，其中教育标准局、独立学校督导团、资格与考试管理办公室各司其职，为英国基础教育保驾护航。

英国教育标准局、独立学校督导团、资格与考试管理办公室作为英国基础教育领域第三方评估市场的“三驾马车”（如图 3–1），对英国中小学的教育质量保障和提升起着不可替代的作用。

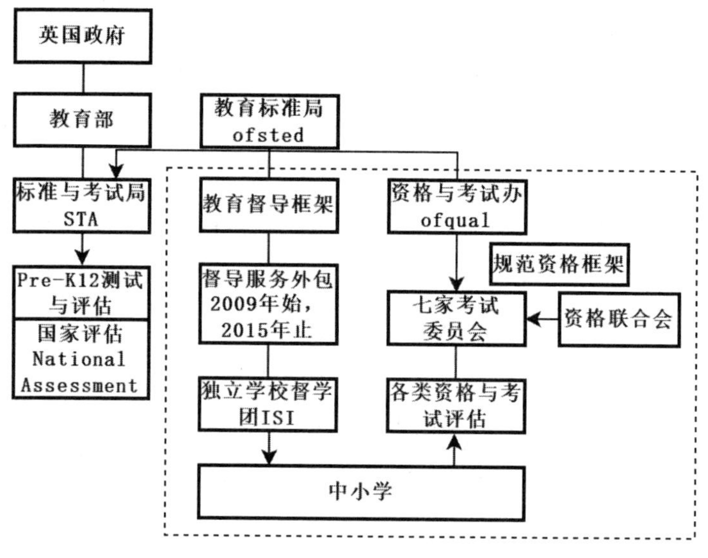


**图 3–1　当前英国第三方教育评估格局**

① 王璐、王小栋：《英国第三方教育评估的发展与规范：基于英国独立学校督导团的研究》，《外国教育研究》2018 年第 2 期。

② 余凯、杨烁：《第三方教育评估权威性和专业性的来源及其形成——来自美、英、法、日四国的经验》，《中国教育学刊》2017 年第 4 期。

③ 王璐、王小栋：《英国第三方教育评估的发展与规范：基于英国独立学校督导团的研究》，《外国教育研究》2018 年第 2 期。

## 第二节　教育标准局：兼有政府机构属性的第三方评价机构

19 世纪以前英国的教育大多由教会推行，到了 19 世纪 30 年代英国开始发展公立学校，自此也开启了学校督导和评估的需求，1839 年英国设置了皇家督学（HMI，Her Majesty's Inspectors），其主要工作是报告有关教育制度的效能。为避免教育督导受到政府控制，皇家督学一直被视为独立的专业人员。

### 一、教育标准局的历史沿革

《1988 年教育改革法》带动了英国普通教育领域的一系列重大变化，对教育督导制度提出了新的要求。《1988 年教育改革法》宣布实施全国统一课程计划，在新的统一课程大纲实施后，督导必须按照统一课程所提出的标准进行督导。因此，中央督导机构实行大改组后更名为教育标准局，目的是适应普通教育改革的需要，加强对统一课程的实施监督与评价。另外，全国统一课程也为"学校督导大纲"的制定奠定了基础，使之有了政策法令依据。

20 世纪 80 年代末英国基础教育改革的基本思路是统一与分散相结合，即在专业上实行统一，为此颁布了全国统一课程计划，而在管理体制上则实行权力分散。地方教育当局的职能由过去的直接管理学校转变到规划与政策、提供指导和帮助以及教师在职培训的组织上。与之相适应，督导体制也按此方向进行改革，在专业上制定统一的"督导大纲"作为每个督学所应遵循的指南。在运行机制上，过去是由女王督学团和地方教育督导机构负责对学校督导实施，改革后督导的经费与实施权直接下放到注册督导领导的督学小组，教育标准局只负责全国督导工作的宏观管理、协调和监督，以及有关教育督导的政策、规划和标准的制定。

20 世纪 90 年代初梅杰政府分别颁布了"家长宪章"和"公民宪章"。"家长宪章"强调，为了更有效地行使选择学校的权利，家长需要有关学校更客观、更系统、更准确的信息。"公民宪章"特别指出："公民有权对公共事业的服务提出要求，要求它们出版明确的标准，减少隐蔽性，以通俗的语言提供全面的信息；对公共事业有实际选择的权利，并对方便顾客的要求作出反应。”很显然，督导制度自我封闭的状态已不能适应新形势的要求，增加督导的公开性就成为此次改革的一个重要内容。

依据《1992 年教育（学校）法》(*Education*（*Schools*）*Act 1992*)，英国成立了国家级教育督导评估机构——教育标准局（Ofsted，Office for Standards in Education)，2007 年更名为教育、儿童服务与技能标准局（Office for Standards in Education Children's Services and Skills，以下依然简称教育标准局)。随着《1992 年（学校）教育法》的颁布，督导体制的改革随之展开。首先，成立了非政府部门的、独立于教育就业部的教育标准局以取代原来的女王督学团。从名称上可以看出，督导工作将紧紧地围绕着提高教育标准和质量而展开，这是与“国家课程”的实行紧密相关的。教育标准局由新任命的女王主任督学领导，负责监督和协调全国的督导工作。除在伦敦设总部外，标准局在全国设 12 个分部，比原来女王督学团的 7 个分部增加了 5 个，目的是为了扩大督导的覆盖面，保证在四年内完成对所有中小学督导一次的目标。在标准局500多名工作人员中，保留了原来的200多名女王督学。教育标准局不同于原来女王督学团的关键在于，它的主要任务是制定评价标准、有关政策和计划，监督督导工作质量，制定并监督督学的培训计划，但它并不直接涉足学校督导工作的组织、管理与实施。

作为英国基础教育部门最重要的半官方评估机构，教育标准局所拥有的法定的独立自主权是保证其监督评价公正公平的重要因素。这种独立性包括以下四个层面的含义：(1) 在级别上，教育标准局独立于英国教育部，直接向教育大臣和议会负责，而非对教育行政职能部门负责，避免了行政的干涉；(2) 在业务上独立于教育部，教育标准局自行决定履行其职能的工作方式并自行作出判断；(3) 在学校督导过程中，督学小组成员应不曾参与过与被督导学校相关的工作以确保评价和判断的公正和客观。①

① 王璐：《教育督导与评价制度比较研究》，人民教育出版社 2018 年版，第 57—58 页。

除此之外，《1992年教育法》还从以下几方面根本改变了教育督导制度：从抽样督导改为每校必督；引进竞争机制，提高督导效率；督学的范围扩大；增加督导的公开性和透明度；首次制定内容详尽、具体的督导大纲；明确规定督导之后学校提出行动的计划；对问题较为严重的学校给予特别关注。

## 二、教育标准局的职能

在20世纪七八十年代，女王督学团的主要职责与作用包括：1. 向国务大臣报告教育制度状况，即在大量抽样督导的基础上，根据自己的独立判断，就全国教育体制的状况、教育水准和发展趋势作出评价，向中央教育部门和其他部门的决策提供信息反馈，专家建议；2. 发现、总结和推广好的经验，出版这方面的书籍；3. 参与决策与咨询；4. 在职师范教育和继续教育领域，负责课程资格的审查与鉴定；5. 组织与协调中央和地方教师在职培训工作。

在这些职能中，核心职能是评价、监督与反馈以及向决策者提供建议。而对于教育督导与评价的另外一项重要职能，即促进学校的发展与改进，当时主要是通过要求督学充分发挥自身的专业优势，总结和推广好的经验，开展教师与校长培训来实现督导的发展与改进作用。发展与改进的要求还没有明确体现在对每所学校的督导安排与要求中。

在《1992年教育法》设立教育标准局以后，教育标准局在延续女王督学团的核心职能，即评价、监督、反馈与建议的同时，也发生了一些变化，可以概括为以下几个方面：

1. 在评价、监督、反馈和提供建议方面，过去只是强调向教育大臣提供信息，新的制定安排增加了向社会和家长提供信息的职能。

2. 督导的问责功能更加明确，在评价学校的质量和水准方面内容更加明确与具体。1992以来，问责的内容包括：(1) 英格兰的学校教育质量；(2) 这些学校已达到的教育标准；(3) 拨给学校的财政资源是否得到有效管理；(4) 学校学生在校精神、道德、社会和文化方面的发展状况。

3. 彰显督导的改进与发展功能。2003年修订的学校督导大纲进一步指出："督学必须告诉学校哪些方面做得好，哪些方面需要改进。督学还要看到自前一次督导以来，学校是否得到改进，督导小组的发现提供了对学校问责方面的衡量信息，这些信息必须有助于学校的改进。"

《2006 年教育与督导法案》也就是新的教育标准局建立的依据，凸显了督导促进改进与发展、提高效率，要以学校教育及教育活动的使用者和受益者为核心的原则。该法案第 8 部分规定了总督学的总职责是向国务大臣报告如下信息：

1. 在总督学的职责范围内报告相关活动的质量，以及这些活动的受益方所达到的标准；

2. 这些活动的质量以及活动受益方所达到标准的改进情况；

3. 这些活动作为以用户为中心活动所实施的程度；

4. 在实施这些活动与服务时对资源的高效和有效运用情况。

### 三、教育督导框架和学校督导依据

教育标准局根据《教育督导框架》（*EIF*，*Education inspection framework*）和《学校督导手册》（*School Inspection Handbook*）等法规文件开展对儿童和青少年管理工作的监管，范围包括英格兰的各类教育服务，如早期教育机构、公立学校、非独立学校委员会协会（ISC，Independent Schools Council）的私立学校、学院及继续教育与技能机构。同时它还监管英国独立学校督导团（ISI，Independent Schools Inspectorate）的工作。

2019 年 5 月，教育标准局依据《2005 年教育法》第 5 条、《2008 年教育与技能法》第 109 条、《2006 年教育和督导法》以及《2006 年儿童保育法》，发布了最新的《教育督导框架》（*EIF*，*Education Inspection Framework*），规定了教育标准局如何督导英国的公立学校、学院、非协会的独立学校、继续教育和技能服务。该框架主要由四部分组成，第一部分是督导和监管的原则和目的、依据以及对督导人员和机构的要求。教育标准局旨在通过督导促进教育质量改进，为父母提供所需的保证，支持教师和领导者取得卓越成就，并帮助确保所有儿童和学习者获得应有的教育。

第二部分是督导人员在教育督导框架下进行督导的规定，包括用于督导判断的评分表、督导人员作出的决定、总体成效、关键判断。督导人员使用四个等级评定，依次为优秀（一级）、良好（二级）、需要改进（三级）、不足（四级）。《职权范围手册》（*remit handbooks*）规定了督导员收集证据的方法以及他们用来作出判断的主要标准。

第三部分是该框架的重点，规定了督导人员在作出判断时需要考虑的方面，包括教育质量（包括教育目标、执行情况、影响）、学习者的行为和态度、学习者的个人发展、学校领导和管理的有效性。相比以往的督导框架，此次督导框架减少了对考试成绩和测试数据的督导，而更加关注学校是如何达成教育结果的，也就是关注这些结果是丰富的课程和真正学习的结果，还是教育考试和测量的结果。如对学习者的行为和态度的评估是根据学校领导者是否创造了一个有序的环境，是否有效地解决校园欺凌问题；对个人发展的评估是指大学和学院通过体育、音乐和课外活动等课程，帮助年轻人建立生活适应力和信心。总之，新的督导框架是为了使学校能够为孩子的生活带来真正的改善，而不再为应对督导而生成和分析大量的内部数据。①

第四部分规定了不同类型教育督导的工作安排，包括对早期教育、非协会的独立学校、第六学级学校、寄宿制学校、继续教育和技能服务等的督导。②

2019 年 11 月，教育标准局根据《2005 年教育法》发布了最新的《学校督导手册》（*School Inspection Handbook*）。该手册主要由三部分构成，第一部分是督导的流程，包括督导之前、期间和之后的过程。教育标准局使用广泛的指标选择学校进行检查，并进行风险评估（包括来自教育部的学业进度

① GOV.UK：*Ofsted's new inspection arrangements to focus on curriculum*, *behaviour and development*，2019 年 5 月 14 日，见 https：//www.gov.uk/government/news/ofsteds-new-inspection-arrangements-to-focus-on-curriculum-behaviour-and-development。

② Ofsted：*Education inspection framework*，2019 年 9 月 2 日，见 https：//assets.publishing.service.gov.uk/government/uploads/system/uploads/attachment_data/file/801429/Education_inspection_framework.pdf。

和成就数据、学校劳动力普查数据、监护人意见、学生的行为等）；第二部分是评估时间表，包括督导员用来对学校作出分级判断的评价标准，以及用来作出判断的各种证据和活动的例子；第三部分是有关如何在具体情况中应用教育督导框架（EIF，Education Inspection Framework）。①

## 第三节　独立学校督导团：私立学校的第三方评价机构

独立学校督导团（ISI，Independent Schools Inspectorate）是英国第三方评估机构中的突出代表之一，受到教育标准局的委托和监管。本节主要以英国独立学校督导团为例，分析英国第三方评估机构的性质、人员构成和资格，在工作方式、内容和对象方面的特点，以及为保证其质量，英国政府对第三方评估机构所制定的一套审批、监管机制。

### 一、英国独立学校督导团的组织与督学队伍

独立学校督导团由董事会领导，董事会由 7 名成员组成，成员由独立学校委员会中的各协会主席和总监任命，并赋予他们管理独立学校督导团的权力。为了保证督导评估的公平和公正性，董事会成员不能从独立学校委员会隶属的各协会或是被督导的学校中产生。在董事会之下，又设立了一名独立学校督导团执行总裁和他领导下的两名主任督学和一个管理委员会，他们由董事会任命。独立学校督导团之所以能成为英国教育部认定的第三方评估机构，这与该机构严格的督学甄选、专业的督学培训、合理的团队建设等密切相关。

根据独立学校督导团的工作特点和业务的不同，独立学校督导团的督学人员包括 6 种类型：（1）报告督学（Reporting Inspector），通常为领导一个督导小组的组长，负责督导过程的全面工作，特别是督导报告的起草和形

---

① Ofsted：*School inspection handbook*，2019 年 11 月，见 https：//assets.publishing.service.gov.uk/government/uploads/system/uploads/attachment_data/file/843108/School_inspection_handbook_-_section_5.pdf。

成；(2) 督学小组成员（Team Inspector），一般为负责某一学科督导的小组成员；(3) 寄宿制督学（Boarding Team Inspector），一般为负责寄宿制督导的督学；(4) 执法督学（Compliance Team Inspector），负责学校是否按照法律法规办学的督学；(5) 早教督学（Early Years Team Inspector），负责独立学校提供的儿童早期阶段教育质量的督学；(6) 国际学校督学（International Team Inspector），负责英国海外学校督导的督学。①

在人员构成上，独立学校督导团既体现出与国家教育标准局相类似的特点，如设立报告督学和普通督学，但同时又体现出与公立学校督导所不同的、与自身特定督导工作对象相吻合的特点，例如大多数独立学校都实行寄宿制，寄宿制的质量直接关系到独立学校学生的福祉和身心健康，因此独立学校督学团专门设立了寄宿制督学。同时，国际学校督学的设立也是独立学校督导团所特有的。

### （一）严格的招聘

教育督导工作政策性、导向性强，专业化、信度、效度要求高，这项工作的高度专业性决定了对督学必须具有较高的要求，决定了对督学的选拔和任命必须确立一定的程序和标准，以确保督学的质量，增强教育督导工作的权威。独立学校督导团的成员要代表督导团开展督导工作，需要经过严格的选拔，考虑到团队组成的多样性，所招聘的督导人员均是来自不同领域的专家和骨干，突出其专业性的特点。督学的招聘过程与培训结合在一起。目前在督学选聘的过程中，独立学校督导团不拘泥于固有形式和选聘机制，培训部门不规定具体的招聘日期，感兴趣人士可以发送邮件，申请参加督学培训，成为准督学，而培训的过程也就是考核的过程，也是淘汰的过程，考核过程中主要是评价培训者是否具备职业态度、专业能力以及良好的胜任力，总结起来，一般从年龄、学历、教学经验和管理经验、个性品质几方面来考察。

---

① Ofsted：*School inspection handbook*，2019 年 11 月，见 https：//assets.publishing.service.gov.uk/government/uploads/system/uploads/attachment_data/file/843108/School_inspection_handbook_-_section_5.pdf。

从表面上看，独立学校督导团的人员招聘具有较大的灵活性，根据督导内容的不同和需要，随时招聘适合的人才，加入督导团队，但是严格的培训和审查制度规定了加入督导队伍人员的准入条件，也保证了督导队伍的质量。在招聘选拔督导人员时的一个重要特点是，独立学校督导团走出了以职位高低和外在身份作为选拔督学条件的做法，而是更加看中内在的素质，重视教学和管理经历以及人文特质，在选拔程序上，不存在任命或指派的情况，而是以公开、公正、公平的程序广纳贤人。

（二）分类培训

为了培养优秀的督学，独立学校督导团会聘请资深的培训师（其中包括独立学校督导团本身有丰富督导经验的成员、Ofsted 及其相关机构的工作者，以及教育界的课程专家），对准督学们进行培训。

根据督导业务的不同，督学培训分为 6 类，即报告督学培训（Reporting Inspector Training）、督学小组成员培训（Team Inspector Training）、寄宿督学培训（Boarding Team Inspector Training）、执法督学培训（Compliance Team Inspector Training）、初级阶段督学培训（Early Years Team Inspector Training）以及国际学校督学培训（International Team Inspector Training）。在培训的过程中，督学们不仅要做课前预习，还要接受日常课程培训。其中，报告督学和督学小组成员要接受三天的课程培训，而其他督学接受两天的课程。在培训的过程中，每位准督学人员的能力、经验和胜任力都要接受评估和检验。

按照不同类型进行培训保证了培训内容与未来工作的业务直接相关，根据岗位的需求和承担的责任，培训的内容和强度也有所不同。如报告督学一般是一个督学小组的组长，专业性强，负责领导一所学校督导的全面工作，并指导其他 5 种类型的督学工作及其业务项目开展。在接受理论培训后，报告督学受训者要在资深报告督学的指导下进行工作，获得见习经验，资深督学要对其受训者的胜任能力进行评价，确保他们能够合格上岗。而其他类型的督学培训则一般没有见习环节。在培训过程中，培训者需要以个人能力和责任意识，观察被培训者是否能承担起督导学校的任务，确保受训者能适应督导工作的开展和变化。培训合格后，受训者才能与督导团注册签约。

(三) 明确的行为规范

独立学校督导团对督学的行为规范作出了明确的规定，在督导过程中，每位督学必须严格按照以下行为规范行事：(1) 以在校学生的最大利益为出发点；(2) 以专业、公正、礼貌的姿态开展工作；(3) 客观、不偏不倚地评价学校的工作；(4) 评价报告要公正、没有偏向；(5) 所有的评价都要基于明确和准确的证据；(6) 任何时候的交流都要具有敏感性、清晰和客观；(7) 在督导过程的前、中、后期，获得的信息和作出的判断的内容全程保密；(8) 指出不同利益方的冲突；(9) 始终遵循督导手册及相关指导文件的条例，包括行为规范；(10) 高度重视保护学生福祉的法律要求。①

以上行为规范标准旨在保证督学队伍的职业素养、精神面貌和公众形象，也是独立学校督导团专业化建设的特色。行为准则对督学本身的言行是一种限制和约束，同时也是督学职业风貌的体现。

## 二、英国独立学校督导团的工作方式

独立学校督导团对每所独立学校每三年进行一次督导，确保每一所学校达到英国政府的标准和要求。2016 年 9 月，独立学校督导团发布了《学校督导手册：督导框架》(*Handbook for the Inspection of Schools*：*Inspection Framework*)。手册强调了独立学校督导是依据《2008 教育与技能法案》(*Education and Skills Act 2008*)、《1989 儿童法案》(*Children Act 1989*) 和《2006 儿童关爱法案》(*Childcare Act 2006*) 来进行。手册对督导原则、类型、督导的主要指标、程序、督导的组织和报告作出了详细的规定。

(一) 督导的类型与指标

独立学校督导团的督导方式分为以下 6 种类型：第一，整合督导 (Integrated Inspections)。整合督导要逐一审查学校的各项条例、学校早期教育大

---

① Independent School Inspectorate：*Handbook for the Inspection of Schools Inspection Framework*，2016 年月 14 日，见 http：//www.isi.net/site/downloads/HandbookInspectionFramework201609.pdf。

纲、寄宿条例等。同时，要督导学校在办学过程中对各项条例的执行情况。第二，早期教育中期督导（Intermediate EYFS Inspections）。主要针对独立学校中提供的早期教育是否符合国家早期教育纲要的法定框架要求进行督导，通常督导时间为两天。第三，寄宿制福利中期督导（Intermediate Boarding Welfare Inspections）。许多独立学校都实行寄宿制，因此在评估标准上体现独立学校的这一特色，非常重视学校寄宿制情况的检查。寄宿方面的督导主要依照英国教育部发布的《寄宿制学校国家标准》（*National Minimum Standards for Boarding Schools*）进行督导，主要评估住宿条件和学生的福利。督导时间通常为两天半。第四，教育质量督导。主要评估学生的学业成绩和个性发展，围绕着课程、教与学，以及学生支持与保护而展开。第五，执法督导（Regulatory Compliance Inspections）。主要是看学校对国家《独立学校办学标准》《寄宿制学校国家标准》和早期教育纲要的执行情况。“执法督导”可以说是最为严格的评估检查，学校每三年接受一次此项督导。没有达到标准的学校，政府要求它们六年后再次接受检查评估。第六，紧急访问（Emergency Visits）。紧急访问是非常规性督导，事先不通知校方。一般是由教育部委托，针对学校执法方面出现的漏洞，或引起社会强烈关注的教育事件开展督查工作。紧急访问只关注学校是否履行了相应的规定和条例，而不调查某一项公众投诉的细节。鉴于此类事件的敏感性，紧急访问实行严格的保密原则，在督查后，独立学校督导团和督导人员都不能透露检查的情况。

在以上督导类型中，执法督导和教育质量督导是督导团最为重要的督导形式。执法督导一般涉及在学校管理和运行中是否严格执行国家的相关法律法规，例如在学校安全方面，是否具有应对校园欺凌的措施；检查学校的教职员工是否适合教育工作；学校是否向家长提供相关信息；学校是如何处理家长投诉的。执法督导一般不涉及对学校总体教学质量和学生成绩的判断。

而教育质量督导一般围绕以下指标对独立学校的质量进行评价：（1）总体效能；（2）领导与管理的效能；（3）教学与考试质量；（4）儿童的个性发展、行为与保护；（5）儿童发展的结果。主要聚焦以下两个方面的结果：第一，学生的学业成绩。主要通过以下指标来对学生的学业成绩作出评价：

(1) 学生在外部标准化考试中的成绩水平和在不同年份的变化；(2) 学生在不同学科（语言、数学、科学、技术、人文和社会科学、体育、审美和创造性学科）方面知识、理解和技能的发展；(3) 学生交流能力的发展，包括听说读写几方面的能力；(4) 学生在数学方面的能力发展，以及将数学运用到其他学习领域的能力；(5) 学生在信息技术方面的能力发展，以及将信息技术运用到其他学习领域的能力；(6) 学生学习技能的发展，包括能够从广泛的不同来源收集资料，分析、假设和概括等高水平认知能力的发展；(7) 学生对待学习的态度，包括独立思考和解决问题的能力，在学习中与他人合作的能力以及承担领导的能力。第二，学生的个性发展。主要根据相应的年龄段和能力水平，通过以下指标来对学生的个性发展作出评价：(1) 学生自我认知、自信心和坚韧精神的发展，包括知道如何改善自己的学习和表现；(2) 学生能够理解自己的决定是影响自身成功和福祉的重要因素；(3) 学生适应能力、自我约束能力和坚持不懈能力的发展；(4) 学生精神方面的理解力和欣赏生活中非物质方面的能力发展；(5) 学生能够与他人合作共同解决问题、达成共同目标和履行职责的能力发展；(6) 学生的是非判断的能力、理解和遵守规则和法律的能力、对自己行为负责能力的发展；(7) 学生知道如何保护自身安全、保持身心健康的能力发展，特别是能够在饮食、运动等方面保持平衡的生活方式的能力发展；(8) 学生尊重社会价值多样性的能力发展，能够尊重和欣赏不同文化、对不同背景和传统的敏感和包容的能力发展；(9) 学生能够对校园内其他人的生活作出积极贡献的能力发展，包括寄宿制生活，以及为当地社区和在广泛的社会层面作出积极贡献的能力发展；(10) 学生未来生活所必需的技能发展。

从以上标准可以看出，英国独立学校督导团特别注重以学生的发展情况来判断学校的教育质量，而学生的发展不仅体现在智力和学业成绩方面，同时发展学生的自我认知和个性品质，精神、道德、公民素养、合作能力等综合因素也是衡量学校教育质量的关键因素。这与独立学校督导团以学生的利益为最高目标是相一致的，旨在通过督导提高独立学校的教育质量和效能，提升学生的福祉和受到关爱的程度，同时，帮助学校认识自己的优势和不足。

### （二）评估过程与方法

教育督导与评价是一项完整的系统工程，主要由指标体系、方法体系、督导制度三大要素按照特定的评价目的构成。在确立了学校质量和学生发展的重要指标和标准之后，以什么方法和程序获取评价指标所需要的信息就成为保证督导公信力、影响力和权威性的重要保障。科学的评价方法和严谨的评价程序直接关系到督导评估结果的客观性和结论的公正性。英国独立学校督导团借鉴了教育标准局的督导方法与过程，同时根据自身工作的特点，形成了一整套完整的方法体系。

为了保证督导的公正与客观，独立学校督导团评估过程与结果的判断要遵循以下原则：（1）建立在第一手资料和直接观察的基础上；（2）通过证据的收集保证信息与数据的可信度；（3）综合性原则，督导要覆盖学校的全面工作；（4）整合性原则，将学校作为一个整体来下结论，并反映督学的集体意见；（5）要反映学校的优点与需要改进的方面等。从以上原则可以看出，独立学校督导团非常强调以充分的第一手证据、集体和专业性判断来保证评价结果的公正性和客观性。

英国独立学校督导团学校督导过程的最大特点是将督导的整个过程分为督导前、督导中与督导后三个阶段，每一阶段都有系统的要求和方法及工具作为技术支撑。

在开始督导前要求学校向督学提供相关文件，如法定文件、学校制定的政策、规程与工作计划等，让督学了解学校情况。在教育督导理念上，独立学校督导团强调督导的公开性与透明度，以“消费者”为中心，使学校更好地向家长、学生和社会负责，为帮助家长更好地行使选择学校的权利，更好地发挥督导的社会问责和监督功效，因此，在督导前这一阶段增加了对家长和学生征求意见的环节，家长与学生是独立学校督导团工作的重心。在开展督导工作之前，独立学校督导团需要对学生与家长开展前测工作，通过问卷调查，倾听学生和父母的声音。具体来讲，所有的学生先填写匿名问卷，然后对学生进行正式或非正式的谈话，从学生的角度，弄清楚学校出现的问题；同时，家长们也要完成匿名的前期问卷。

督导过程的核心阶段是督导的实施阶段，也就是督学小组真正在学校工作的那几天时间。这一阶段有两个主要任务，一是搜集相关第一手资料，获取评价指标所要求的信息，也就是对学校进行调查取证；二是在收集和分析信息的基础上形成对学校效能和质量各个方面以及整体的判断。在督导期间，督学主要通过听课，查看学生作业和作品，与学生、教师、董事会主席和成员代表交谈等方式进行证据的收集。在法规执行检查中，与相关责任人进行访谈；在教育质量督导中，与负责规划、实施和评估的责任人进行访谈。听课后，督学针对课程内容与教师进行简短的交流，对教师授课情况有所反馈和指导。教师与督学的对话内容保密，不对外公开。督导过程中的调查情况将客观记录。需要说明的是，课堂观察是独立学校督导团成员在督导期间所采用的主要方法，这主要是因为教学质量是学校教育质量的核心部分，也是学校督导评价的重要内容，从方法论的角度来看，英国督学认为这种方法最能够反映自然状态下的教与学状况，它不同于文献法，文献法信息的绝大部分都是间接的，是接受和汇集别人观察所得到的信息，而观察是以“听”和“看”为手段的直接获取信息。

督导结束后，独立学校督导团要撰写督导报告，向英国教育部提交，并在独立学校督导团和教育部的官方网站上公布。学校督导评价实施阶段结束后的重要工作就是督导报告的形成。因督导报告的公开发布而使督导报告有着广泛的影响，是督导权威性和督导过程质量的集中体现，对于决策者来说，督导报告是他们形成全国性评价和决策的重要基础；对于家长和广大社会公众来说，督导报告直接关系到学校在公众与家长心目中的声望与地位，也是学生及家长择校的权威参考；对于学校来说，督导报告成为学校了解自己的优缺点和继续改进方向的重要基础。因此，英国督学小组十分重视督导报告的质量与可靠性，对于报告的形成十分严谨、认真。独立学校督导团督导报告的内容是力求做到全面具体，突出学校特色。所有的报告都要有引言，介绍学校的特点，如目标、校风、年龄层、性别、学生文化背景、上课情况或寄宿情况等。报告要明确指出学生学业成绩、课外成就和个人成长情况，同时，详细说明学校遵循政策标准、实施情况，以及采取的具体措施。

同时，要给被督导的学校写信，指出学校亟待改进的方面，并提出整改意见。独立学校督导团的报告也能够将学生成绩和国家测试基准进行比较，督导报告最终向公众发布。

（三）海外学校督导的实施

独立学校督导团的督导工作也服务于英国海外学校（British Schools Overseas，简称 BSO），教育部和国家教育标准局将英国海外学校的督导工作委托给了独立学校督导团，因此，独立学校督导团是英国海外学校认可的督导团。迄今为止，独立学校督导团已经督导了遍布世界 50 多个国家的英国海外学校，为它们的发展提供了支持和帮助。对海外学校督导的目的是确保在英国海外学校学习的学生能够获得进入和重新进入英国教育系统所需的技能和资格，也就是说，海外学校的学生回英国就学时，能够与英国教育系统对接，不会在内容与进度上有太大的不适应，即通过督导使学校的教育质量和效能得到改进，通过督导报告的发布，使家长、英国和所在国政府以及公众了解海外学校的办学质量。

对海外学校的督导基本上按照对本国独立学校的督导原则和方式进行，所不同的是，本土独立学校的督导依据的是国家独立学校的相关办学标准，而海外学校的督导则依据《英国海外学校：学校标准》来开展，同时根据学校特定需求和当地环境有所调整。特别需要强调的是，督导学校是否符合所在国家和地区的法律法规的要求。海外学校要获得或延续办学资格必须每三年接受一次独立学校督导团或其他机构的督导。

独立学校督导团对国际学校开展整体性督导评价，不仅仅注重学校教与学的质量，而且关注儿童的全面发展，也关注学生福祉、领导力和学校场所与住宿条件。其目的是帮助学校规划未来的发展，体现独立学校督导团的督导功能，即帮助学校改进学生教育的质量和效能，提升学生福祉和关爱程度，提供客观、可信的督导报告，帮助学校认识其优势和不足之处。①

---

① Independent School Inspectorate：*Guide to International Inspections*，2017 年 4 月 15 日，见 http：//www.isi.net/schools/international-schools/guide-to-international-inspections。

## 第四节 英国第三方教育评价机构与政府及市场的关系

### 一、教育督导制度的定位和性质

虽然英国教育督导制度是国家教育行政的重要组成部分，但是教育标准局具有很强的独立性和专业性的特质，对此，莫里斯·康根（Maurice Kogan）和玛格丽特·玛登（Margaret Maden）作出了很好的论述："在一系列督导机构中，教育标准局的性质是很明确的，它是以立法为基础的督导制度，具有自己的标准与程序，但都与政府部门制定的、融合在立法中的公共政策密切相关，对教师和学校的质量作出终结性评价。"① 他/她们在对英国国家教育督导机构和地方教育督导机构进行比较时进一步指出："国家督导机构具有很强的权威，依据国家制定的标准进行督导，产生的判断具有明确的、有时可能是严厉的结果。"② 布雷恩·威尔科克斯和约翰·格雷（Brain Wilcox & John Gray）也指出"督导被认为是一种主要的政府干预。教育标准局具有立法基础和很强的政治姿态"③。我们可以从以下三个方面来理解英国国家督导机构的本质特性：

首先，督导机构的性质。根据克里斯托夫·温奇和约翰·金杰尔（Christopher Winch & John Gingell）在"教育哲学：关键概念"中对"督导"（Inspection）一词所给予的定义，"督导是由处于一定权力地位的人员依据一定的标准对一所学校或一项教育活动的价值作出判断，督导是问责的一种重要手段和工具"④。这一定义表明督导是一定的政府权力机构针对学校和教

① K. Maurice，Kogan & M. Margaret. "An Evaluation of evaluators：the Ofsted system of school inspection"，in C. Cedric（ed.）*An Inspector Calls*，London：Kogan Page Limited，1999，p.16.

② K. Maurice，Kogan & M. Margaret. "An Evaluation of evaluators：the Ofsted system of school inspection"，in C. Cedric（ed.）*An Inspector Calls*，London：Kogan Page Limited，1999，p.15.

③ W. Brain，& G. John，*Inspecting Schools*，*holding schools to account and helping schools to improve*，Buckingham：Open University Press，2996，p.125.

④ W. Christopher，& G. John（eds.）. *Philosophy of Education*，*The Key Concept*（*Second Edition*），London：Routledge，2008，p.103.

育活动行使监督与评价职能的制度，是政府向学校和其他教育活动实行问责的重要手段与工具。在英国儿童、学校与家庭部的官方网站上对于教育标准局的官方定义是“教育标准局是一个非司局性的政府部门”（Ofsted is a Non-ministerial government Department）。英国很有影响的 RM 数据分析网站（RM Data Solutions）在解释教育标准局时也指出，“它是英国政府的一个分支机构”（It is a division of the UK government）。这说明，督导机构首先是一个政府部门，是隶属于英国儿童、学校与家庭部的一个政府部门，但它又是一个不同于其他司局一级职能单位的部门，是国家教育行政的一部分。从对英国教育管理体制的研究中我们可以发现，一般都将教育督导制度作为中央教育行政管理的一个不可分割的组成部分，或英国中央教育管理体制的重要特点。

其次，督导机构的问责属向。无论是在 1992 年之前的女王督学团时期还是在 1992 年之后的教育标准局时期，英国国家级的教育督导制度都具有政府权威性，例如在女王督学团时期，督导机构的一项基本或首要职能是向国务大臣报告关于教育制度的优劣状况，即在大量抽样视导的基础上，根据自己的独立判断，就全国教育体制的状况、教育水准和发展趋势作出评价，向中央教育部门和其他部门的决策提供信息反馈和专家建议①；进入教育标准局时代，“1996 年学校督导法令”规定“英格兰总督学应该全面负责向国务大臣及时报告有关英格兰学校所提供的教育的质量情况以及这些学校所达到的教育标准的信息，当国务大臣对其有所指示时，英格兰总督学应该根据国务大臣有关指示，针对有关事项向国务大臣提供建议”；2006 年教育与督导法又重申“总督学的职责是让教育大臣了解在总督学职权范围内相关活动的质量以及这些活动的受益方所达到的标准，如果教育大臣要求这样做，总督学在其职权范围内必须按具体要求向教育大臣就这些活动事项提供相关信息或建议；总督学可在任何时间向教育大臣提出与他职责范围有关的活动的任何事项的建议”。

---

① 王璐：《英国教育督导与评价》，山西教育出版社 1993 年版，第 21 页。

以上条例说明英国督导机构直接向教育大臣、国务大臣负责，行使政府赋予的对学校和教育活动的评价和监督职能，在英国教育督导制度漫长的发展历史中，督学所发挥的监督评价的作用常常被形容为政府的“看门狗”（watchdog）与政府的“耳目”，也就是说政府虽然给予地方和教师很大的管理和专业自主权，但同时又通过督学施加监督与影响，从中可以看出英国督导制度的行政权威性。

第三，督导的依据。从督导的依据来看也体现出政府的权威性。在对英国督导的进一步解释中指出：“这里所引发的一个问题就是作出判断的标准来自哪里，这些判断的标准应该与一个被督导机构的实践是否与教育体制的目标相符合相联系，而不是根据督学个人的主观性的价值观来作出，为此，英国的解决办法是培训督学运用政府所制定的标准来进行督导。”① 这表明英国督学在对教育质量作出判断时不是依据个人的主观性价值观来作出判断，而是将政府所制定的教育目标、教育政策、法令等作为判断依据。教育督导机构制定的督导大纲、评价指标的主要来源和标准等都是依据政策、法规而制定的，这是由于督导的重要任务就是评价学校和相关机构对于国家政策法规的执行情况以及学校教育和活动受益者达到国家标准的情况，每当教育政策内容、理念和目标作出重大调整时，督导的方案和标准也要作出相应的调整，及时作出反应。

除了半官方性，行使评价、监督、促进发展的本质特性外，英国教育督导制度还具有一些其他显著特质：

1. 独立性。英国督导制度的独立性体现在督导机构是独立于教育部之外的半官方部门，教育标准局的独立性主要是指其地位和工作上的独立性。它们是自治的专家团体，正如2003年学校督导大纲中所指出的“尽管国家教育标准局与其他部门工作联系紧密，并且在教育与技能部长的要求下承担督导工作，但它独立于英国教育与技能部。国家教育标准局的这种独立性能

---

① W. Christopher，& G. John（eds.）. *Philosophy of Education*，*The Key Concept*（*Second Edition*），London：Routledge，2008，p.103.

够促使其公正地督导和报告教育问题”①。这种独立性包括几个层面的含义：

（1）在级别上，教育标准局为局一级机构，但其主要负责人——英国女王总督学为副部长级，女王总督学具有直接接触国务大臣的权力，标准局直接对教育大臣及议会负责，而不是对教育行政职能部门负责，避免了行政的干涉。

（2）督学提供的报告，任何人〈包括教育科学大臣〉都不能更改。

（3）在业务上独立于儿童、学校与家庭部，教育标准局自行决定履行其职能的工作方式上以及自行作出判断；“督导为学校提供了一个关于学校教育标准和质量的独立的、外部的评价”②。

（4）在学校督导过程中，督学小组成员不曾参与过与被督导学校相关的工作以求得评价和判断的公正和客观。

独立性是一个工作状态上的概念，也是一个关系概念，是相对于一定组织与群体关系的概念，上述前三点是针对上级与同级而言的，作为督导机构的上级与同级，不能修改其督导结果和结论、不能干预其履行职责的方式；第4点是针对督导机构的下级而言的，在督导前组建督学小组时，一个重要的原则是要选择那些与被督导学校与机构没有特殊工作关系的督学。

2. 专业性。教育督导机构不负责教育决策、执行和日常管理等教育行政工作，它是专门负责进行监督、检查、评价和指导的机构，因此教育督导机构的职能具有专门性和专业性。英国教育督导制度对于专业性的强调是由来已久的，在19世纪30年代末督导制度刚产生时，如同政府拨款和成立枢密院教育委员会受到各方面的疑义一样，任命督学也遇到同样的阻力。多数人认为，为了保证教育经费的合理使用，政府有必要对其进行监督检查。但是议会内外的许多人，特别是教会担心政府对教育控制过多，违反教育领域专业自治的传统。为了解决这一矛盾，政府决定，将督学定位为专业人员而不是政府行政人员，因此，英国督导制度从一开始就强调督学的专业性，女

---

① OFSTED：*Framework for Inspecting Schools 2003*，London：Ofsted，p.5.

② OFSTED：*Framework for Inspecting Schools 2003*，London：Ofsted，p.2.

王督学团从一开始就形成了一个重要的传统：督学不是官员，他们是自治的专家团体。这一传统一直延续到现在，成为英国督导制度的一个重要特点。

## 二、独立学校督学团的定位和性质

虽然第三方评估机构与政府没有直接的隶属关系，但是它们必须在法律框架下运行，并接受英国教育部的认定以及 Ofsted 的监管。根据《2008 教育与技能法案》（*Education and Skills Act 2008*）第 106 章的规定，国务大臣可以批准针对独立学校进行督导的第三方机构，亦可撤销对它的批准。第 107 章还授予教育标准局对第三方评估机构进行质量保证的权力，教育标准局总督学要定期提交有关独立督导团的审核报告。该法第 109 章针对如何开展对独立学校的督导作出了一些规定。①

根据《2008 教育与技能法案》的以上规定，2014 年 9 月，英国教育部发布了《独立督导团的认证：独立学校第三方督导的部门意见》（*Approval of Independent Inspectorates*：*Departmental Advice for Independent Inspectorates of Independent Schools*）。在说明此文件的适用范围时，部门意见指出，该文件适用于现存的独立督导机构，也是其他未来第三方独立评估机构审批的依据。意见指出，在 2002 年教育法框架下审批的独立督导团，要依照此文件给予评估，如果其督导和报告达到了所要求的水平，就可以继续运行。文件规定，独立督导团对下列学校没有权力进行督导：(1) 正在申请注册的学校，或在注册后还没有接受过至少一次教育标准局督导的学校；(2) 那些被上次国家督导认定为因不达标而不能继续注册的学校。此部门意见对审批第三方督导机构的标准和条件作出了规定，主要包括以下几项。

1. 独立督导团所督导和将要督导的学校数量和范围：为了保证督导的专业性和广泛的学校比较，第三方督导机构所督导的学校在数量和类型上应该涉及不同的规模、教学方法、校风和地区分布。

---

① Department for Education UK：*Education and Skills Act 2008*，2008 年 11 月 26 日，见 www.legislation.gov.uk/ukpga/2008/25/pdfs/ukpga_20080025_en.pdf。

2. 独立督导团与所督导的学校保持独立的程度：独立督导团必须在法律、内容和形式上独立于所督导的学校，督导团的领导成员不能因为与所督导的学校有个人和商业上的合作而对督导结果产生影响，它所雇佣的督学和工作人员也不能与被督导的学校有任何个人的和商业上的联系，否则就会危害到督导结果的公正性。

3. 独立督导团的管理、财政状况和保险安排：第三方评估机构必须在管理上能够保证提供高质量的督导和评估及督导报告；独立督导团必须有一个良好的财政状况；独立督导团必须有专业性的补偿保险；独立督导团必须在领导层中，配有相应的专家，能够保证领导层了解最好的教育实践和督导实践，了解相关法律法规的变化。

4. 独立督导团具有聘用督学的程序和标准：第三方评估机构必须在督导人员的遴选上有一定的程序和任用条件标准，并为督学提供有效的上岗和在职培训。

5. 独立督导团具有督导实施过程的方案：独立督导团必须制定从计划到报告形成的完整的有关学校督导过程的框架，此框架需得到教育部的认可。督导框架的内容要包括：督学小组的构成、督学的行为规范、涵盖各项国家要求的评价标准、督导的频次、保证在督导过程中听取学生意见的安排、保证督导形成客观判断的安排等。

6. 独立督导团具有督导报告形成和发布的安排：独立督导团具有保证督导报告形成与发布的安排。一般要求常规督导、学校改进督导和紧急督导报告都要在督导团网站上公布。如果由于包含针对个人或敏感内容，对于报告是否发布存在疑问，督导团可向教育部征求意见。

7. 独立督导团具有外界对其投诉的程序：独立督导团要制定有效的处理外界对其督导过程和结果进行投诉的程序，包括由内部成员对投诉进行评估；有一个独立的对投诉进行审理的机制；每年向教育部报告投诉的数量和性质；保证投诉者能够在不惧怕受到不公平对待的情况下发出自己的声音。

意见还规定，一旦第三方督导机构通过了政府的认证，教育标准局就要对独立学校督导团的工作进行监督、评价和指导，可以在事先不通知的情况下对其进行访问，并提出年度审核报告，帮助其完善督导评估工作。[①] 独立学校督导团的评估手册也必须得到英国教育部和教育标准局的认可才能实施。

从性质上来看，英国独立学校督导团属于典型的第三方教育评估机构。它不隶属于政府，不受政府直接管理，可以按照自己的方式独立地开展工作，具有非营利特征。其通过提供客观的督导来确保独立学校教育的质量，提升儿童福祉，并通过向教育部提交年度报告，为国家教育政策的制定作出自己的贡献。

独立学校督导团曾是英国独立学校委员会（ISC，Independent School Council）的一部分。2003 年 12 月，独立学校督导团获得国务大臣的认可，批准其对独立学校委员会的成员学校独立开展评估工作。2007 年以后，独立学校督导团从独立学校委员会中分离出来，成为独立的非营利性有限公司。[②]

顾名思义，独立学校督导团的主要职能是对独立学校（Independent Schools）进行督导评价。英国的独立学校是相对于公立学校而言的，是指独立于公共教育体系之外、不属于地方教育当局主办，不接受公共教育经费拨款支持补助的学校。在性质上，英国的独立学校类似于我国的私立学校，学费昂贵、教学资源充沛、师资力量较强，其教育水平明显高于公立学校。独立学校主要包括小学阶段的预备学校（Preparatory school，8—13 岁）和中学阶段的公学（Public school，13—17 岁）。虽然在这类学校就读的学生人数只占到英国所有中小学学生总数的 6% 左右，但在英国教育体系中，独立学校具有特殊的地位，它们一般都历史悠久、精英教育特点突出。

---

① Department for Education：*Approval of Independent Inspectorates*：*Departmental Advicefor Independent Inspectorates of Independent Schools*，2014 年 8 月 12 日，见 https：//www.gov.uk/government/uploads/system/uploads/attachment_data/file/343345/Independent_inspectorates_departmental_advice.pdf。

② D. Turner，"An analysis of Independent Schools Inspectorate reports to assess the state of school libraries in the independent secondary school sector in England and Wales"，*Library Management*，Vol.27，No. 4/5（2006），pp.279-286.

虽然不属于公办学校，但是为义务教育年龄阶段儿童开办的独立学校都必须在教育部注册，独立学校为 2 岁以下儿童提供的早期教育也须在教育部注册。同时第三方专业组织——独立学校委员会对独立学校提供专业支持和治理。独立学校委员会下设 7 个分会，分别是独立学校董事会协会（Association of Governing Bodies of Independent School）、女校协会（The Girls' Schools Association）、校长大会（Headmasters'& Headmistresses' Conference）、预备学校独立协会（Independent Association of Prep Schools）、独立学校协会（Independent Schools Association）、独立学校财政协会（Independent Schools' Bursars Association）、独立学校校长联合会（The Society of Heads）。

独立学校督导团对隶属于独立学校委员会的独立学校进行督导。目前，独立学校督导团对约 1200 所独立学校（包括英国本土学校和海外学校）进行督导评估，确保每所学校达到政府的要求，对每所学校评估后要向教育部提交督导报告，并向公众开放。此外，独立学校督导团还负责在英格兰、威尔士开办的私立继续教育学院和英语语言学校的督导。

## 三、第三方机构的监管：英国资格与考试管理办公室（Ofqual）

### （一）Ofqual 的建立

随着英国《2009 年学徒制，技能，儿童与学习法案》（*Apprenticeships*，*Skills*，*Children and Learning Act 2009*，*ASCL*）的颁布，资格与考试管理办公室（Office of Qualifications and Examinations Regulation，Ofqual）于 2010 年 4 月成立，同资格与课程发展局（Qualifications and Curriculum Development Agency，QCDA）一起，代替了旧的资格与课程管理局（Qualifications and Curriculum Authority，QCA）；2012 年 4 月，资格与课程发展局（QCDA）被标准与考试局（Standard and Testing Agency，STA）所取代。

Ofqual 是一个法定机构，独立于政府部门，直接向议会负责，但在政府政策的范围内进行监管，在法定范围内行使权力、承担义务和职责。Ofqual 的网站于 2014 年挪至英国政府官网之下，但这并不妨碍 Ofqual 仍作为独立于政府的机构，直接向议会负责。[①] Ofqual 作为英国独立的资格与评估监管机构，承担的义务和职责广泛多样：负责对教育资质的评估，监管 GCSEs，AS 和 A levels，使其合乎目的，确保资格的公平性和标准的科学性与公众对资格的信心，以及进行国家课程评估，对一系列职业与技术资格进行监管，有权决定考试委员会能否授予这些资格证书，同时还是提供开拓者学徒制（Trailblazer apprenticeship）项目机构的外部质量保障方。

学校的资格受考试与资格管理办公室监管。颁证机构向 Ofqual 申请资格的授权，且在资格投入使用的过程中受其监管。Ofqual 通常会对已批准资格所适宜的特定年龄阶段进行信息公开，然后学校和学生便可接受公共资助，开展有关该资格的教学工作。Ofqual 与英国其他的监管机构合作，在资格的设计、开发、评分和报告等程序方面颁发了一系列文件，力图在监管资格的过程中控制各颁证机构资格之间、学科之间、年度之间的可比性这一主要因素，保障教育质量的各方面：有效性，可信度，公平性，可控性，向学习者提供关于学习进展的准确工具。

Ofqual 有近 200 名员工，年度预算近 2000 万英镑。其每年花费 900 万英镑与第三方合作，通过招标的形式（包括公开招标和限制招标[②]）为各种规模的公司提供广泛的商业机会。[③] Ofqual 通过在线提供标准化的招标和采购程序，供应商和政府采购部门可以在线接收和回答问题，商量采购和报价等事宜。Ofqual 外包的业务包括如考试委员会改革期间和商业行为的报告、普通资格应用的（Applied General Qualification）用户调研、国家基准测验的设计开发与交付、各项资格改革的可视化呈现等。[④]

---

① Ofqual：*About us*，2017 年 11 月 6 日，见 https：//www.gov.uk/government/organisations/ofqual/about。

② 限制招标即 Ofqual，将对感兴趣的供应商进行资格预审评估，如果符合标准，则将收到招标文件。

③ Ofqual：*Procurement at Ofqual*，2017 年 11 月 2 日，见 https：//www.gov.uk/government/organisations/ofqual/about/procurement#types-of-eu-tender。

④ Ofqual：*My Tenders PRO for Ofqual*，2017 年 11 月 15 日，见 https：//ofqual.mytenders.co.uk/PastTenders.aspx. 2017-11-15。

（二）Ofqual 的职责

Ofqual 进行授权的机构包括出版商、各技能委员会、国家体育监管部门、特定的专业团体、培训机构、考试出题的教师、考试出题的教材撰写者等。① 作为授予资格的机构，应提供以下基本信息：（1）业务战略、计划与案例；（2）人员配置计划；（3）资本投资和财务预测的细节；（4）获得足以支持当前和未来服务需求的人员与设备的计划；（5）证明评估人员有必要的经验、培训和资源，高级管理人员同样在这方面有足够的经验和技能；（6）有关保留档案的程序，留存和使用证据来指导检查员和评估人员的工作；（7）监督成本系统或进行持续成本控制的详细建议；（8）定价政策，发布关于费用和支付条款的信息。

Ofqual 的职责即：监管英国地区的资质、考试与评估。确保监管的资格能够确保学生拥有相应的知识、技能和理解；评估和考试展现学生的能力水平；人们对其监管的资格有信心；学生和教师能够获得其他所监管的所有资格的信息。2017—2020 年的目标是：管理和改革普通资格；规范和改革职业技术资格；审查国家评估（National Assessment）的有效性；开发和管理机构人员、资源和系统。②

按照以上 Ofqual 对自身的定位，其监管的资格包括普通资格、职业资格，同时负责对国家评估的审查。

1. 普通资格

英国所有 GCSE、AS 及 A level 的考试与资格评估服务都属于 Ofqual 的管理范围。本研究中提及的三家英国主要的考试委员会——评价与证书联盟（AQA）、爱德思委员会（Edexcel）、剑桥考试中心（OCR）及所有提供 GCSE、A level 等普通资格的机构均需要由 Ofqual 进行注册，得到认证后才

---

① Gov.uk：*Recognition application*：*guidance for the Criteria*，2017 年 11 月 15 日，见 https：//www.gov.uk/government/publications/application-for-recognition-supporting-information/recognition-application-guidance-for-the-criteria#criterion-c-resources-and-financing。

② Ofqual：*about*，2017 年 11 月 7 日，见 https：//www.gov.uk/government/organisations/ofqual/about。

能取得合规地位，这三家机构均于Ofqual设立之初（2010年4月1日）就获得了其认证许可，提供的所有资格均可以在Ofqual网站上查到。

2. 职业资格

2015年10月1日，Ofqual推出了规范资格框架（Regulated Qualification Framework，RQF），替代了以往实施的资格与学分框架（Qualification and Credit Framework，QCF）。Ofqual发布的规范资格框架的电子信息卡片中，将新的规范资格框架进行可视化作图，描绘成一个图书管理的完整书架，书架上的所有资格证书都有不同于其他资格的、独属于自身的坐标。横坐标由大小或学习量（Size）即获得该资格证书所需的成本时间来标识，纵坐标由水平或登记（Level）即获取资格证书所需学习的“知识理解”和“技能”的难度和复杂度来标识。因此，每个资格证书都可以通过其坐标（Size，Level）了解到欲获得此证书需要付出的时间、精力和所需的能力。用英国职业资格执行主任杰里米·本森（Jeremy Benson）的话来说，规范资格框架既不是一个规则，也不是一个过程，而是一个帮助人们理解资格与考试管理办公室管理所有资格证书的工具，它将现有的资格证书按照既定的规则统一在一个系统中，帮助学习者随时选取想要取得的资格证书。资格与考试管理办公室像一个图书管理员一样，按一定规则将所有的资格证书排放在有着11层的书架上。管理员并不决定书中的具体内容和章节数目，只是帮助学习者了解不同的书籍，以及书架上的书籍与原来资格与学分框架（QCF）中资格证书的练习和区别，进而协助他们找到自己所需的书籍。①

由于英国当前职业资格“泛滥”，资格与考试管理办公室还负责监管RQF内资格证书的质量，调控颁证机构并对职业资格的开发，对所有颁证机构开发新的资格证书的全部流程，即提交—评估—反馈—预先设计进行严格监督，通过对资格证书整个周期的全程监管，明确资格证书的质量责任，

① Gov.uk：*Reforming Regulation of Vocational Qualifications*，2016年5月22日，见https//www.gov.uk/government/speeches/reforming-regulation-of-vocational -qualification。

增强其有效性。①

3. 对国家评估的审查

1988 年，英国建立了国家课程体系，要求学校教授特定的科目，并进行相应的评估。2011 年 2 月，资格与考试管理办公室作为独立的监管者，发布了国家评估监管框架（Regulatory framework for national assessment）②，对标准与测试局（STA，Standard and Test Agency）、教育部、地方教育局以及其他负责国家评估的机构进行监管，该框架于 2017 年 10 月进行了更新。Ofqual 对国家评估的监管不同于对各类资格如 GCSEs、A levels 等的监管，二者有不同的法定目标、职责和权力，其设计、交付等也有所不同。国家评估即国家课程与早期基础阶段评估，用来评估各个年龄段使用国家课程的学生达到了什么程度，学校是否实现了达标目标。

无论是对普通资格、职业与技术资格还是国家评估，Ofqual 都采取基于风险的监管路径。如对职业与技术资格，Ofqual 通过基于风险的评估来确保其有效性。Ofqual 要求颁证机构向其报告可能会产生“负面影响”的事件。在 2016—2017 年，Ofqual 对职业与技术资格进行了 399 次综合评估，指出了各颁证机构存在的具体问题和一些系统性的风险，包括对培训服务提供者无效或不合适的控制，以及一些不当行为。目前 Ofqual 正在开发针对关键风险和问题的主题审查。同时 Ofqual 负责监督颁证机构遵守其监管条例，2016—2017 年 Ofqual 针对一些机构没有遵守或者有违反条例的倾向，采取相应的措施。Ofqual 有权对违反其监管条例的机构予以罚款。如 2016 年 7 月，技能开发组织城市与行业协会（City & Guild）因在 2015—2016 年间违反了认证条件（Conditions of Recognition）中三个条例，被处以 38000 英镑的罚款；当年培生也因违背认证条件的五个条例被处以 85000 英镑的罚款，

① Gov.uk：*Key changes to qualifications regulation come into effect*，2016 年 5 月 22 日，见 https//www.gov.uk/government/news/key-changes-to-qualifications-regulation-come-into-effect。

② Ofqual：*Regulatory framework for national assessment*，2017 年 11 月 15 日，见 https：//www.gov.uk/government/publications/regulatory-framework-for-national-assessments。

这些罚款最终上缴财政部。罚款的最终目的是督促这些颁证机构进行改进，直面错误并采取补救措施。①

Ofqual 能够在没有任何压力下确保考试的公平性和可比性，为英国的资格与评估体系的稳定性、严谨性提供了保障，使公众对考试结果有信心。

## 四、英国资格与评估市场：案例分析

英国具有第三方教育评估的历史传统。历史上，英国 16 岁及其以上学生资质和评估服务的选择性和多样性在很长一段时期形成了独具特色的传统。很多年以来，学校可以为将要毕业的初高中学生从多样的第三方机构中选择不同的资格。学校不仅可以自主选择考试委员会，甚至可以为每门课程选择考试委员会。

在这个体系中，考试委员会都是非官方机构，负责提供试卷、评分服务并反馈考试结果，自筹经费，自负盈亏，经费来源主要靠学校和考生交纳的考试费用，每门 GCSE 科目每个学生每份考卷的分发和批改收费 20 英镑。GCSE 考试每年夏季举行，考试委员会各科考试时间大体相同。

资格与考试评估包括公共考试生产和交付的所有领域，包括应该教授和审查的内容、评估和评分的方式。英国的公开考试中，国家课程以及任何科目的所有学历资格应具备的基本知识、技能和理解能力都是由中央政府制定的，但评估过程本身则转移到了私营部门。根据政府的优先级考虑，对这些过程进行不同程度的控制，目前形成了放松管制的环境气候，即由政府监管机构——英国资格与考试管理办公室（Ofqual）监管下的较为自由的市场。②

20 世纪期间，独立机构的数量不断减少，委员会的数量也在几十年内

① Ofqual：*annual report for the period 1 April 2016 to 31 March 2017*，2017 年 12 月 25 日，见 https：//www.gov.uk/government/publications/ofqual-annual-report-for-the-period-1-april-2016-to-31-march-2017。

② CERP：*Assessment Design*，2017 年 11 月 22 日，见 https：//cerp.aqa.org.uk/research-themes/assessment-design。

大幅下降，部分原因是社会已达成一种广泛的共识，即规模经济可以通过理性化来实现，无须超额数量的考试委员会来满足评估需求。① 目前，英国主要有七个考试委员会提供 GCSE、A-level 等资格考试服务，英格兰地区有评价与证书联盟（AQA），剑桥考试中心（OCR），爱德思委员会（Edexcel）三家考试委员会，威尔士地区有联合教育委员会（WJEC），北爱尔兰地区有课程、考试及评价理事会（CCEA），苏格兰地区有苏格兰学历管理委员会（SQA）和技能开发组织城市与行业协会（City & Guild）。

本节选取了在英国较具代表性的三家最大的第三方教育评估机构——评价与证书联盟（AQA）、牛津剑桥考试中心（OCR）和爱德思委员会（Edexcel）进行介绍与分析。这三家考试委员会的主要功能是组织 GCSE 和 A-level 公共考试及相关课程，实质上是提供相同产品的不同公司（即 GCSE 等资格考试）。学校可以自主选择考试委员会，甚至可以根据每门课程的内容、结构、评估或成绩来选择不同的考试委员会。例如，一所学校可能历史学科考试选择 AQA，数学和地理考试选择 Edexcel，生物考试选择 OCR 等等。考试不是强迫性的，但所有学校都要求大部分学生参加。

（一）评价与证书联盟（AQA）

评估与资格联盟（AQA）是英国（英格兰，威尔士和北爱尔兰）一家非营利教育机构，独立于政府，提供的各类资格包括 GCSE、A-Level 考试证书和各类职业技术证书。AQA 是中小学教育领域最大的学历提供商之一，每年授予全国近一半的 GCSE 和 A-level 的资格证书。AQA 提供的教育服务包括资格、专业发展、考试管理。

在专业发展方面，AQA 通过线上和线下培训的方式向各级各类课程的学科教师提供教学经验，发展技能和知识，（尤其在 GCSE 和 A-level 考试发生重大变化的时候）为教师提供高质量的专业支持；在这个过程中，教师将学习对其课程进行受控评估（controlled assessment）和课程作业的评估，从

---

① CFEE：*Who is to produce and who is to choose*?，2017 年 11 月 22 日，见 http：//www.cfee.org.uk/sites/default/files/Who%27s%20to%20produce%20who%27s%20to%20choose_web%20ready.pdf。

而实现有效的组织和管理；并使教师评估学生上一年度的学习成果，以学生的反应和评分标准为例进行指导，使教师能够帮助学生更好地发挥潜能。

在考试管理方面，雇佣有资格的审查员对 GCSE 的试卷进行在线评判。AQA 除了采用传统的考试评分标准外，还引入了电脑化的数字化评分，以提高考试改正的效率和准确性。在这个过程中，还可以通过增强结果分析审查学校的绩效、学科成绩、个别学生的成绩等。①

除此以外，AQA 组建了专门的教育研究与实践中心，该中心负责汇集和整理侧重于 GCSE 和 A-level 等重要资格的教育评估专业研究。目前 CERP 有 23 名研究人员，包括统计学家、心理学家、教育工作者和科学家等，研究领域涉及政策背景、国家测试计划、资格改革、学生学科选择、大规模评估、统计建模和分析、考试标准、标准制定方法和可比性、评估设计、评估有效性和可靠性、评估质量、数字化评分、评分可靠性、人机交互、教育影响和社会公平、颁证程序等各方面②，采用一系列定量和定性的方法，以确保使用最合适的方法产生有效的研究结论和建议。其所有的工作都通过一个在国内外享有盛誉的研究人员咨询小组进行严格的同行评审，并对其所从事的活动和项目提供指导和建议。该中心的研究成果将为 AQA 的工作人员、教育部门的其他研究人员、决策者、从业人员应用到教育实践中去。③

（二）爱德思委员会（Edexcel）

英国培生集团旗下的爱德思（Edexcel）国家职业学历与学术考试机构，成立于 1996 年，由英国商业与技术教育委员会（BTEC）和伦敦大学考试与评估委员会（ULEAC）合并而成。2005 年，培生集团全面掌控爱德思，成为英国目前唯一一家私人公司运营的大型考试委员会，正式名称为培生爱德思 – 伦敦考试委员会（Edexcel Pearson-London Examinations），简称爱德

① AQA：*ERA*，2017 年 11 月 23 日，见 http．//www.aqa.org.uk/contact-us/secure-services/enhanced-results-analysis。

② AQA：*CERP Researchers*，2017 年 11 月 23 日，见 https：//cerp.aqa.org.uk/researchers。

③ AQA：*CERP*，2017 年 12 月 25 日，见 https：//cerp.aqa.org.uk/about-cerp。

思。2015 年，培生爱德思批阅了 3700 万份 GCSE 试卷和 1200 万份 AS 及 A level 试卷。①

Edexcel 是培生集团颁发学术和普通学历的品牌名称，包括 GCSE 和 A-Level 资格证书，以及一些职业资格，包括国家职业资格和职业技能。Edexcel 自诩提供顶级水准的资格，将前瞻性的思维方法与国际内容相结合，其资格是通往当今一流大学的理想途径。这些资格可以为学生提供多种选择，包括就业、继续教育、参加学徒计划。

在评估技术方面，爱德思为教师提供所需要的技术支持，帮助学生充分发挥潜能。如其开发的免费的在线结果分析工具——结果 +（ResultPlus），加上教育评估工具——Q 交互（Q-interactive ™），为教师提供了学生在 Edexcel 考试中的详细表现。该工具可以帮助教师更好地了解学生的学习，其功能包括查看学生每道考题的分数，衡量学生成绩与 Edexcel 全国平均水平的比较；获得有效学习和教学方法的支持等。②

（三）剑桥考试中心（OCR）

OCR 是英国领先的授权机构，作为一个非营利组织成立于 1998 年，属于剑桥评估集团③ 的一部分，向在学校、工作或通过兼职学习计划的涵盖所有年龄和能力的学生提供各类普通和职业资格证书，目前提供逾 40 门科目的 GCSE 和 A Level 考试证书，并提供超过 450 个职业资格认证。

1. 合作关系

合作关系是 OCR 成功完成支持教育水平提高的关键。其合作路径包括：举办咨询论坛、确保与高等教育、雇主、学科共同体、学会、学校、学院、培训机构和教师的密切合作；寻找高质量的教育创新者，并与他们合作

① Pearson：*Grade enquiries and appeals in 2015 Pearson marked*，2015 年，见 https：//qualifications.pearson.com/content/dam/pdf/Support/Quality%20Assurance/EAR-Infographic.pdf。

② Pearson Edexcel：*Result Plus*，2017 年 12 月 28 日，见 https：//qualifications.pearson.com/en/support/Services/ResultsPlus.html。

③ 剑桥评估中心由四个部分组成：OCR、剑桥英语语言评估、剑桥国际教育评估、剑桥入学考试评估。主要业务范围包括：评估和测试设计、课程发展、监测和评估、评估质量保证和教师培训师发展。

开发资格与评估服务产品；与参与出版的人员、材料的提供者、技术的提供者、支持和发展教学行业的人员建立正式的合作关系。

2. 评估队伍

目前，OCR 同 1 万余名审查员和评估员合作，其中 90% 以上是教学人员，由他们开发和批阅试卷。在招聘评估人员时要求申请者具备以下素质：(1) 目前正在教授申请岗位对应的学科并具备一定的教学经验；(2) 已获得教育学研究生证书的毕业生或已获得合格教师资格者；(3) 如果非教学人员能够表现出高水平的学科专业知识或相关的评估知识也将给予考虑。

OCR 会为新聘任的审查员提供全面的培训和指导。培训属强制性质，大部分培训在线进行，个别科目的培训面对面完成；在必要的培训之后，进行标准化的活动，检查审查员能否准确地进行试卷评分；成功完成标准化后，将继续进行现场审核；一旦评估开始，OCR 将在整个评分过程中为审查员提供足够的支持，审查员将组成不同的评分小组，每个小组设一名负责人统筹小组工作。OCR 的评估人员有机会加强他们的专业发展水平，为学生提供更高水平的反馈。

目前，在 OCR，99% 的试卷进行在线批改，也即将学生的试卷进行扫描，上传到计算机终端，由审查员在线批改。①

英国数个大型评估机构和大量小型机构组成了资格与评估的市场部门，这些志同道合的第三方机构也可以共同分担开发成本和共享专业知识以减轻行业风险。从法律法规对监管机构的赋权到规范的行业监管，再到学校的自主选择，完善的行业体系使英国的资格与评估市场呈现出健康的可持续发展态势。

鉴于严格的监管框架，在选择和竞争中能够维持国家资格标准。学校会选择他们认为更容易的资格，而选择结果大多是由等值框架和资格价值在学校排名中的加权方式所决定的。而且，在学校的决策过程中，对质量的重

---

① *Ten things you didn' t know about OCR examining*，2017 年 12 月 7 日，见 http：//ocr.org.uk/Images/302849-ten-things-you-didn-t-know-about-ocr-examining.pdf。

视程度远超过价格。没有证据表明，在当前基于自由选择的市场体系中，过度的市场竞争破坏了质量。①

## 第五节　讨论与结语

综上，英国第三方教育评估呈现以下特征：悠久的教育评估市场传统、专业的制度安排、完善的监管体系。

### 一、悠久的历史传统

从英国经验可以看出，英国政府在 170 多年前就设立了独立于教育部的教育标准局（Ofsted）作为国家层面的教育督导部门，并鼓励和支持第三方教育评估市场的运行和发展，或与独立督导员签约，或将服务授权给其他机构，如独立学校督导团（ISI）负责对独立学校的督导评估，是英国基础教育良性治理的体现。

就资格与评估部门而言，以往的经济理论和英国的经验都证明由政府来提供并非是一个好的选择。此外，国有化本身是一项庞大而昂贵的工作，要付出巨额的成本补偿，因此由第三方机构提供评估服务比政府更可取。英国在独立的监管机构资格与考试办公室（Ofqual）的监督下，由颁证机构提供考试服务——这种情况在其他国家并不多见。在英格兰数个大型机构和大量小型机构组成了资格与评估的市场部门，这些志同道合的第三方机构也可以共同分担开发成本和共享专业知识以减轻行业风险，同时市场中的选择和竞争可能会有助于激励资格与评估领域的创新。

### 二、专业的制度安排

Ofsted 作为国家级教育督导机构，有着完善的制度体系，制定了详细的

---

① *Who is to produce and who is to choose?*，2017 年 11 月 22 日，见 http：//www.cfee.org.uk/sites/default/files/Who%27s%20to%20produce%20who%27s%20to%20choose_web%20ready.pdf。

《教育督导框架》《学校督导手册》作为指导性文件。ISI 作为由教育标准局赋权、对独立学校进行督导的机构，也制定了自身的《督导框架》，有着明确的评估流程。Ofqual 对于认证条件、审查资格、申诉程序的文件作为一个“工具包”，向各考试与资格机构及广大用户终端提供细致入微的服务，达到严格认证、严格监管的状态。

### 三、完善的监管体系

英国政府在法律框架下先后建立了教育标准局、独立学校督导团和资格与考试办公室。三者作为元评估机构负责对学校进行评估、认证监督各考试与资格评估机构，同时接受政府、学校的监督；各考试与资格评估机构必须获得资格与考试办公室的认可，才有资格开展评估活动，并接受其后续监控；学校自身负责内部评估，并接受教育标准局和自主选择考试与资格评估机构的外部评估。从法律法规对监管机构的赋权到规范的行业监管，再到学校的自主选择，完善的行业体系使英国的第三方教育评估市场呈现出健康的可持续发展态势。

综上，英国的第三方教育评估发展较为成熟，呈现出独立性、市场性、监管性的特点，对于我国近年来一直提倡的第三方教育评估颇具启发意义。一方面，我国教育督导机构仍隶属于教育行政部门，很难公正客观地行使自身职能，应考虑设立独立的教育督导机构；另一方面，虽然目前我国仍未出现较具公信力的教育评估与监管机构，但种种迹象表明，我国对第三方评估机构的行业监管也逐渐萌芽。2017 年 8 月 2 日，全国第三方教育评价机构联谊会首届会员资质评估会在天津进行。对安徽新世纪教育评估有限公司、北京公众时代文化艺术传播公司两家评估资质合格会员和八家会员单位进行授牌，第三方教育评价联谊会会员单位资质评估使第三方教育评估架构在行业治理和行业自律上迈出了一小步。未来我国第三方教育评估发展的蓝图，仍需政府、社会部门、教育工作者等各方齐心谱写，不断调整与改进。

# 第四章 德国第三方教育评价的机制与模式

探索“管办评分离”是当前世界各国基础教育改革的共同普遍点，德国也不例外。历史上，德国的教育督导和教育行政部门是同一个机构，二者合二为一是德国教育督导的一大特征，但这种模式为德国教育的发展带来诸多弊端，比如职能划分不清、工作效率低下等。特别是20世纪末21世纪初，德国在两项大规模的国际学生成就评估项目（TIMSS、PISA）中均未取得理想成绩，德国各州政府开始关注基础教育质量的改进和提高。德国学生在2000年PISA测试中阅读、数学和科学三门科目的成绩都低于参与测试的OECD国家的平均水平。这引起了德国整个社会的震惊。面对“PISA震惊”，德国开始反思自己教育体系的不足，着力提升教育质量。KMK在2006年发布了德国《教育监测总战略》（*Gesamtstrategie zum Bildungsmonitoring*），并指出教育在个人发展、社会参与、社会经济发展中起着关键作用，同时也面临着多样的挑战。教育质量整体提升和教育公平的保障仍然是未来德国教育政策的核心。① 为了实现《战略》中的目标，德国政府委托德国教育质量发展研究所开展一系列教育质量评价工作，形成了德国第三方参与教育评价的体系。实践经验表明，德国的教育监测与评价系统是保障德国教育质量发展不可或缺的手段。那么，德国形成了怎样的社会第

① Kultusminister Konferenz 2015：*Gesamtstrategie der Kultusministerkonferenz zum Bildungsmonitoring*，2015年6月11日，见https：//www.kmk.org/fileadmin/Dateien/veroeffentlichungen_beschluesse/2015/2015_06_11-Gesamtstrategie-Bildungsmonitoring.pdf。

三方教育评价体系？德国社会第三方评价是如何参与其中并发挥作用的呢？

## 第一节　德国基础教育评价体系概况

### 一、德国政府教育督导制度的弊端

在 20 世纪六七十年代以前，德国教育主要是由政府直接干预，由政府进行资源分配以及立法活动。自 20 世纪 90 年代以来，人们越来越意识到，教育改革不能只是“自上而下”地进行线性改革。大规模的国际学生学业成就测试，如第三次国际数学与科学研究（TIMSS）和 2000 年的国际学业测试（PISA）的结果成为改革的推动力。在所有参加 PISA 测试的国家中，对 PISA 测试结果反应之强烈，应对之迅速，教育改革力度之大的国家首推德国。德国在 2000 年第一次参加 PISA，测试结果显示，德国学生在阅读（21 名）、数学（19 名）和科学（20 名）三个领域中的表现都处于 OECD 参与国家（共 30 个国家）中下游的水平，这引起了德国社会各界的震惊。当年的报告还显示出，德国 15 岁的学生中有四分之一的学生无法正确书写和阅读。[①] 时任德国总理的施罗德（Schroeder）在 PISA 结果公布之后表示：“为什么在经济和政治上具有如此重要地位且具有文化传统的德国无法在国际教育领域领先？”[②] 这就是“PISA 震惊”（PISA-Shock）。此后德国政府开始了一系列提升基础教育质量的改革，从而引发了德国教育管理权力由“输入导向”向“输出导向”的转变，即权力由联邦一级向州一级层面扩展，同时增强学校的自治权力，重视教育产出。[③] 在国际学生测评项目的影响下，德国

---

① 李志涛：《PISA 测试推动下的德国教育政策改革：措施、经验、借鉴》，《外国中小学教育》2017 年第 6 期。

② 董琦：《德国 PISA 测试结果及其引发的反思》，《德国研究》2013 年第 1 期。

③ Institut fuer Schuqualitaet der Laender Berlin und Brandenburg：*2016 ISQ-Bericht zur Schulqualitaet*，2018 年 11 月 25 日，见 https：//www.isq-bb.de/wordpress/wp-content/uploads/2017/03/ISQ_Bericht_Schulqualitaet_2016.pdf。

开始关注提高本国学生教育质量，加强教育监测与评价。提高德国学生的国际竞争力成为德国新的追求。

此外，从 20 世纪 90 年代以来，世界范围内兴起了教育质量监测的热潮。教育监测是新时期教育督导的重要组成部分，德国也逐渐把教育督导的重心转移到通过监测与评价的方式促进教育质量的提高。① 在新的时代环境下，教育监测与评价被赋予了重要的使命意义，其有利于帮助政府了解本国教育体系发展状况，为提高教育质量提供了数据支持。此外，教育监测与评价能够激发社会关于教育质量问题的关注，还为国际教育研究作出了贡献。

## 二、德国社会第三方参与教育评价的整体概况

### （一）德国开展教育评价的目的

首先，开展教育评价活动可以帮助德国政府掌握德国学生学习结果的情况，包括学生在知识和认知能力上所达到的水平，即达到教育标准基本要求的情况；其次，质量评价能了解各联邦州、不同学生群体之间存在的差异情况，为教师教学的开展提供数据支持；最后，教育评价能帮助掌握德国各联邦州教育发展的情况。通过定期的监测评价以及数据的分析，可以对每个州的教育发展情况进行趋势分析，以发现每个州自己的优势和局限，并提供相应的信息反馈。为了掌握框架理念中（如国际学生评估项目中的能力模型）和由德国各州教育部长联席会议（Kutusministerkonferenz，以下简称 KMK）颁布的教育标准中所设定目标的实际达标程度，需要定期通过科学的方式，有目的性地对不同方面开展监测评价活动并颁布监测和评价报告。监测和评价报告包含了有关教育发展优势和劣势情况的分析，为适合的改革措施提供了着手之处。

### （二）德国教育监测总战略的颁布

输出导向型的教育系统需要定期的反馈预期目标的实现程度。为了创

---

① 王璐：《教育督导与评价制度比较研究》，人民教育出版社 2018 年版，第 97 页。

建数据库并建立教育质量发展工具，KMK 通过了一系列决议，对德国各州的教育体系都产生了深远的影响。1997 年康斯坦斯会议上，KMK 决定定期参加国际学生测评项目，以确定德国学生与在国际中的能力发展水平。① 2006 年波隆决议（Plöner Beschlüssen）之后，KMK 在 2006 年通过了《教育监测总战略》。为了获得德国学生学习能力与别国学生的比较结果，KMK 决定定期参加国际学生学业成绩比较测试研究，同时开展国内教育质量监测项目。《教育监测总战略》从联邦层面高度肯定了学生学业成就监测的重要性，并强调德国与国际接轨，积极参加国际大型学生学业比较测试，通过测试的结果来监控德国教育的发展状况，及时改进教育政策。《教育监测总战略》主要包括四方面内容：

1. 定期参加国际学生测评项目

德国决定定期参加的国际学生测评项目主要包括三个：

（1）PIRLS/IGLU（Internationale Grundschul-Lese-Untersuchung）：国际小学生阅读能力测试。该测试每 5 年举行一次，测试对象为小学 4 年级的学生。德国从 2001 年开始参加此测试。

（2）TIMSS（Trends in Mathematics and Science Study）：国际数学与科学研究。该测试主要测试小学生在 4 年级结束时的数学和科学能力。德国从 2007 年开始参加此测试。

（3）PISA-Studie（Programme for International Student Assessment）：主要测试 15 岁的学生在阅读、数学和自然科学领域中的能力。从 2000 年开始，每 3 年举行一次，每次测试侧重点不同。根据参与国家的数量上来看是最重要的国际教育测试。②

---

① Institut fuer Schuqualitaet der Laender Berlin und Brandenburg：*2016 ISQ-Bericht zur Schulqualitaet*，2018 年 11 月 25 日，见 https：//www.isq-bb.de/wordpress/wp-content/uploads/2017/03/ISQ_Bericht_Schulqualitaet_2016.pdf。

② Bayerisches Staatsministerium fuer Unterricht und Kultus：*2019 Qualitaetssichterung*，2019 年 5 月 18 日，见 https：//www.km.bayern.de/lehrer/qualitaetssicherung-und-schulentwicklung/qualitaetssicherung.html。

2. 开展基于德国国家教育标准的教育趋势研究

为了检查各州对教育标准的执行程度，KMK 决定开展教育趋势研究来对各州的教育发展状况进行调查，主要的测试对象是小学 4 年级和中学九年级的学生，小学每 5 年测试一次，测试内容为德语和数学；中学每 3 年测试一次，测试内容包括语言（德语、英语和法语）、数学和自然科学（生物、化学和物理）。监测报告将会在测试 1 年后发布。第一轮的调查（2009—2012）命名为“州比较研究”（Laendervergleich），从 2005 年第二轮调查开始，这项测试改名为教育趋势研究（Bildungstrend），因为从第二次测试开始可以观察各州的教育发展趋势。第三轮的测试在 2020 年开展。①

3. 实施 3 年级和 8 年级的州比较测试

3 年级和 9 年级的州比较测试（Vergleichsarbeiten in Jahrgangsstufe 3 und 8，以下简称 VERA3 和 VERA8）是全德国唯一一个覆盖所有联邦州的测试，原则上所有普通教育学校 3 年级和 8 年级的学生都需要参加。某些州将 VERA 命名为“学习状况测试”或者“能力测试”。VERA 测试的核心作用是为学校的教学和发展提供支持，试题由各州的教师和专家共同制定。②

4. 定期发布国家教育报告

德国每两年发布一次国家教育报告，总结两年内德国教育的发展成就。③ 2006 年德国发布了首份《国家教育发展报告》，以数据为基础，用实证分析的方式对德国教育体系的发展情况进行分析。最新的德国教育发展报告于 2020 年发布。在实现《教育监测总战略》中的目标的过程中，德国社

---

① KMK：2019 *Bildungsmonitoring. Überprüfung und Umsetzung von Bildungsstandards für die Primarstufe*，*die Sekundarstufe I und die Allgemeine Hochschulreife*，2019 年 1 月 6 日，见 https：//www.kmk.org/themen/qualitaetssicherung-in-schulen/bildungsmonitoring/ueberpruefungumsetzung-der-bildungsstandards.html。

② KMK：2019 *Bildungsmonitoring. Verfahren zur Qualitätssicherung auf Schulebene*，2019 年 1 月 6 日，见 https：//www.kmk.org/themen/qualitaetssicherung-in-schulen/bildungsmonitoring/verfahren-zur-qualitaetssicherung-auf-schulebene.html。

③ Institut fuer Schuqualitaet der Laender Berlin und Brandenburg：2016 *ISQ-Bericht zur Schulqualitaet*，2018 年 11 月 27 日，见 https：//www.isq-bb.de/wordpress/wp-content/uploads/2017/03/ISQ_Bericht_Schulqualitaet_2016.pdf。

会第三方教育评价发挥了巨大的作用。概括而言，德国社会第三方参与教育评价工作可以分为联邦、地方和学校三个层次，联邦层面负责监测与评价的机构是德国教育质量与发展研究所，其主要负责制定国家教育标准、研发高中毕业考试题库、组织各州开展各项测试项目并对达标结果进行检查，为多种监测项目提供强大的科学与技术方面的支持；地方层面则由大多数州都有的教育质量保障研究机构负责，它们中有半独立性质也有完全独立性质，也参与了各州教育评价的工作，与 IQB 一起合作开展各项州内的教育监测项目，并且结合本州的实际情况对试题或评价标准做适当调整，使监测项目更加适合本州的学生，同时也会开展自己的教育研究或者参与学校评价项目。在学校层面的评价则具体到更加广泛的社会人员，比如企业工作者、学校管理者、学校教师、学生家长等，这些主体组成学校评价小组，提供意见，体现了社会第三方参与教育评价的主体多元性。

## 第二节 德国第三方教育评价的机构类型

德国是一个联邦制国家，二战后确立了地方分权制度。德国《基本法》规定了德国文化教育权由各州自治，也就是说各州的文化教育权属于各州自己管辖，享有教育立法和教育行政的最高权限。① 因此，对德国社会第三方参与教育评价的讨论，可以分为联邦、州和学校三个层次。

### 一、联邦层面：德国教育质量发展研究所

#### （一）成立背景

20 世纪末 21 世纪初，德国先后参与了国际阅读素养进展研究（PIRLS）②、国际数学与科学趋势研究（TIMSS）、国际学生评估项目（PISA）等一系列国际大规模基础教育评估测试。2001 年底，OECD 公布了德国学

① 张可创、李其龙：《德国基础教育》，广东教育出版社 2005 年版，第 72 页。

② 1990—1991 年，德国参与由国际教育成就评价协会（IEA）发起并组织的阅读素养研究（Reading Literacy Study），即 PIRLS 前身。

生首次参与PISA测试的结果。德国学生在阅读能力测试中仅获得了484的平均分，位列32个参与国的第21位；在数学基本能力测试中仅获得了490的平均分，位列第20位；在科学能力测试中仅获得了487的平均分，位列第20位。① 如果把参与国学生的测试结果分为上、中、下三个等级，德国中学生的测试成绩介于中等和下等之间。作为欧洲的政治、经济、文化强国，德国学生在三个方面即阅读能力、数学能力和科学能力竟然均低于OECD国家的平均水平。② 这一测试结果在德国教育界、政界、企业界以及公众舆论中引起了轩然大波。由此，德国各界人士意识到，德国基础教育的质量一定存在问题。德国需要借鉴一些北欧国家和英语国家的经验，通过频繁的学校成就研究、国家统一考试、严密的学校评价等形成一个系统的监控，并通过教育标准来强化控制。③

为了评估国家教育标准及其落实，以保障学校教育质量发展，2004年6月，KMK决定在柏林洪堡大学（Humboldt Universität zu Berlin，以下简称HU）成立作为研究机构和咨询机构的教育质量发展研究所（Institut zur Qualitaetentwicklung im Bildungswesen，以下简称IQB）。IQB的性质比较复杂，可以看作是政府、社会和高校三方共同作用下的产物。IQB实际是一个经过注册的协会，其全称为“教育质量发展研究所——柏林洪堡大学联邦科研机构协会”（Institut zur Qualitätsentwicklung im Bildungswesen-Wissenschaftliche Einrichtung der Länder an der Humboldt-Universität zu Berlin e.V.），被作为柏林洪堡大学的附属机构，其成员来自德国16个联邦州。经过2014年的改组，现在IQB的董事会由科学委员会和商务委员会两部分构成。当前在任的科学委员会董事是佩特拉·斯坦纳特教授（Prof. Dr. Petra Stanat），商务委员会董事为安妮·尤斯特克莱克赫威·保罗（Anne

① The Programme for International Student Assessment，*Message form Pisa2000*，Paris：Organisation for Economic Cooperation and Development，2004，p9.

② 熊建辉、俞可：《国际大规模教育评估的影响力——以PISA，TIMSS和PIRLS为例》，《人民教育》2014年第2期。

③ 彭莉莉：《迈向能力取向的教育质量控制：德国国家教育标准的考察》，《教育发展研究》2012年第24期。

Jostkleigrewe-Paulus）博士。①

（二）IQB 的组织架构

德国教育质量发展研究所目前一共有 64 名工作人员。在组织架构上主要包括 6 个部门：领导机构、行政管理部门、数据处理部门、学科组织部门、研究团队、HU 与 IQB 合作的第三方资助项目研究团队。

领导机构（Vorstand IQB）由科学委员会主任、科学委员会副主任、商务委员会主任、科学委员会主任助理、商务委员会主任助理 5 人组成。科学委员会主任佩特拉·斯坦纳特教授曾担任洪堡大学、柏林自由大学（Freie Universität Berlin）和埃尔朗根–纽伦堡大学（Friedrich-Alexander-Universität Erlangen-Nürnberg）的教授，主要教授课程为实证教育研究。

行政管理部门（Verwaltung）由 8 人组成，包括总负责人（主要负责财政、第三方基金和监督工作）、第二负责人（主管人力资源）、项目组织人员、数据研究中心（FDZ）主任助理、两名差旅费报销人员、两名财务 / 合同专员。数据处理部门（EDV）由 3 名工作人员组成。

学科组织部门（Fachkoordination）由 12 人组成，包括 VERA 调研组织者，VERA-6 调研德语学科负责人，小学阶段（Primarstufe）数学 & 德语学科负责人，中学第一阶段（Sekundarstufe Ⅰ）数学、德语、英语、法语学科负责人，中学第二阶段（Sekundarstufe Ⅱ）数学、物理、生物、法语、英语学科负责人。

研究团队（Wissenschaftliche Mitarbeiterinnen und Mitarbeiter IQB）由 26 人组成，包括 IQB 教育趋势（IQB-Bildungstrends）研究人员，数据研究中心（Forschungsdaten-bildung，简称 FDZ）主任、研究人员，（区域）数据统计方法研究人员，小学阶段 /VERA-3 调研数学、德语学科研究人员，中学第一阶段数学、德语、英语、法语学科及全纳教育研究人员、随同调研人员，中学第二阶段随同调研人员。此外，还有负责专门课题的研究人员，如

① IQB：*Ueber das IQB Organisation*，2020 年 9 月 26 日，见 https：//www.iqb.hu-berlin.de/institut/about。

乔治·洛伦兹博士（Dr. Georg Lorenz）利用多层次的社会网络分析方法研究欧洲移民心理和社会文化适应的问题；克劳迪娅·诺伊恩多夫（Claudia Neuendorf）是教育研究数据联盟（Verbund Forschungsdaten Bildung，VFDP）成员，探索如何保护和重复使用联邦教育与科研部（BMBF）框架下的项目数据，促进实证教育研究；丽莎·佩罗（Lisa Pegelow）也是VFDP联盟成员，负责教育研究数据基础架构的设计和构建；卡米拉·约斯克博士（Dr. Camilla Rjosk）研究外语教育，并负责2016年小学阶段的各州教育状况对比调研。

柏林洪堡大学与IQB合作的第三方资助项目研究团队（Wissenschaftliche Mitarbeiterinnen und Mitarbeiter Drittmittelprojekte der HU，in Kooperation mit dem IQB）由10人组成。该团队目前正在进行的项目有7个，其中“通过语言和写作改善教育”项目（BiSS-Bildung durch Sprache und Schrift）由两人负责；联邦教研部项目——小学阶段常识课意义导向语言发展的专业化措施（Professionalisierungsmaßnahmen zur bedeutungsfokussierten Sprachförderung im Sachunterricht der Grundschule，ProSach）由3人负责。其余的项目，如德国科学研究会（DFG）项目——移民的第一语言和第二语言熟练度对社会融合的作用研究（The role of immigrants’ first and second language proficiency for social integration）、联邦教研部项目——进一步开发可用于诊断的测试仪器，以测试资助项目的效果（BiSpra-Aufgaben：Weiterentwicklung zu einem diagnostisch nutzbaren Testinstrument und Prüfung der Sensitivität für Fördereffekte）、联邦教研部项目——能力获取和学习的先决条件（KuL-Kompetenzerwerb und Lernvoraussetzungen）、柏林融合与移民调研所—教育与融合研究处（BIM-Berliner Institut für empirische Integrations-und Migrationsforschung Abteilung Bildung und Integration）、国家教育调查研究（NEPS-National Educational Panel Study/Nationales Bildungspanel）均由1人负责。

总体而言，德国联邦层面最重要也是最具权威的教育质量保障机构就是教育质量发展研究所，它对德国各州的教育进行监测与评价、监督全国教

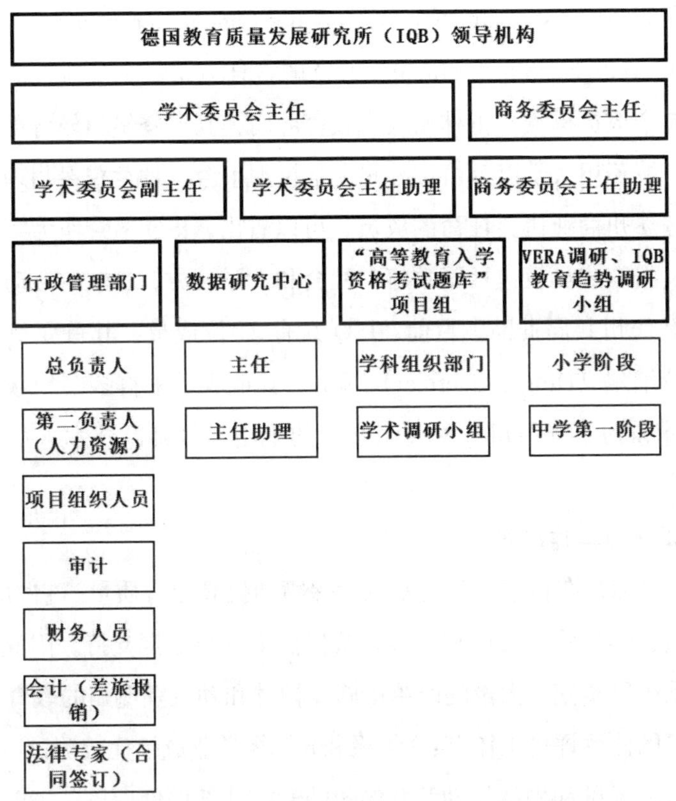


**图 4–1　德国教育质量发展研究所的组织架构**

资料来源：笔者根据 IQB 官方网站 https：//www.iqb.hu-berlin.de/institut/staff 介绍翻译并绘制。

育标准的实施情况以及进行教育研究的工作。

## 二、地方层面——以柏林与勃兰登堡州教育质量研究所为例

在地方层面，各州有自己负责实施教育质量监测与评价机构，下面以德国柏林（Berlin）和勃兰登堡州（Brandenburg）为例，介绍其社会第三方教育评价的实践，这两个州由于地理位置接近，共同成立了一个独立的教育研究和发展机构——柏林与勃兰登堡州教育研究所，该研究机构参与了该地区的教育评价工作。

### （一）柏林与勃兰登堡州教育研究所的组织架构

柏林和勃兰登堡州专门负责教育质量研究的机构是柏林与勃兰登堡州

教育质量研究所（Institut für Schuqualität der Länder Berlin und Brandenburg，以下简称 ISQ），于 2006 年初成立。ISQ 的责任方是一个公益性的协会，主要由以下 7 个成员构成：柏林州政府教育部门、勃兰登堡州教育部门、柏林自由大学、波茨坦大学以及由柏林州立学校理事会、勃兰登堡州理事会、柏林和勃兰登堡州商业协会任命的成员。可以看出，ISQ 尽管作为第三方独立的机构，其组织成员也包括了政府、社会和大学三方，ISQ 的活动资金由柏林和勃兰登堡州共同资助。目前，ISQ 共有 21 位成员，其首要负责人是赫尔格·加特纳尔（Holger Gaertner）博士，其他成员来自多个领域，包括科研员、柏林和勃兰登堡州各种类型学校的中小学教师、技术人员、客座教授等。①

（二）ISQ 的工作内容

ISQ 的目标是在科学合理的基础上保障和提高教育质量。它为教师、学校行政人员、学校管理人员和教育政策提供工具与数据支持。因此，ISQ 在柏林教育系统里实施了大量的改革措施。柏林和勃兰登堡州的教育质量研究所主要负责的监测评价工作有：3 年级和 8 年级学业成绩比较测试（VREA）、9/10 年级统一考试和柏林与勃兰登堡州的学校外部评价项目。当前，ISQ 的工作重点包括以下 5 个方面：（1）诊断测试和比较研究；（2）支持学校内部和外部评价 / 在线调查；（3）开展教育监测和完成教育报告；（4）协调实施国际、国家和地区的学生学业成就测试；（5）审查 KMK 的教育标准的实施程度。②

（三）ISQ 的质量保障

根据柏林高等教育法案第 85 条，尽管 ISQ 教育质量研究所在柏林自由大学内，但研究所与教育行政部门之间具有行政等级的独立性。同时，在评价项目和服务成果上，ISQ 表现出了很高的科学水平，与德国其他的质

① Institut für Schuqualität der Länder Berlin und Brandenburg：*Ueber uns*，2020 年 9 月 26 日，见 https：//www.isq-bb.de/wordpress/das_isq/。

② Institut für Schuqualität der Länder Berlin und Brandenburg：*Ueber uns*，2020 年 9 月 26 日，见 https：//www.isq-bb.de/wordpress/das_isq/。

量研究所相比，ISQ 的工作质量由以下方面来保证：柏林自由大学理事会成员、科学顾问委员会（定期讨论 ISQ 工作）、匿名的同行评审（对于在会议或期刊上发表的论文）、在柏林自由大学设置教育评价和质量保障的教授职位。①

此外，ISQ 还有多个合作伙伴，互相合作，提供支持，共同促进教育质量的提升。目前与 ISQ 合作的机构包括：柏林自由大学，柏林—勃兰登堡州教育服务中心，各州文化教育部长联席会议，柏林—勃兰登堡州学校和媒体研究所，马克斯普朗克教育研究所，柏林—勃兰登堡州数据局，德国教育服务中心，勃兰登堡州教育、青少年和运动部，柏林教育、青少年和家庭评议会，教育质量发展研究所，德国国际教育研究所。与多个科研机构、政府部门的协调合作，为 ISQ 教育研究和评价工作的开展提供了深厚的资源支持。

## 三、学校层面——学校外部评价的第三方参与者

既然社会第三方评价主要是指非政府部门和人员参与教育评价，强调教育评价主体社会化，教育评价的多主体性、评价方式的多元性，其目的是促进社会对教育的监督和问责，补充政府部门督导评估以政府为主导，缺乏活力，不够公开、透明和客观的劣势，所以，除了第三方机构外，社会人员参与的教育评价也应该属于社会第三方评价。德国在联邦和州层面的社会第三方评价主要体现在独立或者半独立科研机构上，而在进一步的学校层面，德国社会第三方参与教育评价的突出特点是特别重视社会人员、学校教师和家长的参与。比如德国教育质量名列前茅的巴伐利亚州（Bayern），特别重视社会第三方人员参与学校评价项目所发挥的作用。

### （一）巴伐利亚州学校外部评价项目

德国巴伐利亚州的学校工作质量在近年来国内与国际上一系列的学

① Institut fuer Schuqualitaet der Laender Berlin und Brandenburg：*2016 ISQ-Bericht zur Schulqualitaet*，2018 年 11 月 3 日，见 https：//www.isq-bb.de/wordpress/wp-content/uploads/2017/03/ISQ_Bericht_Schulqualitaet_2016.pdf。

生学业成绩比较研究中一直处于很高的水平。根据巴伐利亚教育和教学法（Bayerischen Gesetzes über das Erziehungs und Unterrichtswesen，BayEUG）第113c条规定，巴伐利亚州所有的公立学校必须采取这两种评价方式，即内部和外部评价措施交替进行，保障学校质量的提升。① 其中，外部评价的执行人员是来自各种学校类型的教育工作者，可以保证对不同类型学校“本质”的理解。此外，还有来自社会企业和家长协会的志愿者评估员，为学校的评估提供了来自社会的宝贵的意见。

巴伐利亚州于2005—2006学年正式将学校外部评价作为全州质量保障和发展的重要措施。需要注意的是，外部评价并不指向个人，而是分析和评价学校周期性的工作，也就是说外部评价并不是关注学校个别教育工作者，而是将学校作为一个整体组织进行评价。通过外部评价，一方面可以从外部视角帮助各个学校更好地认识其工作的效果，认清自己学校的优势和劣势以及可以改善的空间，评估报告将会根据学校与学校督导机构之间达成的目标协议来提供针对每所学校具体的建议；另一方面，外部评价还会提供更加系统的学校质量改善的信息。

（二）社会第三方人员参与学校外部评价

学校外部评价小组通常由3名学校评估员和1名非学校评估员组成。学校评估员是被评估学校所属学校类型的教师，他们通常在学校管理、课程开发或学校发展方面有丰富的经验，通常是学校领导、学校领导代表、研讨会教师或者学校发展主导者。通过他们专业的知识，确保能够对学校和教学进行适当的评价。非学校评估员包括企业代表（例如公司的质量官员或培训经理）或家长志愿者。非学校评估员将来自社会其他领域的质量保障的方面和良好的学校公众期望引入了对学校的外部评估中。

在巴伐利亚州教育与教学法律中规定，参与学校评价的评估人员应该具备特殊技能和能力：（1）了解当前学校和教育政策问题；（2）了解评估是

① Bayerisches Staatsministerium fuer Unterricht und Kultus：*2010 Externe Evaluation an Bayerns Schulen*，2019年4月15日，见 https：//www.isb.bayern.de/download/12817/externe_evaluation_2010_online.pdf。

作为一种确定的社会科学的方法；(3) 了解好学校的特征和指标；(4) 了解良好的教学和当代教学形式的特征；(5) 良好的沟通交流能力；(6) 团队协作能力；(7) 慎重行事的能力。① 学校督导机构对巴伐利亚州第三方教育质量机构人员进行委任，选择具有适合资格的人员加入评估小组。而专业的教育质量研究机构还会举办年度会议，进一步对评价人员进行培训，并提供专业交流的机会。

## 第三节 德国第三方教育评价的内容、方法与模式

德国社会第三方参与教育评价的内容主要以国家教育标准为依据，重视对学生能力的监测。对学校的评价则根据各州制定的"什么是好学校"的评价标准对学校进行评估。社会第三方参与教育评价主要是通过参与学生学业成就的监测项目、开展科学研究和学校外部评价项目来实现的。

### 一、社会第三方参与基础教育评价的内容——基于国家教育标准的评估

教育质量发展研究所的工作建立在 KMK 研制的国家教育标准的基础之上，负责定期监测德国中小学实现教育标准的程度，致力于支持德国 16 个州的教育系统的质量提高与保障，提高德国各州教育的均衡性，其核心任务是规范和检验国家教育标准，建立任务库或试题库，用标准化的考试任务来评价学生成绩，确定教育质量是否达标。

#### (一) 教育标准的制定背景

国际大型学生测试结果清楚表明了德国之前的教育投入并不能在教育系统中产生预期的结果，教育改革必须加强对教育收益的检查。此外，北欧和英语国家的经验表明，通过定期的学业测试和紧密的学校评价项目可以促

① Bayerisches Staatsministerium fuer Unterricht und Kultus：*2010 Externe Evaluation an Bayerns Schulen*，2019 年 4 月 15 日，见 https：//www.isb.bayern.de/download/12817/externe_evaluation_2010_online.pdf。

进学生学业成绩提升。而教育质量的发展与保障，内部与外部的评估都需要明确的标准，因此教育部长会议特别关注制定和引入教育标准，这也成为IQB参与德国教育评价的主要内容。

教育标准表明了学生在一定的学习阶段内在某些特定的专业里应该达到的能力水平，通过适当的任务或测试进行检测，可以帮助优化学校教学过程，实现更高的教育收益，促进德国建立透明的质量保障体系。德国文化教育部长联席会议在2003年、2004年和2012年通过了全国教育标准，内容包括小学4年级德语、数学学科教育标准，9年级德语、数学、第一外语（英语、法语）学科教育标准，10年级德语、数学、第一外语（英语、法语）、生物、化学、物理学科教育标准，普通高等教育入学资格的德语、数学、英语、法语学科标准，如表4–1所示，德国各联邦州都需要根据全国教育标准实施教育。各州共同商议的标准可以使德国各州所有学校的质量发展在与毕业相关的教育标准保持一致。①

**表4–1　不同学科的教育标准**

| 学科 | 小学四年级 | 中学九年级 | 中学十年级 | 普通高等教育入学资格 |
|---|---|---|---|---|
| 德语 | R | R | R | R |
| 数学 | R | R | R | R |
| 英语 | | R | R | R |
| 法语 | | R | R | R |
| 生物 | | | R | |
| 化学 | | | R | |
| 物理 | | | R | |

资料来源：Institut fuer Schuqualitaet der Laender Berlin und Brandenburg：*ISQ-Bericht zur Schulqualitaet 2016*，2018年11月25日，见https：//www.isq-bb.de/wordpress/wpcontent/uploads/2017/03/ISQ_Bericht_Schulqualitaet_2016.pdf。

① Kultusminister Konferenz：2012 *Bildungsstandards der Kultusministerkonferenz*，2019年5月22日，见https：//www.isq-bb.de/wordpress/wpcontent/uploads/2017/03/ISQ_Bericht_Schulqualitaet_2016.pdf.https：//www.kmk.org/themen/qualitaetssicherung-in-schulen/bildungsstandards.html。

### （二）教育标准的主要内容——以中学十年级德语学科为例

由于教育标准所涉及的年级和科目繁多，每个具体科目下包含的内容也十分广泛，因此本节选取了中学（10 年级）德语学科教育标准为例做简要介绍。德语学科包括 4 个能力领域，每个能力领域中都包含有方法和技术，“语言和语言运用”能力被融进了另外 3 个领域。①

语言和语言运用考察
使用语言进行交流
获取专业知识
关于语言运用的反思和系统的理解
方法和技术
（通过能力领域的内容获得）

↓

| 口语和听力<br>在他人面前和与人交流时发展口语和听力能力<br><br>方法和技术<br>通过能力领域的内容获得 | 写作<br>反思、交流和结构化写作<br><br>方法和技术<br>通过能力领域的内容获得 | 文本阅读和媒介阅读<br>阅读，理解和使用文本和媒介，获得文学知识<br><br>方法和技术<br>通过能力领域的内容获得 |
|---|---|---|

**图 4–2 德国中学 10 年级教育标准能力领域**

口语和听力。学生能够在私人场合、专业场合和公开场合应对交际情况，使用符合该情景的语言。能够学会对话文化，懂得专心倾听和尊重对话行为。

写作。学生熟悉多种写作方式，作为交流、表达和反思的手段，能够

① KMK：2003 *Bildungsstandards im Fach Deutsch fuer den Mittleren Schuabschuluss*，2019 年 10 月 5 日，见 https：//www.kmk.org/fileadmin/Dateien/veroeffentlichungen_beschluesse/2003/2003_12_04-BS-Deutsch-MS.pdf。

根据自己的需求撰写文本。针对不同的情景和收件人能够有针对性地独立完成与任务对应的文本，采用适合的语言风格，学会有目的地采取语言手段。学生能够掌握主要的写作形式，使文字和语言在风格上保持一致，在撰写时基本不犯错误，并能考虑到预防犯错的策略，能够借助词典对写作进行严格的评价，在必要时进行修正。通过语言的有效使用，能够促进学生思想的发展，并能创造性表达。

阅读——文本和媒介。学生掌握理解文本的基本程度，可以提高阅读兴趣与乐趣，培养同理心与理解力。学生能自动地从文本中提取关键信息，并将它们联系在一起，与以前的知识产生迁移。学生可以发展出多种不同的阅读策略并学会使用它们。学生对文本、内容、结构和历史维度能有基本的了解，并对文本进行反思，根据适当的标准进行评价。了解语言和文学，能够使用各种媒介批判性的获取和评估信息。

考察语言和语言运用。学生能够反思语言和语言的使用，以理解自己和他人复杂的语言行为，学以致用，促进自己的语言发展。学生能够根据功能、规范或在美学方面的要求检查文本。在“语言使用”方面，学生致力于理解人们语言使用的广泛性。在“语言作为系统”方面，学生主要关注语法现状以及与内容相关的功能，并将其用于写作和改正，可以在需要修改的情况下修改语法结构。语言术语不是孤立的概念知识，而是始终强调语言的功能性。在语言表达中，学生遵守重要的发音规则；在书面语言中，学生需要正确使用拼写方法和标点符号。①

德国教育标准对每个学科和每个能力领域都规定得十分详细。因此，本节选取了德语学科中口语和听力领域为例，详细介绍其在标准中的规定。

第一，日常交际：在恰当的场合使用清晰、易懂的方式表达自己；拥有广泛的、多样化的词汇；能够区分和运用不同形式的口头表达：解释、报告、告知、描述、告诫、和讨论；了解语言运用的效果，懂得观察对话人的反

① KMK：2003 *Bildungsstandards im Fach Deutsch fuer den Mittleren Schuabschuluss*，2019年10月5日，见 https：//www.kmk.org/fileadmin/Dateien/veroeffentlichungen_beschluesse/2003/2003_12_04-BS-Deutsch-MS.pdf。

应：音量、重点、说话速度、音色、情绪、肢体语言（收视、面部表情）；能塑造不同的表达情景，特别是自我介绍、面试、申请、投诉、道歉等。

第二，在别人面前讲话：能够有意义地组织阅读文本并能够自由地进行展示；能进行长时间的自由演讲、简要的介绍和作报告，适当的时候可以在关键词提纲的帮助下，使用不同的媒介来描述事实，例如黑板、海报和演示卡等。

第三，与人交流：能够进行建设性的对话，通过针对性的问题获得必要的答案；遵守对话的规则；能够合理全面地表达意见；能够站在对方的立场上客观地讨论；以标准为导向观察、反思和评价自己与他人的对话行为。

第四，理解性倾听：能够跟上并记录他人对话内容；从广泛的口头文字中了解关键信息，保存并复数信息；发展对言语和非言语的关注能力（情绪、肢体语言）。

第五，场景演示：表演自己的经验、态度、情况；使用不同的媒介演绎出文本。

第六，方法和技术：练习不同的对话形式，例如对话、争论、讨论、角色讨论、辩论；适当的引导、观察和反思对话形式；使用交流策略，例如运用修辞；有意记录关键字；做记录；独立组织笔记并做听力练习；使用视频反馈；使用多种组合（收集规划规则、标准列表、关键词概念、自我评估、他人的观察表、学习目标）。①

可以看出，上述教育标准着重对学生所需要掌握的能力进行阐述，详细地划分了多种场景以及学生需要达到的要求。IQB 在教育标准的基础上，研发考试题库。德国联邦政府对各州教育标准达标程度的检查，主要是通过教育趋势研究实现的。

---

① KMK：2003 *Bildungsstandards im Fach Deutsch fuer den Mittleren Schuabschuluss*，2019 年 10 月 5 日，见 https：//www.kmk.org/fileadmin/Dateien/veroeffentlichungen_beschluesse/2003/2003_12_04-BS-Deutsch-MS.pdf。

## 二、第三方机构参与教育评价的方法和组织形式

IQB 参与教育评价的方法和组织形式多样，比如研发高等教育入学资格考试题库，成立研究数据中心，开展德国教育趋势研究，开展全国范围内的核心课程比较测试以及开展教育评价研究项目等。

### （一）研发高等教育入学资格考试题库

2012 年 10 月 18 日，德国各州文教部长联席会议颁发了德语、数学、第一外语（英语 / 法语）学科普通高等教育入学资格评估标准（Bundesweit geltende Bildungsstandards für die Allgemeine Hochschulreife für die Fächer Deutsch，Mathematik und die fortgeführte Fremdsprache（Englisch/Französisch)），并以此替代了之前关于这些学科统一的高中毕业考试要求（die Einheitliche Prüfungsanforderungen in der Abiturprüfung，简称 EPA）。这些对各州中小学具有约束力的教育标准是以各学科知识和能力要求结合的形式呈现的，它规定了学生在高中毕业前每门学科应该掌握哪些知识、能力和技巧。在全国范围内引进以能力为导向的教育标准能让教学要求透明化，促进开发以能力为导向的课程，并为教育评估提供统一的指标。

要实现这一目标就意味着，德国教育系统的决策者将采纳教育标准，教师的课堂教学也要符合全国统一的能力目标。因此，各州协议决定制定和实施执行教育标准的战略。从 2013 年 8 月开始，IQB 受各州文教部长联席会议委托，根据 2012 年发布的德国高等教育入学资格的评估标准，组织了“各州统一高等教育入学资格考试题库”项目（Gemeinsame Abituraufgabenpools der Länder），为各州高考中的德语、英语和法语（作为第二外语）以及数学学科提供试题库。该项目旨在增强各州高等教育入学资格考试的可比性，并保证试题与教育标准相一致。在项目初期，首先要对“考试题库”的收集和设计工作进行总体的协商和安排，制定出统一的协议，作为各州合作的基本纲领。根据各州文教部长联席会议设定的时间表，该题库将不断进行研究开发，并于 2016—2017 学年正式投入使用。

教育质量发展研究所在该项目中的另一项任务是进行同步研究，以提

高各州高中毕业考试要求的可比性，并保障“考试题库”的质量。通过组织研发高等教育入学资格考试题库，教育质量发展研究所被委任为国家的科研机构。同时，教育质量发展研究所被邀请与各州合作出版《高中毕业考试题集》（*Sammlung von Abiturprüfungsaufgaben*）。此外，为了支持各州更好地实施国家教育标准，教育质量发展研究所与各学科教研人员共同出版了《学习任务库》（*Lernaufgaben*）手册，供教师在课堂上使用。

（二）成立研究数据中心

从21世纪初开始，德国在各种国际和国内教育评估测试（如PISA、IGLU等）框架下建立了大规模的数据库，这些数据可以用来系统地分析教育领域存在的问题。但是，只有当不同学科的教学研究人员能获取这些数据，它们才会充分发挥作用。为了实现这种想法，联邦教育与科研部（Bundesministerium fuer Bildung und Forschung，以下简称BMBF）于2007年在IQB成立了数据研究中心（Forschungsdatenzentrum，FDZ），由联邦和各州政府共同资助。从2011年开始，数据研究中心成为国际与比较教育研究中心（das Zentrum für internationale Bildungsvergleichsstudien，简称ZIB）的一部分。数据研究中心的核心任务有以下两点：（1）负责收集和记录国际大规模教育评估测试（如DESI、IGLU、PISA、TIMSS等）的成绩，供教育研究者进行深入挖掘、分析与研究，并优化教育研究数据的基础架构。（2）在数据再分析的基础上，数据研究中心定期举办评估数据分析培训活动，以及先进教育研究方法的学术研讨会，以培养优秀的接班人。

（三）开展教育趋势研究

作为教育监测总体战略的一部分，各州文教部长联席会议决定定期由IQB组织开展教育趋势研究（IQB-Bildungstend），即进行各州教育状况对比研究。该研究的目的在于，评估各州层面的教育质量，了解各州中小学生的学习成绩在多大程度上达到全国统一教育标准，以及在哪些领域有困难。国家评估研究是综合学习评估系统的一部分，有利于确保教学促进学生能力发展。

随着教育质量发展研究所依次完成了在2009年（中学：德语、英语、法语)、2011 年（初级：德语、数学）和 2012 年（中学：数学、生物、化学、物理）的调研，意味着完成了对各州教育状况对比研究的首轮周期。2015 年 IQB 教育趋势报告（IQB-Bildungstrend 2015）中报道了这一年所进行的州际比较研究，意味着第二轮调研周期的开始。这也是首次从实现教育标准程度的角度来描述教育发展趋势。为了强调不断观察教育系统的发展是教育监督的核心任务，教育质量发展研究所自 2015 年起将这项研究重新命名为“IQB 教育趋势研究”（IQB-Bildungstrend）。

1. 2018 年教育趋势研究测试内容

在 2018 年的 IQB 教育趋势研究中第二次审查了 KMK 所颁布的全国教育标准中数学、生物、化学和物理在中学第一阶段的达标情况，这也是第一次可以就德国各联邦州在这四门学科达标情况进行发展趋势的描述。

在数学学科中，KMK 的教育标准对于数学学科的能力模型中区分了六项一般性的和五项内容性的数学能力，这些模型描述了整个数学领域。其中，一般性的数学能力包括“数学论证”“数学问题解决”“数学模型”“使用数学表示的能力”“处理数学的符号、形式和技术要素”以及“交流”五种能力；内容性的数学能力包括“数字”“度量”“空间和形式”“功能联系”和“数据和概率”五种能力。在 IQB-2018 年的教育趋势研究中，考察了上述所有能力。

在科学学科中，生物、化学和物理科学学科的教育标准的发展基础是统一的科学学科基础教育的理念，对于这三个学科来说有四项一般性的能力领域，包括“专业知识”“知识获取”“评估”和“交流”。与 2012 年的教育趋势研究一样，2018 年的教育趋势研究在三个专业中测试了“专业知识”和“知识获取”的能力。在专业知识方面，在生物学科考察了生物的结构和功能、化学学科中考察了化学反应以及物理学科中考察了相互作用。在知识获取方面主要考察了自然科学学科的过程性知识，包括自然科学调查、建模和理论反思。①

① Insititut zur Qualitaetsentwicklung im Bildungswesen：*IQB-Bildungstrend. Beispielaufgaben*，2019 年 11 月 20 日，见 https：//www.iqb.hu-berlin.de/bt/BT2018/Beispielaufgaben。

2. 2018 年教育趋势研究背景问卷

IQB 教育趋势研究还采用了背景调查问卷来对能力测试进行补充，其中包括了有关学校和学生课外学习条件的信息，在分析测试结果的时候加以考虑，有助于揭示学习框架条件与学生能力发展之间的关系。问卷分别针对学生、家长、学科教师和校长设计。学生和家长需要提供家庭背景、职业和教育的信息，有关家庭状况的信息确定了社会和移民相关差距的基础。此外，还以书面的形式调查了所有监测涉及学科的教师和参与学校的校长，收集了学生基本认知能力的指标，通过对背景变量的收集，可以对研究结果进行合理和差异化的分析，为各州教育系统的发展提供重要线索。需要注意的是，所有的调查都有官方数据的保护，在调查中获取的信息通过适当的技术和组织对信息进行保密。不过根据各联邦州的法律，并不是所有的州都有义务必须参加背景问卷的调查。①

第一，学生问卷。主要由学生专业能力测试和认知能力测试构成，普通学校和特殊学校使用不同的版本。问卷内容除了常见的移民和社会背景相关问题之外，还包括了学生对数学和科学学科的态度、对数学课堂、对学校氛围的感受以及学生幸福感的问题，在普通学校的学生还需要回答与同学之间的关系的问题。

第二，家长问卷。由于在 2012 年的教育趋势研究中部分联邦州的学生参与率低于 70%，因此，在 2018 年的 IQB 教育趋势研究中使用了针对家长的问卷调查。调查内容基本包括对学生的问题，分析社会和移民背景相关差距。因此，家长的问卷主要是为了补充家庭背景信息，此外还询问了家长对学校的满意度以及对数学的态度。家长的问卷以纸质的方式进行管理，在考试当天发给学生带回家，通过纸质问卷中的个性化密码对信息进行保护，家长也可以采取线上调查的方式来回答问卷。纸质问卷只有德语版本，而线上调查包括阿拉伯语、英语、波兰语、俄语和土耳其语，父母自愿填写

① Insititut zur Qualitaetsentwicklung im Bildungswesen：*IQB-Bildungstrend. Beispielaufgaben*，2019 年 11 月 20 日，见 https：//www.iqb.hu-berlin.de/bt/BT2018/Beispielaufgaben。

问卷。

第三，教师问卷。为了描述学校教育过程的框架条件，还需要数学和自然科学学科的任课教师填写问卷。除了基本的性别和年龄等人口统计信息，问卷内容还包括了与学科教学相关的一系列主题、教师的专业经验以及继续教育和培训的信息。此外，还调查了课堂设计、教师的职业态度、班级学习现状以及如何使用学习现状调查结果的问题。教师问卷主要使用了受密码保护的线上调查的方式进行调查，只有不到5%的老师选择了纸质问卷。此外，德国各联邦州的教师问卷调查的参与程度不同。在巴伐利亚州、汉堡、萨克森州、石勒苏益格·荷尔斯泰因州是自愿参加；巴登符腾堡州、勃兰登堡州、梅克伦堡·前波莫瑞州、下萨克森州、北莱茵·威斯特法伦州、萨克森·安哈尔特州和图林根州有义务参加；其他州的公立学校有义务回答有关学校和教学的问题，但不回答个人问题。

第四，校长问卷。对校长的调查主要是为了了解学校框架条件和学校提供的支持情况。问卷内容包括学校的一般特征，如学生人数、学生群体构成情况、人员配备情况等。对校长问卷信息的调查主要是为了回答学校是否以及在何种程度上提供了全日制服务、为学生提供了哪些课堂和课外的选择、在适当的情况下例如为难民背景的学生提供的关照。对校长的调查主要是在线上进行的。①

3. 2018年教育趋势研究的实施过程

各州的测试主要负责方是各联邦州的文化部，对教育趋势研究的科学性和数据责任负责的是位于柏林洪堡大学的教育质量发展研究所（IQB），由佩特拉·斯塔纳特（Petra Stanat）教授领导。IQB负责开发、优化所使用的测量工具和问卷，国际教育成就评估协会（IEA Hamburg）来实施组织考试，该协会专门从事大规模的教育研究测试。为了确保所有测试中都得到具有可比性的标准化程序，测试负责人需要严格遵循测试手册中的规定，并向

---

① Insititut zur Qualitaetsentwicklung im Bildungswesen：*IQB-Bildungstrend. Beispielaufgaben*，2019年11月20日，见https：//www.iqb.hu-berlin.de/bt/BT2018/Beispielaufgaben。

学生详细阅读说明。负责人使用手册逐步向学生解释如何规范答题，并通过示例进行演示。在特殊学校中，考试负责人还需要向有需求的学生大声朗读学生问卷的题目并提供支持。在结果评估方面，位于汉堡的 IEA 根据 IQB 的规范对学生的答案进行评估（编码）和数据处理，对数据的评估和确定学生能力的达标程度由 IQB 来执行。2019 年 10 月，2018 年 IQB 教育趋势研究结果在柏林发布了《IQB- 教育趋势研究 2018》的报告。2018 年 IQB 教育趋势研究于 2018 年 4 月 23 日至 6 月 22 日在各联邦州进行了测试，测试时间约为 4 个小时，如表 4–2 所示。

**表 4–2　教育趋势研究测试安排**

| 时长（分钟） | 活动 |
| --- | --- |
| 15 | 准备考试，分发试卷，告知学生考试须知 |
| 60 | 答题（数学或者自然科学学科） |
| 15 | 休息 |
| 60 | 答题（数学或者自然科学学科） |
| 15 | 休息 |
| 20 | 基本认知能力考察（推理能力和语言能力） |
| 45 | 完成学生问卷 |
| 5 | 结束答题，收集试卷资料 |

资料来源：Insititut zur Qualitaetsentwicklung im Bildungswesen：2018 *IQB-Bildungstrend Bericht*，2019 年 11 月 25 日，见 https：//box.hu-berlin.de/f/b63eb63a2e9941afa852/？dl=1。

在 2018 年的教育趋势研究中，全德国总共有 1462 所学校的 44941 名学生参加了测试。通过随机抽样的方式从各州抽取学校，再从学校随机抽取班级（文理中学抽一个班级，非文理中学抽两个班级）参加测试。在特殊学校中，通常会组成一个较大测试小组，包括几个小的学习小组组成来参加测试。试题在正式测试之前会有试测，试测的目的是为了检查试题的质量是否过关。2018 年的 IQB 教育趋势研究在 4—6 月进行，各州实施的时间略有不同。为了确保较高的参与率，如果考试当天太多学生缺考，则会进行补测。①

2018 年的教育趋势研究，全德国总的学生参与率为 92.4%，与 2012 年的 92.2% 相近。② 此外，2015 年教育趋势研究的参与率为 93.3%③，2015 年 PISA 参与率为 93.2%。④ 各联邦州学生的参与率为 85%—93.7%。然而，这是德国第一次出现联邦州参与率低于 90% 的情况，其中，不来梅 Bremen（86.2%）和汉堡（85%）。

在测试结束后，IQB 负责将各州学生测试的科目中达到的熟练程度水平反馈到州层面。研究结果仅用于分析每个州的教育状况，不单独向学校、班级或学生提供数据与结论。通过关键年级（3 年级、8 年级）测试、初级水平（即小学）测试、中级水平（中学）测试以及高等教育入学资格考试等多种学业质量监测方式，掌握 16 个州的基础教育教学质量以及学生个体学业质量的基本数据，并提出针对性的干预计划，从而真正从基础教育系统的产出层面落实了中小学教育标准，保障了学生学业质量与教师教学质量的不断提升。此外，在各州教育状况对比研究报告中，还根据学生的背景特征（例如性别、种族或社会经济地位）对学生成绩进行统计分析。这样有助于识别各州学校系统的特定优势和弱点，从而为他们开展有针对性的干预计划提供重要信息，促进教育质量的提高。

（四）开展全国范围内的核心课程比较测试

德国在组织中小学生参加 PISA 测试、PIRLS 研究、TIMSS 研究三项基础教育领域国际大规模教育评估，关注学生数学、阅读、科学素养的评估之

① Insititut zur Qualitaetsentwicklung im Bildungswesen：2018 *IQB-Bildungstrend-2018.Bericht*，2019 年 11 月 25 日，见 https：//box.hu-berlin.de/f/b63eb63a2e9941afa852/? dl=1。

② Siegle，T.，Schroeders，U. & Roppelt，A. "*Anlage und Durchführung des Ländervergleichs*"，Münster：Waxmann. 2013，pp.101-122.

③ Schipolowski，S.，Haag，N. & Böhme，K. "Anlage und Durchführung." in *IQB-Bildungstrend 2015. Sprachliche Kompetenzen am Ende der 9. Jahrgangsstufe im zweiten Ländervergleich*，*P. Stanat*，*K. Böhme*，*S. Schipolowski & N. Haag*（*Hrsg.*），Münster：Waxmann. 2016，pp. 95-119.

④ Sälzer，C. & Reiss，K. "*PISA 2015. Eine Studie zwischen Kontinuität und Innovation*"，Münster：Waxmann. 2016，pp. 13-44.

外，还通过组织开展全国范围内的比较测试（Vergleichsarbeiten，以下简称 VERA），保障中小学教学质量。

1. VERA 的目的

VERA 调研是德国各州文教部长联席会议于 2006 年针对中小学教育质量监督而提出的《教育监测总战略》核心内容之一（Gesamtstrategie 2006）。2010 年末，各州文教部长联席会议发布的《利用教育质量标准促进课堂改进方案》（*Konzeption der KMK zur Nutzung der Bildungsstandards für die Unterrichtsentwicklung*）强调，VERA 的成绩反馈应成为学校改进周期性数据的核心部分，并且必须让“反馈文化”（Feedbackkultur）贯穿于数据反馈和数据分析过程中。2012 年 3 月，各州文教部长联席会议在《关于进一步发展 VERA 的协议》（*Vereinbarung zur Weiterentwicklung von VERA*）中强调，VERA 的核心目标在于促进课堂和学校改进，辅之以调整实施国家教育标准中各学科的教学计划。VERA 调研不对成绩进行排名，也不预测在以后的学习中是否能取得成功。在 VERA 测试中，将不会直接考察课上学习的内容，而是学习能力。2015 年修订版的“总体战略”（Gesamtstrategie 2015）认为 VERA 调研对于基础教育的质量保障有重要意义。因此，VERA 调研的主要目的有以下几点：

（1）调查学生在学校生涯中的某些年级实现的学科能力水平；

（2）引导学生从关注单纯的学科知识学习发展到关注学科能力发展；

（3）给学校和教师提供学生能力的反馈，不仅向教师提供关于学生在教育标准方面的优势和弱点的信息，还向教师提供与测试结果相匹配的教学材料；

（4）以学科教学标准参照，支持中小学校及教师优化教学质量，促进德国学校实施能力导向教学实践，使学校教育更加注重学生能力的发展。

2. VERA 测试的对象

每年春季，VERA 调研在所有国立和地方公立中小学以及一些国家承认的私立中小学开展，以笔试的方式进行，测试对象主要为 3 年级和 8 年级的学生（因此又称“VERA-3”和“VERA-8”）。此外，德国梅克伦堡－前波莫瑞州（Mecklenburg-Vorpommern）、萨克森州（Sachsen）、石荷州（Schleswig-Holstein）、图林根州（Thüringen）和自治省博尔扎诺－南蒂罗尔（Bozen-Südtirol）联合组织对 6 年级的学生进行测评（因此称为“VERA-6”）。私立学校可以自由选择是否参与，但其结果不被计入本联邦州的平均分数。VERA 调研的考题由 IQB 统一拟定，考试由各校教师安排并进行评分。

3. VERA 的组织方式

VERA 调研主要由 IQB 和各州（研究院、质量部门或相关专业部门）共同实施，二者有十分明确的任务分工。IQB 负责 VERA 调研的协调组织。在其管理下，全国的试题统一由教师起草，大学专业教学法研究者审核和评价。在试题全面发行前，国家教育质量发展研究所的考试专家将安排数百名学生提前进行考试实验，以审核试卷的难度是否符合标准。在正式的 VERA 调研中，只有通过前期审核的试题才会被采用。同时，教育质量发展研究所将把这些有质量保障的试题收入试题册（Testheft）。各州负责 VERA 调研的实施。根据各州特定的规则，自行组织准备工作、调研过程、评价、测试结果反馈。考试范围和内容都可以按照各州的个性化需求或特点来规定。下表总结了在 VERA 调研中，国家教育质量发展研究所和各州的职责范围。

**表 4–3　国家教育质量发展研究所和各州在 VERA 调研中的职责范围**

| 国家教育质量发展研究所（IQB） | 各州（研究院、质量部门或相关专业部门） |
| --- | --- |
| 试题研发<br>试题审核<br>调查试题难度<br>出版试题册<br>制定配套教材 | 打印并发放试题册<br>组织考试<br>阅卷并录入成绩<br>数据统计评估<br>成绩反馈<br>帮助学校实行改进措施 |

资料来源：IQB：2013 *Kompetenz in der Bildung. Das IQB stellt sich vor*，2017 年 11 月 10 日，见 https：//www.iqb.hu-berlin.de/institut。

VERA 与国际大规模教育评估（如 PISA 测试、IGLU/PIRLS 研究、

TIMSS 研究）和 IQB 教育趋势（IQB-Bildungstrend，即各州教育状况对比调研）相比，有很多的不同点，比如目标、评估方式等。表 4–4 呈现了三类教育评估项目的主要异同点：

**表 4–4 国际大规模基础教育评估、德国各州教育状况对比调研、德国范围内核心课程比较测试对比**

| 项目 | 国际（PISA 等） | 各州（IQB 等） | 全国（VERA 调研等） |
| --- | --- | --- | --- |
| 方式 | 抽样调查 | 抽样调查 | 某年级的全体学生 |
| 频率 | 3—5 年一次 | 小学：5 年一次<br>中学：3 年一次 | 每年 |
| 主要目标 | 教育系统监督 | 教育系统监督 | 课程 / 学校改进 |
| 评估层面 | 国家 | 德国 16 个州 | 学校、班级 |
| 评估者 | 外部人员 | 外部人员 | （通常）教师 |
| 评估方式 | 集中 | 集中 | 分散，教师或者各州教育机构 |
| 结果反馈 | 约 3 年后 | 约 1 年后 | 成绩在录入数据后立即反馈；几周后有多方面、多层次的比较分析 |

资料来源：IQB：2013 *Kompetenz in der Bildung. Das IQB stellt sich vor*，2017 年 11 月 10 日，见 https：//www.iqb.hu-berlin.de/institut。

4. VERA 测试的内容

各州一致决定，在 3 年级的德语和数学中，至少要选择一门学科参与 VERA 调研。如果选择德语学科，则必须要参与阅读能力的测试，其余可选的能力测试还包括听力、拼写、口语和语言运用。预计未来参与 VERA-3 调研的学生，也可以选择写作能力测试。如果选择数学，则将从五项能力中选择两项进行测试（如数字、测量、空间与图形、函数关系、频率、数据与概率等）。各州和教育质量发展研究所将在考试前共同决定测试学生哪些方面的能力。同样，参与 VERA-8 调研的各州也将至少选择一门科目进行测试。如果选择德语学科，则必须测试阅读能力，也可选择性地测试听力、拼写、口语和语言运用。而如果选择数学，则必须测试全部的五项能力。如果选择第一外语（英语或法语），则至少要测试阅读或者听力能力。

例如在柏林（Berlin）和勃兰登堡（Brandenburg）地区，所有公立学校都会参加 VERA-3 调研调研数学与德语学科的测评。所有公立实科中学（Realschule）、文理中学（Gymnasium）都必须参加 VERA-8 调研德语、数学或第一外语（英语 / 法语）学科中的一门测评。

不管是 VERA-3 还是 VERA-8 调研，各州文化教研部都可以自主选择接受多门学科和多项能力测试。每轮调研开始前，教育质量发展研究所将研发并出版新的《学习任务库》手册。自 2011 年起，IQB 负责按照国家中学教育标准研发 6 年级德语学科的《学习任务库》。每年，参与 VERA-6 调研的各州都将进行德语听力、阅读、语言运用能力的测试。这些测试集中在一天进行，时长为 80 分钟。此外，梅克伦堡 – 前波莫瑞州的质量发展研究所（IQM-V）负责英语学科的 VERA-6 调研，图林根教师教育、课程开发和媒体研究院（ThILLM）负责数学学科的调研。

（五）开展教育评价研究项目

教育质量发展研究所位于柏林洪堡大学内部，拥有强大的学术支持，为德国 16 个州提供教育评估服务。同时，作为一个教育研究的学术机构，教育质量发展研究所开展了大量的实证教育研究。这些研究主要可归纳为以下三大领域：

第一，如何优化 IQB 测试和分析。教育质量发展研究所方法导向研究的一个核心目标在于，优化和改进已有的测评手段，以保证在 IQB 教育趋势研究（IQB-Bildungstrends）和 VERA 调研中所收集数据的高质量。因此，教育质量发展研究所正在进行有关学生能力的构成和测评、优化测试手段和监督条件、优化评估结果分析过程等的课题。目前 IQB 正在研究的课题项目有：认知能力的结构、能力诊断的方法问题。

第二，如何利用实证研究的数据进行标准化的课堂和学校改进。该领域研究的目的在于调查质量监督对于学校和课堂改进以及实施教育标准过程的影响。目前教育质量发展研究所正在研究的课题项目有聚焦德国中学阶段实施教育标准的情况。

第三，与各州教育质量发展相关的主题。IQB 在该领域的研究主题对各州文教部长联席会议进行全国范围内的教育政策改革有很重要的借鉴意义。

其中一项研究是关于“如何应对学生的异质性”。这项研究重点关注有特殊教育需求的学生群体。为这些特殊学生提供个性化教育和帮助的过程中，最大的挑战在于他们有不同程度的语言和阅读障碍。因此，如何培养和提升特殊学生的语言和阅读能力成为IQB研究的另一个课题。目前教育质量发展研究所正在研究的课题项目有如何应对学生的异质性、培养和提升语言和阅读能力。

此外，教育质量发展研究所还深入开展了以下专题研究：

（1）学生的能力由哪几部分构成？如何准确地评估学生的能力？

（2）哪些因素促进了儿童和青少年的教育成功？

（3）如何更好地运用教育测试、大规模评估的方法，进行对比和统计分析？

（4）语言能力至关重要，如何衡量和促进语言技能的发展？

（5）在何种程度和情况下教师可以顺利采用以能力为导向的教学方法？

（6）学校如何应对学生的异质性和多样性？学校提供哪些条件，以满足学生的特殊教育需求？

总而言之，德国教育质量发展研究所作为政府、社会以及大学三方合作的，集教育研究、监测和评价于一身的性质独立的科研机构，对德国教育质量的发展作出了巨大贡献。其对于教育评价的贡献不仅仅限于学生学业成就测评项目，它还参与负责了前期的监测教育标准的制定，监测题库的制定，开展专项研究项目等，扩展了教育评价的外延。

## 三、社会第三方人员参与教育评价的内容和方法

如上述章节所述，德国社会第三方人员参与教育评价主要是通过学校外部评估项目而实现的。下面以德国教育质量排名前列的巴伐利亚州（Bayern）为例，介绍巴伐利亚州学校外部评价项目的实施过程。

### （一）社会第三方人员参与学校外部评价的内容

为了使学校外部评价更加具有科学性，巴伐利亚州制定出了学校外部

评价的四大领域表，作为外部评价的标准。学校是一所复杂的机构，教学是一件复杂的事件，外部评价的质量领域和标准必须系统地捕捉和映射这种复杂性。质量标准以教学和学习心理学知识为基础，与当前的学校研究一致。在良好的学校质量标准的协助下，外部评价总共审查了 4 个质量领域，这些领域进一步细分为了 16 个子领域，参与外部评价的第三方小组人员评价标准开展学校评价工作。

**表 4–5　学校外部评价四大领域**

<table>
<tr><th>框架条件<br>（描述性）</th><th>学校质量过程<br>（评价 /13 个指标）</th><th>课程与教育质量过程<br>（评价 /10 个指标）</th><th>学校工作结果<br>（描述性）</th></tr>
<tr><td colspan="4">16 个子领域</td></tr>
<tr><td>学校位置</td><td>学校领导<br>・学校管理支持<br>・人事管理目标定位<br>・工作组织效率</td><td>过程<br>・学习时间利用效率<br>・行为监管效率</td><td>教学特征风格</td></tr>
<tr><td>学生集体</td><td>同事工作<br>・学校环境的开放性<br>・工作协调性</td><td>表现<br>・展示的结构性<br>・展示了清晰性</td><td>学习结果水平</td></tr>
<tr><td>人员结构</td><td>学校发展<br>・变化的开放性<br>・质量发展系统性<br>・系统的监测</td><td>组织<br>・个体支持<br>・自主学习的促进<br>・学习动机的促进<br>・学习结果的保障<br>・跨学科能力的促进</td><td>满意度</td></tr>
<tr><td>物资与资金来源</td><td rowspan="2">学校文化<br>・对参与者的尊重<br>・兴趣提升<br>・参与程度<br>・学校认同的促进<br>・融合 / 包容的促进</td><td rowspan="2">课堂氛围<br>・促进学习的课堂氛围</td><td rowspan="2"></td></tr>
<tr><td>组织特点</td></tr>
</table>

资料来源：Bayerisches Staatsministerium fuer Unterricht und Kultus：2010 *Externe Evaluation an Bayerns Schulen*，2019 年 4 月 18 日，见 https：//www.isb.bayern.de/download/12817/externe_evaluation_2010_online.pdf。

**表 4–6　外部评价标准具体指标及要求**

<table>
<tr><th>四大领域</th><th>一级指标</th><th>二级指标</th><th>具体要求</th></tr>
<tr><td rowspan="5">框架条件</td><td>学校位置</td><td>指的是学校所在地区，包括教区和市中心</td><td rowspan="5">描述性评价<br>(列出了学校工作的条件与特殊前提，这些条件对学校工作产生影响，因此将会在评价报告中进行描述性的评价，没有具体的指标要求)</td></tr>
<tr><td>学生群体</td><td>考虑到各个学校特定的学生群体构成，特别关注预期影响学校教育工作的方面，例如移民学生的比例。</td></tr>
<tr><td>人事结构</td><td>指的是学校工作人员的组成，特别考虑到可能与学校组织和教育行为相关的特征，例如兼职教师的比例。</td></tr>
<tr><td>物资和资金来源</td><td>指学校图书馆、计算机教室等学习专用设备的完整性、功能性等</td></tr>
<tr><td>组织特点</td><td>作为组织的特殊性，体现学校提供课程特别，例如提供的培训课程 / 职业领域。</td></tr>
<tr><td rowspan="10">学校质量过程（评价 /13 个指标）</td><td rowspan="10">学校领导</td><td rowspan="3">学校管理支持</td><td>· 员工的个人能力与学校要求相协调</td></tr>
<tr><td>· 具有预防和解决问题的方法</td></tr>
<tr><td>· 具有员工工作激励机制</td></tr>
<tr><td rowspan="3">领导目标定位</td><td>· 所有工作领域都有行动指导目标</td></tr>
<tr><td>· 所有工作领域都有明确的优先顺序</td></tr>
<tr><td>· 决策的高度约束性</td></tr>
<tr><td rowspan="4">工作组织效率</td><td>· 责任制度</td></tr>
<tr><td>· 既定的科学组织结构（科学管理）</td></tr>
<tr><td>· 规定的有约束力的工作流程</td></tr>
<tr><td>· 制定了为所有相关领域共享信息的既定准则</td></tr>
</table>

续表

| 四大领域 | 一级指标 | 二级指标 | 具体要求 |
| --- | --- | --- | --- |
| | 同事工作 | 学校环境的开放性 | · 系统地保持与外部合作活动的联系 |
| | | | · 非学校人员和机构对学校活动的参与 |
| | | | · 学校对社会环境的融合 |
| | | 工作协调性 | · 有跨年级和跨学科教学连接性的计划 |
| | | | · 有教育工作整体协调的制度化沟通结构 |
| | | | · 有约束力的教育工作安排 |
| | 学校发展 | 变化的开放性 | · 系统地收集和处理想法或建议 |
| | | | · 有确定的个体发展机会和既定方法 |
| | | | · 对新程序或方法的尝试 |
| | | 质量发展系统性 | · 针对目标的质量发展 |
| | | | · 质量发展过程是确定的计划 |
| | | | · 系统的协调质量发展 |
| | | | · 针对审查措施有预先确定的标准 |
| | | 系统的监测 | · 对学生的学习水平进行精确分析 |
| | | | · 对学生的成绩要求需要适应班级和年龄 |
| | | | · 成绩要求与教学计划和 KMK 教育标准保持一致 |
| | 学校文化 | 尊重参与者 | · 学校的所有参与者都因个性而受尊重 |
| | | | · 所有学校参与者的成果都得到认可 |
| | | | · 学校关注所有参与者的个体情况 |
| | | 兴趣提升 | · 学校鼓励对价值观进行广泛的探究 |
| | | | · 激发对艺术与文化的研究兴趣 |
| | | | · 鼓励健康的生活方式 |
| | | 参与程度 | · 学校的美学设计与所有参与者相协调 |
| | | | · 学校运作的组织与所有参与者协调 |
| | | | · 共同生活的设计定期与所有参与者协调 |

续表

| 四大领域 | 一级指标 | 二级指标 | 具体要求 |
| --- | --- | --- | --- |
| | | 学校认同的促进 | ·学校有促进集体的活动 |
| | | | ·学校有统一的形象 |
| | | | ·学校使参与者积极塑造学校生活 |
| | | 融合 / 包容的促进 | ·学校对如何使具有特殊身体 / 心理条件的学生参与的问题的处理方式 |
| | | | ·教师探讨如何使具有特殊身体 / 心理条件的学生参与的问题 |
| | | | ·学生们要谨慎并探索如何使具有特殊身体 / 心理条件的学生参与的问题 |
| 课程与教育质量过程（评价 /10 个指标） | 过程 | 学习时间利用效率 | ·上课过程中没有空闲 |
| | | | ·课程进程没有打扰 |
| | | | ·学生只专注于课程活动 |
| | | 行为监管效率 | ·行动遵守既定规则 |
| | | | ·特定情况下开展例程 |
| | | | ·特定的班级规则 |
| | 表现 | 展示的结构性 | ·课程侧重于学习目标 |
| | | | ·通过结构化辅助来安排课程 |
| | | | ·课程在学习内容之间建立连接 |
| | | 表达的清晰性 | ·课堂上使用的术语的可理解性 |
| | | | ·对课程的核心内容的清楚表达 |
| | | | ·课堂上呈现的内容显而易见 |
| | 组织 | 个体支持 | ·教师了解每个学生个体的学习水平 |
| | | | ·教师的注意力集中在学习效果上 |
| | | | ·课程任务是针对特定主题的 |
| | | 自主学习的促进 | ·学生有机会获得可用于继续学习知识的策略 |
| | | | ·学生有机会学习信息获取策略 |
| | | | ·学生有机会学习组织学习过程的策略 |

续表

| 四大领域 | 一级指标 | 二级指标 | 具体要求 |
|---|---|---|---|
| | | 学习动机的激发 | ·学生有自我决定的机会 |
| | | | ·学生有机会体现自己的能力 |
| | | | ·学生有机会体现学习内容的主观意义 |
| | | 学习结果的保障 | ·课程包含很大比例的练习阶段 |
| | | | ·学生会收到他们错误或成功方法的明确反馈 |
| | | | ·学生在不同情境下应用所学知识 |
| | | 跨学科能力的促进 | ·课程包括可以获得自我意识能力的学习安排 |
| | | | ·课程包括可以获得社交技能的学习安排 |
| | | | ·课程包括可以获得方法技能的学习安排 |
| | 课堂氛围 | 促进学习的课堂氛围 | ·教师尊重学生 |
| | | | ·学生尊重彼此 |
| | | | ·学生尊重教师 |
| 学生工作结果（描述性） | 教学特征风格 | 教学特征通常不能被评价，但可以作为学校教学发展的基础。 | 描述性评价 |
| | 学习结果水平 | 学习结果是学校内部成绩和跨学校的成绩测试的结果，以及所有可用的学校生涯数据。 | |
| | 满意度 | 所有参与者（教室、学生、家长、公司培训人员）对各自学校工作的满意度。 | |

资料来源：Bayerisches Staatsministerium fuer Unterricht und Kultus：2010 *Externe Evaluation an Bayerns Schulen*，2019年4月20日，见 https：//www.isb.bayern.de/download/12817/externe_evaluation_2010_online.pdf。

### （二）社会第三方人员参与外部评价的过程

在巴伐利亚州学校的外部评价过程中，学校督导机构负责组织和协调，教育质量发展机构负责评估小组的理念及提供专业支持。学校有机会自愿向学校监察机构申请外部评价，但学校督导机构也可以特别指定学校或者由质量机构随机选择。根据巴伐利亚州教育与课程法（BayEUG）的第113c条，巴伐利亚州所有公立学校都有义务接受外部评价。

1. 评价前的准备工作

（1）建立联系：一旦学校确定要接受外部评价，负责评价的小组团队代表就需要与学校管理层进行联系，自我介绍及约定组织讨论的日期。

（2）组织讨论：组织讨论成员包括外部评价小组代表与学校管理层，有利于了解彼此为评价所作的准备。学校管理层可以了解评价小组及实施评价的日期。

（3）会议介绍：在实施学校外部评价的前8周，学校管理层、教学人员、非教学人员、学生代表、家长及控制实际开支有关部门代表（Sachaufwandstraegers）等参加会议。此次会议上所有评价小组成员都需在场进行自我介绍，并解释评价内容。

（4）实施标准化调查：在介绍性会议之后，在对教师、学生和家长关于学校的评价和建议的标准化调查的帮助下收集信息。对教师和学生的调查通常是在线上完成，使用学校特定的调查访问代码，对家长和教育培训人员的调查通过纸质进行。在这之前，学校会收到质量机构的提示，以确保受访者的匿名性和结果的代表性。该调查由质量机构进行评估，评价小组和学校管理人员可在线访问结果。

（5）提供学校手册：在实地调查前2周左右，学校为评价小组提供所谓的学校手册，即一份完整数据表，包含了很多基本信息（如学生编号、组织或教学目标），以及其他材料，包括商定的目标、措施和规则结构。

（6）实施评价前的准备：评价人员对学校手册和调查结果进行分析，并汇总关于学校可能的优势和劣势的第一个假设，然后在学校实际评价日期通过观察和访谈对其进行审核和补充。①

① Bayerisches Staatsministerium fuer Unterricht und Kultus：2010 *Externe Evaluation an Bayerns Schulen*，2019年4月22日，见 https：//www.isb.bayern.de/download/12817/externe_evaluation_2010_online.pdf。

2. 进行学校访问

学校访问时期通常为三天，包括学校参观、课堂观察和访谈。由于多视角方法在确保客观性的评价中具有重要意义，因此至少有两名评价小组成员来执行评价措施（课程观察、访谈）。

（1）学校介绍：在学校调查开始时，学校可以简要介绍正在进行的项目。

（2）校舍参观：在校舍参观期间，评估小组由学校管理人员陪同，收集有关学校物资和财务资源的信息并记录在观察表上。

（3）课堂观察：基于课程观察量表进行课堂观察。通常需要观察 18 个课时，学校可以让评估人员自由选择。在每次课程观察之后，评估者和教师可以进行简短的交流。

（4）访谈：通常访谈都是在访谈提纲的基础上进行的。访谈的对象是学校管理人员、教师、学生和家长 / 培训师、非教学人员和非人事人员的代表。由学校决定受访谈的对象。①

3. 宣布评价结果

在学校访问调查之后，评估小组将以协商一致的方式准备评价报告，说明评估人员如何根据每个评价标准对学校状态的评价。在学校访问调查一周后，评估报告将由评估小组提交，并在会议上澄清评估问题，学校可针对报告发表评论。

需要注意的是，评价报告是学校发展内部措施的基础，而不是学校的对外介绍工具，因此并不会公开发布。所有的评价报告也将转发给质量机构，由质量机构最终报告评价结果，并在所有学校中进行总结。评价结果包含在巴伐利亚学校的教育报告中，其中还包括了州学校质量和教育研究机构先前的工作。评价人员的任务在将评价报告转发给质量机构的时候结束，他们并不会参与进一步的学校发展措施。在评价结束时，学生家庭成员有机会向评价小组提供反馈意见，了解其评价的公开性和公平性，组织评价的准备

① Bayerisches Staatsministerium fuer Unterricht und Kultus：2010 *Externe Evaluation an Bayerns Schulen*，2019 年 4 月 22 日，见 https：//www.isb.bayern.de/download/12817/externe_evaluation_2010_online.pdf。

和实施状况。①

### （三）社会第三方人员参与学校外部评价技术和方法

1. 学校和教学质量的评价

在外部评价中，对学校和教学质量的评价主要基于以下内容：②

（1）标准的质量表。质量表描述性的标准表明了学校必须具备的特征，达到了这些特征才能成为一所学校和课程研究的良好学校，例如标准“促进学校认同”。

（2）质量具体要求。对于每个标准都制定了一定数量的具体要求，必须满足这些要求才能达到“强”的属性。例如“促进学校认同”的标准要求为：①学校要有共同促进的活动；②学校有统一的形象；③学校使参与者能够在塑造学校生活方面发挥积极作用。

（3）质量具体指标。在一系列具体的指标帮助下，评价人员最终可以确定学校达标的程度。例如，要求“学校要求有促进集体的活动”的指标为：①家校活动；②校友联系；③新同事的参与；④新生欢迎等。

为了使评价人员有一致的评价标准并确保术语对学校的透明性，需要标准和要求都有明确的定义。

2. 评价工具

进行评价的时候采用了多种具体的工具：

（1）问卷：数据的收集需要密切协调各种工具进行，多种工具的组合使用旨在最准确地记录各项质量标准的达标程度。在外部评估开始进行时的标准化调查时针对学校教师、学生和家长进行问卷调查。其中，学生和教师通过线上问卷的形式调查，家长以纸质的形式收到问卷。如有需要，对父母的调查问卷可提供多语种的形式（土耳其语、俄语、波兰语和塞尔维亚语）。

---

① Bayerisches Staatsministerium fuer Unterricht und Kultus：2010 *Externe Evaluation an Bayerns Schulen*，2019 年 4 月 22 日，见 https：//www.isb.bayern.de/download/12817/externe_evaluation_2010_online.pdf。

② Bayerisches Staatsministerium fuer Unterricht und Kultus：2010 *Externe Evaluation an Bayerns Schulen*，2019 年 4 月 22 日，见 https：//www.isb.bayern.de/download/12817/externe_evaluation_2010_online.pdf。

（2）数据表：数据表主要用于记录学校特定的条件和学校工作的结果。从数据表上可以直观地看到学校的变化。考虑到不同类型学校的特点，将会有职业学校数据表、特殊学校数据表、文理中学数据表、实科中学数据表等。

（3）课堂观察表：课堂观察表包括良好的教学关键特征的指标。评估小组在课程访问期间或结束后检查课堂的达标情况，比较各个观察员的记录并就评价结果达成共识。为了适应教学的复杂性，课程观察表包含相对大量的指标。除了在学校观察到课程的总量外，评估员还将会结合标准化调查和访谈中获得信息，这对评价整个学校的教学质量作出了重大贡献。

（4）校舍参观观察表：在校舍参观的过程中，收集有关学校的物资和财政资源的信息，评估员在校舍观察表上记录。

（5）采访提纲：采访之前，评估员将会得到一份采访提纲作为采访的指导方针。其中，评估员将会确定他们已经收集了哪些信息以及仍需要哪些数据。采访的具体问题和表述由评估人员决定，以便灵活地实施访谈。

（6）报告表：在评价报告的报告表中，评估员在每项质量标准上选择他们所观察到的学校达到的标准。

**表 4–7 学校报告的报告表格之一**

<table>
<tr><th rowspan="2">标准</th><th rowspan="2">要求</th><th colspan="5">达标程度</th><th rowspan="2">较弱：1.0—1.8<br>弱：1.9—2.6<br>中间及无评价：2.7—3.4<br>强：3.5—4.2<br>较强：4.3—5.0</th></tr>
<tr><th>完全不<br>1</th><th>2</th><th>3</th><th>4</th><th>完全是<br>5</th></tr>
<tr><td rowspan="6">促进学校认同</td><td rowspan="2">学校内有促进集体的活动</td><td></td><td></td><td></td><td></td><td></td><td rowspan="6">标准总值</td></tr>
<tr><td colspan="4">无法评价（请解释）</td><td></td></tr>
<tr><td colspan="6">评价或不评价要求的原因：</td></tr>
<tr><td colspan="6">证明（至少 2 项）：</td></tr>
<tr><td rowspan="2">学校拥有统一的形象</td><td></td><td></td><td></td><td></td><td></td></tr>
<tr><td colspan="4">无法评价（请解释）</td><td></td></tr>
</table>

续表

<table>
<tr><th rowspan="2">标准</th><th rowspan="2">要求</th><th colspan="5">达标程度</th><th rowspan="2">较弱：1.0—1.8<br>弱：1.9—2.6<br>中间及无评价：2.7—3.4<br>强：3.5—4.2<br>较强：4.3—5.0</th></tr>
<tr><th>完全不<br>1</th><th>2</th><th>3</th><th>4</th><th>完全是<br>5</th></tr>
<tr><td rowspan="6"></td><td colspan="6">评价或不评价要求的原因：</td><td rowspan="6"></td></tr>
<tr><td colspan="6">证明（至少 2 项）</td></tr>
<tr><td rowspan="2">学校使参与者能够在塑造学校生活方面发挥积极作用</td><td></td><td></td><td></td><td></td><td></td></tr>
<tr><td colspan="4">无法评价（请解释）</td><td></td></tr>
<tr><td colspan="6">评价或不评价要求的原因</td></tr>
<tr><td colspan="6">证明（至少 2 项）</td></tr>
<tr><td>建议</td><td colspan="7"></td></tr>
</table>

资料来源：Bayerisches Staatsministerium fuer Unterricht und Kultus：2010 *Externe Evaluation an Bayerns Schulen*，2019 年 4 月 15 日，见 https：//www.isb.bayern.de/download/12817/externe_evaluation_2010_online.pdf。

3. 评价的方法

外部评价的评价方法和评价工具是相互协调和互补的，通过评价工具收集到的所有信息的要点最终形成评价报告。学校访问前先通过发放问卷的形式收集学生、家长和教师的基本数据情况。然后，根据评价人员根据基本的信息进行预设，学校达到某些要求的程度，并确定哪些人员将被要求提供信息或进行哪些观察。评估小组在学校访问期间可检查相关文件，以便进一步数据澄清。其次，在学校访问期间，会检查预先的假设，再通过课堂观察、访问等方法设立新的假设，同时需要审查这些方法，这样可以获得更加清楚的结果。再次，根据不同的信息对“学校质量过程”和“课堂与教学质量过程”质量领域的不同标准给出不同的评价，在这些领域根据“强”和“弱”来进行评价，包括“很强”“强”“弱”“很弱”四个维度。评价标准是相互独立的，因此评价不能相互抵消。此外，评价报告也不适用于学校的排名。①

## 第四节 德国第三方教育评价机构与政府、督导的关系

德国教育督导或者行政部门对第三方教育评价的结果使用主要包括用来诊断德国各联邦州教育质量的发展，指导和改进学校教学两方面。首先，每一种教育评价都会形成教育评价报告，为政府决策提供实证研究的数据支撑；其次，通过教育监测和评价的反馈报告，可以用来帮助学校和教师进行教学改进。同时，大多数的评价报告都面向社会公开，让社会公众掌握德国教育质量发展信息，促进了问责。此外，德国第三方教育评价对德国的基础教育改革，包括学制改革、全日制学校的扩张和融合教育等起了重要的促进作用。

### 一、德国社会第三方参与教育评价的结果运用

开展教育监测与评价工作的一个重要作用就是可以诊断教育发展情况，并及时提供反馈，供教育参与者参考并作出下一步的改革计划。

#### （一）诊断作用

1. 教育趋势研究报告

在 IQB 实施教育趋势研究一年后，将会发布教育趋势研究报告。2018 年教育趋势研究报告包括 14 个章节，每个章节有不同的主题，其中包括 2018 年教育趋势研究的理念；数学和科学学科的能力水平模型；研究的基础、实施和评估；联邦州学校系统中初中第一阶段的信息；各州能力水平的对比；各州能力达标均值的对比；性别差异；社会差异；移民差异；数学和科学学科的动机；数学课堂的特征；数学和科学学科教师的培训与教育；2018 年教育趋势研究的技术基础以及最近研究总结与发现。

---

① Bayerisches Staatsministerium fuer Unterricht und Kultus：2010 *Externe Evaluation an Bayerns Schulen*，2019 年 4 月 23 日，见 https：//www.isb.bayern.de/download/12817/externe_evaluation_2010_online.pdf。

2. IQB-2018 年教育趋势研究的测试结果

该研究最主要的目标是检查各联邦州对教育标准的达标程度，因此本节主要呈现德国各联邦州的达标情况的对比。

第一，数学学科测试结果。2018 年的测试结果显示，德国大约有 45% 的 9 年级学生，82% 的文理中学学生达到了或者超过了中学数学教育标准。全德国约有 24% 的学生未能达到最低标准，约有 9% 的文理中学的学生达到了最佳标准。德国各州的结果差距较大，未能达到或达到最低标准的学生比例在各联邦州中最大差距为 28%。

在巴伐利亚州和萨克森州中，所有 9 年级的学生和在文理中学中 9 年级的学生成绩始终高于整个德国水平，而梅克伦堡・前波莫瑞州的成绩始终明显低于德国平均水平。柏林、不来梅、萨尔州和石勒苏益格・荷尔斯泰因州学生的成绩很少达到或超过德国平均值，且经常低于最低标准。与整个德国相比存在明显差异的州是汉堡（未达到最低标准的学生比例很高）、黑森州、北莱茵・威斯特法伦州、莱茵兰・普法尔茨州（达到最低标准的学生比例较低）和图宾根州（未达标最低标准的学生比例较低）。

文理中学中 9 年级的学生在某些州与全州学生的成绩类似，在有些州却有所不同。以巴登符腾堡州为例，相比于整个德国，巴符州文理中学中 9 年级学生的成绩达到能力水平模型中所规定的常规标准等级的比例显著高于整个德国平均水平。

此外，2012 年与 2018 年测试结果的分析趋势表明，德国学生的整体数学能力水平基本保持稳定。文理中学中达到最佳标准等级学生的比例降低，不过下降幅度仅为 2 个百分点。明显发现有不利发展趋势的有勃兰登堡州，包括文理中学在内的所有 9 年级学生的能力水平都显示出了下降的趋势。① 综上所述，与 2012 年的测试相比较，德国学生在数学能力水平上总体保持稳定。

① Insititut zur Qualitaetsentwicklung im Bildungswesen：*2018 IQB-Bildungstrend Bericht*，2019 年 11 月 27 日，见 https：//box.hu-berlin.de/f/b63eb63a2e9941afa852/？ dl=1。

第二，科学学科测试结果。总体而言，德国各州9年级学生的科学学科能力结果存在重大差异。2012年至2018年间整个德国以及各联邦州的发展保持稳定，有利和不利的发展趋势并存。整个德国达到中学国家教育最低标准的学生比例为56%（化学知识能力）和77%（物理专业知识获取能力）。各联邦州在所有能力领域和科目都存在很大差异，差异最高可达22个百分点。

在巴伐利亚州和萨克森州，所有学科的所有专业领域都取得了良好的成绩。在图宾根州和萨克森・安哈尔特州，达到最低标准的学生比例高于德国平均水平。柏林、不来梅和汉堡这三个城市州的能力领域和学科领域成绩都不理想，黑森州、北莱茵・威斯特法伦州学生在某些能力领域或学科成绩表现不佳。

从2012年与2018年的对比趋势来看，参加测试的所有德国9年级学生在学科和能力领域的成绩在达到最低标准和未能达到最低标准上都没有显著的变化。尽管总体保持稳定，全德国仍然能够发现55项明显的变化，然而只有6项变化是正向的。在巴伐利亚州，达到最低标准的学生数量比例有所增加。而在勃兰登堡州、萨克森・安哈尔特州和图宾根州的发展趋势主要是不利的方向。

在文理中学内也能明显地发现消极的发展趋势，尤其是化学学科达到最佳标准学生的比例明显下降。在物理学科达到常规标准的学生比例在全德国范围内都没有明显的趋势，在州一级只能观察到细微的变化。生物学科发展趋势只是偶尔出现不利因素，影响较少。①

各个州文理中学与整个德国相比也呈现了相似的发展模式。尤其在化学学科达到最佳标准学生的比例呈现下降趋势，在勃兰登堡州、萨克森・安哈尔特州和图宾根州尤其明显。总体而言，由于2012年在勃兰登堡州、萨克森・安哈尔特州和图宾根州文理中学成绩比较突出，因此这几个州2018

---

① Insititut zur Qualitaetsentwicklung im Bildungswesen：*2018 IQB-Bildungstrend Bericht*，2019年11月27日，见https：//box.hu-berlin.de/f/b63eb63a2e9941afa852/？dl=1。

年的测试结果出现了明显的下降趋势。

3. 教育趋势研究报告的作用

德国 IQB 教育趋势研究就像德国教育标准达标情况的“诊断器”，可以检查各州对教育标准的达标程度，同时对各州的达标情况有所对比，可以明显地诊断出各州的教育发展水平和发展趋势的变化情况。针对问题比较明显的州，政府可以及时提出相应的改进措施，促进教育改革。

（二）指导和改进作用

VERA 的主要目的是为学校和学科教师教学提供数据信息的帮助。“VERA 的核心功能在于促进每所学校的教学和学校的发展。这意味着教师可以在 VERA 定期测试的结果的基础上来设计课程。VERA 为教师提供了机会进行课程计划和教学实践进行反思。”① 在“学校质量保障”的框架内，KMK 颁布的《教育监测总战略》中 VERA 被认为是重要的学校质量保障手段之一，为每一所学校个体的质量保障和发展提供实证数据的支持。

1. 支持学校自我评估，促进学校发展

以 VERA8 为例，作为学生在中学第一阶段结束时对教育标准达标程度的里程碑，VERA8 使每一所学校都能够尽早确定自己在德语、数学以及英语和法语学科能力领域教学的现状。学校可以根据 VERA 测试的结果来确定教学、学科和学校的行动需求，将自己学校班级的测试成绩进行相同领域班级之间或者全州范围内的比较，确定学校或班级的发展水平，发现优势和劣势，明确学校进一步改进和发展的目标。

教育政策的目标要求学校采取一种自我负责和建设性的态度去面对学习状况调查，可以从班级、专业群体、年级和学校等多个层面来分析调查的结果。学校需要系统地、持续地组织和记录数据的使用过程。为此，学校需要仔细考虑 VERA 测试结果所反馈出的经验，并为学校和教学的发展作出

① Landesinstitut für Schulentwicklung（LS）：*ergleichsarbeiten VERA8. Nutzung der Ergebniss im Rahmender Qualitaetsicherung inSchulen*，2019 年 12 月 7 日，见 https：//www.lsbw.de/site/pbsbwnew/get/documents/KULTUS.Dachmandant/KULTUS/Dienststellen/ls-bw/Lernstandserhebungen/dokumente/vera8docs/v8_Handreichung_Nutzung_Ergebnisse.pdf。

贡献。

2. 确定学校学生的学业水平，帮助教师教学

VERA 为学校和科任教师提供了学生在特定学科的胜任力、学习状况、达到教育标准的程度的客观数据。对结果的反思可以帮助学生识别出发展优势和劣势，在这个基础上，可以更好地促进学生进一步的发展。①

在进一步发展 VERA 比较测试的协商中，教育文化部长联席会议于 2012 年 3 月确认，VERA 比较测试的核心功能是促进教学与学校的发展，并辅之以促进实施教育标准内规定的专业教学法理念。在协商中明确强调，VEAR 比较测试并不适合用于划分等级，也不适用与预测学业的成功。此外，VERA 比较测试不会以排名的形式将各个学校的测评结果公开，即使是学校督导查看结果也需要遵循明确的规则才能获得相关资料。②

## 二、德国社会第三方参与教育评价的影响与作用

德国社会第三方评价对德国整个基础教育体系产生了非常重要的影响，主要体现在促进德国基础教育阶段学制改革、全日制学校的扩张以及融合教育的开展等。

### （一）推动德国基础教育学制改革

在国际大型测试 PISA 和德国国内教育监测与评价项目实施的结果发现，德国学生的社会家庭经济背景对德国学生的学业成就影响极其显著。德国进行了深刻反思，认为三轨制教育体制已经不符合社会和经济发展的需求，也违背了教育公平。各联邦州纷纷推出了基础教育体制改革，于是“双轨制”改革被提上议程：建立与文理中学等值的新学校类型，两者

① Landesinstitut für Schulentwicklung（LS）：*ergleichsarbeiten VERA8. Nutzung der Ergebniss im Rahmender Qualitaetsicherung inSchulen*，2019 年 12 月 7 日，见 https：//www.lsbw.de/site/pbsbwnew/get/documents/KULTUS.Dachmandant/KULTUS/Dienststellen/ls-bw/Lernstandserhebungen/dokumente/vera8docs/v8_Handreichung_Nutzung_Ergebnisse.pdf。

② Institut zur Qualitaetsentwicklung im Bildungswesen，2018 年 11 月 9 日，见 https：//www.iqb.hu-berlin.de/vera。

应平行存在，共同构成支撑德国中等教育的两条轨道。① 以首都柏林为例，为了使基础教育得到更好的发展，促进不同类型学校中学生的流动性，柏林在 2010—2011 年进行了影响深远的教育体制结构综合改革，最主要的举措是将主体中学、实科中学和综合中学合并为一体化中学（Integrierte Sekundarschule），一体化中学成为除文理中学外唯一的学校类型。一体化中学有自己的高中阶段，或者与其他类型学校的高中阶段合作（特别是与职业中学高中阶段合作），因此在一体化中学里可以获得所有中学类型的毕业证书。最重要的是，一体化中学提供全面的全日制学校课程和更多的职业定向机会。改革还调整了从小学到中学的过渡程序，以实现学生群体更大的社会融合。总体而言，改革的目的在于让学生获得更好的学业成绩，同时减少教育成就对社会文化背景的依赖。

柏林研究小组（BERLIN-Studie）科学地评估了柏林学校体制改革，主要检查与比较了两种学生群体的学习成果和教育过程。2013 年提交的第一份研究报告涉及改革的接受度和从小学到中学过渡的新程序。结果显示，学生家长、教师和学校管理人员对学制改革具有很大的接受程度以及很高的满意度。② 事实上，柏林建立一体化中学的意图很明显：降低学生过早分流带来的缺陷，消除不同类型学校之间的差距，促进学生融合，改善教育不公，进而提高教育质量。

（二）德国全日制学校数量增加

德国宪法规定家庭在照料孩子方面处于优先地位，孩子不能全天在学校，而应该充分接受家庭的熏陶和父母的关爱。因此长久以来德国多数中小学为半日制学校。③ 但 2000 年 PISA 测试结果引起了德国社会对半日制学校

---

① 周海霞：《德国主体中学消亡现象探析》，《全球教育展望》2018 年第 8 期。

② Bildungsforschung und Bildungsinformation.BERLIN-Studie：*Zentrale Ergebnisse der wissenschaftlichen Begleitstudie zur Berliner SchulstrukturreformZusammenfassung für die Presse*，2018 年 11 月 24 日，见 www.dipf.de/de/forschung/projekte/berlin-studie。

③ 黄华：《从半日制到全日制——德国中小学学制改革在争议中艰难前行》，《比较教育研究》2012 年第 10 期。

的反思，许多人认为德国学生学业成绩差异大的原因之一，就在于学生家庭社会背景的差异。此外，欧盟大多数国家的学校系统（奥地利和希腊除外）都是实施的全日制学校。其他欧洲国家的经验表明，全日制学校的孩子明显能得到更多提升能力的机会。① 再考虑到家庭和就业结构的社会变化，德国各州都开始加强全日制学校的建设。2003 年德国催生了旨在建立和资助全日制学校体系的“教育与指导的未来投资计划”（Investitionsprogramm Zukunft Bildung und Betreuung，简称 IZBB）。联邦德国教育与研究部部长埃德尔加德·布尔曼（Edelgard Bulmahn）表示，联邦政府在未来 5 年内将拨款 40 亿欧元，帮助各州建立 10000 所全日制学校，这是德国有史以来资金量最大的一项教育投资。② 截至 2013 年，全德已有近 16000 所全日制学校，占德国中小学校总数的 56%。③ 根据德国文化教育部长联席会议对全日制学校的划分，全日制学校根据学时和课程类型的不同可分为开放、半开放和封闭三种类型，大多数州都同时提供上述三种类型的全日制学校（见表 4–8）。

**表 4–8　德国三种类型的全日制学校**

| 全日制学校类型 | 特点 |
|---|---|
| 封闭式 | 学校日程安排有规律、开设必修课程和额外课程，每周四个学校日，每天为早八点至下午四点 |
| 开放式 | 开设额外课程，每周四个学校日，每天下午四点访学 |
| 半开放式 | 兼有上述两种类型，两天封闭、两天开放 |

资料来源：Senatsverwaltung fuer Bildung，jugend und Familie：*Ganztagsschule*，2019 年 6 月 12 日，见 https：//www.berlin.de/sen/bildung/schule/ganztaegiges-lernen/ganztagsschulen/。

---

① Der Senat von Berlin BildJugSport：2005 *ueber Ein Leitbild fuer die offene Ganztagsgrundschule*，2019 年 6 月 18 日，见 https：//www.berlin.de/sen/bildung/schule/ganztaegiges-lernen/ganztagsschulen/。

② 黄华：《从半日制到全日制——德国中小学学制改革在争议中艰难前行》，《比较教育研究》2012 年第 10 期。

③ 陈志伟：《德国全日制学校教育发展现状及启示》，《外国中小学教育》2016 年第 5 期。

### （三）促进德国融合教育的开展

近些年德国具有移民背景的学生数量持续增长，如何使具有移民背景的学生成功融入德国成为一个重要问题，因此德国教育政策的一个重要目标在于最大化地降低移民对学生能力的不利影响。2016 年德国境内具有移民背景的 4 年级学生数量约为 34%，相比于 2011 年增长了 9%。其中，移民背景学生数量值最高的城市为柏林、不来梅和汉堡，超过了全体学生数量的 40%。随着具有移民背景的学生数量增多，小学阶段学生群体的异质化也更加明显。在 2016 年的德国教育质量发展研究所主持的教育趋势研究中，具有移民背景的学生与非移民背景学生的测试结果具有很大差距。以 2016 年的数学教育趋势研究为例，父母双方都具有移民背景的学生的数学成绩明显低于父母没有移民背景的学生，差距较大的城市为柏林、不来梅和汉堡。① 移民学生数量的持续增长为柏林基础教育质量的提升带来了严峻考验。

为此，德国政府加强了融合教育。以柏林为例，柏林凭借着发达的社会福利政策以及相对开放的难民政策，使近几年的移民数量剧增。随父母迁居到柏林的孩子也会在柏林学校就读，他们来自不同的文化环境，具有不同的宗教信仰。因此，如何使这些外来的青少年顺利融入学校与社会是柏林面临的一个重要挑战。针对这一情况，柏林教育、青少年和家庭部（Senatsverwaltung fuer Bildung，Jugend und Familie）于 2012 年开始制作《促进移民儿童与青少年在日托所和小学的融合指南》，这一指南成为柏林开展融合教育的工作基础。该指南包括三部分，分别是针对日托所的儿童、小学学生和非在读青少年的融合教育支持措施。以小学融合教育为例，针对缺乏德语技能而无法上学的学生，柏林专门设立了“欢迎课堂”，即成立特殊的儿童学习小组与青少年学习小组，其主要目标是使学生能尽快掌握德语，融入正常的课堂中。此外，还有为小学毕业即将过渡到初中的学生提供指导帮助，为从未学习过字母的孩子提供特殊课程辅导，给学生提供健康检查，为

---

① Institut zur Qualitaetentwicklung im Bildungswesen：2018 *IQB-Bildungstrend 2016*，2019 年 5 月 14 日，见 https：//www.iqb.hu-berlin.de/bt/BT2016/Bericht/BT2016_Bericht.pdf。

贫困家庭孩子提供资金支持等方式①，做到满足每一位来自多元文化背景学生的需求，以此促进移民学生顺利融入校园生活。

## 第五节 德国第三方教育评价的特点及挑战

德国社会第三方参与教育评价形成了自己的特点与模式，在为提高德国基础教育质量作出了巨大贡献的同时也遭受着众多批判，也值得我们反思。

### 一、德国社会第三方参与教育评价的特点

#### （一）教育评价主体形成了以 IQB 为核心多方协作的教育评价模式

德国社会第三方参与教育评价的最突出特征是形成了以教育质量发展研究所为核心的多方协作的教育评价模式。教育质量发展研究所主要有三个任务：第一，教育监测与评价，IQB 需要定期检查学校达到教育标准的程度。第二，监督各州教育标准的实施情况，在各州的教育系统中实施以此教育标准为核心导向的框架。第三，教育研究，IQB 是德国最重要的活跃于实证教育研究领域的机构之一，其研究的重点在于评估各州对教育标准的达标程度，让教育政策和教育监管部门了解全国 16 个州基础教育系统的优势和弱势，对各州教育发展的趋势进行评价，审查各州在过去五年内针对教育质量发展而实施的办法，成功的措施和出现的新需求。② 自 2009 年以来，KMK 的教育标准为各州学生学业成绩的比较提供了标准。教育质量发展研究所制定了符合国际比较研究技术和方法标准的主要测试程序，以便根据各州样本来检查对教育标准的达标情况。③

① Senatsverwaltung fuer Bildung，Jugend und Familie：*Schulische Intergration*，2019 年 6 月 10 日，见 https：//www.berlin.de/sen/bjf/fluechtlinge/schulische-integration/。

② *Institut zur Qualitaetsentwicklung im Bildungswesen*，2018 年 11 月 1 日，见 https：//www.iqb.hu-berlin.de/institut。

③ *Institut zur Qualitaetsentwicklung im Bildungswesen*，2018 年 11 月 1 日，见 https：//www.iqb.hu-berlin.de/institut。

因此，德国教育质量发展研究所在德国教育评价与监测工作中占据了无可替代的位置，统领各州开展各项监测评价工作：开发国家考试题库、研发监测与评价的工具、组织各州专家代表共同制定国家教育标准、与各州的教育研究机构建立联系，合作开展各项教育监测评价研究并公开研究结果，让德国政府、学校和社会都能了解到德国整体教育发展的情况。德国教育质量研究所作为德国基础教育质量发展道路上最重要的科学机构，尽管该研究所坐落于柏林洪堡大学内部，拥有深厚的科研支持，但它并不依附于大学，而是独立的第三方研究所，在德国基础教育质量监测与评价工作中拥有较大的权力。此外，IQB 与政府之间形成了良好的合作伙伴关系，IQB 以其专业性和科学性获得了自己的权威，政府对 IQB 也提供了较大的支持。

### （二）教育评价内容聚焦学生学业能力的发展和学校教育质量的提升

一方面，IQB 工作的出发点和立脚点都是德国各州文化教育部长联席会议确立的全国教育标准。教育标准有三个目标：首先，为所有教育利益相关者（教师、家长和学生）提供有约束力的指导；其次，教育标准为课堂的发展功能提供支持，以能力为导向，促进学生之间的积极交流；最后，教育标准构成了绩效评估的基础，帮助识别问题领域并及时采取改进措施。因此，全国教育标准既有审查作用又有发展作用，开展基础教育质量监测是检查各州对教育标准达标程度的重要手段。① 考虑到德国文化教育权属于各州，为了协调各州教育发展的情况，教育文化部长联席会议在与各州协商之后共同出台了各州都必须遵守的重点学科和重点年级的国家教育标准，以能力导向，规定了学生在某个年级应该掌握的能力，并在此基础上建立了德国学生能力水平模型，帮助教育监测与评价工作的开展。教育标准成为各项监测评价工作的出发点和立足点，包括监测题库的设计、监测结果的评价都以此为依据，教育标准就像是德国基础教育质量监测工作中的一根标杆，为监测评价工作、学校管理、学校教师的教学都指明了方向。

---

① IQB：*Bildungsstandards.Kompetenzstufenmodelle.MSA.Sprachgebrauch*，2020 年 1 月 12 日，见 https：//www.iqb.hu-berlin.de/bista/ksm。

另一方面，学校评价项目的评价内容则聚焦于学校质量的提升，具体评价的内容为当地政府和社会教育质量机构共同研制的学校质量评价表所规定的质量领域实施，主要包括了能够影响学校质量的主要内容，即学校地理位置、学生集体、学校人员结构、学校物质资源以及组织结构等，不同的领域下面又划分了不同的指标和评价标准，为参与学校评价的人员提供了专业的指导。

### （三）教育评价方法以开展学生学业成就监测和学校评价项目为主

德国社会第三方参与教育评价的方法主要还是开展学生学业成就监测项目以及参与学校评价项目为主，此外还包括了一些教育研究工作。因为，教育评价本身就是一个评估学校教育发展的实践活动，学校教育质量发展好坏的重要衡量指标之一就是学生的学业成绩。首先，开展教育监测活动可以掌握学生学习结果的情况，包括学生在知识和认知能力上所取得的水平，即达到教育标准基本要求的情况。其次，质量监测旨在了解各联邦州、不同学生群体之间存在的差异情况，为教师教学的开展提供数据支持。最后，监测的数据结果可以掌握德国各联邦州教育发展的情况。通过定期的监测以及数据的分析，可以对每个州的教育发展情况进行趋势分析，以发现每个州自己的优势和局限，并提供相应的信息反馈。

而参与学校评价项目则是德国社会第三方人员参与教育评价的微观举措。为了增加教育评价主体的多样性，德国学校评价项目特别重视社会第三方人员的参与，即来自社会企业代表和学生家长的意见。因为，来自不同角度的看法和建议可以促进学校的改革，使学校对人才的培养更加符合社会发展的需求。

### （四）重视对教育评价结果的分析和使用

德国在对社会第三方参与教育评价结果的使用上，最突出的特点就是对数据的有效使用，深入挖掘数据、分析数据、解释数据，并结合学生背景问卷调查解释和描述监测结果，形成了一整套完整的分析解释体系。例如，在 IQB 教育趋势研究测试结束之后，IQB 在几百页的教育趋势研究的监测报告中对数据的分析方式形成了自己的模式，除了详细地介绍教育趋势研究的实施情况以外，还着重详细地以表格、图形的形式呈现德国各州学生在不同学科测试成绩上的对比及趋势发展，还具体分析了性别差异、社会背景差异、移民差异、学生不同学科的学习动机、不同学科的课程质量、不同学科教师的培训以及对该年教育趋势研究测试项目的评估及分析，结合测试数据，较为完善地呈现了监测结果的图景，为联邦政府和各州政府的教育改革政策提供了重要参考价值。此外，在监测数据的开放性上，社会公众也可以直接在 IQB 的官网上下载监测结果报告，这既是教育监测公开透明的重要举措，也促进了公众对教育监测工作的监督。

此外，在对学校评价项目的结果使用上，首先每一次学校评价都会形成相应的评价报告，社会第三方人员的参与使学校外部评价不仅有利于被评价的具体学校，还有助于促进整个州的学校新系统的发展。外部评价根据客观的标准对学校工作进行分析，从政府部门、社会企业、学校、家长多视角的角度为学校发展提供建议，为学校内部发展提供了动力，有助于帮助学校确定在工作中的优先事项。但学校评价报告是学校发展内部措施的基础，而不是学校的对外介绍工具，因此并不会公开发布。所有的评价报告也将转发给该州的教育质量发展机构，由质量机构最终报告评价结果，并在所有学校中进行总结。总体而言，德国社会第三方参与的学校外部评价项目可以说是一项政府、社会、学校以及家长有效合作的教育评价项目，通过第三方教育评价机构和人员的参与，教育合力得到了发挥，教育治理的理念得到了体现。

## 二、德国社会第三方参与教育评价面临的质疑

德国第三方参与教育评价的项目规模大，参与学生数量多，且跨越了16个联邦州，尽管为德国基础教育质量的发展情况提供了许多有意义的数据和信息，也不可避免地存在一些问题，自监测产生之时就饱受争论。近几年，德国社会对监测项目批判的声音越来越多，当前的争论主要集中在三个方面。

### （一）接受度的缺失

#### 1. 大型测试的接受度

2014年5月4日，海因茨·迪特·迈耶（Heinz-Dieter Meyer）联合数百名德国的科学家和教育家一起联名向“PISA之父”安德烈亚斯·施莱谢尔（Andreas Schleicher）发送了一封公开信，对过去12年的PISA测试进行了强烈的批判，同时对PISA测试提供了信息和建议，并要求暂停PISA测试。与此同时，德国小学协会和巴伐利亚教师协会等组织也发表了一份宣言，他们对跨州的比较测试工作（Vergleichsarbeiten）表示怀疑和拒绝态度，要求KMK对先前的策略作出重大改变。[①] 这就意味着KMK《教育监测总战略》中的两大支柱：国际大型学生测评项目和VERA测试遭到了根本性的质疑，与前几年积极的期望相比，在科学界、教育政策、教育行政和学校实践方面的讨论气氛发生了显著的改变。批判的焦点集中在这些研究测试的意义和目的，这些争论无疑会对KMK《教育监测总战略》的进一步发展产生影响。KMK教育标准中“希望通过测试程序来检查教育标准的实现情况，对各州有针对性地采取干预措施以进一步发展教育事业”的目标无法完全实现。

此外，来自政治层面的对教育研究不切实际的期望以及实证主义教育研究者过高的估计也导致了人们对实证教育研究能改善教学和学校发展的怀疑逐渐增加。一方面，在PISA、TIMSS和IGLU研究结果以及德国国内的比较测试结果的最初公布引起了媒体的巨大兴奋，不过由于测试结果的重复也开始变得乏味；另一方面，研究报告和出版物的显著增加引起了极大的混乱：哪个发现是最新的？哪个发现是重要的？哪个陈述值得去认真检查？[②]

---

① Kuhn，Hans-Jürgen，Anspruch，“Wirklichkeit und Perspektiven der Gesamtstrategie der KMK zum Bildungsmonitoring/Claim，Reality and Perspectives of the Overall Strategy of the KMK”，*Die Deutsche Schule*；*Münster* Vol.106，Iss.4，（April 2014）pp.414-426.

② Kuhn，Hans-Jürgen，Anspruch，“Wirklichkeit und Perspektiven der Gesamtstrategie der KMK zum Bildungsmonitoring/Claim，Reality and Perspectives of the Overall Strategy of the KMK”，*Die Deutsche Schule*；*Münster* Vol.106，Iss.4，（April 2014）pp.414-426.

德国学界对大型测试的接受度并不乐观。

2. VERA 的接受度

对 VERA 的批判与对国际大型测试的批判有所不同。尽管德国各联邦州开展了无数的活动，VERA 的有效性仍然存在分歧。根据 2014 年德国学者瑞希特尔（Richter）的研究，半数的人对 VERA 当前的项目保持开放和积极的态度，而另一半在引入 VERA 10 年后仍然持怀疑和否定态度。与其他的学校测试相比，VERA 的特别之处在于，教师可以根据全国教育标准来检查学生在核心科目中客观的学业表现。VERA 专注于每所学校和每个班级的水平，以此为各个学校的教学和学校的发展提供帮助——这是开展 VERA 的愿景。而事实上，德国部分联邦州由于文化教育权自治，出于各种原因不愿意以这种方式实施 VERA。根据测试学科的不同，有 6—7 个联邦州的学校仅会告知使用的测试题所达到的答案频率，明显没有完成基于 KMK 能力水平模型结果的反馈，最初所设想的 VERA 的结果反馈作为学校早期预警系统的功能被省略。

对 VERA 难以接受的原因之一是从 4 年级到 10 年级的教育标准中派生出了 VERA 任务的问题，这直接导致了 3 年级和 8 年级的测试对于弱势学生而言负担过重，并且使学生失去了学习动力。多年来，从 VERA 获取的信息一直使中心学校失望，在这种基础上诊断的学习状态结果来为学生提供更好的个体支持变得非常困难。此外，从学校实践的角度来看，对 VERA 另外的批判还在于支出和回报之间的关系问题以及将 VERA 结果用作学校内部趋势测量的难度问题。①

可以看出，不管是国际上学生测评项目还是德国国内的大型测试，德国学界和社会公众的接受度都有待提升。

① Kuhn，Hans-Jürgen，Anspruch，“Wirklichkeit und Perspektiven der Gesamtstrategie der KMK zum Bildungsmonitoring/Claim，Reality and Perspectives of the Overall Strategy of the KMK”，*Die Deutsche Schule*；*Münster* Vol.106，Iss.4，（April 2014）pp.414-426.

### （二）透明度的缺失

1. 教育监测总战略的进一步发展缺少透明度

在德国制定了教育标准和能力水平模型之后，随着实证主义转向(empirischen Wende)，在教育政策重新定位的前几年，德国学界、政界、行政部门和学校实践之间对结果的有效性和后果进行了广泛的对话与讨论。而如今，所有有关挑战、困难和观点的对话与争论都在一个封闭的圈子内部进行，外界无法加入其中。例如，21 世纪初，在勃兰登堡举行过几次大型的 PISA 会议，所有的批评者都可以参与讨论。2004 年 9 月，KMK 在柏林组织了一个公开的学术会议，大约有 250 名参会者，举行了公开的对话。近十年来，公开讨论的传统有所改变，例如 2014 年 12 月在柏林举行的非公开的会议，只是以小型圆桌会议的形式在半天之内与“精选”的参与者讨论总体战略以及其解决方案，与之前的会议产生了强烈的对比。①

先前用于实施战略的自上而下的方式明显尚未证实自己的有效性。因此，制定改变后的总战略的过程应该以所有参与者的广泛接受为基础。讨论必须针对特定的目标群体。在进一步发展国际、国内的比较测试时，公开应对外部科学的批评十分重要。VERA 的进一步发展首先需要对学校实践和教师协会进行建设性的开放。例如，可以通过独立的交流策略（例如在一些区域性的论坛中）来实现这一目标。在该策略中，透明度和开放参与进程是至关重要的前提，只有在与学校实践对话中开放的和建设性地去解决问题和争议时，才有机会将 KMK 在 2015 年修订后的总体战略的决定作为学校全面实施过程的着手点。

2. 事实问题缺少透明度

当前德国不仅在总体战略的讨论中缺少透明度，在一些必须解决的事实问题上也缺乏透明度。例如，能力水平模型的开发由 IQB 研制、KMK 做最后决定，然而并没有教育政策和教育行政部门的人员能够完全理解这些能

---

① Kuhn，Hans-Jürgen，Anspruch，“Wirklichkeit und Perspektiven der Gesamtstrategie der KMK zum Bildungsmonitoring/Claim，Reality and Perspectives of the Overall Strategy of the KMK”，*Die Deutsche Schule*；*Münster* Vol.106，Iss.4，（April 2014）pp.414-426.

力水平模型的合理性。虽然 KMK 规定了要求和标准，然而只有一小部分专家可以理解是否以及如何实现各自的平衡。能力水平模型应该包括“制定激励性的绩效期望，激发学校发展的动力，并在教育政策方面尤其是教师中获得广泛的接受”（IQB，2009）。根据主题和领域的不同，在过去 IQB 组织的听证会上一直都会出现具有争议性的讨论，特别是与教学专家和教师有关的讨论。但是，之后公布的能力水平模型通常似乎具有某种自然法则合理的特征，不像以前那样具有那么多的争论。①

（三）研究结果转换的缺失

在德国实证教育研究领域里从未有过如此多的资金投入。然而，教育政策、教育行政、州研究所和学校自身对研究新发现的接受和使用的数量情况大相径庭。对研究发现系统的处理、接受和反思行为在学校或学校上级系统方面仍旧进行得不够充分。② 在这个过程中基本上都会出现两个问题：实证经验的知识如何与教育政策相结合？以及如何将知识融入学校实践？

此外，在有关教育领域研究成果转换过程的讨论中常常低估了教育行政管理的作用。传统的教育行政管理的招聘上基本上会涉及教师、学校管理人员、学校理事会、高中理事会 / 部长等职务，但实际上教育管理部门需要新的能力，包括对实证教育研究结果和方法的广泛了解，而传统的招聘人员并不能满足这些需求。长期以来，通过实证教育研究所获得的大量的新知识和新发现导致教育行政管理以及教育政策都出现了结构性的负荷，转换和消化过程对“循证政策”来说是必不可少的设计。因此，对于教育管理和学校实践来说，必须系统地跟踪调查“是什么在起作用”的问题，需要长期设置组织或机构来完成这项工作，这将是更好地利用众多现有研究成果用于各级

---

① Kuhn，Hans-Jürgen，Anspruch，“Wirklichkeit und Perspektiven der Gesamtstrategie der KMK zum Bildungsmonitoring/Claim，Reality and Perspectives of the Overall Strategy of the KMK”，*Die Deutsche Schule*；*Münster* Vol.106，Iss.4，（April 2014）pp.414-426.

② Kuhn，Hans-Jürgen，Anspruch，“Wirklichkeit und Perspektiven der Gesamtstrategie der KMK zum Bildungsmonitoring/Claim，Reality and Perspectives of the Overall Strategy of the KMK”，*Die Deutsche Schule*；*Münster* Vol.106，Iss.4，（April 2014）pp.414-426.

学校和教学发展的先决条件。德国教育在过去的 15 年中出现了新的发展动力，即通过实证研究激发出不同的新期望。研究人员有意或无意地误解了他们有能力通过循证研究来为教育政策提供明确的建议。① 事实上，政策的专业性应该包括基于证据的决策，前提是从事教育工作的教育行政部门可以有条理地获取相关的研究结果，而当前的德国教育行政部门还未达到这一要求。

---

① Kuhn，Hans-Jürgen，Anspruch，“Wirklichkeit und Perspektiven der Gesamtstrategie der KMK zum Bildungsmonitoring/Claim，Reality and Perspectives of the Overall Strategy of the KMK”，*Die Deutsche Schule*；*Münster* Vol.106，Iss.4，（April 2014）pp.414-426.

# 第五章　芬兰第三方教育评价的机制与模式

## 第一节　芬兰基础教育评价体系概况

随着社会公众对教育事业的关注度不断提升，芬兰各类利益群体迫切需要教育系统增强透明性，独立的外部教育评价活动以及教育机构的自我评价活动应运而生并得到蓬勃发展。芬兰教育评价制度的发展以20世纪90年代为分水岭。在此之前，芬兰实行中央集权的教育管理体制，并在全国范围内建立了教育督导系统。90年代芬兰的公共管理体制改革削弱了中央政府对教育的管理权力，形成了地方自治的教育管理体制，并废止了旧的教育督导制度，代以外部评价与自我评价相结合、以提供信息为目的的教育评价系统。近年来，芬兰的教育评价工作又进一步向第三方机构转移。

### 一、芬兰基础教育评价体系的发展沿革

芬兰基础教育评价体系经历了三个主要时期，依次为规范指导时期、信息指导时期和“新模式”时期。

#### （一）规范指导时期：教育督导制度的建立与转型

在20世纪90年代以前，芬兰的中央政府对全国教育进行统一规划和严格管控，并在全国各小学设置督学负责监督和指导学校日常教学工作，建立了以教育督导为基础的教育质量保障体系。因此芬兰这一阶段的教育评价活动强调自上而下的行政规范功能。

1866 年，芬兰颁布的《小学管理条例》规定："要从值得信任的且有志于从事人民教育工作的人群中任命督导人员。"① 1869 年，芬兰在教育与文化部之下成立"教育监事会"（全国教育委员会前身），负责督导、监管全国教育。1955 年，芬兰的教育管理部门制定了教育督导工作条例，并规定督学的一项重要工作便是"对帮助、支持的需求评价。"1957 年，芬兰颁布的教育督导工作条例再次明确了全国教育委员会和小学督学的教育督导职责，规定初等学校督学要负责监察教育法规的执行，为学校教育工作的改进提供咨询、指导服务。

1958 年，芬兰加入了国际成绩评价协会（International Association for the Evaluation of Education Achievement，IEA），并参与了大型的跨国教育质量评价和比较活动。1968 年，芬兰成立教育研究所，并成为 IEA 的合作伙伴，其主要职责之一便是对学习结果进行全国性的评价。

随着 20 世纪 70 年代综合学习制度的引入，芬兰的教育行政管理机构发生了重组，教育管理、决策权也发生了一定的转移，教育督导工作便由中央政府、教育委员会下移至当时的省教育厅，由省政府聘请综合学校所开课程相应学科领域的教育工作者担任督学，负责监督、指导"国家综合学校课程"目标的落实。综合学校制度在全国推广之后，督学的工作重心逐步聚焦于监察教育法规的执行，而日渐弱化咨询、指导功能。

在 1976 年以前，芬兰的综合学校每三年就要接受一次督导。而在 1976 年以后，省政府只有出于特定原因才开展督导工作，省教育厅的教育督导职能遭到削弱。在这一时期，芬兰的教育管理体制和教育质量监测体系也相应发生了"由左向右"的转变。1987 年，芬兰以社会民主党和中间党形成的左翼联盟破裂，右翼政党夺得多数议会席位成为执政党，并建立了右翼一左翼联盟内阁（fight-left coalittion cabinet）。民族联合党原书记、党魁哈里·霍克里（HarriHermanniHolk-eri）从偏左派的社会民主党人毛诺·科伊

① Heikki K. Lyytinen：*The History of Education Evaluation in Finland*，2020 年 11 月 19 日，见 http：//www.ekk.edu.ee/vvfiles/0/lyytinen.pdf。

维斯托（Mauno Koivisto）手中接过芬兰总理一职，教育部部长和全国教育委员会理事长也相继由信奉自由保守主义的偏右派人士担任。右翼党派的上台及其对教育管理话语权的掌控，使得芬兰中央集权式的教育管理体制开始松动[①]，教育决策、管理权不断下放至省、自治市乃至校董会，国家对学校办学活动的直接管控被内在的规范所取代。到了 20 世纪 80 年代末，尽管芬兰各省政府依旧要负责指导教育发展，但不再提及督学，“督导员”一词也从此销声匿迹。[②]

随着以地方自治为基础的分权式教育管理体制的形成，以督导制度为代表的一系列传统教育管控系统逐步消失。1991 年，芬兰宣布正式废除学校督导制度。

（二）信息指导时期：教育评价制度的形成

20 世纪 90 年代，芬兰地方教育决策权进一步增强，学校以及教育提供方（主要是市政当局）可以依据国家和地方发展目标独立开展教育活动。国家对于地方政府、学校具体的教育、办学活动不再予以过多干预。但是，地方行政和学校自主权的扩大需要在相应标准和框架下进行，芬兰在国家层面通过信息、支持和拨款等方式引导教育事业的发展，并通过教育法规来提出教育目标，通过全国教育委员会制定的国家课程、资格框架来指导地方教育活动，芬兰的教育评价制度也进入了信息指导时代。

先前隶属于芬兰教育与文化部的全国教育委员会是芬兰国家层面最主要的教育质量评价机构，负责起草和审核国家核心课程框架与标准，并对全国各类教育活动进行质量评价。[③] 1995年，芬兰出于选评“高质量教育机构”

① nnuSimola，RistoRinne，JanneVarjo，Han—nelePitkanen & JaakkoKauko.“Quality Assurance and Evalu—ation（QAE）in Finnish Compulsory Schooling-a National Model or just unintended Effects of Radical Decentralisation”，*Journal of Education Policy*，（April，2009），p.166，170-171，173.

② Heikkl K. Lyytinen．*The History of Education Evaluation in Finland*，2020 年 11 月 19 日，见 http：//www.ekk.edu.ee/vvfiles/0/lyytinen.pdf。

③ Finnish National Board of Education：*Tasks and Service*，2020 年 11 月 20 日，见 http：//www.oph.fi/english/about_us/tasks_and_services。

以协助国家进行绩效拨款需要，在教育与文化部之下成立了高等教育评价委员会，高等教育的质量保障工作自此从全国教育委员会中剥离出来。1998年颁布的《基础教育法》规定，教育评价的功能为提高学习质量、支持教育发展，最终保证教育目的实现。直辖市和学校有责任和义务评价其运作，自我评价和外部评价提供的学习结果，以及它产生的影响。评价的结果应当及时公布。①

1999年，芬兰建立了基于分权原则的现代教育法规体系，明确了芬兰国家主持的外部教育评价工作的法律地位，并规定办学方要对自己所提供的教育服务开展内部自评，且有责任积极参与国家主持的教育质量外部评价。

2003年，芬兰在高等评价委员会之外成立教育评价委员会，专职负责全国基础教育。2009年，芬兰修订了《基础教育法》等一系列教育法案，划清了国家教育评价工作的承担主体及各自职权范围：全国教育委员会负责开展学生学业成就国家测评；而教育与文化部宏观制订各类教育评价和学业成就测评计划，并为教育评价工作提供财政资助。

（三）“新模式”时期：第三方教育评价的发展

芬兰自2003年到2004年间国家层面的外部教育评估由教育与文化部以及该部下属的全国教育委员会、高等教育评估委员会和教育评估委员会共同承担，但近年来这种多机构共存的格局暴露出职权交叉、组织重叠等诸多问题。因此，2014年教育与文化部宣布合并、裁撤国家层面现有的教育评估机构，建立一个单一的、职能划分清晰的、更具影响力的国家教育评估机构。其中芬兰教育评价中心（The Finnish Education Evaluation Centre，FINEEC）是以强化教育评估工作的集中性和独立性的代表性评估机构。②通过分析中心的组织架构、人员构成、工作机制发现，它具有“半官办、半社会”特征，算得上是一种社会第三方参与教育评价方式。至此，芬兰的教育评价制度又迈入了由社会第三方参与教育评价的“新模式”时期。

---

① *Basic Education Act*，1998年第628条。*Amendments up to I*，2004年第126条。

② 丁瑞常、刘强：《芬兰教育质量监测体系探析》，《比较教育研究》2014年第9期。

除了芬兰教育评价中心这种带有半政府半社会性质的教育评价机构，芬兰的许多大学也积极参与了国家的各类教育质量监测活动，如下设于韦斯屈莱大学（Jyväskylä yliopisto/University of Jyväskylä）的“芬兰教育研究所”（Koulutuksen tutkimuslaitos/Finnish Institute of Education Research）和下设于赫尔辛基大学（Helsingin yliopisto/University of Helsinki）的“教育测评中心”（Koulutuksen arviointikeskus/Centre for Educational Assessment）等。

## 二、芬兰第三方基础教育评价政策与规划

芬兰教育评价中心自成立以来，作为芬兰最具代表性和影响力的国家级第三方教育评估机构，负责实施了教育与文化部2016年颁布的《芬兰教育评估国家战略规划2016—2019》（*National Plan For Education Evaluation 2016—2019*），2020年还发布了《芬兰教育评价中心的强化导向评价》（*Enhancement-Led Evaluation At The Finnish Education Evaluation Centre*，以下简称《强化导向》）。

### （一）《芬兰教育评估国家战略规划2016—2019》

2016年，芬兰教育评价中心制定了一份参考框架和规划，作为评估基础教育学习成果的基础，即芬兰教育与文化部批准的《芬兰教育评估国家战略规划2016—2019》。这虽然是一份国家层面的教育评估中长期规划，但主要由具有第三方性质的芬兰教育评价中心负责实施。

战略规划聚焦的评估领域包括：发展有竞争力的学习和教育、教育制度的功能与发展、支持教育评估的质量管理和加强评估文化、社会关注的核心议题专项评估等内容。该规划涉及各级各类教育评估项目。早期儿童和学前教育阶段评估项目主要关注幼儿教育的设施和过程评估、支持相关教育机构重视质量管理和发展评价模型；义务教育和高中教育阶段评估项目主要关注学习结果的评价、主题评估和系统评估；另外还有跨学段的专题评估项目，例如国家经费削减对教育权和文化权影响的评估（涵盖早期教育、高中教育和成人教育）、学校和教育设施对学习环境影响评估、移民与教育体系融合

的评估等等。①

在其战略中，芬兰教育评价中心定义了四个相互关联的评价重点领域：第一，通过评价发展学习和能力，采用不同的强化方法进行的评价，提高两种官方语言的各级教育的学习成绩和能力，这个在基础教育中的评价为“学习成果评估”。第二，关注教育系统的功能和发展，为所有教育层次的评价活动提供关于整个教育系统和政策功能的信息。在基础教育中实施国家基础教育核心课程、处理学校的两种或多种语言、关注基础教育中学生的评估和学生的转型，以及实施《小学生和学生福利法》、和平安全的学习环境、国家预算削减对教育权利的影响等等。第三，社会的中心和关键的主题，评价的对象是社会上重要和关键的主题。例如基础教育中关注移民融入教育体系的国际比较以及教师角色的变化与教师教育和继续教育应对变化的能力问题。第四，支持教育提供者进行品质管理和加强以强化主导的评估为基础的经营文化。例如芬兰教育评价中心通过评估教育机构，为基础教育提供有关质量管理和发展的良好做法的信息，以及在不同教育水平上传播这些信息，为它们发展质量管理提供支持。此外，芬兰教育评价中心还支持学校、教育机构和高等教育机构利用国家评价和自我评价以及加强主导的评价方法。

值得一提的是，在这份规划中，芬兰教育评价中心还将与普通教育、教师培训的评估和质量保证组织开展国际同行评审和标杆管理活动，并且还参与为提高教育、学习质量和芬兰教育制度创造附加值的合作，并促进芬兰评估专门知识的出口。②

### （二）《芬兰教育评价中心的强化导向评价》

在上文提及的《芬兰教育评估国家战略规划 2016—2019》规划中，芬兰评价中心制定了一套评估方法，即“加强主导评价”，以更好地支持组织和持续改进评估。芬兰在教育评估活动中有超过 20 年的经验，“强化导向”

---

① *National Plan For Education Evaluation 2016—2019*，2020 年 11 月 20 日，见 https：//karvi.fi/app/uploads/2016/06/National-Plan-for-Education-Evaluations-2016-2019.pdf。

② *National Plan For Education Evaluation 2016—2019*，2020 年 11 月 20 日，见 https：//karvi.fi/app/uploads/2016/06/National-Plan-for-Education-Evaluations-2016-2019.pdf。

的评价被认为是芬兰教育评价活动的重要基础。因此，在2020年11月，芬兰教育评价中心发布了《强化导向》。该规划进一步阐明了强化主导评价的方法和原则，并结合基于强化主导评价框架的方法指南，以满足全国评价和教育机构与高等学校评价需求的发展需要。①

芬兰教育评价中心将“目标导向和未来意识”（Goal-orientation and futures consciousness）、“参与性和互动性的方法”（Participatory and interactive approach）、“量身定制的方法”（Tailored methods）和“支持变革”（Supporting change）定义为强化导向评估的特征。

强化导向的评估是基于芬兰教育评价中心的四个共同价值观：可靠性、独立性、开放性和胆识。《强化导向》的评价方法是根据具体情况量身定做的，以便在评价过程中支持评价的影响和活动的加强。它们增进了对所评价主题的共同理解。加强主导的评价包含现状分析、结论和建议，受评估者会收到芬兰教育评价中心对他们在需要发展的领域、最佳做法和优势方面的反馈，同时这份反馈可供国家、区域和地方一级的行动者以及教育培训提供者、高等教育机构和利益攸关方使用。②

强化导向的评估工作主要包括：实施基础教育成果评估、学习成果评估、高等教育研究领域评估、专题和系统评估，以及质量体系审计。针对基础教育评估的领域包括：就有关教育水平所规定的学习成果而言，学生目前的能力水平的评估、基础教育课程改革的评估、不同层次的教师管理、学生转型相关的教育指导评估等。③

强化导向评价的参考框架由四部分构成。由于评估的现象越来越复杂，变化的速度越来越快，预测变得越来越困难，在评价中使用的方法必须同时是整体的和提供实时的评价，因此第一部分为“复杂性和持续变化”

---

① *Enhancement-Led Evaluation At The Finnish Education Evaluation Centre*，2020年11月20日，见 https：//karvi.fi/app/uploads/2020/04/KARVI_T1120.pdf。

② *National Plan For Education Evaluation 2016—2019*，2020年11月20日，见 https：//karvi.fi/app/uploads/2016/06/National-Plan-for-Education-Evaluations-2016-2019.pdf。

③ *National Plan For Education Evaluation 2016—2019*，2020年11月20日，见 https：//karvi.fi/app/uploads/2016/06/National-Plan-for-Education-Evaluations-2016-2019.pdf。

(Complexity And Continuous Change)。第二部分为“改进导向”评价方法(The Renewing Methods Of Enhancement Evaluation),以强化评估的方法为目标,以支持幼儿教育和护理机构、教育和培训机构以及高等教育机构,以解决挑战,并根据优势、成功和机会不断改进工作。第三部分为以情境为导向,灵活的方法(Situation-Oriented And Flexible Approach To Methods),即根据个别评估的目标和重点,在评估项目中使用不同的参考框架或组合,例如现实评价、赋权评价、过程及项目评价和效应评价。最后一个部分是从方法中学习(Learning From Methods),即通过获得外部和内部反馈来监控和评估这些方法的功能。①

强化导向的评价促进了参与和互动,它创造了各种机会,以参与规划评价、编制评价数据和解释评价结果,并作出贡献。强化主导的评价是建立在评价实施者与评价参与者之间的信任基础上,建立在教育提供者加强其活动的责任基础上的。

## 第二节 芬兰第三方教育评价的机构类型

如上一节提到的,芬兰社会第三方参与教育评价的机构主要包括两类,一是半政府半社会性质的芬兰教育评价中心;二是设立于大学的相关专业机构,相对具有更强的“社会性”和“独立性”。

### 一、芬兰教育评价中心

据《芬兰教育评价中心法》(*Act on the Finnish Education Evaluation Centre 1295/2013*,以下简称《中心法》)的规定,中心在教育与文化部的政府分支部门中运行,是一个致力于开展外部教育评价的独立专家组织。② 由

---

① *National Plan For Education Evaluation 2016—2019*,2020 年 11 月 20 日,见 https://karvi.fi/app/uploads/2016/06/National-Plan-for-Education-Evaluations-2016-2019.pdf。

② *Act on the Finnish Education Evaluation Centre* 2013 年第 1295 条,2020 年 11 月 20 日,见 http://karvi.fi/app/uploads/2016/05/3-Act-on-FINEEC.pdf。

此可见，芬兰教育评价中心是一个同时具有政府和社会第三方双重属性的特殊组织。这一点可以从中心的组织架构和人员构成上得到佐证。

芬兰教育评价中心在组织架构上主要包括了三部分：管理团队、独立专家组织以及业务部门。其中，由中心主任、副主任、教育与文化部对口主管及子中心主管构成的指导小组（steering group）属于中心的管理团队。管理团队集中反映了芬兰教育中心的政府属性。其一，中心主任须由教育与文化部任命①；其二，指导小组成员均为政府公务员，要求具有硕士学位和履行职责所需的相关专业知识与技能，并具有可论证的领导能力与相关工作经验。②

然而值得注意的是，尽管芬兰教育评价中心在组织上隶属于教育与文化部，管理团队也由政府官员担任，但实际的业务运营却是交给了明显具有第三方性质的各级各类独立专家组织和业务部门。中心目前常设了两个专家委员会作为咨询、审议、决策部门：评价理事会（Evaluation Council）、高等教育评价委员会（Higher Education Evaluation Committee）和三个子评价中心作为业务部门，负责具体实施评价工作：高等教育评价中心（Higher Education Evaluation Unit）、普通与职业教育评价中心（赫尔辛基）（General and Vocational Education Evaluation Unit，Helsinki）、普通与职业教育评价中心（于韦斯屈莱）（General and Vocational Education Evaluation Unit，Jyväskylä）。此外，中心还可根据需要设立其他次级委员会、顾问团，及一些临时机构，如为支持评价理事会（以下简称“理事会”）、高等教育评价委员会工作任命各种工作组。③

与指导小组截然不同的是，专家委员会、顾问团除秘书是由中心主任任命的公务员担任以外，其他成员均由外聘的教育评价领域专家学者、相关

① Finnish Education Evaluation Centre：*FINEEC Rules of procedure*，2020 年 11 月 20 日，见 http：//karvi.fi/app/uploads/2016/05/7-FINEEC-Rul es-of-Procedure.pdf。

② *Government Decree on the Finnish Education Evaluation Centre*，2020 年 11 月 20 日，见 http：//karvi.fi/app/uploads/2016/05/3-Act-on-FINEEC.pdf。

③ Finnish Education Evaluation Centre：*FINEEC Rules of procedure*，2020 年 11 月 20 日，见 http：//karvi.fi/app/uploads/2016/05/7-FINEEC-Rules-of-Procedure.pdf。

管理人员兼任，且团队构成强调多方参与，反映不同利益攸关者诉求。业务部门也只有中心主管属于公务员，其他均为外部专家兼任，并注重工作的独立性、专业性、多方参与性。

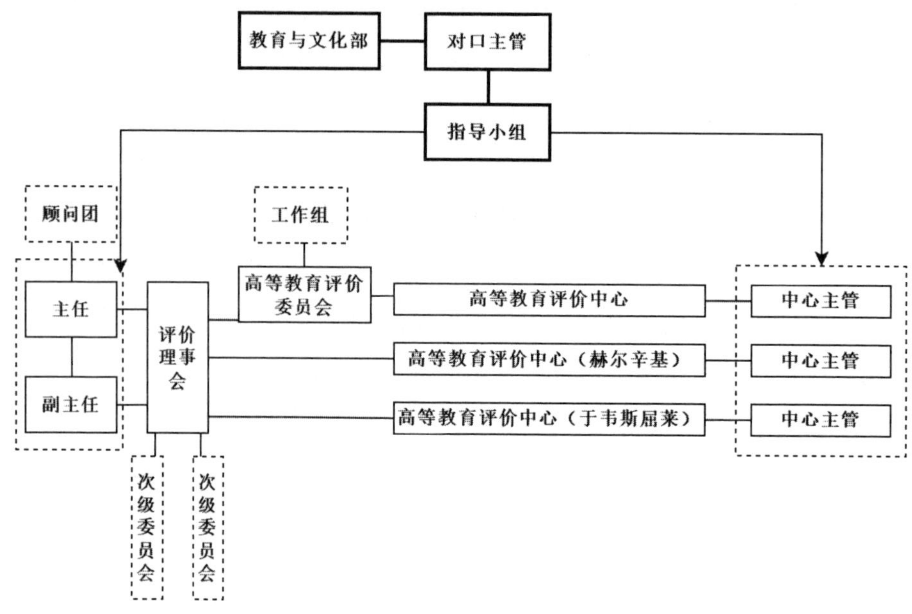


**图 5–1　芬兰教育评价中心的组织架构**

资料来源：根据《芬兰教育评价中心法》《关于芬兰教育评价中心的政府法令》《芬兰教育评价中心议事规定》中的相关规定绘制。

芬兰教育评价中心外聘教育评价领域的专家学者及相关管理工作者，组建各级各类独立专家组织，负责为中心的战略决策和业务发展提供专业指导。

（一）评价理事会

评价理事会是中心的战略性决策机构，通过大会进行决议审议。概括来讲，其主要有四项职责：第一，参与中心的战略规划；第二，决定具有深远影响或极为重要的声明与动议；第三，起草国家教育评价规划及规划修改提案；第四，向教育与文化部提议下设次级委员会。① 此外，理事会还要负

① *Government Decree on the Finnish Education Evaluation Centre*，2020 年 11 月 20 日，见 http：//karvi.fi/app/uploads/2016/05/3-Act-on-FINEEC.pdf。

责讨论和决定除高等教育领域以外的评价项目规划及评价小组组成；与顾问团一起分析评价结果，合作促进评价数据的使用。①

为了反应不同利益群体的诉求，评价理事会由来自不同领域的利益攸关者代表构成，并兼顾两种官方语言。但根据相关规定，理事会成员在参与中心工作时并不代表各自组织，而应扮演的是独立专家角色，致力于促进所有接受评价的教育机构的运行质量改进，及整个芬兰教育体系和教育外部评价系统的发展。

（二）其他次级委员会、顾问团

如前文所述，理事会可视需要下设其他次级委员会。与高等教育评价委员会类似，这些次级委员会的职责权限及成员构成亦由理事会向教育与文化部提出议案，并最终由教育与文化部正式任命，中心主任则负责任命官员担任委员会秘书。次级委员会中至少有一名成员来自理事会。这些次级委员会也是通过召开委员会会议进行决议审议，并向理事会汇报审议结果。中心主任或其任命的官员和子中心主管负责在会上汇报议题。②

此外，中心主任经咨询理事会后，可任命一个顾问团（亦可能是国际顾问团）负责促进中心与其利益攸关者之间的合作及评价数据的使用。③中心主任任命一位官员担任顾问团秘书。顾问团的工作机制与次级委员会完全相同。④

由于芬兰教育评价中心是由芬兰国家层面的所有教育评价机构、部门兼并而来，因而业务范围极其广泛，可谓涵盖了教育评价的方方面面。据《中心法》的表述，中心使命主要有四：第一，依据国家教育规划开展与教

---

① Finnish Education Evaluation Centre：*FINEEC Rules of procedure*，2020年11月20日，见http：//karvi.fi/app/uploads/2016/05/7-FINEEC-Rules-of-Procedure.pdf。

② *Government Decree on the Finnish Education Evaluation Centre*，2020年11月20日，见http：//karvi.fi/app/uploads/2016/05/3-Act-on-FINEEC.pdf。

③ 22 Finnish Education Evaluation Centre：*FINEEC Rules of procedure*，2020年11月20日，见http：//karvi.fi/app/uploads/2016/05/7-FINEEC-Rules-of-Procedure.pdf。

④ *Government Decree on the Finnish Education Evaluation Centre*，2020年11月20日，见http：//karvi.fi/app/uploads/2016/05/3-Act-on-FINEEC.pdf。

育教学、各级各类教育机构活动相关的评价工作；第二，依据国家核心课程框架和职业资格框架开展基础教育阶段的学生学业成就测评；第三，支持各级各类教育与培训机构的内部教育评价与质量管理工作；第四，发展教育评价系统与方法。① 由此可见，该中心不仅是一个评价执行机构，同时也是一个评价研发部门。从纵向上来看，其业务贯穿了早期儿童教育到高等教育各层级；横向上来看，覆盖了普通教育、职业教育、成人教育、艺术教育、人文教育各类型。

芬兰教育评价中心当前设立了三个子评价中心作为业务部门。其中，高等教育评价中心负责开展三类业务：一是高等教育评价，二是高等教育机构质量体系审查，三是为高等教育机构的内部质量评价与质量管理工作提供专业支持。分设于赫尔辛基和于韦斯屈莱的两个普通教育和职业教育与培训评价中心均负责除高等教育以外的教育评价工作，具体包括：第一，早期儿童教育、基础教育、普通高中教育、职业教育与成人职业教育、艺术教育、人文成人教育的评价；第二，依据国家核心课程目标、国家职业资格要求开展学生学业成就测评；第三，为除高等教育以外的各级各类教育机构的内部质量评价和质量管理工作提供专业支持。此外，三个子中心分别在各自领域内发展教育评价和国际合作，准备和讨论各自领域的战略、规划、决议、声明、预算和盈利目标，参与提供收费型评价服务，并出版相关专业书籍和研究报告。②

三个子中心均以项目制开展业务。中心为每个项目委派一名项目主管，负责规划评价项目、执行评价规划、监督评价人员工作；保障资金充足并得到适当分配；与评价人员共同负责评价数据的收集、评价结果的分析和评价报告的撰写；管理评价及评价结果的交流，并将评价结果反馈给评价对象。③

---

① *Government Decree on the Finnish Education Evaluation Centre*，2020 年 11 月 20 日，见 http：//karvi.fi/app/uploads/2016/05/3-Act-on-FINEEC.pdf。

② External Review of the Finnish Education Evaluation Centre：*Self-assessment Report*，2020 年 11 月 20 日，见 http：//karvi.fi/app/uploads/2016/05/FINEEC-Self-Assessment-Report.pdf。

③ 丁瑞常、刘强：《芬兰教育质量监测体系探析》，《比较教育研究》2014 年第 9 期。

中心通常会聘任外部专家组建规划小组和评价小组负责具体开展评价工作，且项目主管属于评价小组中平等的一员。一般情况下，规划小组负责制定项目规划，包括评价的目标、对象、视角、限定及相关理由；有需要时参与指导外部评价小组。如评价项目应用的是一种新的评价模型，规划小组则需拟定评价对象、标准、方法、原则及评价结果的报告程序，并编制评价手册。评价小组决定如何开展评价，明确评价任务；决定如何应用评价标准或其他评价依据；收集评价材料，分析评价数据与结果，并基于撰写评价报告。对于学业成就测评类的评价项目，中心聘任专家小组协助项目主管设计评价组织与测试，任命任务小组为评价中使用的测试提供建议。①

与管理团队、专家委员会有着相对固定的人员编制所不同的是，业务部门的人员配置是任务导向、灵活机动的。规划小组、评价小组、专家小组、任务小组多以合同制聘任外部专家兼任，且不同评价项目乃至不同业务部门之间的人员流动是极其通畅而普遍的。

中心目前定期开展的外部评价项目主要有专题评价、系统评价、学业成就测评、高等教育机构质量体系审查四大类。此外，中心还开展“欧洲工程教育专业认证体系”质量标签认证（EUR-ACE quality label accreditation）、教育机构内部评价人员业务培训等收费类服务。

## 二、设立在大学中的社会第三方教育评价机构

芬兰的许多大学也积极参与和设立了各类教育质量监测活动，它们设有专门的基础教育研究、评估团队和评估活动，独立于政府和中小学，可以看作是一种第三方基础教育评价机构。最典型的是下设于韦斯屈莱大学的“芬兰教育研究所”和下设赫尔辛基大学的“教育测评中心”。

### （一）芬兰教育研究所

芬兰教育研究所的前身是1957年成立的教育研究中心（Centre for

① Finnish Education Evaluation Centre：*FINEEC Rules of procedure*，2020年11月20日，见http：//karvi.fi/app/uploads/2016/05/7-FINEEC-Rules-of-Procedure.pdf。

Educational Research，CER）。该研究所目前的运作形式始于 1968 年，当时国家教育研究所（The National Institute for Educational Research，IER）在于韦斯屈莱大学成立。2008 年，FIER 得到了它现在的官方英文名字：芬兰教育研究所。① 芬兰教育研究所是一个多学科的教育研究、评估和发展中心，是于韦斯屈莱大学设立的一个独立机构。其广泛的研究经验，广泛的研究领域和多学科的方法，连同重要的研究人员和出版量，使芬兰教育研究所成为一个在国际上有广泛影响的教育研究单位。该研究所的任务包括调查、评估和发展芬兰的教育体系和学校文化。它的评价覆盖了整个教育系统，从学前教育到高等教育，以及职业教育、学术教育和工作生活之间的联系。同时它还与学校、教育管理人员、工作场所、决策者和媒体的合作，其目标是提高评价成果的有效性。② 该组织专门从事大规模的国际比较研究，其中最著名的是 PISA，还进行国家和区域研究，以促进学习和个别学校的运作。③

该研究所设有研究所董事会（The Institute board），主要的职责是发展和评估研究所的运作。董事会的职责包括核查研究所的业务和财务计划，以及监督研究、出版和人事战略。董事会成员包括国家教育机构、教育领域、于韦斯屈莱大学各系的代表和研究所的工作人员。董事会主席为于韦斯屈莱大学的副校长，董事会成员包括项目经理、研究员、院长、部门助理、高级研究员和秘书。这些成员大多数来自于韦斯屈莱大学各个学院的教授。④ 另外，芬兰教育研究所还设有管理团队（The Management group），是一个非官方的机构，协助学院院长进行管理工作，是由研究所所长、研究所副所长、研究主任以及管理小组秘书组成。⑤

① *History of Finnish Institute for Educational Research (FIER)*，2020 年 11 月 20 日，见 https：//peda.net/jyu/ktl/50en。

② *Introduction of Finnish Institute for Educational Research*，2020 年 11 月 20 日，见 https：//ktl.jyu.fi/en/introduction。

③ *Main research areas and research teams*，2020 年 11 月 20 日，见 https：//ktl.jyu.fi/en/research。

④ *The board of Finnish Institute for Educational Research*，2020 年 11 月 20 日，见 https：//ktl.jyu.fi/en/introduction/board。

⑤ *Organization*，2020 年 11 月 20 日，见 https：//ktl.jyu.fi/en/introduction/organization。

芬兰教育研究所一共由 11 个研究团队组成，分别是教育评估团队（Assessment of Education）、公民与民主教育团队（Citizenship and Democracy Education）、教育经济学团队（Economics of Education）、高等教育课程团队（Higher Education Studies，HIEST）、学习与技术团队（Learning and Technology）、终身指导团队（Lifelong Guidance）、迁移、流动和国际化（Migration，Mobilities and Internationalization，miNET）、教师发展（Teacher Development）、高等教育的教与学（Teaching and Learning in Higher Education）、工作、学习和教育（Work，Learning and Education）、智慧学习团队（Wisdom and Learning Team）。他们各司其职，为各个领域提供教育评价服务，评估结果可供受评价机构或学校以及国家、教育部门使用。①

其中教育评估团队开展国际比较大型评估研究，是国家教育体系评估框架的一部分。这些研究提供有关儿童、青少年的知识，以及与学习、家庭背景和学校环境有关的相关因素。此外，该团队还密切关注基础教育体系的变化和基础教育平等问题。②

### （二）赫尔辛基大学教育测评中心

芬兰国家教育委员会在其 1995 年的评估战略中表示，在评估教育的效力时，不仅必须审查各学科的能力，而且必须审查在学校学习的其他技能。这些技能可以帮助一个人在不同的科目上取得成功，并预示着在接受正规教育后自己的发展。除了学科方面的技能外，它们还为离开基础教育的年轻人提供了在不断变化的世界中终身学习的资源。③

因此受国家教育委员会的影响，赫尔辛基大学教育测评中心于 1996 年在教育学院成立。赫尔辛基大学教育测评中心自成立以来一直在研究芬兰的教育和学习技能。研究集中于学习、学习、评估、教育系统及其发展。还与

---

① *International and national centre for education research*，2020 年 11 月 20 日，见 https：//ktl.jyu.fi/en/research。

② *Assessment of education*，2020 年 11 月 20 日，见 https：//ktl.jyu.fi/en/research/assessment。

③ *History-the story of CEA*，2020 年 11 月 20 日，见 https：//www.helsinki.fi/en/networks/centre-for-educational-assessment/history-the-story-of-cea。

其他研究小组密切合作，旨在开发一种测量学习的工具，将学习作为终身学习的关键横向技能。当前，教育测评中心也与学校和市政当局，以及国家教育委员会与教育和文化部在教育评估和其他教育研究与发展方面开展合作。

评估中心一开始是向不同的市和学校提供学习评估项目，包括筛选、评估 1 年级学生的学习准备和职业学校评估。2004 年，评估中心被允许负责 2006 年 PISA 研究的芬兰部分。在 PISA 数据收集后，其又扩大了工作描述，发展了新的工作技能和评估方法：课堂录像、访谈技巧、教师的同伴评估和发展性评估。此外，一种新的评价学校和学习的方法也诞生了：学校质量指标。这个指标提供了一个更全面的、依靠学习评估评价学校效力的方法。①

20 年来，评估中心已经为市政当局和学校提供了一种评估学习的成效的可能性。基础教育和中等教育超过 10 万名学生参加了学习评估活动，形成了基于特定任务系列的最大的芬兰数据库之一。值得一提的是，评估中心不仅针对不同年龄段的学生进行学习评估，也针对小学 1 年级学生的学习评估和教师的教学发展进行评估。②

根据《基础教育质量标准》(2010 年)，评估中心制定了学校质量指标，以促进对学校和城市的质量评估。其目的是帮助教育组织者评估他们自己的活动，并制定目标来改进和发展它。除此之外，其还开发了供教育组织者自己使用的评估工具和方法。

当教育测评中心的研究小组开始创建一个理论框架和一系列测试来评估基础教育的学习时，他们有四个目标：以现有关于学习的认知和情感条件的最佳知识为基础，创建一系列适合不同年龄组的测试；通过测试来研究 2 年级、6 年级和 9 年级学生的学习技能；从小学开始，按年龄划分，创造一

---

① *New tools for assessing the quality*，2020 年 11 月 20 日，见 https：//www.helsinki.fi/en/networks/centre-for-educational-assessment/history-the-story-of-cea。

② *CEA today*，2020 年 11 月 20 日，见 https：//www.helsinki.fi/en/networks/centre-for-educational-assessment/history-the-story-of-cea。

个典型的学习技能的形象以及提供理论上合理的信息，说明影响学校学习的因素，以及芬兰学校目前如何支持学生学习技能的发展。在基本理论工作完成后，第一个目标在教师带领下形成了适合学校数据收集的一系列测试，这个系列包括能力的任务和关于态度和信念的问题，这一系列任务是在赫尔辛基市的合作下进行的。值得关注的是，第一次试验于 1996 年春季在赫尔辛基的 5 所小学进行，与此同时，研究小组创造了一种方法，以一份清晰实用的报告，向参与学校和评核的主导者传授有关评核的知识。①

赫尔辛基大学是芬兰所有大学中获得竞争性研究经费最多的大学。它的研究经费包括来自政府的基础经费、竞争性的外部经费和大学自己的经费。大学的研究人员（包括教育测评中心）已经成功地获得了外部的研究经费，这反映了研究的高质量。此外，该大学获得了芬兰科学院提供的所有研究资金的大约三分之一。该大学最重要的外部研究资助者是芬兰科学院、芬兰创新资助机构（Tekes）、欧盟和各种基金会。北欧应用研究合作组织（NordForsk）是北欧最重要的资助者之一。②

在组织架构上，董事会是赫尔辛基大学的最高决策机构，同样也是管理教育测评中心的机构。它负责决定大学的运作和财务计划以及研究预算，并准备财务报表，同时它决定大学章程和其他一般组织（如教育测评中心）的规章制度。另外，赫尔辛基大学有一个由董事会任命的国际战略咨询委员会（International Advisory Board），咨询委员会的使命是在与策略、研究政策、大学概况及各领域研究质素评估有关的研究议题上，支援大学董事会及校长。③

---

① *The aims of the research group and the trial test in Helsinki*，2020 年 11 月 20 日，见 https：//www.helsinki.fi/en/networks/centre-for-educational-assessment/history-the-story-of-cea。

② *Research Funding*，2020 年 11 月 20 日，见 https：//www.helsinki.fi/en/research/research-environment/research-funding。

③ *The Borad and The University collegium*，2020 年 11 月 20 日，见 https：//www.helsinki.fi/en/ihmiset-0/the-board-the-university-collegium。

## 第三节 芬兰第三方教育评价的内容与方式

芬兰基础教育评价体系是保证芬兰基础教育质量的关键因素之一，而社会第三方在芬兰承担了主要的评价任务。按照评价内容和方式的划分，芬兰教育评价中心所主导的“学业成就测评”（Learning outcomes evaluations）已成为国家外部评价的主要项目，而赫尔辛基大学教育测评中心主办的“学会学习能力测评”（learning to learn assessment）也逐步发展成具有代表性的社会第三方评估项目，并且芬兰的社会第三方评价机构还承办了一系列国际测评项目，除此之外，还有各自主导的其他测评项目类型。

芬兰基础教育评价反映了国家、地方和学校的不同需要，涉及多方主体利益。不同主体间相互制约，在不同层面上开展合作，共同为保障教育质量而服务。本节将对前一节所选取的芬兰社会评价第三方作进一步的案例分析，聚焦到更具体的评价内容和评价方式，以期反映芬兰社会第三方参与基础教育评价的基本特征和面貌。

### 一、芬兰社会第三方主导的测评项目

“学业成就测评”和“学会学习能力测评”经过逐年发展已成为芬兰社会第三方主导的测评项目。以下将分别介绍两类测评项目的产生与发展，主要了解其评价的形成过程以及评价的内容与方式。

#### （一）芬兰教育评价中心的“学业成就测评”

“学业成就测评”在经历芬兰评价部门的重组之后仍保留了已有的评价框架和评价类型，测评范围涵盖了全国基础教育阶段的学校、教师和学生，最终形成的评价结果能够反映国家教育质量的整体水平。

1.“学业成就测评”的产生与发展

芬兰的“学业成就测评”是依据其全国教育委员会颁布的国家核心课程目标和国家职业资格要求，对学习者的学业成就进行评价。1998 年，芬兰全国教育委员会首次在全国抽取了近 5000 名 15—16 岁的 9 年级学生，

进行数学与科学学业成就测评，以了解国家核心课程目标的达成水平及学业成就的公平情况。① 作为芬兰重要的教育质量监测机制，这种全国性的抽样学业成就测评后来被推广到了学前教育和职业教育与培训并保留至今，且在芬兰教育评价中心成立以前一直由全国教育委员会负责实施。

1999 年的芬兰国家教育委员会所颁布的《芬兰教育成果评价框架》（*A Framework for Evaluating Educational Outcomes In Finland*）对“教育成果评价”作了进一步规定，芬兰教育评价应基于“有效性”（effectiveness）、“经济性”（economy）和“效率”（efficiency）原则，并按照评价对象、评价指标和评价标准对评价内容进行划分。如学业成就（Learning achievement）和学会学习能力（Learning-to-learn skills）归为“有效性”方面，考虑的是学习者本身的成长和发展，将其置入整个教育系统和教育投入之中，并对评价方法和处理信息的过程给出了整体建议。如评估可以采取四种不同方法：通过描述已发生事情或事情的状态；通过从教育活动达到既定目标的程度得出评价结论；通过定义优势和劣势、长处和不足获得价值；通过描述所期望的事物状态，并为好的和差的结果找到解释。②

2009 年教育与文化部出台的《基础教育质量标准》（*Quality criteria for basic Education*）对评估的实施主体和评估职责作了进一步的划分，具体说明了基础教育质量的评价指标，包括内部和外部两个维度。外部维度指教育管理、人力资源、办学经费和教育评估；内部指标分为课程实施、教学和学习活动安排、学习成长和福利支持、包容和感化、家校合作、学习环境和安全性。内外维度的划分为评估进一步作出清晰的界定。③

为使测评进一步专业化，全国教育委员会还为综合学校不同学科制定

---

① *Summary of Four National Assessments of Mathematics Learning in the 9th Grade of Basic Education*，*1998—2004*，2020 年 11 月 20 日，见 http：//www.oph.fi/download/47697_4_matikkaa_englanniksi.pdf。

② National Board of Education：*A Framework for Evaluating Educational Outcomes in Finland*，National Board of Education：1999，p.29.

③ Ministry of Education，*Quality Criteria for Basic Education*，Helsinki：Ministry of Education Press，2009，pp.28-35.

了评价标准。在国家核心课程评价中规定了学生学习应达到的能力水平和具体的地方课程评价标准，学校在实际实施评价时可采用这套标准或开发新的评估标准对具体学科进行测评。在近年新课程改革中，芬兰更关注综合教学、学科知识整合和多学科学习，强调了国家核心课程与地方课程、学校文化、评估、学习五位一体的教育体系，强调评估对学生核心素养的促成和学校系统更新发挥的重要作用。①

“学业成就测评”在 2014 年正式由芬兰教育评价中心独立承担，并随着“强化导向”的发布，更加追求公平和卓越，由关注学习成果在教育系统、教育环节中的作用所形成的相对静态的整体性评价，到追求多方面主体参与，促进教育自我更新的形成性评价。

2.“学业成就测评”的内容和方式

“学习成就测评”在基础教育领域一般考察具体学科，是周期性评价，每年主要以母语和数学交替，涉及的具体内容还包括第一外语、第二外语、音乐等，在某些年段会专门评估少数群体如萨米语、芬兰手语或移民群体等，依据国家核心课程评价框架和相关法规进行。测评准备工作完成后，每次抽取全国约 5%—10% 的适龄学生，通过组织相应的测评团队完成数据收集并最后由芬兰统计局纳入电脑系统。芬兰评估中心专家对数据进行分析和评分后，将结果在官网上进行公示。

（1）评估规划和评估指南的制定

芬兰评价中心在正式开展评价活动前会制定具体的评估规划，评估规划涉及对具体科目考察背景的介绍以及对内容、对象、评估步骤、评估方式的规定，而评估指南则是对具体评估实施的补充说明，一般包括对评价内容、数据收集或方式等的具体要求。

（2）背景的调查和知识的考察

在实施评价测试前，评价方首先会对非样本学校进行预测试，经教师

---

① *New national core curriculum for basic education*：*focus on school culture and integrative approach*，2020 年 11 月 20 日，见 new-national-core-curriculum-for-basic-education.pdf（oph.fi）。

反馈和截面分析后，选取最可信、最公平的试题用以正式测评，以获取一些补充信息，如校长的工作方式、教师的教学安排、学校的教育资源、学生的学习态度等。① 在正式实施评价时，一般会对学生的评价背景进行问卷调查，对学生的调查一般包括性别、父母受教育程度、家庭经济状况、学习时间投入等。对教师一般会询问教学经验和资历、对移民学生的支持、为样本学生教授科目的数量、对教学大纲的评价。关于教育管理者的问卷主要是关于学校规模、市局类型等。

在知识测试阶段出题者会根据学科内容和国家核心课程标准来考察范围，题型一般分为选择题、阅读、听力、简答等。如针对母语的考察内容包括语言知识和写作，题型包括对句子的理解、组合进行排列组成短文、给朋友写信、给报纸专栏写驳文、根据新闻或照片进行描述等。针对数学的考察内容则包含心算、几何、统计、函数或代数等，另外还会出开放型试题考察学生的问题解决能力。为加强测评内容的可比性，某些试题会重复使用并借鉴国际测评的相关内容。

（3）学生样本的抽选

学业成就测评的学生抽样范围涵盖芬兰全国不同的地区、学校和年级，考虑到不同种族、少数民族、性别和语言等因素以保证抽样的科学性。由于芬兰官方语言为芬兰语和瑞典语，所以在样本中会兼顾说芬兰语和说瑞典语的学校，会进行平行对比。基础教育的学校主要分布于 3 个地区：南芬兰、西芬兰以及北芬兰。以 2019 年芬兰对瑞典语学校学生的测试为例，共有 927 名完成 9 年基础教育的学生参与评估，代表了芬兰瑞典语地区 7—9 年级 32% 的学校和 9 年级 28% 的学生。②

（4）数据的搜集和分析

教育评价的数据搜集方式有多种，其中最主要且信赖度最高的是调查

---

① *Learning outcomes evaluations*（*Pre-primary and basic education*），2020 年 11 月 20 日，见 http：//karvi.fi/en/pre-primary-and-basic-education/learning-outcomes-evaluations/。

② *Learning outcomes in Swedish language and literature in the final stage of basic education in 2019*，2020 年 11 月 20 日，见 https：//karvi.fi/app/uploads/2020/10/KARVI_1820.pdf。

法，总体上可分为定性和定量调查。定性调查采用参与式观察、结构或半结构式访谈、集体访谈等，定量调查则通过数据测量和统计进行精确分析。测试一般在每年春季 4 月前后进行，芬兰评估中心在老师和学校管理者的协助下，要求学生根据问卷或答题要求在规定时间内作答。测试形式一般为纸笔或电脑，随着 2014 年国家新课程改革，评估开始逐步采用电脑作答的方式。数据分析一般会参考国家核心课程评价标准，与往年结果和同级其他学校进行比对，同时会参考背景因素，如学生对就读普通高中或职业中学的兴趣、父母受教育程度、老师教学资历等。数据分析的方式一般会在报告中以单独章节或独立报告进行介绍。

（5）评估报告的形成

学业成就评估的目的是考查学生每门成绩是否达到 2014 年国家核心课程标准①，对学生学业水平进行诊断。测试完成后，评价专家将对测评数据进行详尽的分析，并择取重要的评价结果撰写测评报告。每所接受测评的学校均会获得测评结果反馈及全国平均水平，以便了解自己学校的办学水平，进而有针对性地制定进一步的发展战略。没被抽中的学校亦可购买这种测试以了解自己的办学质量。经过将近一年的时间，评价中心将会生成一份全国性教育评价报告，这份报告会转交至教育部长、教育专家、学校或其他利益相关者。

总的来说，测评报告具有以下特点：第一，测评依据是国家核心课程目标，目的是了解国家核心课程目标的达成水平；第二，以特定学科为测试目标；第三，基于纸笔测试和电脑测试；第四，评估方式采用定量和定性相结合的方式；第五，涵盖面广，充分保证测试样本的可比性和代表性，使评估报告具有信度和效度。②

① 国家核心课程评价标准每 10 年进行一次调整，2014 年之前的学业成就评价参考 2004 年国家核心课程评价标准。

② *Learning outcomes evaluations*（*Vocational education*），2020 年 11 月 20 日，见 http://karvi.fi/en/publication/learners-with-immigrant-backgrounds-within-the-finnish-education-system/。

### （二）赫尔辛基大学教育测评中心的“学会学习能力测评”

芬兰很早就开始注重学生学会学习的能力。学会学习能力指的是适应新任务的能力和意愿，通过在学习活动中保持认知和情感的自我调节，激活一个人对思考和希望的承诺。“学会学习能力测评”通过长年逐步发展，已经成为赫尔辛基大学主导的社会第三方评价项目。

1.“学会学习能力测评”的产生与发展

“学会学习能力测评”最早于1995年由赫尔辛基大学和芬兰全国教育委员会共同发起，由赫尔辛基大学亚尔科（Jarkko Hautamaki）教授带头负责。该项目旨在：确定学校成功背后的因素以及参试学生在评估项目中所揭示的学生之间的差异；找出不同因素在个体层面上对于学生成功的相对作用；为学生和学校自我评价提供建议，帮助指导学校采取真正促进终身学习的做法和内容；通过评价更全面地审查教育系统不同层次学生个人表现背后的各种因素；获得有关各个学校以及社区和国家教育规划和管理层面教育运作新的相关信息。

该项目经过长达25年的发展，现已成为赫尔辛基大学教育测评中心的主导项目，评价由原来的单个年级发展到基础教育整个阶段的学生，能够进行更多样化、专业化的评价工具的开发，评价结果能够为国家和市政的教育改革提供参考，并为学校和教师的教育工作提供针对性建议。以评估结果为依据的评估报告会定期发表在赫尔辛基大学官网或其他学术期刊中。

2.“学会学习能力”测评的内容与方式

“学会学习能力测评”主要针对的是芬兰基础教育阶段的学生，通过建立评估模型确定考察范围、抽取学生样本、搜集并分析数据得到最后的评估报告。

（1）测评指标和模型的确定

测评经过1996年、1997年和2000年对6年级、9年级和高中2年级学生的不断实验，逐步发展成认知和情感能力的二维测评模型。这一模型借鉴了心理学和社会学的某些理论模型，如概念形成阶段（选择、分类、整合、阐述、评估）以及应用于理解思维和智力研究结果的相关理论，从学习能力、个人信念和环境影响下的信念三个维度最终形成了自己的评价内容指标框架。表 5–1 为具体展示“学习能力”维度下的测评指标。

**表 5–1 学会学习能力测评指标的学习能力维度框架**

| | |
|---|---|
| 学习领域 | 言语推理理解能力（Verbal-Argumentational Comprehension） |
| | 定量关系理解能力（Quantitative-Relational Comprehension） |
| | 文化解释和知识（Cultural Interpretations and Knowledge） |
| 推理领域 | 逻辑推理能力（Logical Reasoning） |
| | 抽象反思与图式（Reflective Abstraction and Formal Schemata） |
| | 学习整合与推理（Integrating Learning and Reasoning：Extended，Practical，Problem Solving and Authentic Work Task） |
| 学习管理 | 学习技能真正的运用（Real Use of Study Skill） |
| | 编译行为和操作能力（Compiling Actions and Operations） |
| 情感自我管理 | 挫折反射率的认知弹性或持久性（Epistemic Resilience/Persistence with Post-Failure Reflectivity） |
| | 学习活动的自我调节，足智多谋（Tuning for Affordances for Learning Activities，Management of Resourcefulness） |
| | 设定抱负水平，对矛盾的容忍度以及对成功的期望 / 对失败的恐惧（Setting the Aspiration Level，and Tolerance for Ambivalences and for Hope-of-Success/Fear-of-Failure） |

数据来源：*Assessing Learning-to-Learn*：*A framework*，2020 年 11 月 20 日，见 https：//researchportal.helsinki.fi/en/publications/assessing-learning-to-learn-a-framework。

学会学习能力框架的各个指标都设置了学生在这一指标测试的要求和目的。以学习能力为例，在学习领域所考察的言语理解推理能力所使用的文本是说明性的，旨在达到半专业报刊或文学中的语言水平。学生的任务是使用预先格式化的测试结构，以相对高的要求阅读和分析文本。①

（2）认知和情感能力的考察

在考查学生认知能力方面，采用的是易于回答、易于评分的多重选择

① *Assessing Learning-to-Learn*：*A framework*，2020 年 11 月 20 日，见 https：//researchportal.helsinki.fi/en/publications/assessing-learning-to-learn-a-framework。

形式。学生的作答时间一般为 140 分钟，纸笔作答的题型包含选择题、判断题（需说明判断理由）以及基于提供的选项选择与已读文本最为相关的阅读题。在情感方面，主要通过问卷形式，采用李克特量表，时间控制在 40 分钟内，学生根据自身情况进行报告，要求就题目陈述反映他们的观点、看法或就不同情况下所采取的行动方式的程度表达立场。① 测试内容应该根据实际情况合理编排，避免不同要素之间相互影响。例如将测试内容隔天进行或自我评价问卷设在认知测试之前进行等。

（3）学生样本的选取

评估通过随机抽样选取适当的学生样本，主要是 6 年级、9 年级和高中 2 年级的学生。考虑到基于评估结果的有效性和可比性，须在每个学校中随机选择至少 3 个班级或全部班级，形成约 3000 名学生的样本。

（4）数据的收集与分析

学生需根据指导在规定时间内完成作答。评估选择在正常的教室环境中进行，评估的管理和监督者可由学校自己的教师或经过培训的评估人员承担，同时需保证数据收集的可靠性，另外在 2002 年学生可以通过电脑进行上机测试。如果使用学校自己的老师，一般采用回避原则，不会让班主任在自己班进行测评。评估形式主要为纸笔问答和问卷，并附有易于阅读的说明，以小册子的形式提供给学生，并有单独的填写表格，便于计算机扫描。

依据两方面所提供的认知量表和情感量表，将不同等级要求的最低可靠性设定为 0.50，并取累积数据样本的最低和最高四分位数的中位数和平均数作为参考标准，形成一个标准尺度或框架。该框架可被用作衡量不同学校结果的参考依据，以进一步分析学校所处的水平和具体特征。

（5）结论的形成及报告

以变量为中心的方法为不同的指标提供了均值和标准差的基本数据，用作进一步分析和比较的规范和基础。多级模型通过揭示在学生、班级、学

---

① *Assessing Learning-to-Learn*：*A framework*，2020 年 11 月 20 日，见 https：//researchportal.helsinki.fi/en/publications/assessing-learning-to-learn-a-framework。

校、国家、国际方面的变化趋势来扩展分析。另外，以人为中心的方法（集群分析），将分析扩展到个人和群体差异。

“学会学习能力测评”与“学业成就测评”在产生和发展过程中具有相辅相成的作用。前者强调的是影响学习者学习和生活的多种情感和认知因素，后者强调具体学科的学习成就；前者关注跨学科的能力表现，后者聚焦学生学科的知识能力。这些因素共同成为影响教育质量的决定性因素，同时反映了学生整体的知识能力和学习态度。

## 二、社会第三方承办的国际测评项目

社会第三方除主导的“学业成就测评”和“学会学习能力测评”外，还与 OECD、欧盟和国际成绩评价协会（IEA）等具有广泛的合作关系，同时芬兰也会定期主办国际评价会议，其中以大学研究所最为活跃，包括芬兰教育研究所和先前提及的赫尔辛基大学教育测评中心。

芬兰教育研究所借助多学科教育研究、丰富的研究经验、广泛的研究领域和跨学科的研究方法等优势，主要承担了国际性的研究工作和国际大规模评估项目，如 PIRSS，PISA，TALIS，TIMSS 等。研究所结合自身主要研究领域和本国国情，从国际层面提供了有关儿童、青少年和成人的能力以及与学习、家庭背景和学校环境有关的评价内容，并将评价结果放在国际环境下进行比较。对于研究成果，研究所会定期将其在合作发行的学术期刊进行分享，如《芬兰教育学杂志》（*the Finnish Journal of Education*）和《大学教育学杂志》（*the Journal of University Pedagogy*）。赫尔辛基大学教育测评中心也一直与欧盟和 OECD 进行合作，并负责实施了 2006 年在芬兰的 PISA 项目，在国际评估项目中，两所大学评估机构具有共同合作的经验，其评估方式也由相应的专家团队按照国际评估项目的实施具体展开和进行。

## 三、社会第三方主办的其他测评项目

在 1995 年芬兰成立高等教育评价委员会和 2003 年成立教育评价委员会之前，一直是由其全国教育委员会对各级各类教育开展专题评价和系统评价，如今已全部移交给了芬兰教育评价中心。

专题评价是对教育中的特定问题进行评价，例如普通高中学校提供继续教育的能力；也可能是特定形式教育的发展现状，如学前教育中的特殊教育。系统评价则是将教育系统或其中某个部分的功能、运作情况作为一个整体进行评价，如课程体系的运作；也可能是评价某项教育政策及其实施情况。专题评价和系统评价的评价对象可能聚焦于特定层次或特定类型的教育，如学前教育、基础教育，也可能同时跨越教育系统的多个层级和类型。例如，2015 年完成的专题评价项目“芬兰教育系统的移民学习者”（Learners with immigrant backgrounds within the Finnish education system），旨在评价芬兰教育系统中有移民背景的学习者是否能平等地参与教育活动，是否获得了充分的语言教学及其他个性需求支持，近 340 所学前教育机构、350 所基础教育机构、300 所普通高中教育机构、200 所职业教育与培训机构、300 所人文成人教育机构参与了此评价项目。

正是由于专题评价和系统评价通常具有很大的跨度，这类评价项目往往组建具有跨学科性质的规划小组和评价小组，评价所用的方法、技术也不拘一格，竭力关注不同利益攸关者的诉求，旨在对评价对象形成一个深入而全面的理解。

相比之下，赫尔辛基大学的评估项目往往多元，能够根据客户需要量身定制。如“第一步”（First-Steps），这一评估项目旨在针对学龄前即将上 1 年级和刚进入 1 年级的学生。要求参测的学校老师可以通过评估评价学生的实践和动手能力。参与测试的学生需要根据老师指示将注意力集中在教学内容上，经常能根据老师的指示并保持注意力，这被称为任务参与（engagement in the task）。在这一环节，学生可以测试自己在思考方面技能和作为学习者的自我认知。

第一步的测评不需要阅读或写作技能，但思考和推理技能则通过插图任务来衡量。学生根据听取的指示行事，细节的准确性、适应力和对自己表现的评价被视为工作技能（working skills）。此外，该项目还设计了一个可供教师和家长填写的表格，旨在用于评估学生集中注意力和社交活动的灵活应对能力。根据学生在测试环节中的表现，老师采用更灵活的方式吸引学生学习的注意力，并针对在一个或多个方面有困难的学生提供更有针对性的帮助。

赫尔辛基大学提供的第三方评价除“第一步”外，还包括可供学生的“学习准备”（Preparedness to learn）测验，测试的目的是为申请人提供在综合学校或职业教育发展中的相关学习能力证明。该测验自2016年在职业学校中开始使用并广受好评，测试的结果还可用于学生个人课程的设计。另外根据《基础教育质量标准》所制定的《学校质量指标》，也有助于确保教育的组织者（学校或地方教育系统）达成国家规定的教学目标和教育质量。教育的组织者可利用大学提供的评估工具和方法，根据《基础教育质量标准》中划分的主题进行相应的评估，制定具体的改进目标和活动方案。除此之外，赫尔辛基大学教育测评中心还可以满足客户评估需要提供评估经验和建议、开放新的评估工具或制定评估方案，保证评估数据在搜集、分析和处理方面的灵活可靠，并生成个性化的评估报告。

相比之下，芬兰教育研究所的评估工作并未发展成主导的评估类型，而是和其他研究工作一同分布在不同研究领域，每个领域包含了具体的研究内容并配有相应专门负责的研究团队。研究所目前主要开展的国内评价包括调查、评估和发展芬兰的教育体系和学校文化。评价涵盖了从学前教育到高等教育的整个教育体系，同时也关注学生职业教育、大学教育和今后工作生活的联系。其注重将研究成果与学校、教育行政人员、工作场所、政策制定者和媒体进行分析并开展广泛合作，旨在提高研究结果的效力。

## 第四节　芬兰第三方教育评价机构与政府的关系

经历过学校督导制度的废除和评价机构的重组，芬兰社会第三方评价相应走出了一条具有芬兰特色的“第四条道路”，即在注重政府干预和市场调节的基础上强调对专业力量的信任。在以国家、学校和教师为参与主体的各个层面中，芬兰逐步建立了外部评价与自我评价相结合、以提供信息服务为宗旨的教育评价网络。在评价网络中，芬兰政府不仅发挥支持和保障社会第三方评价的作用，同时作为评价的利益相关者接受社会第三方评估机构的评价并作出相应调整。

## 一、政府对社会第三方评价机构的支持与保障

芬兰社会第三方参与教育评价有着明显的“去行政化”特征，且具有将教育评价作为独立研究领域特点。尽管芬兰教育评价中心带有半官方半社会的性质，但其外部评价项目是完全自主开展的，评价中权力的削弱也保证了评价的专业化水平，评价结果能够具有更高的信度和效力，另外所提及的芬兰教育研究所和赫尔辛基大学教育测评中心相比之下更加独立自主。

芬兰政府在不干涉芬兰教育评价的同时给予了信息、财政支持和法律保障。芬兰法律规定了芬兰教育评价的独立性。芬兰教育评价中心根据《中心法》的界定，是在教育与文化部的政府分支部门中运行，是一个致力于开展外部教育评价的独立专家组织。① 全国教育委员会制定国家课程、资格框架指导教育评价活动，但对于地方政府、学校具体的评价活动不予以过多干预。另外，芬兰教育与文化部确定了芬兰基础教育评价的目标：第一，教育评价应支持地方、市层面的教育行政部门的管理与发展，促进以目标为导向的、开放且功能多元的学校的发展。第二，在国家和国际核心目标的框架范围下，为教育体系提供多样的、现代化的和可靠的关于教育体系操作背景、功能和结果的信息。

## 二、政府对社会第三方评价机构的服务与规范

依据政府制定的教育质量监测指标、标准和国家核心课程大纲，芬兰社会第三方教育评价机构所提供的评价服务，同时引进和参考了国际评价标准，为教育决策者教育改革提供参照和依据，其中政府起到了良好的规范

---

① *Act on the Finnish Education Evaluation Centre* 2003 年，第 1995 条，2020 年 11 月 20 日，见 http：//karvi.fi/app/uploads/2016/05/ 3-Act-on-FINEEC.pdf。

作用。

芬兰教育评价中心定期发布的“学业成就测评”报告基于国家核心课程大纲反映了某一具体学科的整体发展水平，通过与核心课程要求和教育质量指标的对照，可以总结出目前芬兰在学业成就方面中的具体发展和不足，进而影响政府的教育投入、教育决策等；另外，中心会根据数年来的评估数据进行汇总整理，提供历时性的发展报告，反映国家教育系统的整体水平，为政府对教育宏观调控和战略布局提供建议。如 2019 年 9 月发布了关于国家教育系统的评估报告，题为《芬兰教育系统的评估状况：芬兰教育评估结果》（*Evaluating the state of the Finnish education system*：*Results of the Finnish education evaluation*），该报告结合并统计了 2014—2018 年间的 174 项涉及各个领域的评估项目，包含 8244 个涉及学校、教育机构、教育提供者等相关评估参与者等，在此基础上分析并指出芬兰教育系统的四个关键主题，分别是信任、平等、包容和幸福、能力更新的社会。这四个维度也成为芬兰教育改革的着眼点。①

以大学内设的研究所为代表的评价服务也具有服务的作用。赫尔辛基大学教育测评中心所提供的“学会学习能力”测评目前已具备全国测试的条件和水平，能够涉及整个国家教育系统，并且也能提供历时性的长期发展报告供政府参考。大学承办的国际测评项目也会定期公布研究报告，为政府决策和改革提供国际评价标准和依据。

另外从社会第三方主导的评估项目产生和发展来看，政府出台的相关政策也起到积极的规范作用，原有的某些评价原则成为芬兰目前评价实施过程中仍会考虑的主要因素。如评估中的信息来源、编程和分析方法应予以记录和证明；定性和定量的结合；强调准确、可靠、及时、可比以及结果透明并公开化等。另外，在处理信息上，评价过程可以大致依照 1999 年颁布的《框架》中的六大步骤：1. 分析活动目标以形成评估基础；2. 基于客观分析

---

① *Evaluating the state of the Finnish education system*：*Results of the Finnish education evaluation*，2020 年 11 月 20 日，见 https：//karvi.fi/app/uploads/2019/10/KARVI_T1419.pdf。

确定评价对象；3. 定义要使用的标准和指标；4. 为定性和定量分析收集数据；5. 处理和分析数据；6. 得出评估结论并报告。而在学业成就测评和学会学习能力测评中，二者各有差异和特色。①

总而言之，政府通过制定国家核心课程大纲、政策框架，从财政、法律等方面支持并保障了芬兰社会第三方的评价活动，使得芬兰的教育评价能够自主且合作地进行。芬兰社会第三方评价通过评估报告所反映的具体情况，分析教育改革所面临的挑战与应对的可能措施，预测现有教育的发展趋势和亟待解决的问题，为政府进行教育决策和下一阶段的教育改革提供参考依据。另外，社会第三方不断拓展新的业务领域和服务范围，努力开发新的评估工具和手段，为政府和教育管理者的需求服务，在推动教育政策实施、教育实施的合理公正方面发挥积极意义。

## 三、政府对第三方评价结果的运用及意义

政府对芬兰社会第三方参与教育评价的结果的运用具有多方面意义，主要体现在其结果运用上，由此也可以看出，芬兰社会第三方评价对自身和教育系统其他主体所产生的影响。

### （一）了解教育现状及问题

芬兰社会第三方评价结果所提出的问题或挑战成为教育决策者参考的依据，芬兰政府对评估结果的运用也促进了教育系统的不断革新和自身的威信。

如针对第四小节 2019 年报告中提及的公平和质量差异问题，评价中心于 2020 年 11 月又发布了相关报告《关于 2020 年教育系统状况的国家评估活动结果》（*Results of national evaluation activities regarding the state of the education system 2020*），该结果进一步指出，如在基础教育阶段，学生差异与家庭背景、父母受教育情况和性别差异等因素相关。课程改革和财政压力

---

① National Board of Education，*A Framework for Evaluating Educational Outcomes in Finland*，National Board of Education，1999，pp.24-25.

也给教育系统带来了多方面挑战。尽管大多数学生喜欢上学，但是学生的心理健康问题和霸凌现象仍然存在。移民学生在进入高等教育方面，芬兰的教育系统也没有提供充足的支持。①

社会第三方承办的国际测评项目也会定期发布研究报告，反映芬兰教育系统面临的普遍问题及在国际比较中的表现。以2018年FIER发布的《双语芬兰对公平和卓越的挑战——未来成功行动的依据》(*The challenge for equity and excellence in bilingual Finland*：*evidence for future successful action*)为例，研究者旨在根据芬兰在2009—2015年PISA中的表现重新审视芬兰教育系统能否实现教育公平和卓越的问题。FIER重点分析了人口结构和人口构成的变化及趋势对未来芬兰教育的影响，另外芬兰和瑞典学校数量和分布变化、芬兰的教育政策、课程改革以及公平的潜在威胁也给芬兰教育带来巨大的挑战。在比较科学、阅读和数学水平时，芬兰有意将加拿大、爱沙尼亚、韩国和新加坡等在PISA测试中表现较为突出的国家作为比较对象，以评估芬兰教育的优势和不足，在内部分析芬兰语和瑞典语学校时，又从经济发展差异、城乡结构、能力表现等进行多层次的比较，为国家教育发展战略、学校和教师发展提供了具有充分论证的建议。②

（二）提供学校自我评价的参考依据

受到政府认可的“学业成就测评”作为外部评价，主要根据国家核心课程提供的评价框架进行，其对6年级和9年级学生的评估能够有代表性地反映全国学校的学业成就水平，为参与或未参与评估的地方学校和教师提供参考依据，促进自身的不断改进。以2018年芬兰教育测评中心对接受瑞典语基础教育的6年级学生的“学业成就测评”为例，根据以芬兰语为官方第

---

① *Results of national evaluation activities regarding the state of the education system 2020*，2020年11月20日，见https：//karvi.fi/en/2020/11/03/results-of-the-finnish-education-evaluation-although-the-majority-enjoy-school-a-slight-increase-in-competence-differences-overshadows-equality/。

② *The challenge for equity and excellence in bilingual Finland*：*evidence for future successful action*，2020年11月20日，见https：//jyx.jyu.fi/bitstream/handle/123456789/60240/978-951-39-7535-7_PISA_verkkoon.pdf? sequence=1&isAllowed=y.pdf。

二外语的教学大纲（A-finska）和以芬兰语为双语学习为教学大纲进行测评（Mofi），结果反映芬兰西部的学校要较芬兰南部的学校在所有测评项目中普遍落后，以 A-finska 为教学大纲的学校比以 Mofi 为教学大纲的学校地区差异更大。在测评任务中，如在听力或阅读理解上不同地区的学生同样存在学习能力差异的问题。结合背景调查的定性分析，评估报告能够为学校自我评估提供更加客观的参考依据，促进学校自我评价的形成。①

### （三）促进学生学习能力的培养

芬兰政府十分关注学生学习能力的培养，而社会第三方评估结果所包含的评估内容不仅涉及教育质量和公平，也参考了全纳教育、终身教育等理念，其中培养学生学习能力，满足不同学生学习发展需求一直是评估的重点。

学生学习能力的培养离不开教育评价。在新一轮课程改革中，芬兰核心课程框架基于教育理念提出了七大核心素养②（transversal skills），如思考和学会学习、文化素养、沟通与表达、信息素养等。核心素养的形成有赖于评价的不断完善，以进步或完善为导向的评估理念为学校自身评估提供要求，而学校、教师和学校合作者在日常具体教学环境中开展实践。“核心素养”应属于芬兰教育评价中心的主题性评价内容。值得一提的是，在芬兰教育系统中，评估的主要目的是对学校进行形成性评价，因此对学生自身评价的作用是间接性的。

赫尔辛基大学教育测评中心在 2012 年所发布的《芬兰小学生在“学会学习”评估中的表现：教育公平的纵向视角》（*Finnish primary school pupils' performance in learning to learn assessments*：*A longitudinal perspective on educational equity*）中，就学生在历年教育评估中的成绩表现呈下降趋势的问题也关注了学习能力因素。研究者长期观察了赫尔辛基和万塔（Vantaa）

---

① *Teaching results in Finnish*，*Grade 6-Results from an evaluation conducted in spring 2018*，2020 年 11 月 20 日，见 https：//karvi.fi/app/uploads/2019/04/Abstract_0619.pdf。

② Transversal skills 一般字面理解为横贯能力或横贯素养，强调学生对知识的整合和跨学科的能力等，为便于读者理解，将其译为核心素养。

两地1—6年级的学生学习能力在成绩、性别、班级、家庭等方面的差异，主要从学校教育的支持系统、学生认知能力发展、学习相关态度、同伴影响多个维度进行解释，研究结果更加具有针对性，如发现应对落后学生进行早期干预和支持，应更注重学生学习态度的变化，提高教学和评估的区分度等。① 由此可见，学生学习能力是芬兰社会第三方评估的共同关注内容。

## 第五节　芬兰第三方教育评价特征及反思

### 一、社会第三方评价机构参与教育评价的特征

芬兰社会第三方参与教育评价总体来说成效显著，从评价特征看强调专业性、合作性和服务性，起着建议、对话和改进的作用。

#### （一）专业性

首先是广纳专家力量。除了参与决策的专家组织人员来源广泛，真正开展评价业务的也均是教育评价领域的外部专家学者，多为来自大学和研究所的专家团体，组成了特定的专家委员会、研究小组等，各自职责和目标明确，并在专业领域上各有突破。评估专家会根据评价结果分析并撰写详尽的研究报告，有独立的出版刊物或研究中心，会定期进行评价结果的公布和分享。其次是评价范式结合了定量和定性的评价范式，更注重形成性评价。20世纪70年代教育评价领域开始注重对量性研究的反思，将评价的本质理解为评价者与被评价者通过协商、对话而达成相互理解与合作建构意义的过程，因此强调采用质性描述和解释的方法，揭示评价对象的各种特质，以促进理解、彰显意义。② 从芬兰社会第三方教育评价机构的评估报告中也可以看出，评估领域涉及医学、心理学、经济学和教学法等学科，借鉴了批判

---

① *Finnish primary school pupils' performance in learning to learn assessments：A longitudinal perspective on educational equity*，2020年11月20日，见 http：//urn.fi/URN：ISBN：978-951-51-0186-0。

② 李雁冰：《论教育评价专业化》，《教育研究》2013年第10期。

理论和后现代理论等视角，建立在多学科、多理论的关系以求达到对话的意义。

（二）合作性

从参与主体来看具有多方参与合作的特点。芬兰教育评价中心、芬兰教育研究所和赫尔辛基大学教育测评中心内部的专家具有广泛合作关系，会定期开展某些项目的合作，如共同参与欧盟、经合组织等国际组织开展的国际教育评价项目、相关研究活动及国际援助工程，一方面以专家身份参与国际教育评价合作，输出本国教育评价专业知识、方法与技术，借以增强本国教育评价活动在国际上尤其是在欧洲的可见度和影响力；另一方面，又以评价对象身份接受国际教育评价，以期引入国际教育评价资源，促进本国教育评价系统的不断完善与改进，及整个国家教育系统的质量提升。

此外，芬兰的社会第三方评价很大程度上依靠地方官员、高校管理者和专家学者、中学教师、全国学生社团及其他社会团体负责人的参与，保证了不同利益群体能够共同参与决策、评价和讨论。

（三）服务性

教育评价的直接服务对象是接受评价的学校，而非作为委托方的政府。开展各类评价项目的主要目的之一都是通过生成信息，服务评价对象的自我改进，而非用于政府的外部问责。以学生学业成就测评为例，即便评价结果表明某所或某几所学校持续表现低下，政府当局也不能因此对这些学校进行任何干预。[①] 除了信息服务，芬兰教育评价中心还直接为教育机构提供评价方面的专业技术支持，如评价人员培训等。也正因为芬兰教育评价中心对于评价对象而言，不是一个令人本能地会产生警惕和排斥情绪的“督查员”，该机构开展评价时不仅不必有意强调独立于评价对象，反而无论开展哪种评价，都强调评价方和评价对象的共同参与与相互信任，及教育机构在提升自身质量中的责任。芬兰教育评价中心开展的评价都是以评价对象的自评为基

① Eduardo Andere M，*Teachers' Perspectives on Finnish School Education Creating Learning Environments*. Springer International Publishing，2014，p. 88.

础，评价数据的采集工作往往是由中心与评价对象合作进行。①

## 二、对芬兰第三方教育评价的反思

芬兰教育评价中心既不属于政府管理部门，也不能被归为典型的第三方评价机构，是否可以被视作是一种社会第三方参与教育评价的模式可能存在争议。因为我国广泛存在着这种有挂靠单位和主管部门的半官办半社会组织，且遭到了诸多的质疑与挑战，被认为是政府权力的代理人，执行政府管理部门的真实决策，与政府管理部门之间形成了或明或暗的利益关系网。②但在笔者看来，芬兰教育评价中心与我国的这些半官办半社会组织是不同国情下的改革产物，二者有着实质性的区别。

同样也须注意到的是以大学为依托的研究所在教育评价中发挥的重要作用。以于韦斯屈莱大学的“芬兰教育研究所”和赫尔辛基大学教育测评中心为代表的评价机构在参与社会第三方教育评价中利用自身优势，发挥专业领域的评估作用，沟通并满足多方主体需求，其研究结果对于大学自身教育研究、政府决策以及教育系统的改革等方面起到积极影响，在评价地方和参与国际项目评价中表现十分活跃，追求大胆创新，许多评估项目是为本国教育量身定制的，呈现出市场化的趋向。

在我国，政府对教育的管理长期存在忽视专业的和市场的需要这一问题，故而，近年来强调教育领域的管办评分离，实际指向的是促进政府放权和实现政府职能转变，并非是要将政府、学校与社会三股力量割裂开。尤为值得注意的是，在现实改革中，我国教育部门通常以“权力委托或权力让渡”形式获得权力下放的合法性，催生了诸多依赖政府权力的寄生性半官半民组织，并继续通过这些组织发挥自己已委托或让渡的权力。因而这些组织虽然在法律意义上具有“社会性”，却很难掩盖其本身所带的浓厚的“官办

① 周家荣、李慧勤：《教育管办评分离：实质基础、行动逻辑和体制障碍》，《高等教育研究》2016 年第 7 期。

② 周家荣、李慧勤：《教育管办评分离：实质基础、行动逻辑和体制障碍》，《高等教育研究》2016 年第 7 期。

性”色彩，只不过这些实质意义上的“官办性”被程序意义上的“社会性”所代替，属于“假放权”的产物。① 正因如此，我国的教育治理改革理应更加突出的是如何促进“官、民分离”，实现第三方教育评价机构的真正独立。

然而与我国截然不同的是，芬兰在 20 世纪 90 年代便完成了分权改革，并彻底废除了教育督导制度，此后政府主要通过信息、支持和拨款等方式引导教育事业的发展，并通过教育法规提出教育目标，由全国教育委员会制定国家课程、资格框架指导地方教育活动，但对于地方政府、学校具体的教育、办学活动不再予以过多干预。② 因此，自进入 21 世纪以来，学校、政府与市场这三股力量在芬兰的教育改革过程中表现出更多的是沟通与合作。芬兰教育评价中心的建立主要是为了解决之前多部门交叉的问题，而在整体的发展理念和指导思想上与改革前相比并没有发生质的改变，即坚持“信任”与“合作”两个基本信念，继续走其所谓的“第四条道路”。

但是，“第四条道路”中依旧无不渗透着新公共管理理念，如强调产出本位，结果管理和绩效问责。除此以外，与其他分权制国家类似，芬兰的中央和地方政府在教育质量评价中的关系也并未“和谐”。芬兰全国教育委员会对于自己在地方教育的评价和管理方面的微弱话语权表示了较大的无奈和不满，且认为国家层面设定的各种教育质量标准、发布的各种外部教育评价结果不具有行政约束性也是一种不合理的做法。芬兰社会第三方所进行的外部教育评价和教育提供方、学校自行开展的内部自评也并没有像它自身宣传的那样达到有效的结合。

应该看到，尽管中芬国情相异，但芬兰历次教育改革体现出来的政府与市场力量的协同合作而互不越位，尤其是对于专业力量的信任，是值得我国研究和借鉴的。不过，芬兰一如既往地与具有“国际趋势意味”的强调竞争、选择、标准化、问责的“盎格鲁－撒克逊”模式相左的发展路线到底能走多远，目前或许还难以断言。

---

① 丁瑞常、刘强：《芬兰教育质量监测体系探析》，《比较教育研究》2014 年第 9 期。

② 丁瑞常、刘强：《芬兰教育质量监测体系探析》，《比较教育研究》2014 年第 9 期。

# 第六章　澳大利亚第三方教育评价的机制与模式

在教育全球化的冲击与挑战下，澳大利亚政府的基础教育改革从“追求卓越，兼顾公平”转向了“基于公平，追求卓越”，重要的改革措施和节点包括：1989 年 4 月的《霍巴特宣言》（*The Hobart Declaration*）提出地方、州、中央互相合作。1999 年 4 月的《关于 21 世纪国家学校教育目标的阿德莱德宣言》（*The Adelaide Declaration On National Goals for Schooling in the Twenty-first Century*，简称《阿德莱德宣言》），确立了提高教育质量、保证教育公平改革的原则，为 21 世纪教育改革明确了方向。《阿德莱德宣言》以各州（区）之间的合作框架为准则，为改善澳大利亚学校教育作出了历史性的承诺——既追求卓越又关注弱势群体的教育机会平等。① 为监督国家目标的进展情况，澳大利亚制定了全国性的学业成绩测量指标开发计划。此外，澳大利亚政府首次于 1999—2000 学年，在《全国学校教育报告》中公布了全国读写算标准，这体现出了澳大利亚日益重视从投入变为结果导向的政府报告。

2008 年澳联邦政府签署《墨尔本宣言》（*Melbourne Declaration on Educational Goals for Young Australians*），标志着工党开启质量与公平并重的教

① 彭正梅：《求取与反思：新世纪以来全球教育改革研究及中国教育传统的初步考察》，福建教育出版社 2015 年版，第 140 页。

育改革。2010 年 4 月出台的《全国青少年战略》(*The National Youth Strategy 2009—2014*)，在促进青少年发展的具体措施方面对《墨尔本宣言》进行了补充。后续推行的"国家课程""成绩问责制"，使得全澳洲学校开始实施国家课程大纲。从上面的这些改革历程可以看出，澳大利亚联邦政府越来越重视教育公平、统一国家课程、关注教师及校长专业标准的制定，这些变化使得基础教育评价变得越发重要。

## 第一节 澳大利亚基础教育评价体系

澳大利亚是一个联邦制国家，全国有 6 个州和两个区，其行政管理划分为中央联邦政府、州（区，以下简称区）政府和市政府三级。行政上的划分直接形成了澳大利亚联邦政府与各州之间的"分权制"教育行政管理体制。

### 一、基础教育治理结构

澳大利亚基础教育的主要责任下放给 6 个州和两个地区政府。澳大利亚联邦政府在全国范围内重视教育，但只是为学校教育以拨款的形式提供支持资金，制定全国性教育发展战略、政策和管理一些国家教育项目等，并无直接管理学校的职权。而州和地区政府则为其管辖范围内学校的注册和运营制定框架，并管理公立学校。各州都由本州教育部负责管理中小学的全部教育事务。由于澳大利亚幅员辽阔，人口分散，各州教育部根据中小学的地理分布情况在所辖范围内划分多个学区。学区是教育行政部门的附属机构，主要负责为本学区内学校提供支持性服务，学区工作人员也主要纳入州教育部编制。但随着"教育管理权力下移"改革的推动，各州政府在管理上简政放权，强调学校的自我管理，中小学实行校本管理，同时学校建立了由校长、教师和家长共同参与的学校董事会。至此，形成了基础教育州教育部（学区）与学校的二元化的办学体系。

就办学体制而言，澳大利亚的教育体系主要包括三个部分，分别是公立学校或者叫政府学校（Government School）、天主教学校（Catholic

School）、独立学校（Independent School）三种类型。其中公立学校主要是由各州政府设立并主要由其提供办学经费、由各州政府教育行政部门全面负责管理的学校；天主教学校由澳大利亚天主教全国委员会统一领导，各州设天主教学校委员会；独立学校指的是其他教派和非教派学校以及没有加入天主教学校体系的天主教学校，其主要由联邦政府提供资助。①

由于分权制的教育管理体制不利于全国性教育的协调以及各州教育质量发展的参差不齐，从 20 世纪 80 年代以来，澳大利亚不断加强教育行政体制改革，实行管理权限上移和下移两条腿走路：一是联邦政府不断加强对基础教育的管理权限，二是州政府教育权限日益下放到学校。②

## 二、基础教育评估内容

教育评估是澳大利亚学校体系的重要组成部分。评估机制在不同层面运作，为衡量和报告学校、系统和学生的相对表现提供了基础。评估可以让各州和学校了解它们在澳大利亚为学生提供教育的效率，更具体地说，是了解它们满足国家战略目标的程度。评估的过程也会突出州和学校的优缺点，从而有助于找出需要改进的地方和分享最佳做法。一旦确定了这些方面，学校和州就能够制定进一步改善的策略。

### （一）评估层级

由于澳大利亚教育系统的联邦性质，六州二区的学校教育结构以及评估做法各不相同。根据《澳大利亚的国家背景报告》（*Australia's Country Background Report*），澳大利亚的教育评估工作分三个关键层次：国家层次、州层次和学校层次，而学校层次又分为教师评价和学生评估。国家、州级评估框架的组成部分一般都关注结果，关注国家目标的达成，以学生为中心，并受到确保所有澳大利亚学生接受“卓越教育”目标的强烈影响。澳大利亚政府在制定国家评价和评估议程方面发挥了关键作用。

① 蔡娟：《新世纪以来澳大利亚学校改进的举措与挑战》，《外国中小学教育》2018 年第 2 期。

② 李新翠：《G20 国家教育研究丛书——澳大利亚基础教育》，同济大学出版社 2015 年版，第 80 页。

澳大利亚联邦政府在制定国家评价和评估议程方面发挥了关键作用，通过制定国家级战略设定教育的发展目标，关注结果的教育评估的重要性提升。在澳大利亚的国家一级，各政府部门相互合作，协商制定了《国家教育协议》（*National Education Agreement*）和《澳大利亚青年教育目标墨尔本宣言》（*Melbourne Declaration on Educational Goals for Young Australians*）（简称墨尔本宣言）两个国家级战略。澳大利亚政府委员会于2008年底通过《国家教育协定》就澳大利亚学校的投资和改革达成了新的框架，这使得各级政府都同意了教育改革的共同框架。新的框架包括一系列愿望、成果、进展措施和未来的政策方向，以指导全国的教育改革，包括大力关注土著学生和社会经济地位较低的学生，以提高这些群体的成绩。《国家教育协议》（*NEA*）明确了澳大利亚政府、州和地区的角色和责任，不同于往常对州政府和地方政府如何使用澳大利亚政府资金施加控制。相反，《国家教育协议》关注的是结果。根据《国家教育协议》规定，州政府和地方政府负责制定政策，提供服务，监督和审查个别学校的表现，并规范学校，以实现国家目标。通过这项协议，所有澳大利亚学校都有义务满足一套国家学校的表现和报告要求。

《国家教育协议》为所有澳大利亚学校制定了一套报告要求，旨在确保向政府、家长和社会进行良好的报告。五个基本要求如下：第一，所有学校都必须参加一些国家测试，包括2008年开始实施的国家评估项目（National Assessment Programme）以及一些国际评估，如国际学生评估项目（PISA）、国际数学与科学研究趋势（TIMSS）和国际阅读素养研究进展。第二，所有学校和系统主管部门都必须参与编写关于教育成果的国家报告。第三，所有学校都必须提供有关学校背景、能力（包括学校收入）和成果的个别学校信息，以使各国可比较的学校信息得以公开。这一信息由澳大利亚课程、评估和报告管理局（ACARA）发布在“我的学校”网站上。第四，要求学校向家长报告时使用通俗易懂的语言，对学生的进步作出准确的评估，并包括根据国家标准和与学生同龄群体相关的成绩评估。第五，针对家长和社区，学校必须发布年度报告，其中包括学校的相关信息、主要成果、信息的满意度以及资金来源的收入。

同样在 2008 年末，教育、幼儿发展和青年事务部长级委员会通过《墨尔本宣言》，为 2009 年至 2018 年设定了两个国家教育目标：第一，澳大利亚教育促进公平和卓越；第二，所有年轻的澳大利亚人都成为成功的学习者，自信和有创造力的个人，积极和有见识的公民。本宣言确定了澳大利亚政府将在以下 8 个相互关联的领域采取关键战略和举措，以支持实现教育目标：发展更强大的伙伴关系；支持高质量的教学和学校领导；加强幼儿教育；加强 2015 年澳大利亚中学教育中期发展测量框架；支持高中教育和青年改革；推广世界一流的课程和评估；改善土著青年和处境不利的澳大利亚青年的教育成果，特别是那些社会经济背景较低的青年；加强问责制和透明度。

为了更好地督促教育的发展，落实国家教育目标的实现，澳大利亚教育部颁布了《国家关键学业成就测量指标》（*National Iey Performance Measures*，*KPMs*），指标以国家制定的教育目标为依据，为国家级数据比较提供绩效方面的数据。目前《澳大利亚学校教育的衡量框架 2019》（*The Measurement Framework for Schooling in Australia*）详细说明了学校教育的《国家关键学业成就测量指标》，概述了年度评估和报告周期，并为教育部长发布的《澳大利亚国家学校教育报告》（*National Report on Schooling in Australia ANR*）提供了依据。该框架还为生产力委员会（Productivity Commission）代表澳大利亚政府委员会（Council of Australian Governments，COAG）发布的《政府服务报告》（*Report on Government Services*，*ROGS*）提供了信息。

上述举措在澳大利亚形成目前的国家评价和评估框架方面发挥了关键作用。

（二）“国家评估项目”

澳大利亚的国家评估项目（National Assessment Program，NAP）是澳大利亚政府于 2008 年启动的全国性评价项目，由联邦政府采用招标的方式委托澳大利亚教育研究所（ACER）和澳大利亚考试中心（EAA）等机构分别承担。因国家评估项目是澳大利亚全国性的评估项目，且采用第三方教育机构评估的方式进行，因此本节聚焦于国家评估项目的介绍。

国家评估项目（NAP）对澳大利亚中小学生进行持续的跟踪评估，以对全澳各地的教育水平和发展作出定期的、系统的评价。它包括每年一次的全国读写与计算能力评估测试（NAPLAN），三年一次的科学素养、公民、信息和通信技术（ICT）素养样本评估，以及参与国际样本评估。

1. 实行国家评估项目的背景

（1）提升教育质量，增强国际竞争力的需求

时代背景是影响一个国家教育改革及其推进的重要因素。为应对国际教育改革发展局势和国际教育测试表现的下降，澳大利亚政府开始注重提高学校教育的质量。21 世纪以来，各国旨在通过教育改革提高本国的教育水平，促进本国的教育发展、人才培养质量适应时代变迁的步伐，满足不同时代社会经济、政治、文化、科技等发展的需求，澳大利亚也不例外。同时，自 2000 年“国际学业评价项目”（PISA）首次测试后，该项世界范围的跨国评价项目逐渐成为基础教育领域的焦点，其评估结果也成为各国衡量本国教育质量的重要标准。澳大利亚分别在 2000 年、2003 年和 2006 年参加了 3 次 PISA 测试，测试结果显示澳大利亚学生的表现呈逐年下降趋势。国际测试表现的不理想引起社会各方对澳大利亚基础教育质量的关注。受 PISA 排名的刺激，为了提供高水平的教育，澳大利亚政府将开展全国性的学生学业质量评价作为提升和监测本国教育质量的途径。实际上，表面上看是由于 PISA 测试的影响，是对于排名结果的争夺，但实际上却是学业质量、教育质量、国家整体实力的竞争。①

（2）联邦政府集中化教育问责的需要

在各国借问责的方式保障教育质量的国际趋势下②，为达到有效教育问责，澳大利亚政府需要一个集中统一的教育评估手段。澳大利亚作为分权制

---

① 孔静：《澳大利亚全国读写与计算能力评价项目研究》，硕士学位论文，东北师范大学教育学部，2019 年，第 9 页。

② 王丽佳、卢乃桂：《教育问责的理论基础与实践模式：英、美、澳三国的考察》，《比较教育研究》2013 年第 1 期。

国家，教育权在州一级，联邦政府只起到宏观调控的作用。20 世纪 90 年代末以前，英、美那样严格的统一考试、学校表现比较等形式的集中化教育问责，虽然澳大利亚各州、各地区也有学校问责框架，但灵活度较高，且未被用于学校间比较，因而对问责发挥的作用甚小。[①] 在国家层面进行统一的监测评价，使得结果具有可比性，这就对联邦政府直接问责学校教育质量提出了难题。为促进教育问责的有效实施，澳大利亚政府颁布了《国家课程标准》和《澳大利亚学校测量框架》(*Measurement Framework for Schooling in Australia*)，并通过“国家评价项目”（NAP）来对学生学业质量进行监测，实现对学校取得的评价结果的问责。

（3）国内州一级标准化测验的实施经验提供了可能性

20 世纪 90 年代澳大利亚州一级教育区域就有实行国家考试制度的实践。早在 1989 年，新南威尔士州就成为澳大利亚第一个通过标准化测验来检测学生学业基本情况和进步状况的州。新南威尔士州在 3 年级和 5 年级实施基本技能测验（Basic Skills Test，BST）。BST 是基于新南威尔士课程标准开发的、评估学生读写和计算方面基本知识和基本技能的测验，读写方面主要测试写作、阅读、语法和标点，计算方面则主要测试数字、算式、代数、测量与数据、空间与几何等学习领域。测验结束后，州政府会为学生家长提供一份关于测试结果的报告，以帮助家长了解学生的学业进步状况。而州政府为学校提供的测试结果报告则更具意义，报告反馈的结果包含丰富的诊断信息，能够帮助教师发现学生学习中的强项和弱项，从而采用更有针对性的教学策略帮助学生提高。此外，对少数学习特别困难的学生还会实施专门的学习援助计划。对高年级学生，新南威尔士州也开发了功能类似的测验，如英语语言和读写能力评价（English Language and Literacy Assessment，ELLA）以及中学数学评价项目（Secondary Numeracy Assessment Program，SNAP）。在维多利亚州，州政府开发了学业成就进步监控测验（Achievement

---

① 王丽佳、卢乃桂：《教育问责的理论基础与实践模式：英、美、澳三国的考察》，《比较教育研究》2013 年第 1 期。

Improvement Monitor，AIM），对 3、5、7、9 年级学生的英文（包括阅读、写作、拼写等）和数学（包括数字、空间、测量、可能性和数据等）科目进行评估，目的依然是通过基于州课程标准的评估来检测学生读写和计算技能的基本状况。测试结果会为学生、家长和教师提供学生学习的进步状况以及学习中的强项和弱项，并指导教师采用专门的教学计划来契合学生学习中的特殊需求。此外，在澳大利亚其他州也有类似的对义务教育阶段学生读写和计算能力的监测评价项目。

正是州一级的做法和实践奠定了澳大利亚政府实行全国性教育测试的基础。从 20 世纪 90 年代中期开始，在部长理事会的主持下，联邦和州政府官员合作制定了一项全国识字和识数计划，这就使他们能够在以前的经验基础上再接再厉。1998 年，部长理事会批准了 3 年级和 5 年级学生的国家识字标准；1999 年，对 3 年级和 5 年级学生进行了第一次年度识字测试，并根据国家基准进行了评估。2003 年开始对 6 年级和 10 年级的部分学生进行为期 3 年的科学素养、公民意识以及信息和通信技术素养的抽样评估。到 2008 年 ACARA 成立时，每年进行 3、5、7、9 年级的识字和算术测试。直到 2008 年，每个州的学生都要参加不同的读写和计算能力测试，然后通过等值的过程对照国家基准进行测量。2008 年，学生们第一次参加了同样的考试。至此，将州一级的测试实践上升为国家一级的测试方法。

2. 实行国家评估项目的目标

（1）提供政策依据

国家评估项目系列测试也有助于政府和教育当局更好地了解学校、学校系统和国家在这些重要课程领域的表现。国家评估方法的目的是制定共同标准，确保严格的评估体系，并为根据国家标准衡量每个学生的成绩以及根据国家标准和彼此比较不同的群体提供客观和可靠的证据基础。在个人、学校、州和国家一级提供的评估结果是衡量公共资助项目有效性的一个指标。它们有助于确定需要关注的领域，并为教育政策、实践和资源提供决策信息。经合组织指出，在“对学校表现进行系统评估的地方，主要目的往往不是支持公共服务或市场机制在资源分配方面的可竞争性，而是揭示最佳做法和找出共同问题，以鼓励教师和学校发展。”

（2）诊断性目标：精确提高学生成绩

国家评估项目，特别是 NAPLAN 评估，是对教师正在进行的课堂评估的重要补充。它为教师、学校领导和家长提供了定期评估学生的手段，这些手段使用客观的测量方法，对照以往的表现、国家基准和他们的同龄人进行评估。NAPLAN 与其他形式的评估结合使用，以诊断学习情况，并告知学生、老师和学校需要注意的优先事项。因此，通过确保教师尽早收到成绩，可以使 NAPLAN 的效用最大化。

学生个别评价的目的基本上是诊断性的，使教师能够评估学生个体的学习需求，并使其教学适应这些需求。正如 ACARA 在为 2014 年 NAPLAN 测试管理做准备时告知 9 年级学生家长的信息：

> “国读写与计算能力评估项目”测试为您和学校提供有关您孩子在阅读、写作、拼写、语法和标点符号以及算术方面的学习进度的信息。他们还可以帮助你把孩子的表现放在学校和国家的背景下。这些信息有助于确定进一步发展学生技能的机会，并为孩子的学习提供进一步的指导。①

（3）增强教育透明度，帮助公众进行教育问责

除了帮助政府直接向学校教育问责，“国家评估项目”的报告结果还使澳大利亚公众对学生的成绩形成一种总体的国家视角，更具体地说，为他们对学校的表现提供一种了解途径。

3. 国家评估项目的评估内容

澳大利亚学校教育测量框架（Measurement Framework for Schooling in Australia）包括学业表现关键指标测量时间表（Schedule of Key Performance

① ACARA：*National Assessment Program—Literacy and Numeracy*（*NAPLAN*），2014 年，见 http：//www.nap.edu.au/naplan/naplan.html。

Measures)，澳大利亚教育部长基于该测量框架向社区汇报 2008 年 12 月部长们提出的《墨尔本宣言》的实现进度。该测量框架具体呈现了基础学校的全国学业表现关键指标（key performance measures)，并规划了年度评估和报告周期，为教育部长公布《澳大利亚全国学校教育报告》(*National Report on Schooling in Australia*，简称 ANR）提供基础。[①] 国家评估项目(National Assessment Program，NAP）是全国测量框架中的一部分，其年度评估和报告周期都有具体规定。澳大利亚的国家评估项目（National Assessment Program，NAP）是在教育委员会（Education Council）——前身为 SCSEEC——的指导下开展的，包括一系列全国和国际测试，用于监督全国教育目标的实现程度。它包括：①全国中小学生读写与数学能力评估（National Assessment Program-Literacy and Numeracy，简称 NAPLAN）；②对科学素养、公民与公民权利、信息与通信技术素养进行的 3 年一度的样本评估；③参与国际样本评估，如国际学生评估项目（Programme for International Student Assessment，简称 PISA)、国际数学与科学教育成就趋势调查（Trends in International Mathematics and Science Study，简称 TIMSS)、国际阅读素养进步研究（Progress in International Reading Literacy Study，简称 PIRLS)。下面就三个不同的项目的测试内容进行阐述。

（1）全国读写与计算能力评估项目（NAPLAN）

NAPLAN 的评估内容包括阅读、写作、语言习惯（拼写、语法和标点）及计算（算术、空间、测量、可能性与数据）等领域。每年面向澳大利亚所有 3、5、7、9 年级学生的一项测试，自 2016 年以来，NAPLAN 的测试内容与澳大利亚英语和数学的课程相一致，各州教育部长认为，评估将反映课程内容并使教师的专业判断与测试相结合。考评内容是数学和英语课程标准中的最低要求，体现出了评价内容的基础性。在评价科目方面，NAPLAN 主要对学生的阅读能力、写作能力、计算能力进行考察，并在每年的 5 月第

① ACARA：*Measurement Framework for Schooling in Australia 2015*，2015 年，见 https：//www.acara.edu.au/docs/default-source/default-document-library/measurement-framework-for-schooling-in-australia-2015_may-2019.pdf? sfvrsn=176a7107_2。

二个周开始实施测试，所面对的受测群体为3、5、7、9年级的学生，尽管NAPLAN测试每年的题目会有不同，但题型是基本固定的，在NAPLAN的官方网站上学生能够找到历年的测试题目和官方出具的样题，学生可根据历年的题目和网站提供的样题了解所处的题型和题目难度，但这并不表示学生可以通过任何形式的补习和长时间的准备来获得满意的成绩，NAPLAN所测试的内容是依据国家课程的标准，且设有最低标准，测试内容反映的是学生长期以来对知识的掌握程度，并不仅仅是当前所学内容，需要的是长期的知识积累，因而NAPLAN官网上会告知学生、家长以及学校教师，NAPALN不需要进行刻意的准备，为取得好成绩临阵磨枪是无济于事的，也是不提倡的做法。

（2）国家评估项目之样本评估（NAP sample assessments）

澳大利亚在全国范围内进行了三种抽样评估，包括公民与公民权利评估（NAP-Civics and Citizenship，NAP-CC）、科学素养评估（Science Literacy，NAP-SL）以及信息和通信技术素养评估（NAP-Information and Communication Technology Literacy，NAP-ICTL）。自2004年起，澳大利亚6年级和10年级学生每三年进行一次公民与公民权利测试，该测试的公民部分评估学生对澳大利亚治理体系的了解，如司法和政治体系如何运作以及国家的民主进程。在公民资格部分，学生对自己作为澳大利亚公民的权利和责任等方面的知识将受到测试。教育委员会已决定扩大公民与公民权利评估范围延伸至2019年。自2003年以来，每三年对澳大利亚6年级学生进行科学素养测试，以评估学生运用在学校所学的科学知识来理解自然现象，解释一些媒体和其他来源撰写的关于科学问题的报告的能力。从2005年开始，每三年由澳大利亚6年级和10年级学生进行一次信息和通信技术素养抽样评估。该评估测试学生的一般信息和通信技术技能和知识，如如何获取和评价信息以及与他人交流。ACARA以“未来视角”设计信息和通信技术素养评估，以确保测试与技术进步保持同步。

（3）国际样本评估（International sample assessments）

国际样本评估包括“国际学生评估项目”（Programme for International

Student Assessment，PISA）、“国际数学与科学研究趋势”（Trends in International Mathematics and Science Study，TIMSS）、“国际阅读素养研究进展”（Progress in International Reading Literacy Study，仅限 2011 年和 2016 年）三项测试。国际学生评估项目（PISA）是由经济合作与发展组织（OECD）管理的一项国际评估，旨在评估 15 岁的学生如何将在学校学到的知识和技能应用到现实生活中的问题和情况中，每三年一次评估 15 岁学生的阅读、数学和科学素养。它并不是测试学生对澳大利亚课程的理解程度。

TIMSS 是由国际教育成就评估协会（IEA）管理的一项国际评估，旨在衡量 4 年级和 8 年级学生对数学和科学课程中预期学习的知识掌握程度。通过参加 TIMSS，学校和学生正在对澳大利亚教育系统在关键科学、技术、工程和数学学习领域的表现进行重要的“健康检查”。

2011 年和 2016 年，一组澳大利亚学生被选中参加国际阅读素养进步研究（PIRLS），这是澳大利亚国家评估项目的非持续性部分。PIRLS 是由国际教育成就评估协会（IEA）管理的一项国际评估，旨在衡量 4 年级学生获得和使用所阅读信息的能力。它侧重于考察学生的理解和在一篇文章中寻找信息、根据所读内容进行推断、解释和整合思想和信息以及评价文本的能力。PIRLS 提供了澳大利亚小学生与世界各地同龄人的阅读表现的有价值的信息。由于 PIRLS 是一个基于课程的测试，测试结果可以用来促进课程改革和研究，数据分析可以用来改善教与学。通过参加 PIRLS，学校和学生正在对澳大利亚教育系统在阅读方面的表现进行重要的健康检查，阅读是一个重要的学习领域。它补充了国家评估方案下的其他评估，如 NAPLA。

## 三、教育督导制度

澳大利亚教育督导制已经延续了一百多年，因为澳大利亚属于英联邦，不管是教育制度还是教育督导制度都基本沿袭英国，但随着自身的教育改革和发展，其教育督导制又形成了自己的特色。①

① 国家教育督导团办公室：《当代中国教育督导——重要法规·经典文献》，人民教育出版社 2007 年版，第 960 页。

（一）教育督导机构与督导内容

在澳大利亚教育行政体制中，并没有专门的教育督导部门，主要依靠其行政部门来开展督导职能的工作。在国家层面，澳大利亚联邦政府教育部部长下设教育委员会，委员会内设置专家咨询机构，由该机构行使督导职能。其督导内容主要有检查教育经费的执行情况和督导评估中小学校的教育教学质量。其中经费督导主要是检查联邦政府下拨的中小学生经费执行情况以及联邦政府拨款支持的各项改革的专项经费执行情况，例如“面向21世纪的教师”培训提高项目。① 该机构每半年向总理办公室提交财务执行报告。对教学质量的督导主要是实行“国家督导项目”中的全国读写与计算项目评估。但该项目主要委托第三方教育机构执行。由此看来，澳大利亚的政府层面督导评估主要集中在督政这一职能。

在各州政府层级，教育督导职能同样主要由相关教育行政部门执行，虽然各州在教育管理上具有不同的特点，但在教育督导机构设置上大致相同。一般而言，虽无专门的督导部门，但在各州教育部下设两个部门与教育督导的关系较为密切。一是质量评估局，主要负责对学校的发展状况和策略进行评估和指导。虽然名为质量评估局，但其性质实以合作性和服务性为主。二是考试和证书委员会，主要职责就是负责全州中小学的课程设计，负责州初中和高中毕业考试的命题和评分，并且管理证书发放和私立学校的注册、审核、批准等事宜。② 为加强教育管理与监督，澳大利亚曾于20世纪90年代开始短暂实施过“学监制度”，即在学区内设学监，学监执行州教育部要求，具体负责对本学区内学校的管理、监督、指导与评价。③ 学监具有对学校校长提出要求，对学校及校长工作进行评价；对学校计划的执行和经费开支情况进行监督检查；了解社区内各界对学校的反映与意见，协调处理社区、学生家长对学校的投诉、教师之间的纠纷；校长出现空缺时，组织公

---

① 国家教育督导团办公室：《当代中国教育督导——重要法规·经典文献》，人民教育出版社2007年版，第962页。

② ACER：*School Tests*，2017年6月13日，见http：//www.acer.edu.au/tests/school/。

③ 陶涛：《澳大利亚的学监制度及其启示》，《吉林教育》2008年第33期。

开招聘校长等权利。[①] 然而，随着“教育管理权限下移”改革的推行，学校被赋予更多的自主权，不得不进行自我监督与评价，由此形成了独具特色的多方参与的学校自我督导体制。其中学校董事会发挥着重要的督导职能的作用，它对学校日常事务进行监督与管理。另外，学校常设的家长委员会和教师工会等也一起参与学校的监督与管理工作。[②]

“分权制”的教育行政管理体制对澳大利亚各州的教育督导内容产生很大影响，各州在教育管理上享有高度自治权，因此各州的教育督导形式与内容也各有不同侧重点。例如新南威尔士州督导内容主要集中在教学质量与管理方面，具体有针对学校的今后改革和发展方向、对学校教学计划执行情况进行督导以及对学校管理工作进行督导。而在维多利亚州，其教育督导主要集中在学校升学率、教师队伍建设、教学水平和学校设备情况等。同时还组织州联考的形式，利用考试成绩和排名进行督导。

### （二）教育督导特征

澳大利亚的教育督导体制依赖于教育行政体制，分权制和权利下移两个特点始终贯穿澳大利亚实行教育督导的整个过程。源自英国，逐渐转向带有美国特色的教育督导体制过程中形成了以下特点：

1. 教育行政部门兼顾教育督导职能。澳大利亚并没有设立独立或者专门的教育督导部门。不管是联邦政府还是各州政府，都由教育行政部门执行教育督导职能，至此形成了从联邦政府、州教育部到学区，从学区到学校的较为完善的教育行政监督体系，并收到比较明显的效果。

2. 督导内容注重学校一级的督学，督导职能以支持性服务为主。澳大利亚教育督导实践主要对学校具体事务进行监督、评估和指导。联邦和州政府出台的教育发展计划很多都是针对学校的管理者、教师、教学行政人员的工作、学生的学业成绩、课程和教学等问题而提出的，力图帮助学校解决具体教育问题。[③] 其督导人员进校督导，参与具体教育实践活动，及时发现学

① 陶涛：《澳大利亚的学监制度及其启示》，《吉林教育》2008 年第 33 期。

② 苏君阳：《教育督导学》，北京师范大学出版社 2012 年版，第 87 页。

③ 苏君阳：《教育督导学》，北京师范大学出版社 2012 年版，第 88 页。

校发展遇到的问题，从而提供支持性服务，发挥咨询、指导和服务等职能。

3. 督导主体多元化。澳大利亚督导体制从联邦到各州、各州教育部到学区，再到学校，不仅渗透各级教育行政部门，还融合了各类教育机构、专家组织、家长、教师、学生和社区等主体参与，形成了“多元参与”的特点。

（三）教育督导的不足

澳大利亚督导制度也有不足之处：

1. 督导力量分散

分权制的教育行政体制和依附于教育行政部门是澳大利亚教育督导体制最显著的特点，同时也是最大的不足之处。尽管分权制使各级州政府根据自身情况制定教育内容，进行教育督导，但要想在全国范围比较教育发展质量就受到阻碍。尤其是在政府希望加强全国性统一管理和教育问责的背景下，各州各行其是，各自督导，力量分散，不满足联邦政府对于加强全国性教育监测的需求。同时，督导力量过于分散会出现互相扯皮、互相推诿的情况，不利于发挥督导的作用。

2. 督导权限下放，多方参与造成学校压力

由于各州自我管理，加上进一步教育权限下放到学校，学校需要自我管理，自我经营的同时还要自我督导，这对学校各方面提出更高的要求，无疑加重了学校的负担与压力。同时，在学校自我管理与督导过程中，教师、社区、家长等来自多方的压力易造成教育组织的不稳定，督导的作用受到动摇，难以持久。①

3. 督导队伍不稳定，专业性和技术性不够

澳大利亚没有专门的督导人员或者督学，督导人员基本由政府工作人员或另外聘请部分专家和咨询人员为主。政府人员担任督学会造成不客观、不公正的现象，尤其是在教育问责的情况下。同时，随着教育评估技术的发展，在督导评估学校和学生发展时对督导评估的技术提出了较高的要求。仅

---

① 郭爽：《澳大利亚教育督导制度特点对我国的启示》，《基础教育研究》2019 年第 19 期。

是政府教育行政部门，由政府人员组成的督导队伍并不能满足要求，这就出现了政府将评估工作委托外包给更加专业和更懂技术的第三方教育评估机构的情况。

## 四、第三方教育评估制度的引入

除了州政府所设置的与督导相关的教育机构以外，澳大利亚还有很多政府或民间教育组织机构即第三方教育机构在监督和指导全国中小学教育的发展。它们通过对教育及其相关事宜进行评估和指导，或多或少地起着督导的作用。这些机构和组织尽其职能，维持并推动了澳大利亚基础教育的正常运行和不断发展。这也正是澳大利亚教育评估实践的重要特点之一。

因此，澳大利亚的很多重大教育研究项目都是由教育部以项目的形式委托第三方教育评价机构开展的。通过积极吸纳各种社会力量参与教育评价的方式，可以避免由于教育部系统内部研究而带来的不客观、不公正等问题。一些评估项目如国家评估项目主要由第三方教育机构 ACARA 全面负责管理，同时也需要各州（领地）的相关部门和学校等的配合和辅助才能顺利实施。经过几年的磨合，各级的职责更为明确，实施更为顺畅。此外，由联邦政府和各州政府共同组织建立的澳大利亚教学与学校领导协会（The Australia Institute of Teaching and School Leadership）致力于开发相关工具为学校提供必要的支持①，由各州和澳大利亚政府教育部长于2010年成立的全国性非营利公司——澳大利亚教育服务局（Education Services Australia）提供基于技术的教育服务，其中包括撰写、出版、传播和销售课程和评估材料、基于信息技术的解决方案、产品和服务，以支持学习、教学、领导和管理。

除了政府支持建立的独立机构，还有很多民营型教育研究机构和依托大学成立的评估中心接受政府的委托开展教育评估、指导与委托。例如澳大利亚教育研究委员（Australian Council for Educational Research，以下简称

① 李新翠：《澳大利亚基础教育》，同济大学出版社 2015 年版，第 111 页。

ACER）是澳大利亚国家级影响力的教育研究机构，以及新南威尔士大学全球公司教育评估中心是依靠新南威尔士大学所建立，它们都接受政府、学校、家长的委托，为教育提供评估与指导服务。

与此同时，澳大利亚政府还非常重视学生在国际测试中的表现，并将参与的国际组织的结果和信息作为制定以帮助学生提高成绩的相关政策的指导，善于利用国家组织测试或评估的结果为自己的教育发展服务。澳大利亚长期以来参与的国际测试包括：国际学业成就联合会（International Association for the Study of Educational Achievement，简称 IEA）组织的每四年一次进行的国际数学与科学教育成就趋势调查（Trends in International Mathematics and Science Study，简称 TIMSS）以及经合组织（OECD）的国际学生评估项目（PISA）。TIMSS 项目旨在衡量 4 年级和 8 年级学生对数学和科学课程中应该学习的知识的掌握程度，这也是澳大利亚国家评估项目正在进行的一部分。PISA 项目每三年一次评估 15 岁学生的阅读、数学和科学素养，这也是正在进行中的澳大利亚国家评估项目（NAP）的一部分。此外，澳大利亚还参加了 2011 年 IEA 组织的面向 4 年级学生的国际阅读素养进步研究（Progress in International Reading Literacy Study，简称 PIRLS）。参与这些评估能够为州和领地提供全国性和国际性的标准信息，并且了解与澳大利亚政府理事会提出的关键教育结果（该指标要求澳大利亚学生的表现要优于国际标准）之间的距离。这些测量结果的一个重要优势是能够监测随着时间发展的进步情况，例如 TIMSS 和 PISA 能够分别提供 1995 年和 2000 以来的趋势数据。

## 第二节　澳大利亚第三方教育评价的机构类型与工作机制

新世纪以来，为学校改进、提高学生的学习成绩进行更明确的评价和评估一直是澳大利亚政府关键的优先事项。经过多年的发展，澳大利亚开展第三方教育评价的机构主要有三种类型，即政府部门直属但是具有法定独立性的澳大利亚课程、评价和报告管理局（Australian Curriculum,

Assessment and Reporting Authority）和非营利性组织——澳大利亚教育研究委员会（Australian Council for Educational Research），以及隶属于大学的企业性质的新南威尔士大学全球公司教育评估中心（UNSW Global Educational Assessment）。

## 一、政府依托型——澳大利亚课程、评价和报告管理局

澳大利亚课程、评估和报告管理局（Australian Curriculum，Assessment and Reporting Authority，以下简称 ACARA）是澳大利亚政府成立的独立法定机构，于 2008 年年末根据《澳大利亚课程、评估和报告权法案》（*Australian Curriculum*，*Assessment and Reporting Authority Act*）成立，其工作接受澳大利亚政府委员会（COAG）和教育委员会指导。主要负责收集和报告澳大利亚学校和学生的数据、澳大利亚国家评估项目中全国读写和计算素养评估项目（NAPLAN）和三种抽样评估项目的全面管理以及制定全国性课程大纲。澳大利亚课程、评价和报告管理局聘用一批技术娴熟的核心人员，与许多合作伙伴一起督导国家评价项目的实施。同时，澳大利亚课程、评价和报告管理局员工与每个州或领地的考试管理局进行合作，共同确保国家读写和计算素养评价项目考试管理在全国范围的一致性，其目的是开发高质量、诊断性、形成性的评价工具和策略。

### （一）成立目的

ACARA 的成立是澳大利亚联邦政府、各州和地区政府间承诺的一个组成部分，目的是为了学生、国家生产力和福利，共同努力促进高质量的学校教育。ACARA 的特殊作用是通过开展评估和报告，在全国范围内促进学校更大的责任感和透明度，使澳大利亚学校教育的质量更加一致。2008 年《墨尔本宣言》出台后，各州和各地区就澳大利亚的教育优先事项达成一致。因此 ACARA 成立，其最初职责是监督澳大利亚首个全国性课程的制作。这意味着，有各地区共计 9 位教育部长都希望课程能以最适合其不同地区的方式进行调整。澳大利亚的英语、历史、科学和数学的国家课程于 2012 年完成并实施（在全国范围内不同程度地实施）。

同时，澳大利亚政府颁布了《澳大利亚学校教育测量框架》（*Measurement Framework for Schooling in Australia*）及《学业表现关键指标测量时间表》（*Schedule of Key Performance Measures*），澳大利亚教育部长需要基于该测量框架向社区汇报《墨尔本宣言》的实现进度。该测量框架具体呈现了基础学校的全国学业表现关键指标（key performance measures），并规划了年度评估和报告周期，为教育部长公布《澳大利亚全国学校教育报告》（*National Report on Schooling in Australia*，简称 ANR）提供基础。①

因此，教育委员会（The Education Council）指派了第三方教育评价机构 ACARA 根据《墨尔本宣言》中所规划的全国目标、政府间达成的《全国教育协议》（*National Education Agreement*，简称 NEA）中规定的问责要求、《全国教育改革协议》（*National Education Reform Agreement*，简称 NERA）以及《澳大利亚教育法 2013》（*Australian Education Act 2013*）对全国学业表现关键指标进行监测和评价。② 全国测量框架中具体规定了国家评估项目（National Assessment Program，NAP）的年度评估和报告周期。

为了更好地平衡地区之间的差异并更好地提供学生成绩和学校绩效的客观和对比信息，2008 年澳大利亚开始实施国家评估项目，ACARA 于 2010 年开始代替教育、就业、培训和青年事务部长理事会（MCEETYA，现为教育委员会）执行和管理国家评估项目。

（二）治理结构与人员构成

ACARA 的治理框架提供了知情决策、风险管理和问责制的结构。该框架以《ACARA 法案》为基础，该法案建立了一个由 13 名成员组成的管理机构。ACARA 的董事会由教育委员会（或部长委员会）监督，ACARA 董

---

① ACARA：*Measurement Framework for Schooling in Australia 2015*，2015 年，见 https://www.acara.edu.au/docs/default-source/default-document-library/measurement-framework-for-schooling-in-australia-2015_may-2019.pdf? sfvrsn=176a7107_2。

② ACARA：*Measurement Framework for Schooling in Australia 2015*，2015 年，见 https://www.acara.edu.au/docs/default-source/default-document-library/measurement-framework-for-schooling-in-australia-2015_may-2019.pdf? sfvrsn=176a7107_2。

事会包括主席、副主席和其他成员。根据《ACARA 法案》规定，其董事会成员由州、地区、澳大利亚独立学校委员会（现在称为澳大利亚独立学校，ISCA）和国家天主教教育委员会（NCEC）提名。每个成员由部长在部长委员会同意的情况下通过书面文件任命。同时，ACARA 还设立了一个审计和风险委员会，就 ACARA 的风险、控制和遵守框架及其外部财务报表责任向委员会提供独立的咨询意见、保证和协助。委员会的主要职能是协助 ACARA 履行其在 2013 年《PGPA 法案》和 2008 年《ACARA 法案》下的义务，并为董事会、高级管理层、外部和内部审计师之间的沟通提供平台。

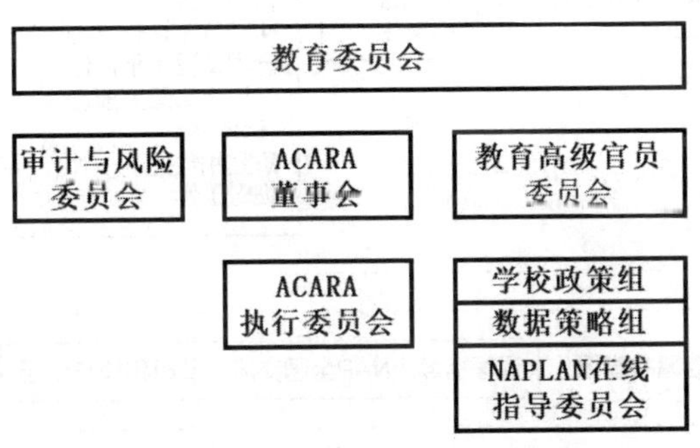


**图 6–1　ACARA 治理结构**

资料来源：根据《ACARA2019—20 年度报告》绘制，https：//www.acara.edu.au/docs/default-source/corporate-publications/acara-annual-report-2019-20-lr.pdf。

董事会下设咨询组织，咨询组织包括参考组（Reference groups），主要有国家评估、数据、分析和报告参考小组及 F-12 课程参考小组；澳大利亚课程评估参考小组（Australian curriculum review reference groups），主要有学习领域、课程、学习领域教师、F-6 小学课程和 F-6 小学教师 4 个参考小组；咨询组（advisory groups），主要有土著和托雷斯海峡岛民咨询小组、残疾学生咨询小组、测量咨询小组和国家测试工作小组；专家及工作组（Specialist and working groups），主要有在线无障碍专家顾问小组、研究和数据委员会、财务数据工作小组、标记质量团队、澳大利亚教育国家报告工作组、国家评估项目样本评估学习区域工作组、国家英语语言能力评估框架工作组、高中成绩工作小组、学生出勤工作小组。此外还有独立的执行信息共享组，主要设有课程指导小组、国家评估项目全国交流小组和全国家长与校长高峰论坛，详见图 6–2。

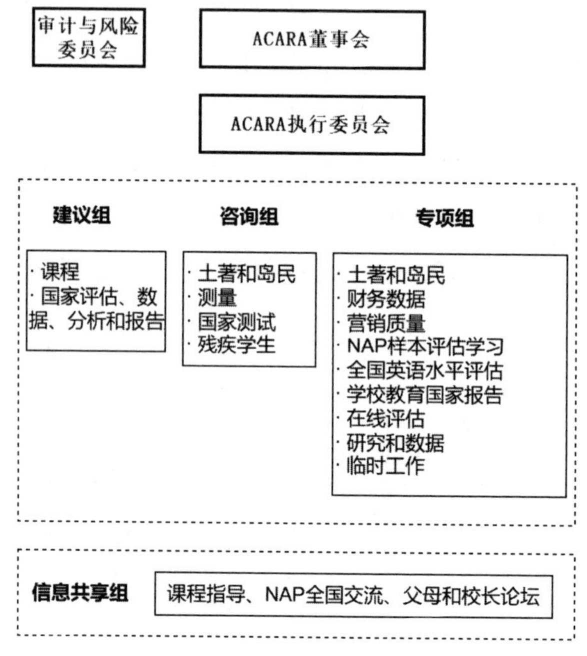


**图 6–2　ACARA 的运营结构**

资料来源：根据《ACARA2019—20 年度报告》绘制，https：//www.acara.edu.au/docs/default-source/corporate-publications/acara-annual-report-2019-20-lr.pdf。

ACARA 招聘、培养和留住高绩效的员工，并培养积极和高效的工作文化。其人员能够反映教育界的多样性和活力，并具备支持 ACARA 持续发展所需的技能和尊重、诚信、合作、专业、热情的价值观，以推动政府战略建议的发展。机构可以雇用其认为履行其职能和行使权力所需的人员，员工分为正式员工、非正式员工和兼职员工。①

在实施国家读写和算术素养评价项目考试时，ACARA 也与专家顾问小组进行合作。这个小组由 5 位评价和教育测量领域的专家构成，他们在国家

① ACARA：*Enterprise Agreement 2017*，2017 年 11 月 2 日，见 http：//www.acara.edu.au/docs/default-source/corporate-publications/acara-enterprise-agreement-2017-（fwc-approved）-（1）.pdf。

读写和算术素养评价项目考试的研制过程中提供建议。

（三）资金来源

作为政府成立的机构，ACARA 资金由澳大利亚政府以及州和地区政府提供。根据部长委员会秘书处（Ministerial Council Secretariat）设置的比例，每级政府的供资份额有所不同，其中 50% 由澳大利亚联邦政府提供，其余 50% 由州和地区政府根据其人口比例提供。同时，根据《ACARA 法案》第 9 条，ACARA 可以对履行其职能的行为收取费用。ACARA 的财务报表由澳大利亚国家审计署审计。

ACARA 的业务重点在于评估和报告以及课程方面，这一点从其年度业务支出结构可以看出。根据《ACARA2019—2020 年度报告》数据显示，2019—2020 年度，ACARA 的最大支出在开展国家评估方面，占比 56%；其次是国家课程的支出，占比 24%；全国数据收集和报告以及开展全国协作与领导方面分别占比 10% 和 9%。①

（四）评估职能

ACARA 主要为澳大利亚国家课程、评估和报告服务。根据《ACARA 法案》第 6 节中规定，ACARA 在课程、评估、数据收集和报告方面的职能范围包括：制定和管理国家课程；实行和管理国家评估项目；收集、分析和报告学生和学校的相关数据。它主要在四个方面起促进作用：帮助教师和家长了解学生的学习进展；帮助教师监测学生的成绩；让家长和学区了解对学生学习改进的举措；确认提供相关评估项目的信息是否有效。②

根据其评估职能，ACARA 的主要职责是管理国家评估项目中每年进行的 NAPLAN 测试，以及为期三年的科学素养、公民和公民权利以及信息和通信技术素养的抽样测试。国家评估项目的结果每年都会在一份全面的国家行动计划国家报告、一份总结报告和一份单独的国家行动方案抽样评估报告

---

① ACARA：*Annual report 2019—2020*，2020 年 10 月，见 https：//acara.edu.au/docs/default-source/corporate-publications/acara-annual-report-2019-20-lr.pdf。

② ACARA：*Assessment and reporting*：*improving student performance*，2017 年 8 月 13 日，见 http：//www.acara.edu.au/myschool/moreinformation.html。

中公布。除了管理这一国家评估项目外，ACARA 的章程和期望书要求将国家评估与澳大利亚的课程相一致，包括就进一步的样本测试领域向部长们提供建议，并致力于提供在线 NAPLAN 测试。

（五）评估标准

通过设置动态的评价标准和科学的评价方法，可以说，ACARA 成功地管理了一个严格而有效的“国家评估计划”。评价标准方面，以 NAPLAN 为例。ACARA 设置了国家评估量表，根据每个测试区域的评估量表进行测量。从 3 年级到 9 年级，所有年级的学生的能力水平均为 10 个层级。并设置不同的最低标准，2 级是 3 年级的最低标准，4 级是 5 年级的最低标准，5 级是 7 年级的最低标准，6 级是 9 年级的最低标准。这些标准是随着学生年级的增长而不断升高的，这就需要越来越高的测评分数，也就是说随着等级

<table>
<tr><td>10 级</td><td></td><td></td><td></td><td rowspan="4">学生高于<br>国家最低标准</td></tr>
<tr><td>9 级</td><td></td><td></td><td rowspan="4">学生高于<br>国家最低标准</td></tr>
<tr><td>8 级</td><td></td><td rowspan="4">学生高于<br>国家最低标准</td></tr>
<tr><td>7 级</td><td></td></tr>
<tr><td>6 级</td><td rowspan="4">学生高于<br>国家最低标准</td><td>学生处于<br>国家最低标准</td></tr>
<tr><td>5 级</td><td>学生处于<br>国家最低标准</td><td>学生低于<br>国家最低标准</td></tr>
<tr><td>4 级</td><td>学生处于<br>国家最低标准</td><td>学生低于<br>国家最低标准</td><td></td></tr>
<tr><td>3 级</td><td>学生低于<br>国家最低标准</td><td></td><td></td></tr>
<tr><td>2 级</td><td>学生处于<br>国家最低标准</td><td></td><td></td><td></td></tr>
<tr><td>1 级</td><td>学生低于<br>国家最低标准</td><td></td><td></td><td></td></tr>
<tr><td></td><td>3 年级</td><td>5 年级</td><td>7 年级</td><td>9 年级</td></tr>
</table>

**图 6–3　全国读写与计算评估的国家标准量表**

资料来源：ACARA：*Assessment and reporting-Improving student performance*，2012 年，见 https：//docs.acara.edu.au/resources/Assessment__Reporting_-_Improving_Student_Performance.pdf。

的增加，对学生所应掌握的知识和技能水平的要求也随之增加。

将学生成绩标注在这样的量尺上，可以清晰地显示学生已经达到的知识和技能水平。如果该学生的评分成绩没有达到相应学段所要求的最低标准，既是代表该学生在知识掌握以及应用方面存在着不足，需要引起学生本人以及教师和家长的关注，教师和家长可依据该评价结果更加有针对性地为学生提供帮助；如果该学生已经达到了最低标准代表该学生已经掌握了国家课程标准的最低要求，已经达到或者说掌握了相应学段所需要掌握的技能。同时还可以直观展示学生的进步状况。因为不同年级的学生的测试成绩均标注在同一量尺上，而且不同年度的测试进行了等值设计，保证了量尺上不同年度的相同分数始终代表同一含义。[①]

### （六）评估的实施

ACARA 主要负责国家评估项目的全程指导，以 NAPLAN 测试为例。ACARA 指导历时 18 个月的全国读写与计算能力评价项目的开发过程，承担包括考试的研制（开发）、发布考试开发指南、题目开发、考试题目评审、学生试测、征求专家建议、开展等值检验、分析评价结果数据、发布报告等具体任务。[②] 而各州、地区考试管理机构（TAA）负责评价活动的具体实施，包括考试信息的宣传和沟通，与学校、家长以及学校和社区进行沟通，宣传考试相关信息；按照《管理协议》中的要求来印发试卷，组织学校进行测试，从学校收集学生背景信息，以达到实现《澳大利亚青年教育目标—墨尔本宣言》在全国范围内对学生成绩进行可比报告的目的。

根据《国家英语和数学学习明细表》，ACARA 开发了全国读写与计算能力评价项目（NAPLAN）的测试。国家评价项目中考试的开发和评审过程需要 18 个月的时间才能完成。这一过程涉及一系列具体的步骤，所有的操作程序都旨在确保测试能够达到最高的标准。

---

① 钟君：《澳大利亚义务教育质量监测体系的建立及对我国教育质量监测的启示》，《考试研究》2014 年第 6 期。

② 李新翠：《澳大利亚基础教育》，同济大学出版社 2015 年版，第 120 页。

1. 开发试题

开发考试指南，包括确定问题（题目）的形式和适当的阅读材料话题，都要作为常规质量保障过程的一部分提前进行评审。这要确保试题开发者在开发测试题目时，能够有一套可以明确遵循的指南。考试开发者从事问题（题目）开发的工作，这些问题需要满足管理协议中的要求。澳大利亚课程、评价和报告管理局将这项任务外包给某些专业组织。这些组织成功地展示了自己在试题开发领域中出色的专业经验和能力。每个州和领地的考试管理部门（TAA）的评审代表会对考试题目提供建议，以确保它们适应课程的要求和辖区或部门的具体情况。在考试开发过程中，开发者还会从每个州和领地抽取具有代表性的学生样本参加试测。试测结束后，将会对测试数据进行分析，然后选择满足考试要求的问题设置当次考试

2. 组织评审

ACARA 的专家顾问小组由 5 位测量和评价领域的专家组成，他们也会评审这些测试程序和试测数据，并在试题最终确定之前提供建议。在考试开发过程中，还要进行等值转化，以使不同年份的国家读写和算术素养评价项目考试结果能够按照相同的评价尺度进行报告。第二次全国抽样的学生还参加了额外的“等值”考试项目，这一项目通常在主要考试之前实施，以便将考试结果关联起来。

3. 评估报告

一旦考试进行评分后，就要由教育测量领域的专家对结果进行多方面的分析，最后由 ACARA 在“我的学校”（My school）网站上发布。“我的学校”网站的开发和管理也被视为 ACARA 的一项重大成就。利益相关者认为“我的学校”是一个健全的机制，可以向家长和社会各界提供全国范围内一致的学生和学校数据，有利于加强问责制和增强学校的透明度。“我的学校”的设计宗旨是使学校的表现更加透明，向社会提供澳大利亚每一所学校的信息，包括学生的读写能力和算术能力，并与服务于类似学生群体的学校进行比较。这些比较旨在提供信息，以支持改善学校和学校选择。

ACARA 每年 8 月都会在“我的学校”网站上发布来自 NAPLAN 的初

步数据，在 12 月发布一份详细的国家报告。简言之，评估项目的结果以多种方式进行报告：一是每个学生获得一份关于他们学业状况的报告；二是学校获得关于本校学生学业状况的信息；三是发布显示全国学业状况的总结性国家报告；四是学校的平均成绩，学校的平均成绩会在“我的学校”网站上发布。

需要注意的是，除了负责 NAPLAN 测试，ACARA 还包括对学生在科学素养、信息与通信技术（ICT）以及公民与公民权利三个样本评估。这些测试从某个年级抽取富有代表性的学生样本（约占总数的 5%）。每个领域都是一个共识性的全国优先目标，每三年进行一次测试。2003 年对科学进行了第一次调查，2004 年是公民与公民权利，2005 年为信息与通信技术。每次评估结果都会形成一个全国报告，总结学生的平均成绩，并总结各州和领地、各学校及各类学生群体（如原住民、各种社会经济背景）达到“熟练标准”的学生比例，由于每科都是每三年测试一次，还能报告随着时间变化的进步情况。实施的过程也谨遵上述具体步骤。

同时，NAPLAN 还提供在线测试。ACARA 与澳大利亚教育服务局（ESA）共同负责在线 NAPLAN，由 ESA 构建在线评估平台，ACARA 对该过程负有全面管理责任。

（七）评估的成效

澳大利亚所有政府部门都要针对其主要活动作年度报告，其中包括经费和绩效信息。在绩效报告方面，政府部门将 NAPLAN 数据作为报告的主要依据。2009—2010 年政府报告的一个共同特点就是在绩效督导中运用了 NAPLAN 数据。在对 NAPLAN 数据进行报告时的具体格式取决于各州和领地的不同督导目标，大多数都是依照全国最低标准进行报告的。新南威尔士和昆士兰州主要报告了处于最低标准或以下的学生比例，北领地、南澳大利亚州、塔斯马尼亚岛、维多利亚州和西澳大利亚州主要报告了达到全国最低标准的学生比例。塔斯马尼亚岛还公布了学生成绩在每个等级之间的分布情况。而澳大利亚首都领地则只报告了学生的平均成绩。新南威尔士是唯一只关注成绩处于最高两个等级学生比例的政府部门。此外，新南威尔士还报告了学生的公民学和公民资格的国家测评成绩。

据了解，NAPLAN 中相对落后的成绩激励了学校的改革进程，原住民群体代表也发现 NAPLAN 在帮助缩小成绩差距和激励新的项目方面具有促进作用。例如，维多利亚州就运用 NAPLAN 成绩来督导公立和天主教学校。教育与早期儿童发展部（Department of Education and Early Childhood Development）运用了 NAPLAN 成绩来督导不同学校教师打分的一致性，当统计显示出现不一致时，就由学校评价小组进行跟踪。NAPLAN 成绩还为树立学校问责的目标和动力提供了一个基本机制，对于各州和领地制定学校评价和改进计划具有积极意义。

## 二、研究机构型——澳大利亚教育研究委员会

澳大利亚教育研究委员（Australian Council for Educational Research，以下简称 ACER）是澳大利亚国家级层面最具影响力的非营利性教育研究机构。ACER 的使命是创造和促进研究性的知识、产品和服务，以此来改善终身学习。作为一个独立的非政府组织，ACER 通过承包研究和开发项目，开发和销售产品和服务，将运营盈余重新投入到研发中来产生全部收入。ACER 主要负责澳大利亚国家评估项目中的国际样本评估的管理。

### （一）历史发展

作为为教育政策制定者和专业人士提供可靠咨询的教育机构，ACER 有着悠久的历史和良好的声誉。其从一家小规模教育公司发展为世界领先的教育研究机构经历了三个主要阶段。

#### 1. 建立初期：小规模自主发展

ACER 于 1930 年在澳大利亚墨尔本成立，是在纽约卡耐基基金会的资助下成立的。卡耐基基金会本身就是为了“促进知识和理解的进步和传播”而成立的。尽管卡耐基基金主要造福于美国人民，但其中一小部分资金可以用于过去或曾经是英联邦成员的国家的同样目的。ACER 的建立得益于美国人詹姆士・罗素代表卡耐基基金会访问澳大利亚时，为了评估澳大利亚的教育状况，给予适当的援助的决定。

在 ACER 成立之前，澳大利亚没有建立面向全国进行评价咨询的教育机构。机构成立初期只是一个 5 名员工和两间办公室的小规模的机构，其研究也主要面向澳大利亚国内，主要研究澳大利亚学术和心理测试的标准化；研究年级或职业类型中的 10—18 岁的人数以及小学课程的根本问题。ACER 早期的重点是研究，而不是服务活动，并成为中小学教育调研信息的沟通所。

2. 二战后：官方资助与认可

第二次世界大战为 ACER 的发展提供了发展契机。二战期间，ACER 参与了澳大利亚军队和政府部门人员选拔的心理测试。ACER 还出版了指导民众从战火中安全撤离的读物，并为澳大利亚战后重建部（Department of Post war Reconstruction in Australia）提供咨询。从 1942 年开始的三年里，ACER 主要关注战争，停止了正常的工作。鉴于它的战时工作贡献，它的发展迎来了重要转机。从 1946 年开始，政府开始对其提供财政支持，并将它升级为澳大利亚重要的国家机构。此后 ACER 迅速发展，研究人员和研究范围进一步扩大，更加注重测试。工作内容包括：图书馆工作的大幅增长；建立半自主的考试部门；考试用户会议；对考试理论的研究；全澳大利亚范围内的课程调查；大学研究，以确定对学术成就的预测；以及开始研究青春期和失业问题。

3. 近 20 年发展：国际化发展

近几十年来发展迅速，拥有多家子机构。2002 年在悉尼开设了办事处，随后于 2004 年在迪拜和新德里开设了办事处，2006 年在布里斯班开设了办事处，2007 年在珀斯开设了办事处，2009 年在阿德莱德开设了办事处，2014 年在伦敦开设了办事处，2015 年在雅加达开设了办事处。

新世纪以来，机构研究领域更加国际化，开始开展咨询和国际项目服务，如 ACER 在国际数学和科学研究趋势（TIMSS）、国际学生评估计划（PISA）、国际阅读素养研究进展（PIRLS）、国际能源署国际公民与公民权利研究（ICCS）和国际能源署国际计算机与信息素养研究（ICILS）等大型国际调查的实施、管理和报告方面发挥了重要作用。① ACER 还通过包括世界银行（World Bank）、联合国儿童基金会（UNICEF）和联合国教科文组织（UNESCO）在内的发展组织，向世界各地的教育部门和机构提供专家教育咨询和能力建设。

（二）治理结构与人员组成

作为独立的非营利组织，ACER 实行法人治理，最高权力机构为董事会。机构设有首席执行官，下设人力资源部、ACER 基金会、国际发展部、宣传与交流部以及研发和质量保障部。在各部的协调配合下，主要进行四项业务，包括评价和心理测量的调查和报告（人文和社会科学学科的评价和报告、数学和科学的评价和报告、心理测量学和方法论以及全系统的测试）、教育监测和调研（澳大利亚国内调查和国际评估、教育政策和实践、教育与发展、高等教育）、专业资源（ACER 出版社、ACER 销售店、ACER 协会、坎宁安图书馆、学校评价服务和高等教育和职业教育评价服务）、企业服务（创意与在线服务、设施、资金、信息技术、法律和商业服务、项目服务）。②

ACER 的优势之一在于拥有专业及经验丰富的人才队伍。ACER 在阿德莱德、布里斯班、迪拜、德里、伦敦、雅加达、墨尔本、珀斯和悉尼的办事处有 380 多名员工。其拥有超过 150 名专职研究人员，在多个学科和研究方法方面拥有多年的经验和专业知识，并由具有研究项目组织、出版和管理经验的人员提供支持。针对不同的测评项目岗位对员工有不同要求，普遍要求员工至少拥有本科学士学位、有在学校工作或测评的经历和许可、具备中级计算机素养技能、有个人驾照。要求个人可以承诺对测试材料进行保密；具备关注细节、准确性和规则性的能力；有良好的沟通和人际交往能力，包括在出现技术问题时可以有效表达的能力；有强大的组织、时间管理和行政技能。

① ACER：*History*，2017 年 6 月 15 日，见 https：//www.acer.org/au/about-us/corporate-profile/history。

② ACER：*Organizational Chart*，2017 年 10 月 15 日，见 https：//www.acer.org/about-us/organisational-chart。

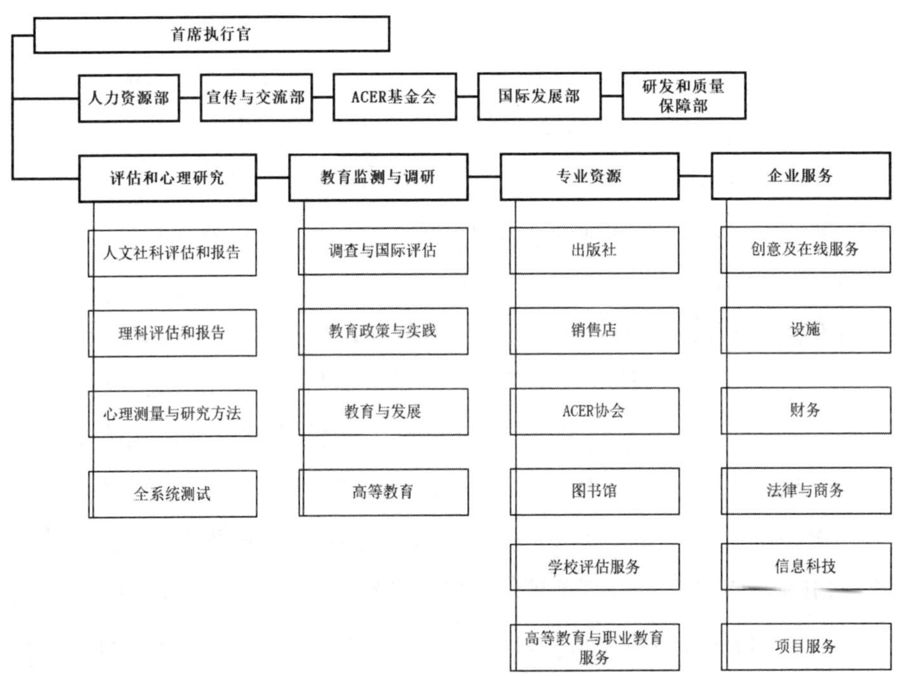


**图 6–4　澳大利亚教育研究委员会组织结构**

资料来源：根据《ACER2018—2019 年度报告》① 绘制。

## （三）业务范围与评估内容

### 1. 业务范围

作为一个独立的研究机构，ACER 的工作内容体现高水平的专业知识和客观性。ACER 为教育机构、专业人员、雇主和政府开发和提供高质量评估、报告工具和服务。ACER 拥有专门的数据处理设施，可以提供高质量的报告和分析服务，并可选择国家和国际两个不同的基准。此外，还出版和分发广泛的评估结果，供教育工作者、专业人员、心理学家和人力资源专业人员使用。

ACER 在国际上为大学、职业教育、培训机构、雇主和政府提供收费评估服务项目。这些服务项目包括入学和选拔测试，监测学生成绩的方案，质

① ACER：*ACER 2018—2019 Annual Report*，2020 年 11 月 8 日，见 https：//research.acer.edu.au/cgi/viewcontent.cgi？article=1022&context=ar。

量认证和基准测试，测试评分、报告和数据解释，以及提供在线和基于计算机的评估和报告。其开展的教育测评的主要类型有中小学入学测试、中小学奖学金评估、大学入学测试与奖学金评估、医学院入学考试、人力资源测评、心理测试、职业测试等。测试的项目包括跟踪监测学生的学习、读写能力，数学科学能力、逻辑能力、选拔测试、语言发展、健康等方面。①

2. 评估内容

ACER 工作的一个重要组成部分包括在系统和国家层面监督学生的成绩，提供更多有用的学校级报告，更好地反馈给教师和家长，给改进教育决策者提供参考信息。ACER 已经实施、管理和报告的大范围调查包括：国际数学与科学研究趋势（TIMSS）、国际学生评估计划（PISA）、国际阅读素养研究进展（PIRLS）、国际公民与公民权研究（ICCS）和国际计算机与信息素养研究（ICILS）。其中，前面三项评估项目是澳大利亚国家评估项目的重要组成项目。澳大利亚将国家评估项目的国际样本评估交由 ACER 来管理，体现了 ACER 在抽样、调查管理以及可靠的收集和打分评估方面的专业性。

（四）资金来源

作为专业化独立的机构，ACER 的资金主要来源于其提供的教育服务和产品所带来的收益，包括提供的教育咨询服务和出版社出售产品所带来的收入等。正是财务上的独立保障了 ACER 教育服务（包括教育评估）的公正性和客观性。尽管如此，ACER 实现财务独立也经历了一个过程。正如前文所述，成立之初，其主要依赖于卡耐基基金会的资助，1946 后获得了澳大利亚联邦政府的认可和财政投入。由于政府的财政资助，其研究功能和服务范围逐渐扩大，逐步获得自负盈亏的能力，为保证其独立性和公正性，现已不接受政府财政资助。据《ACER2019 年度财政报表》统计，现有总收入已达约 914 万美元，其中教育服务和产品的收益达 888 万美元②，占据总收入

---

① ACER：*School Tests*，2017 年 6 月 13 日，见 http：//www.acer.edu.au/tests/school/。

② ACER：*Financial Report 2019*，2020 年 11 月 8 日，见 https：//acncpubfilesprodstorage.blob.core.windows.net/public/45222177-39af-e811-a95e-000d3ad24c60-2c87ba71-a1e7-4bb6-9a25-4b7320c6f6c1-Financial%20Report-b86f6ddc-d305-ea11-a811-000d3ad1caaa-Audited_Accounts_Signed_01_10_2019_reduced_size.pdf。

的97%。其收入还来源于投资收益与其他收益。

## 三、新南威尔士大学全球公司教育评估中心

新南威尔士大学全球公司评估中心（UNSW Global Educational Assessment，以下简称EA）是新南威尔士大学全球有限公司（UNSW Global）的一个分支，UNSW Global是一家非营利性教育、培训和咨询服务提供商和新南威尔士大学悉尼分校（UNSW）的全资企业。EA专门为学校教育者提供一套评估工具，同时还在澳大利亚和国际范围内提供数据、分析和研究服务。每年向学校提供100多万次考试，为澳大利亚50%的学校提供服务。EA已于2020年5月被澳大利亚杰尼森教育公司（Janison Education Group Limited）收购，但是其开展的评估活动仍值得探析。

### （一）机构职能

EA致力于教育评估和测量的研究，并为政府和私营部门的客户提供各种各样的评估服务和定制的测量工具，在澳洲及亚洲、非洲、欧洲、太平洋及美国的20多个国家，开展大型的教育评估活动，至今已有35年的开展评估活动历史。其核心能力和目标是为2—12年级制定世界一流的形成性和总结性评估，主要向国际和国内市场提供两大主要产品：1. 对学习形成诊断性和形成性评估的评估产品；2. 补充评估产品如专业发展和咨询服务的附加服务，如为商业及教育机构提供扫描、数据分析及报告服务。此外，该机构的心理测量、研究和评估团队目前正在进行各种各样的商业和研究项目。

EA利用其评估开发能力和专业知识，作为第三方评估机构开展NAPLAN评估，主要是ACARA购买其写作测试服务用于NAPLAN项目评估的方式。并且，EA通过主办评估行业会议和提供专业学习课程等措施提供专业发展服务。

### （二）评估产品

作为一个盈利机构，澳大利亚教育评估局开发了不同种类的评估产品，为教育提供服务，其评估主要内容有：年度国际学校竞赛和评估（International Competitions and Assessments for Schools，简称ICAS）、REACH

Assessment、JET Assessment、SCOUT Assessment 四种。

ICAS 是以技能为基础的年度竞赛，为学校提供了一个独特的机会来衡量学生在计算机技能、英语、数学、科学、拼写和写作等核心课程领域的成绩。这些测试确定了个人和整个学校的优势，以及那些可能从更大的资源分配中受益的领域。这些测试包含了中小学学生的各种能力，并对他们在学校、国家和国际水平的同龄人相比较来衡量每个地区学生的技能水平。虽然在测试学科门类和测试时间都是一年一次，Reach 和 ICAS 的不同之处在于 Reach 是所有学校必须拥有的年度评估工具，旨在对全年进度进行基准和衡量，为老师、学生和家长提供全面的在线报告（包括对学生进展的跟踪）和为学校领导提供全组学生表现的资料。以学生为中心，适合所有学生，满足不同学术能力的需要。即使是最有能力的学生也会发现一些具有挑战性的问题。测试方式既可采用网上形式也可纸质版形式。测试结果需要 4 周，如果有需要的话，学校可下载和打印证明。而 ICAS 是一个年度的竞赛，专为高潜质学生的学术卓越而设计，在竞争环境中为优秀学生提供额外的挑战和扩展，参赛的所有学生都会获得一个自己总体表现的概况和由新南威尔士大学悉尼分校颁发的奖状，这一经历可以增添到学术简历中，并且，表现最佳的学生有机会获得奖杯和参加每年的颁奖典礼。这一测试只能在线进行。测试结果 4—6 天即可发放。

REACH 评估系列是一套针对中小学生的综合评估。Reach 评估为教育者提供知识，是未来规划的一个强有力的诊断工具。评估以相关年份的课程为基础，有在线和纸质两种形式。本系列的核心是一个在线报告系统，它为每个主题使用一个级数量表。

JET 评估是一种易于使用且可定制的 3—6 年级在线课堂评估，提供阅读、数学和科学方面的表现快照，以支持个人学习计划的制定。JET 评估为教师提供即时、全面和可靠的数据。教师使用这些数据可以立即调整他们的教学以适应学习者的需要。学生被要求对他们的结果进行反思，并使用这些信息与他们的老师共同构建学习目标。SCOUT 评估是专门为中学学生设计的，评估学生在数学、阅读、语言和写作方面的核心技能。评估的目的在于为中年级学生确定班级组成和分班。

EA 最核心的评估产品是 ICAS，其测试的问题（项目）被反映到多个国家课程文件中，确保了 ICAS 测试内容的相关性，并让家长和老师相信测试是有意义和相关性的。测试试卷由高质量的评估团队开发，并在心理测量和项目反应理论得到世界公认的研究和方法的支持。此外，ICAS 是澳大利亚唯一一个跟踪学生成绩和进步的评估项目，每年从 3 年级到 12 年级进行测试。正是这种深度的信息可以帮助教师和学校调整他们的教学和学习计划，以最好地满足学生的需求。这也能使父母有信心地知道他们的孩子与他们所在州、地区或国家的同龄人相比的表现水平。

（三）管理与人员组成

作为独立的运营公司，EA 设有 5 个部门保障评估活动的展开，分别为评估方案部、销售部、项目开发部、测试开发部以及项目与运营部。EA 总共有 37 名员工，根据业务范围，每个部门雇佣专业内不同数目的员工。

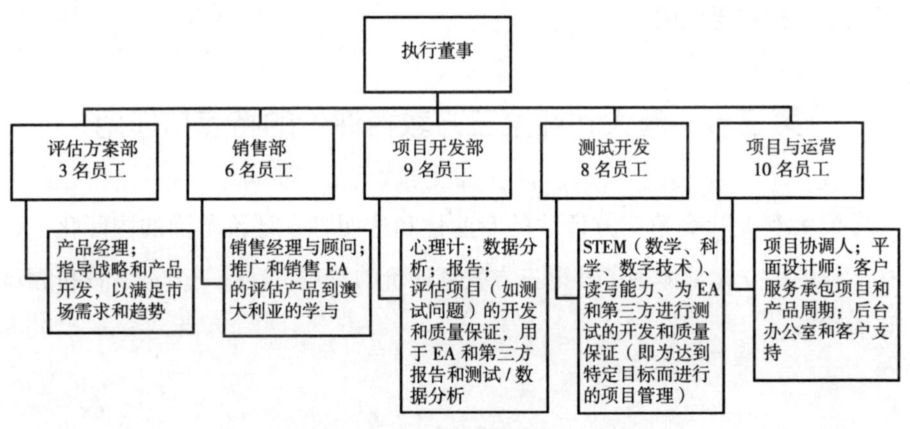


**图 6–5　EA 组织结构**

资料来源：根据杰尼森公司收购方案① 绘制。

---

① Janison Education Group Limited：*Acquisition of UNSW Global Educational Assessments*，2020 年 5 月 19 日，见 https：//content.janison.com/hubfs/05.%20Investor%20Relations/01.%20Financial%20Documents/01.%20Presentations/unsw-global-educational-assessments-acquisition-presentation_janison-education-group.pdf。

### （四）资金来源

EA 强大的教育评估产品销售利润保证了其资金来源。每年参加新南威尔士大学全球评估的学生人数达 100 多万，使用新南威尔士大学全球评估产品的学校超过 7000 所。① 虽然其市场面向全球，但是目前主要收入还是以澳大利亚本土政府和学校为主要客户。从 2016 年到 2018 年，尽管印刷、邮费、物流相关的销售成本较高，EA 仍然有强劲的毛利润评估收入，每年持续保持为约 1200 万美元，其中主要来自 ICAS 评估的纸质测试。②

在 4 个主要评估工具中，ICAS 充分体现了其作为 EA 核心评估产品的竞争优势，2019 年创下了 790 万的收益。但在 EA 部分转向线上考试过程中，由于计划不足、沟通效率低下、学校没有为转型做好准备等原因，2019 年的考试数量下降了 50%。并且，EA 从不利的海外合作伙伴关系中撤出，导致评估收入减少，所以 2020 年 5 月杰尼森公司开始收购 EA 中心。

总之，EA 以其专业性和科技化的教育产品开发，在澳大利亚基础教育评估中占据重要地位。

## 第三节　澳大利亚第三方教育评价的特点与作用

澳大利亚社会第三方评估的专业性和透明性、评价范围的国际化、机构运作的独立化都体现了其第三方教育评价的特点，在第三方教育评价领域卓有成效。

---

① UNSW Global：*Educational assessments*，2018 年 10 月 31 日，见 https：//unswglobal.unsw.edu.au/educational-assessments/。

② Janison Education Group Limited：*Acquisition of UNSW Global Educational Assessments*，2020 年 5 月 19 日，见 https：//content.janison.com/hubfs/05.%20Investor%20Relations/01.%20Financial%20Documents/01.%20Presentations/unsw-global-educational-assessments-acquisition-presentation_janison-education-group.pdf。

## 一、良好的发展背景

源自英国、后来又带有美国特色的教育行政管理体制直接影响了澳大利亚第三方教育评价工作的开展。正因为澳大利亚无单独设立的督导部门进行评估工作，主要依赖于各级各类教育组织、机构行使这一职能，这为第三方教育评价的开展提供了发展机遇。第三方教育评价机构的建立，为全国层面的教育评价提供了重要帮助，架起了各州和领地之间了解与沟通的桥梁。在世界教育评价发展趋势的引领下，政府部门对第三方教育评价机构给予内部与外部的支持，例如 ACARA 的资金由各州和地区以及澳大利亚政府根据教育委员会的资助公式进行分配，其中澳大利亚政府提供一半的资金，另一半由州和地区提供。

## 二、多方合作支持

澳大利亚学校一级的教育评价工作涉及所有相关利益者，不管是各级教育部门，还是各种利益主体，如学生、家长和社区都一起参与学校的监督和管理工作。因而，第三方机构要全面了解情况，就需要积极促进与州或领地的考试管理局、相关教育评价专家、澳洲教学与校务指导协会、澳大利亚教学与学校领导学院（AITSL）、澳大利亚教育服务局（ESA）、国际教育机构、大学、相关学院等组织的合作，开发和提供高质量评估和报告工具、报告结果、报告建议等专业服务。拥有一系列的咨询和专家团队，可以为工作提供支持，并确保其考虑到合作伙伴、利益相关方和相关专家的意见。对咨询架构定期研讨，以确保提供的建议符合目的。例如政府主要委托 ACARA 全面负责管理“国家评估项目”，但是需要各州及领地的相关部门和学校等的配合和辅助才能顺利实施，经过几年的磨合，各级的职责更为明确，实施更为顺畅。

## 三、注重机构专业性、独立性、国际化建设

澳大利亚第三方教育评价机构注重人员构成、研究领域、评价过程和

结果的专业化，机构有使命与目标，都追求高标准的学术成就及品质，目标是成为世界级的教育研究中心。在为教育部门提出改革框架或建议的过程中，注重证据收集的客观与有效性，对研究方法和工具进行检测，得出有依据的建议和信息。

机构运作体现独立化，具体表现为资金的独立使其立场保持中立，机构通过出售高标准的教育测评与咨询服务维持机构的正常运营。此外，机构有自己的董事会负责运作，得以独立于政府而存在。研究项目的开展不受政府、教育内部系统、各个利益团体的干涉，服从市场和客户的要求，并积极吸纳各种社会力量参与教育决策研究，受到政府与舆论界双重认可。

机构不断将自己融入不断变化发展的国际环境中，利用英语国家优势，在东南亚、中东、非洲等地建立分支机构，为发展中国家提供教育测量与诊断，不断提高教育研究的国际服务水平。另外还与各国的教育部门和大学展开教育合作研究，并承接来自国际顾客的教育决策服务委托。

## 四、评价结果透明与客观

联邦和州政府出台的教育发展计划很多都是针对学校的管理者、教师、教学行政人员的工作、学生的学业成绩、课程和教学等问题而提出的，一系列的教育组织和机构也都力图解决学校一级的教育问题，因而 ACARA 运用“我的学校”网站和 NAPLAN 评估结果参与对学校的教育评价。网站提供 9500 多个澳大利亚学校的概况，使用者可按学校所在位置、所属系统或学校名称在网站上进行搜索。在网站上找到每所学校的学生人数、学生在 NAPLAN 评估中所取得的平均成绩、学生进步指标，以及学校财务数据，这些信息可以和全澳所有学校的信息进行类比。在该网站上还能找到其他有用信息，包括每所学校的学生出勤率及教职员工人数等等。该网站使用了一个学生及学校特征指数，即所谓社区社会教育优势指数（ICSEA），来找出学生来源统计背景上相似的学校。每个学校的 ICSEA 值，是根据家长的职业和教育方面的信息，加上学校的招生数据计算出来的。这一数值代表了学校学生的平均教育优势水平。ICSEA 让大家能够以公平和有意义的方式来理解并比较学生在全国统考中所获得的成绩，同时还使力图提高教学质量的学校有机会向其他学生来源统计背景相似的学校学习。[①] 提供以上公开评价结果是为了促进程序透明和教育问责，但也带来对当地学校排名的争议，此后成立的"我的学校"工作组将教师工会代表、校长组织、读写和数学专家等利益相关者也纳入其中，为网站存在的不足提供建议。总体来说，评价结果的透明化与客观化为大众提供了一个更多了解澳大利亚学校的机会，同时也为学校提供了更多相互学习的机会。

ACER 作为专业化的教育决策服务机构，其客观、公正、独立的信念来源于财政上的独立性——不接受来自政府的直接财政拨款。其资金主要来源于出售产品的收入、提供教育决策咨询服务的报酬、接受社会各界的捐赠。[②]

## 第四节　澳大利亚第三方教育评价的启示

### 一、政府支持，第三方机构独立专业运行

在专业的基础上保障独立性是第三方教育评价机构的最大优势，政府可以引导和监督第三方教育机构，但在评估过程中需要"放手"，确保评估活动的自主性以及评估结果的客观性和真实性。这也是"客户"购买教育评估服务产品的最大需求。澳大利亚评估机构依据一定的法律法规或者政策建立起来的具有一定独立地位的实体，其运行独立于政府行政管理部门之外，在评估过程中是作为"第三方"出现的，有很强的独立性、专业性；人员构成方面主要以政府、学术界和工商界的专业人员为主，机构资金大多数是由机构自己筹措，也有一些是政府拨款，即使是政府拨款，也有法律保障其独立性。

---

① ICSEA：*About My school*，2017 年 11 月 2 日，见 http：//docs.acara.edu.au/resources/Information_Sheet_Simplified_Chine.pdf。

② 王建梁、郭万婷：《"专业化发展"理念下的澳大利亚教育智库建设——以澳大利亚教育研究委员会为例》，《高校教育管理》2014 年第 2 期。

## 二、转换评估结果使用的观念

教育评估的首要任务是关注教育目标的达成程度。教育评估结果的使用应该注重其“以评促进”功能的实现，评估结果不是终极目的，通过评估结果发现问题，反思改进以达到教育目标才是终极任务。教育评估要充分发挥其“以评促教”功能。对于教师来说，可以利用评估结果分析学生掌握知识的情况，进行教学反思，帮助学生达成教育目标，尤其是确定需要帮助的学生并给予及时的帮助。教育评估还有“以评促学”功能。对于学生和家长来说，可以根据评估结果确定自己的学业优势和薄弱环节，并及时向老师和学校寻求帮助。最后，教育评估还可以“以评促管”。学校可以利用评估数据进行二次分析，这对于学校改进教学策略和规划学校发展方向有着重要的意义。澳大利亚进行教育评估除了教育问责，更重要的是帮助学校、老师、家长和学生了解学生的学习情况，以便有针对性地改进。

## 三、依托互联网大数据，助力第三方教育评估

依托互联网和大数据平台进行科学评估，采用科技化和信息化的手段为学校提供一个更优质的评估服务，是保障教育的长远发展和现代教育体系构建的重要举措。政府需协助第三方评估机构评估，确保数据资料的收集和统计分析，创建利益相关者信息数据库，建立利益相关者共通机制，把评估结果作为改进工作计划的量化指标。通过利用“互联网 +”，对评估数据进行跨界分析处理，形成第三方评估信息系统，将不同机构、学校、区域的评估方法和案例存入系统库中，让大多数利益相关者通过直观数据真正看到第三方机构的价值，并可以随时随地通过网络访问评估的进程和考核的结果。而且，利用线上评估和认证的方式在一定程度上消减了人员和资金的成本，在未来的教育质量体系建设中将大有裨益。澳大利亚政府从 2016 年起决定投资 2500 万澳元开发线上测试。这一线上测试可以使学生和家长更快得到测试结果，也减轻了各地区政府和学校实施测试工作的压力。

### 四、加强教育评估透明化，建立全国性的评估沟通平台

搭建信息化和透明化的公开平台，这样既可以让所有的公民真正了解本国教育发展的状况、时刻关注教育最新的动向并对教育的发展进行时时监督，同时也可以让各学校之间互相了解，促进学校发展的良性竞争。澳大利亚政府和教育部门积极创造了澳大利亚教育评估具有责任性和透明度的机制氛围，建立资源共享的教育信息数据库，通过网站平台公开便于社会各层人士查找信息。政府主导的评估存在学校对评价结论不能得到及时反馈，评价结果也没有向社会公示，严重制约了评价的公平性与透明度。① 这也是第三方教育评估机构需要避免的问题。

同时，第三方教育评价机构需要加强成果意识，形成年度绩效报告，自行规范发展。不管是政府资助的 ACARA 还是独立发展 ACER，都会形成年度报告向社会公示。

### 五、加强对第三方教育评价机构的宣传，减少评估阻力

加强第三方教育评估结果的宣传工作，不仅需要政府层面的支持，如在政策制定中采纳第三方教育评价的建议和结果，提高第三方教育评价的权威性，也需要第三方教育评价机构本身的宣传。澳大利亚第三方教育机构充分利用网络宣传评估产品，通过用户反馈、成果展示等积极展开宣传，扩大第三方教育评估的影响面。另外，第三方教育机构还需要有市场意识，积极开发教育评估产品，加大国际宣传，提高评估工具的国际适用性。

### 六、充分利用评估结果，发挥评估效用的最大化

良好的教育评估不仅在微观层面帮助学校制定策略，完善管理体系，帮助教师调整教学策略，促使学生对已有学习水平进行再加工、再建构，查

---

① 王宁、郄海霞：《日本短期大学第三方评价的经验与启示——以日本高等教育评价机构为例》，《中国职业技术教育》2016 年第 24 期。

缺补漏全面提升学业成就，最重要的是为教育的决策提供诊断性的咨询服务。澳大利亚政府在制定教育决策时充分吸收第三方教育机构的研究成果，如研制教育评估框架、制定教育政策等方面，均离不开第三方教育评价机构如 ACER 的科研成果，避免了盲目决策。同时，在政策制定过程中，澳大利亚政府把第三方教育评价机构的建议作为重要依据，很多重要的政策制定都专门成立多方参与的“专家组”，听取相关领域不同群体的重要意见，使政策的制定更具操作性和参考价值。只有发挥教育评估的结果在国家、学校、教师和学生与家长各个层面的促进作用，才能发挥评估效用的最大化。

# 第七章　中国第三方教育评价的机制与模式

## 第一节　中国基础教育评价体系概况

### 一、中国推进第三方教育评价的背景

随着社会的不断发展，特别是改革开放以来，为了适应经济社会发展的需要，我国的教育管理体制也在不断改革，并取得了一定的成效，但“大统一”和“集权制”的管理模式并未能彻底改变，政府主管部门仍集管、办、评于一身。目前存在着政府既管理教育又包揽评价教育的弊端。各级教育督导机构绝大部分附属于教育行政部门，大多数评价活动都由政府教育督导部门开展。这样政府既是办学主体，又是管理主体，还是评价主体，决策、执行、监督一体化，相当于既当裁判员，又当运动员，还是解说员。这种现状带来的结果必然缺乏公信力，缺乏说服力，缺乏相互监督和制约，无论哪个环节出了问题都难以问责和及时改进，长此以往就陷入僵化固化的泥潭，教育发展失去动力和活力。目前的教育评估方式也存在很多问题：如行政性评价多，专业性评价少；结果性验收评价多，跟踪性评价少；规范性评价多，诊断性评价少；定性评价多，定量评价少。由于督学的专业性问题，行政性很强，评估多数是为了行政管理的需要，很少顾及教育和学校的发展，这些已经成为教育改革与发展的最大障碍，教育评估模式的转型已经刻

不容缓。①

为了改革上述弊端，一方面，在促进教育事业发展的过程中，国家必须合理地行使对教育事业发展的监督权与评价权，因此必须强化国家教育督导，充实、加强督导机构和督导力量。政府教育督导须与管理相分离，保持相对独立性，提高专业性，保证督导评估制度向着更加科学、公正、客观和专业的方向发展。相对独立既包括机构设置上的相对独立，但更重要的是确保督导评估在作出判断、报告、建议和意见上坚持自己独立性和客观公正性，真正发挥监督和问责作用，此外政府督导的职能主要放在以管理和宏观评价为主的督政、教育督导评价政策的制定、评价标准和指标指导方针的制定上。另一方面，在促进政府督导向着更加独立、客观、公正和科学的方向发展的同时，要改变过去以政府督导评估为主的局面，通过政府购买服务等方式，委托第三方教育评价机构对微观层面的教育实践活动进行评估，以推进社会第三方参与教育评价的发展，充分发挥第三方教育评价机构在保持中立客观同时兼顾专业性等方面的优势，推动其不断开发利用先进的评估理念和手段革除目前评价领域的弊端，革新教育评价生态环境，补充政府督导部门在缺乏客观性和公信力等方面的不足。在此背景下，政府亟待加强教育评价领域改革，加快推进社会第三方参与教育评价。

## 二、中国社会第三方参与教育评价的政策环境与发展现状

2010 年《国家中长期教育改革和发展规划纲要（2010—2020 年）》明确提出："要推进专业评价。鼓励专门机构和社会中介机构对高等学校学科、专业、课程等水平和质量进行评估。建立科学、规范的评估制度。"② 进而，2012 年教育部颁发《国家教育事业发展第十二个五年规划》规定："鼓

① 施建祥：《管办评分离体制下我国高等教育评估转型研究》，《上海教育评估研究》2015 年第 2 期。

② 《国家中长期教育改革和发展规划纲要（2010—2020 年）》，2010 年 7 月 29 日，见 http://www.moe.gov.cn/jyb_xwfb/s6052/moe_838/201008/t20100802_93704.html。

励教育中介组织积极参与标准的研究制定和实施检验”，“鼓励社会、家长、用人单位和第三方机构通过多种方式参与教育绩效评价”，“鼓励社会中介组织对教育教学质量进行评估。”① 2013 年《中共中央关于全面深化改革若干重大问题的决定》再次明确：“深入推进管办评分离，扩大省级政府教育统筹权和学校办学自主权，完善学校内部治理结构。强化国家教育督导，委托社会组织开展教育评估监测。”② 2015 年教育部下发《关于深入推进教育管办评分离促进政府职能改变的若干意见》，提出要“以推进科学、规范的教育评价为突破口，建立健全政府、学校、专业机构和社会组织等多元参与的教育评价体系。”③ 2017 年 9 月，中共中央办公厅、国务院办公厅印发《关于深化教育体制机制改革的意见》，指出要建立健全教育评价制度，建立贯通大中小幼的教育质量监测评估制度，建立标准健全、目标分层、多级评价、多元参与、学段完整的教育质量监测评估体系，健全第三方评价机制，增强评价的专业性、独立性和客观性。④ 教育部于 2018 年 3 月发布了《中共教育部党组关于加强落实工作的意见》，八条意见中的第六条健全落实评估监测机制指出，“开展第三方评价，鼓励和培育第三方专业机构，支持专业机构和社会组织开展教育评价。完善监测评估体系，定期发布监测评估报告。引入市场机制，将委托专业机构和社会组织开展教育评价纳入政府购买服务范围。”⑤ 以上政策都为教育评估职能向社会组织转移打开了局面。

在政策号召下，全国各地教育部门高度重视第三方教育评估监测工作，

---

① 教育部关于印发《国家教育事业发展第十二个五年规划》的通知，2020 年 11 月 21 日，见 http：//www.moe.gov.cn/srcsite/A03/moe_1892/moe_630/201206/t20120614_139702.html。

② 《中共中央关于全面深化改革若干重大问题的决定》，2013 年 11 月 15 日，见 http：//www.gov.cn/jrzg/2013-11/15/content_2528179.htm。

③ 《教育部关于深入推进教育管办评分离促进政府职能转变的若干意见》，2020 年 10 月 9 日，见 http：//www.moe.gov.cn/srcsite/A02/s7049/201505/t20150506_189460.html。

④ 中共中央办公厅　国务院办公厅印发《关于深化教育体制机制改革的意见》，2020 年 11 月 21 日，见 http：//www.gov.cn/zhengce/2017-09/24/content_5227267.htm。

⑤ 《中共教育部党组关于加强落实工作的意见》，2020 年 11 月 21 日，见 http：//www.moe.gov.cn/srcsite/A02/s7049/201803/t20180312_329702.html。

在推进社会第三方参与教育评价方面进行了一些探索实践。在政府支持和积极探索下，北京市社会第三方参与教育评价的政策体制逐步健全完善，相关工作机制逐步建立；上海市社会第三方参与教育评价已形成“一线两翼”的组织架构，第三方教育评价机构也积极在新领域探索管、办、评分离的治理体系；广东省社会第三方参与教育评价的发展基础和环境良好，行业态势积极，开展第三方教育评估检测的支持事项也日益完备；与此同时，江苏、大连等地第三方教育评价机构发展迅速，形成了一批诸如高擎教育评估有限公司、必由学教育网络有限公司等在内的品牌第三方教育评价机构。各地在探索实践的过程中取得了卓越成效，积累了丰富经验。本报告将基于北京、上海、广东以及大连等地的发展实际，对我国社会第三方参与教育评价的发展状况进行研究。

## 第二节　中国第三方教育评价的机构类型

民政部于 2015 年 5 月 13 日发布《民政部关于探索建立社会组织第三方评估机制的指导意见》(以下简称《意见》)，明确了建立社会组织第三方评价的总体思路、基本原则、政策措施和组织领导，对加快转变政府职能、激发社会组织活力、完善社会组织综合监管体系将产生重大而深远的影响。《意见》指出了承担社会组织评价的第三方评价机构要具备的四项资质条件：能够独立承担民事责任，具有相对稳定的专业评价人才队伍，内部管理规范，社会信誉良好。①

在教育领域，我国社会第三方参与教育评价的机构和组织类型可以分为如下三类：依托于政府部门的第三方教育评价机构，民办民营性第三方教育评价机构，以及依托于学术机构的第三方教育评价机构。

① 《民政部关于探索建立社会组织第三方评估机制的指导意见》，2020 年 10 月 9 日，http://www.gov.cn/gongbao/content/2015/content_2912374.html。

## 一、依托于政府部门的第三方教育评价机构

依托于政府部门的第三方教育评价机构，是指具有第三方评估功能，但隶属于政府部门直属单位的半官方型评估组织，这类评估组织大多属于教育部门的直属事业单位，主要满足政府转变职能和政事分开的需要，落实“管、办、评”分离的政策要求，承担教育评估工作。

典型代表为上海市于2000年9月创建的上海市教育评估院。该评估院隶属于上海市教育委员会，是目前我国成立最早、规模最大、业务范围最广的专业性教育评估机构，其业务涵盖基础教育、高等教育、职业教育、成人教育、民办教育、中外合作办学等领域的教育评估工作。在上海市教育委员会的领导下，上海市教育评估院主要履行下列工作职责：(1) 接受教育行政部门和相关机构的委托，对本市各级各类教育机构的教育状况和行为进行评估和认证，发布各类教育发展状态数据和教育质量信息，对各类教育质量和区域教育状况进行监控。(2) 接受教育行政部门和其他相关机构的委托，开展教师职务学术水平、科研能力和教学能力评价工作。(3) 接受各级各类教育机构、部门的委托，对学校自我评估和接受外部评估进行业务指导，提供发展规划、专业（课程）设置等咨询服务。(4) 接受社会各界的委托，开展教育行业（或专业）认证等社会性评估活动，研究构建教育质量保障体系。例如，2018年4月，上海市教育评估院在市政府教育督导室的指导下，以及在上海有关高校的协同配合下，开展了对于上海高校分类评价指标的编制与研究工作，并且其工作成效得到了市教委督导室的肯定。(5) 对区（县）、高校等教育评估机构进行业务指导，开展教育评估专题培训，进行教育评估理论研究和改革实验。(6) 开展教育评估理论、标准、技术等方面研究，开展国内外教育评估等方面的交流与活动。[①] 上海市教育评估院的工作主要来源于上海市教委下达委派的评估任务，除此之外，还接受教育部、上海市各

---

① 上海教育：《上海市教育评估院》，2018年7月6日，见 http：//www.shmec.gov.cn/web/jyzt/zsdw/jyzt_show.php? id=4。

区县以及社会各界的委托与授权。

根据归属单位行政级别的不同，可以将这类依托于政府部门的第三方教育评价机构分为省级教育评价机构与市级教育评价机构，如，广东省教研院教育评估室、江苏省教育评估院、四川省教育评估院、山东省教育评估院以及江苏省教育评估院等属于省级政府直属型第三方教育评价机构；上海、重庆、宁波、温州等直辖市和地级市也在市级层面建立起了直属教育管理部门的第三方评价机构。依托于省市级政府部门的第三方教育评价机构，其主要职责为组织实施地方教育行政部门委托的教育评估项目，除此之外还组织开展一定的理论研究和交流活动以及基层培训指导等工作。如，广东省教研院教育评估室的主要职能是协助广东省教育厅组织对各级各类学校的教育教学质量、科研工作、办学水平、办学效益、选优定级等评估（评审）工作，参与制定教育评估政策，参与教育质量监测工作，组织开展教育评估研究和专业培训；浙江省教育评估院，其职责包括组织实施省教育厅委托的教育评估项目，接受地方教育行政部门、学校及相关单位委托组织实施相关教育评价项目，组织开展教育评价理论研究和国内外交流活动，参与教育评价政策调研制定以及指导基层教育评价业务，开展全省普通话培训与测试管理指导工作等；① 温州市教育评估院主要受市人民政府教育督导室和市教育局委托，负责对全市各类学校和其他教育机构办学质量、办学效益进行第三方评价，同时组织开展教育评价理论研究和国内外交流活动并指导基层教育评价业务工作。②

不同于其他第三方教育评价机构容纳许多社会成员，其核心管理部门也有社会人士参与，开放度更高，依托于政府部门的第三方教育评价机构与政府的联系更为紧密，主要体现在人员评聘方面。尽管其大多具有独立法人资质，但由于隶属于地方教育管理部门，机构人员聘用受其监管和限制。一方面，部分这类第三方教育评价机构的成员享受国家事业编制，如浙江省教

① 孙菊红、董碧水：《浙江：成立教育评估院》，《课堂内外·教研论坛》2013 年第 3 期。

② 温州市教育评估网：《评估院简介》，2020 年 10 月 6 日，见 http：//www.wzjypgy.com/showarticle-333.aspx。

育评估院、温州市教育评估院等，其人员评聘受到政府部门的审核监管；另一方面，其他机构核心的专家库尽管并非国家公职人员，不收取任何工资，仅为受教育厅委托承接了某个评估项目收取一定的劳务费，但由于其属于隶属教育管理部门的直属事业单位，专家库的选拔和筛选也都受到教育管理部门直接监管。如，广东省教育评估室主要依托广东省教育评估专家库来根据项目需要组建评估专家组，而根据《关于建立广东教育评估专家库的通知》规定："建立评估专家库的程序，先由各市教委、教育局、各高等学校和有关单位按《广东省教育评估专家库人员推荐表》的要求推荐合适人选，经厅领导审批同意后，由广东教育发展研究与评估中心将评估人员分类汇总造册，输入计算机'专家库'。"① 即间接而言，广东省教育评估室的评估专家由广东省教育厅负责评聘。除此之外，一些半官方型评估机构除了人事权受到上级政府部门限制，其经费也由财政全额拨款。如，上海市教育评估院的行政经费来源于国家财政拨款，机构的人员经费也由国家承担；深圳市教育评估院属温州市教育局一类事业单位，由政府全额出资支持其组织运行。这种人、财的不独立性，使其评估结果的客观性与中立性难以保障。

依托于政府部门的第三方教育机构在项目承接、人才吸引、社会公信力等方面享有一定优势地位。首先，由于与政府联系紧密，这类第三方教育评价机构往往有更多的机会去接受省市级重大建设性评估项目，如广东省相关重大评估项目评估方案和指标体系大都交由广东省教研院教育评估室开发创建，《广东省高等职业院校人才培养工作评估方案》《广东省示范性中等职业学校评估指标体系》等数十项评估方案和指标体系皆由其创建；上海市教委于 2010 年力图对上海高校进行分类指导和管理时，也首先将该项目交与上海市教育评估院来创建高校分类与评估标准，这一项目的推行对于上海市乃至全国高校发展来说具有极大影响力及创新意义。与此同时，作为政府直属部门，这类第三方教育评价机构对于人才来说有着强大的吸引力，并且由于其人才评聘受政府部门审核，准入门槛较高，依托于政府部门的第三方教

① 汤贞敏：《广东教育评估发展报告》，广东高等教育出版社 2013 年版，第 28 页。

育评价机构的评估团队权威性和专业性十分突出。“隶属教育管理部门”“承接多项政府项目”以及“专业顶尖的评估团队”等头衔，使得这类半官方型评估组织在第三方教育评价机构中的专业性和权威性较强，社会公信力高，在社会及行业内也产生着较大影响。

## 二、民办民营性第三方教育评价机构

民办民营性第三方教育评价机构分为民办非企业的第三方教育评价机构与企业性质的民营性第三方教育评价机构。

### （一）民办非企业的第三方教育评价机构

民办非企业的第三方教育评价机构通常指经由各省市民政厅或民政部门批准设置的社会组织或者民办非企业单位。其在隶属关系上与政府部门完全脱钩，是人、财、物独立的法人单位，同时又能最大限度地享受国家政策给予的房屋补贴、运营费补贴、贴息贷款等优惠政策，减少组织的运营成本。[①] 这类第三方教育评估机构既积极争取政府委托的评估项目，也面向市场自主开发评估项目，除此之外，与依托于政府部门的第三方教育评价机构相同，这类机构也积极组织开展评估学术交流和培训活动。

典型代表为上海市教育评估协会，其在 2004 年 4 月 25 日经由上海市教育委员会和上海市民政局批准正式成立，是一个具有独立法人资格的专业性社会团体组织。上海市教育评估协会的职能或其业务范围主要包含以下几个方面：(1) 在上级主管部门的指导下，对各级各类评估机构进行协调组织，加强本协会的自我管理，维护评估市场秩序。(2) 根据有关法规授权或政府委托，负责评估机构行业准入的资质认证工作，并对专兼职人员的资格进行认定。(3) 从实际出发，组织研制对各类学校及其他教育机构进行评估的指标体系和实施方案，设置评估教育教学活动及相关人员的各类指标模块和质量标准。(4) 按照协会自律的要求，制定评估工作规程和服务质量标准，规

---

① 陈兴明、李璇、郑政捷：《我国高等教育第三方评估组织发展现状研究》，《黑龙江高教研究》2018 年第 7 期。

范教育评估行为，并接受社会各界对协会成员的评估工作投诉。（5）负责指导协会成员的业务工作，组织开展教育评估培训活动，积极推动与教育评估相关的各项课题研究，并与国内外相关机构开展省际和国际评估业务合作与学术交流。（6）提供教育评估咨询服务，发布教育评估信息，创办相关的学术刊物和改革实验基地，评审推广各地好的经验和做法，出版相关科研成果。（7）协调会员之间以及与其他组织或服务对象之间的关系，承担法律法规授权、政府委托以及章程规定的其他职能。（8）积极开发教育评估项目。在发挥评估协会的资源优势，主动争取政府评估委托的基础上，面向市场自主开发一些评估项目，以增强协会发展的活力和动力。① 除此之外，广东省教育评估协会、广东省教育督导学会均属于这类第三方教育评价机构的代表；深圳英葵教育服务中心与深圳市高德教育评估研究中心为这类教育评价机构发展较好的范例；上海区县的教育评价机构也多属此类，如杨浦区教育评估事务所、闵行区教育评估事务所、金山区教育评估审计服务中心等。

相较于民营企业性质的第三方教育评价机构而言，民办非企业的第三方教育评价机构的性质更加多样。部分民办非企业的教育评价机构虽然具有独立法人地位，但项目来源单一，工作任务单一，主要职责被限定于承接政府委派评估项目。如，广东省教育评估学会和广东省教育督导学会与政府关系密切，其创办运营受到政府的多方参与，其主要职责是为政府服务，如分担政府所需要承担的部分教育评估职能、帮助政府统合第三方教育评价机构、培训研讨教育评估相关理论及方法以带动整个行业的专业化发展；上海区县的教育评估机构已开展的业务活动中，政府委托占了很大比例，以2007年为例，不少机构政府委托项目占业务量的比例达到80%—90%。② 而其他民办非企业的第三方教育评价机构，如深圳英葵教育服务中心，则更多

① 郑令德、金同康、李亚东：《开创上海教育评估事业新局面——对上海市教育评估协会建设与发展的思考》，《中国高等教育评估》2005年第2期。

② 上海市教育评估院：《目前本市各区县教育评估机构总体情况》，2018年7月6日，见http：//www.seei.edu.sh.cn/Default.aspx？ tabid=153&ctl=Details&mid=609&ItemID=942&SkinSrc=［L］Skins/jypgy_1fen/jypgy_1fen。

的是服务于社会，有更大的自主权，其所提供的服务更多带有“公益性”，如其提供的“中小学生人生规划指导服务”不收取任何费用，旨在为处于人生迷惘时的中小学生提供规划指导，其余收费项目也根据申报主体的具体情况而定。① 因而，在这样的基础上，前者在政府的高把控下，往往专业性更强，而后者的专业性则有待商榷，但其往往与政府联系较不紧密，在诸多方面真正独立于教育主管部门，完全处于教育的“第三方”地位，评估工作的客观公正与独立性更有保障，且在一定程度上填补了教育评价机构缺少社会服务的空白。

### （二）企业性质的民营性第三方教育评价机构

企业性质的民营性第三方教育评价机构是指在工商行政管理部门登记注册的从事教育评估业务的民营企业，其最大的特点就是提供付费式服务，向相关教育机构或学校提供数据或咨询，收取一定费用。正因为如此，企业性质的第三方评估机构在商业化浓厚、营利性质明显、评估公正性欠缺等方面受到公众和官方的质疑。② 但由于其与教育行政部门之间没有行政上的隶属和依附关系，其第三方性质往往能够得到社会各界的普遍认可，评估结果的客观性与中立性也更能得到保障。

随着教育评估加快引入市场机制，将第三方教育评价机构纳入政府购买服务范围，越来越多的教育评估项目开始由政府委托给社会组织和专业机构去承担，第三方教育评估市场迅速活跃起来，众多从事教育评估服务的民营企业也开始兴起。据第三方教育评价联谊会的统计发现，近十年来，在工商部门登记注册包含教育评价业务的公司不断增多。③ 据学者归纳整理，全国目前真正开展教育评估业务，并获得同行和社会认可的民营性教育第三方评估机构大约有以下 47 所。（见表 7–1）

---

① 《深圳英葵教育服务中心》，2018 年 11 月 21 日，见 http：//www.szinquiry.com。

② 陈兴明、李璇、郑政捷：《我国高等教育第三方评估组织发展现状研究》，《黑龙江高教研究》2018 年第 7 期。

③ 《中国第三方教育评价发展的机遇和挑战》，2020 年 10 月 6 日，见 http：//www.sohu.com/a/209995906_763487。

**表 7–1　全国民营类教育第三方评估机构一览表**

| 序号 | 建立时间 | 机构名称 |
| --- | --- | --- |
| 1 | 2014 年 | 北京科教立新科技有限公司 |
| 2 | 2016 年 | 中质国优测评技术（北京）有限公司 |
| 3 | 2012 年 | 北京通学网文化教育咨询有限公司 |
| 4 | 2010 年 | 北京民生智库科技信息咨询有限公司 |
| 5 | 2014 年 | 北京译秦教育科技有限公司 |
| 6 | 2015 年 | 知子花教育科技（北京）有限公司 |
| 7 | 2010 年 | 北京菲尔麦德咨询有限公司 |
| 8 | 2010 年 | 清研灵智信息咨询（北京）有限公司 |
| 9 | 2015 年 | 北京慧辰咨道咨询股份有限公司 |
| 10 | 2014 年 | 北京易乐天行健教育科技有限责任公司 |
| 11 | 2006 年 | 天雨丰华（北京）教育文化发展有限公司 |
| 12 | 2010 年 | 北京创星伟业信息技术有限公司 |
| 13 | 2006 年 | 麦可思（北京）数据有限公司 |
| 14 | 2010 年 | 北京市精诚心信息有限责任公司 |
| 15 | 2016 年 | 北京育认认证服务有限公司 |
| 16 | 2011 年 | 北京新锦成数据科技有限公司 |
| 17 | 2016 年 | 国研兴化教育咨询（北京）有限公司 |
| 18 | 2017 年 | 北京星立方第三方测评科技有限公司 |
| 19 | 2016 年 | 北京公众学业科技服务有限公司 |
| 20 | 2015 年 | 北京中基智库教育咨询有限公司 |
| 21 | 2014 年 | 东方原点（北京）教育科技发展中心 |
| 22 | 2017 年 | 北京量规第三方测评科技有限公司 |
| 23 | 2015 年 | 中科易研（北京）科技股份公司 |
| 24 | 2008 年 | 上海思来氏信息咨询有限公司 |
| 25 | 2001 年 | 北京培文教育文化产业（北京）有限公司 |
| 26 | 2013 年 | 北京润智汇教育咨询有限公司 |
| 27 | 2017 年 | 湖北精微教育评价有限公司 |
| 28 | 2015 年 | 山东国文教育评估有限公司 |

续表

| 序号 | 建立时间 | 机构名称 |
| --- | --- | --- |
| 29 | 2011 年 | 山东讯源信息咨询有限公司 |
| 30 | 2015 年 | 重庆天正教育评估检测咨询服务中心 |
| 31 | 2016 年 | 安徽省新世纪教育评估服务有限公司 |
| 32 | 2010 年 | 成都志愿通教育咨询有限公司 |
| 33 | 2010 年 | 深圳市承儒科技有限公司 |
| 34 | 2017 年 | 山西文成亦汇教育咨询有限公司 |
| 35 | 2017 年 | 福建中兴达教育评估有限公司 |
| 36 | 2016 年 | 青海格致教育评估咨询服务有限公司 |
| 37 | 2015 年 | 广州晨旭科技发展有限公司 |
| 38 | 2002 年 | 深圳市爱义教育评估咨询有限公司 |
| 39 | 2010 年 | 海云天教育第三方测评机构 |
| 40 | 2001 年 | 上海东方教育评估事务所 |
| 41 | 2016 年 | 江苏诺恩教育评估有限公司 |
| 42 | 2015 年 | 江苏高擎教育评估有限公司 |
| 43 | 2012 年 | 上海徐汇文光教育评估事务所 |
| 44 | 2011 年 | 必由学教育网络有限公司 |
| 45 | 2015 年 | 四川大和公众教育评价公司 |
| 46 | 2016 年 | 四川成长动力教育科技有限公司 |
| 47 | 2015 年 | 苏州雪松湾教育科技有限公司 |

资料来源：王璐、邹靖：《市场机制下第三方教育评估机构的发展：机遇、路径与挑战》，《教育测量与评价》2020 年第 9 期。

我国企业性质的民营性第三方教育评价机构的创建形态与路径可分为以下三种：第一种为内部业务扩展型，是指某一机构在运营初期并非从事教育第三方评估业务，但是随着国家第三方教育服务利好政策的出台，一些机构凭借自身优势，开始拓展业务范围，将企业新的发展点聚焦到第三方教育评估领域中去，这类企业一般从名称上无法看出其第三方评估的性质，如北京民生智库信息咨询有限公司等；第二种是外部相关机构衍生型，是指出于成果转化的需要，由教育研究院性质的非营利性机构衍生出来的，如大连必由学教育网络公司、四川大和公众教育评估公司以及北京译泰教育科技有限公司等都属此类；第三种为独立创建型，这类机构在创业之初的定位便是专注于提供第三方教育评估活动，如上海思来氏信息咨询有限公司等，这类企业在运营过程中面临较大的风险与挑战。①

就其业务类型来看，有囊括幼儿教育、基础教育、高等教育、职业教育等各阶段领域评估的综合类评估机构，也有专门针对某一教育阶段，如专注于职业教育评估的广州市晨旭科技发展有限公司，这种即为进行优势发展的专项评估机构，前者虽然业务广泛，但往往专业度不高，后者则在特定领域已小有声望。

在这类第三方教育评价机构中也存在许多“僵尸机构”。如，部分企业只是挂名教育评估业务，而未进行过真正的实际操作，或一些机构已经不再接收教育评估业务，甚至已经停止运营，这种类型不仅不利于政府统计管理，且白白占据市场资源及份额；与此同时，还有一部分企业仍在运营，但其线上网站建立运营不良，许多信息未充分展示，在信息化时代，这会使其丧失部分业务，并在某种程度上影响第三方企业向全省、外省乃至外国拓展业务。

### 三、依托于学术机构的第三方教育评价机构

这类第三方教育评价机构一般挂靠于教育科研机构、学术团体或高等院校，如北京师范大学中国基础教育质量协同监测中心、同济大学办学质量评估院、暨南大学高教研究与评估中心、西南大学评估组等。

依托于学术机构的第三方教育评价机构，由于评价的专业性较强，受到中央以及地方政府部门青睐，委托其开展教育评估项目。如西南大学评估组，由西南大学教育学部、西南大学统筹城乡教育发展研究中心、西南大学

① 王璐、邹靖：《市场机制下第三方教育评估机构的发展：机遇、路径与挑战》，《教育测量与评价》2020 年第 9 期。

基础教育研究中心等单位联合组成，该评价机构受教育部委托对全国的义务教育质量进行了评价，并形成《义务教育第三方评估情况》。① 清华大学基础教育评估项目课题组，由青岛市市南区引进，与当地教育部门合作对青岛市 8 所学校展开了为期 3 年的教育综合质量评估工作合作，带动了整个青岛地区学校的发展活力，使青岛市学校谋改革、求发展的积极性明显提高，学校发展改革的步伐也进一步加快。②

这类第三方教育评价机构与民办非企业的第三方教育评价机构相同，在隶属关系上与政府完全脱钩，是人、财、物独立的法人单位，由于能够最大限度地享受国家政策给予的房屋补贴、运营费补贴、贴息贷款等优惠政策，这类组织机构的运营成本较低，运营风险小。与此同时，由于这类机构多挂靠学术研究机构，后者多具备专业的教育研究人员、评估理论和技术研究人员，这类第三方教育评价机构有着丰厚、专业的人力资源，同时后者完善的组织章程制度也促使其规范有序运行。受益于学术研究机构及其研究人员声誉的影响，依托于学术机构的第三方教育评价机构往往有着较高的公众认可度，其评估结果也更容易使公众信服和接受，在第三方教育评估行业产生着较大影响。

如北京师范大学中国基础教育质量监测协同创新中心由北京师范大学牵头，华东师范大学、华中师范大学、东北师范大学、西南大学、陕西师范大学、中国教育科学研究院、教育部考试中心和科大讯飞信息科技股份有限公司等8家机构作为核心协同单位共同建立；另外，其还与密歇根州立大学、加州大学洛杉矶分校、范德堡大学、伊利诺伊大学等境外单位合作，以为其提供强大的技术支持。该机构凭借其专业的专家团队、科学的监测方式和工具、发达的技术手段、规范有序的运营程序，有效地保障了第三方教育评价的科学性、独立性和公平性以及机构的平稳运行和良好发展。自成立以来，

① 伍玉松：《学校承担的义务教育第三方评估报告在京发布》，2020 年 10 月 9 日，见 http：//uzone.univs.cn/dispNews2.action？ itemId=2008_748028。

② 曾瑞鑫：《第三方评估助力青岛教育发展“互联网 + 评价”促进质量全面提升》，2020 年 10 月 9 日，见 http：//www.china.com.cn/education/2016-05/06/content_38394766.htm。

先后研制了《义务教育质量监测标准》并通过教育部认定；初步构建了国家基础教育质量监测体系并进行制度建设；成立了国家基础教育质量大数据采集与分析平台；为国家教育决策提供数据信息支持；开展区域监测与评价服务促进区域教育质量提升；其人员培养培训为全国基础教育质量监测提供有力支撑等等，在第三方教育评价行业以及国家和社会层面都产生了不容小觑的影响。

在大多情况下，依托于高校或科研院所等学术机构的第三方教育评价机构，评估专业性强、评估质量高，在保持中立性的同时不失权威性，可以在一定程度上增强第三方教育评价机构整体的专业度、可信度与公众认可度。但受市场机制的影响，这类机构由于缺乏外在监管，也会出现为谋取私利而伪造评估结果的现象。如2009年，某第三方教育评价机构负责人先后两次收取成都理工大学的“赞助费”，使得后者在中国大学评价课题组发布的《中国大学排行榜》中名次上升了14名。[①] 这不仅会扰乱大学正常的招生等活动，严重的话还会降低公众对于这类第三方教育评价机构的信任度，甚至影响社会第三方参与教育评价的发展进程。

## 第三节　中国第三方教育评价的内容与方法

### 一、中国社会第三方参与教育评价的内容

2015年5月，教育部发布了《关于深入推进教育管办评分离促进政府职能转变的若干意见》，提出要“以推进科学、规范的教育评价为突破口，建立健全政府、学校、专业机构和社会组织等多元参与的教育评价体系……扩大行业协会、专业学会、基金会等各类社会组织参与教育评价。”[②] 教育部

① 《中国大学评价课题组承认收费》，2020年10月6日，见http：//news.sina.com.cn/c/2009-05-06/112615579646s.shtml。

② 《教育部关于深入推进教育管办评分离促进政府职能转变的若干意见》，2020年10月9日，见http：//www.moe.gov.cn/srcsite/A02/s7049/201505/t20150506_189460.html。

2015 年工作要点也提出要“扩大社会参与教育评价的领域，委托第三方参与教育评价。”①

### （一）业务范围

在政府规划部署以及政策号召下，随着社会第三方教育评价机构组织规模的不断壮大、评估技术和手段的不断精进、评估经验的不断增加以及公众对于社会第三方参与教育评价的不断认可与接受，第三方教育评价机构的业务范围日益广泛。

第三方教育评价机构的业务范围不仅包括对微观层面的具体教育实践活动和主体进行评估监测，如针对学校的综合评价、针对家长、教师及学生满意度的评价以及针对学生的摸底性评价等。除此之外，第三方教育评价机构还开发了针对家长群体需要的项目。如，上海思来氏信息咨询有限公司就推出了儿童多元能力测评项目，通过出台针对某一个孩子单独的专业报告帮助家长了解孩子在各个方面的发展水平，包括认知、语言、逻辑、运动等方面，并且公司往往还建有自己的数据库，可以告诉家长孩子与大多数同龄人之间的比较并提供相关的发展建议。北京公众学业科技服务有限公司为了满足家长对孩子学习能够真正知情的需求，面向家庭开展一对一的学业测评业务，解决家长关于孩子学习状况的疑虑，并且提供科学的家庭辅导方案。

另外，第三方教育评级机构还涉及评估监测标准及工具开发以及地方教育规划实施情况评估监测等业务。以北京市为例，2017 年北京市教育委员会和北京市人民政府教育督导室印发了《北京市人民政府教育督导室关于委托第三方机构开展教育评估监测工作暂行办法》（下文简称《暂行办法》），其中委托管理章明确指出以下事宜可以委托第三方教育评价机构实施：（1）研制评估监测指标、标准、工具和工作规程；（2）评估监测各级各类教育发展状况；（3）评估监测各级各类教育教学质量状况；（4）评估监测市、区教育规划实施情况；（5）评估监测各级各类教育改革政策实施情况；（6）评估监测各级各类教育布局与资源配置情况；（7）评估监测教育热点、

① 《教育部 2015 年工作要点》，2020 年 10 月 9 日，见 http：//www.moe.gov.cn/jyb_sjzl/moe_164/201502/t20150212_185801.html。

难点、重点问题及舆情；(8) 需要评估监测的其他重要事项。[①] 北京市第三方教育评价机构的评价内容范围之广可见一斑。进一步以 2017 年为例，时年北京市委托第三方教育评价机构实施的教育督导评估监测项目有 9 项：北京市中小学体育督导评估标准研究、北京市中小学民族教育督导评估标准研究、“教育督导扫描”研发编制、《北京市教育督导条例》立法研究、北京市职业院校职业技能人才培养质量督导评估标准研究、北京民办高等学校办学状况与质量督导评估标准研究、北京地区高等教育发展质量监测评价标准研究、北京地区高等学校本科专业评估标准研究、北京地区高等学校与科研院所研究生培养质量督导评估标准研究。

由此可见，社会第三方参与教育评价的内容丰富，不仅涉及各级各类教育的宏观评估标准研制，而且包括对各级各类教育的微观发展状况进行评估。

### （二）评价领域

第三方教育评价机构涉猎领域广泛，不仅包括学前教育、基础教育、高等教育、职业教育、成人教育和现代远程教育等传统领域的评估，还积极在新领域探索提供教育评价业务。

以上海为例，2017 年上海为促进民办教育的规范运行与健康发展，出台了《上海市人民政府关于促进民办教育健康发展的实施意见》，提出“探索建立民办学校第三方质量认证制度和质量监控制度，培育更多的社会机构参与民办学校办学过程和办学质量评估。第三方评估结果，可以作为业务管理部门对民办学校予以奖励、警告、限期整改直至取消办学资格的参考之一。充分发挥各类机构在民办学校评估认证、咨询服务、风险防范、融资贷款等方面的作用。”[②] 在政策号召下，上海市民办教育协会教育评估中心将为

---

① 《北京市人民政府教育督导室关于委托第三方机构开展教育评估监测工作暂行办法》，2020 年 10 月 9 日，见 http：//www.bjedu.gov.cn/xxgk/zxxgk/201606/t20160603_12748.html。

② 《上海市人民政府关于促进民办教育健康发展的实施意见》，2017 年 12 月 27 日，见 http：//www.shanghai.gov.cn/nw2/nw2314/nw2319/nw12344/u26aw54537.html? from=timeline&isappinstalled=0。

民办教育机构提供专业特色的认证、咨询以及培训服务作为主要业务。在其服务下，上海昂立教育集团昂立外语和上海小荧星艺术培训学校成为首批接受民办教育机构质量认证的培训学校。① 除此之外，上海还坚持多年积极尝试由第三方对中外合作办学这一新领域开展认证活动，以规范中外合作学校的办学行为。2004 年上海市教育评估协会启动了“中外合作办学建立认证机制的研究”，这里的认证指的是办学单位自愿参加的一种含有自觉性的评估活动，并于 2011 年正式承接上海市教委委托的中外合作办学机构项目的认证和质量保障工作。

另外部分第三方教育评价机构，尤其是内部业务扩展型的企业性质的民营性教育第三方评价机构，除了开展教育相关的第三方评估业务外，还承担一定公共事务领域的第三方评价业务。如，北京民生智库有限公司不仅开展各区的教育满意度调查评估，对全国校外教育培训机构信息化应用现状进行调查评价，还受国务院扶贫办委托，承担全国贫困县专项脱贫评估监察、北京市分级诊疗工作效果评估研究、各级各类教育的满意度调查，服务客户除教育管理部门外，还包括城乡建设部、科技部、交通运输部、发改委、人力资源和社会保障部、民政部、国家扶贫办、国家医改办等政府机构。与此同时，该机构负责人表示：“在公司承担的所有项目里，涉及第三方教育评估项目的金额最少，利润空间最窄，这导致项目研究的深入度不够，影响教育评估的质量保障。”②

（三）地域范围

从地域范围来看，第三方教育评价机构随着自身的不断发展壮大，其业务内容不再局限于服务本省教育行政部门或各级各类学校，也积极扩展外省市教育评估市场，承接外省市各级各类学校以及其他个体的相关评价业务。

如北京译泰教育科技有限公司已经为全国近万所学校提供过第三方测

① 上海教育：《本市试点用第三方机构对教育机构进行评价和质量监督》，2020 年 10 月 6 日，见 http：//www.shmec.gov.cn/web/xwzx/show_article.html？ article_id=94761。

② 来源系笔者对北京某公司负责人的访谈记录。

评服务，服务的足迹走过了江西、云南、内蒙古、广州等16个省市。[①] 海云天教育第三方测评机构也已在全国26个省（市、区）110多个地市中展开了测评服务的实践，如新疆、佛山、重庆等地的义务教育质量监测与评价项目等。[②] 不仅企业性质的民营性第三方教育评价机构如此，部分与当地政府联系较为紧密的民办非企业的第三方教育评价机构也积极跨省开展教育评价项目，如广东省教育评估协会放眼全国，积极为省外教育行政部门、教育研究机构提供服务。连续开展海南省教育厅委托的硕士论文抽检工作及高等学校科学研究项目、教学改革重大成果项目及高等教育省级教学成果奖的评审工作；圆满完成福建省教育厅委托的基础教育教学成果奖评审和国家级基础教育成果奖遴选推荐工作。[③]

## 二、中国社会第三方参与教育评价的方法

与政府教育督导部门不同，第三方教育评价机构面临市场竞争压力，必须要不断学习引进先进的评价理念，研发科学的评价技术以及大力促进人员的专业发展以保障自身发展与壮大。

### （一）评价理念

许多第三方教育评价机构，尤其是民办民营性第三方教育评价机构的建立是基于对传统教育评估方式的反思，在教育评估理念上关注前沿评价理念，追求采用更加科学的方式来开展评估工作。不少第三方教育评价机构通过邀请专家学者开展理论讲座，组织行业交流与学术研讨，不断反思传统的教育评估理念以更新自身教育评价理念。

例如，许多第三方机构认为，政府在进行第三方评估时往往是以“结果问责”为导向，缺乏对结果的分析和反思。上海思来氏信息咨询有限公

---

① 北京译泰教育科技有限公司官网，2018年11月19日，见http：//www.onetarget.cn/index.html。

② 《教育信息化深化应用，海云天教育测评主推管理变革》，2018年11月19日，见http：//www.itestcn.com/610/2016/20160503174846773670807/20160503174846773670807_.html。

③ 广东省教育评估协会官网，见http：//www.gdjypg.org.cn。

司、北京新锦成数据科技有限公司、大连必由学信息咨询有限公司都强调，其在评估中更注重“改进”，而不是单纯地报告“结果”如何，即其坚持以改进为导向的评价理念，而非以结果为导向的评价理念，强调对学校和区域的教育评估调研结果进行现场解读，根据被评对象现阶段情况，提供有关其未来发展的相关建议。除此之外，还有一些企业性质的民营性第三方教育评价机构表示，其评估理念与政府有很大差别。例如大连必由学教育网络有限公司就反对对一所学校或者一个区域教育质量的评价只看重升学率，主张用一段时间内学生进步的程度来评价学校的教育质量，也即是为学校提供增值评价服务。①

（二）评价技术与手段

在评价技术手段方面，第三方教育评价机构注重使用或研发先进的技术手段以提升自身专业水准和专业力量。

目前一些第三方教育评价机构已尝试使用“互联网 +”的技术来收集相关数据并引入大数据分析作为评价的主要技术方法。例如，山东省泰山创新教育研究院主要依托该院研发的大数据平台，采用专家评审与大数据测评相结合的评价技术对榆林高新区教育进行整体评估；为重庆天正教育评估监测咨询服务中心作为我国西南地区开展“互联网 +”第三方教育评价的试点单位也在第三方评估中运用先进的信息技术优势以及高端的平台优势开展教育评估业务。②

与此同时，还有部分第三方教育评价机构不断研发新的教育评价技术和手段，为第三方教育评价机构注入源源不断的新技术与新手段。如，2017年度优秀第三方教育评价机构北京时代公众教育科技股份有限公司研发了学业素质能力考试（评价）系统（Ability and CompetenceTestSystem，ACTS），这一新的教育评价技术得到中国教育学会等权威机构的认可。武汉华大教师

① 王璐、邹靖：《市场机制下第三方教育评估机构的发展：机遇、路径与挑战》，《教育测量与评价》2020 年第 9 期。

② 向帮华、刘青、白宗颖：《教育 4.0 背景下第三方教育评估路径探究》，《教育探索》2017 年第 6 期。

教育发展研究院积极引进并采用这一评价技术，结合入校评估的方法，完成其所承接的黄陂区教育局委托的初中教育质量监测管理项目。另外，第三方教育评价机构在注重利用互联网技术以及大数据技术等线上、基于大规模资料进行分析评价的同时，也十分注重线下实践层面的观察与调研，强调一手的数据和实证调研。如，北京民生智库有限公司在对各级各类教育满意度进行调查的过程中，除采取网络调查技术之外，还采取入户调查、学校拦截等技术手段，以得到更加真实客观的一手资料；武汉华大教师教育发展研究院在进行上述教育评价项目的过程中，正式评估之前派遣 30 多位专家下校，通过参加教研活动、听课等方式对被评学校初始情况和水平进行前期测评。与此同时，其所评聘的人员大多拥有心理测量学、统计学、数学等学科背景，掌握着熟练的统计分析、大数据处理等先进技术，保障评价细致性与深入性。

第三方教育评估机构为保障评估公正性与客观性，在评估过程中也会采取一定的保密技术与手段。如，北京民生智库有限公司在评估项目进行期间，采取封闭式管理，不仅评估期间专家不会与政府人员接触，也不会泄露相关信息以让被评学校提前做好准备，整个项目评估小组也只有核心队员了解不同队员的动向与去处；上海市教育评估院为保障评估的客观性与可靠性，一方面采用回避制度，当学校委托评估院来评定学校教师职称之时，评估院会根据情况回避本单位内的工作人员，另一方面在职员内部建立承诺制度，要求单位内的工作人员和评估专家立誓对自己的行为负责。

### （三）评价人员专业发展

第三方教育评级机构主要通过组织培训交流活动促进评级人员发展。培训主要分为项目培训与日常培训，项目培训是指围绕项目要求对项目组成员进行相关培训，日常培训是指周期性对机构工作人员进行评估理念、评估技术以及评估伦理道德等方面的培训。如北京民生智库有限公司在进行“北京市职业院校职业技能人才培养质量督导评估标准研究”项目时，邀请职业教育以及督导领域的专家对参加该项目的成员进行培训，以研讨的形式增强其评估的专业性，并为评估活动的开展提供理论支撑；与此同时，其每周都会对工作人员进行内部培训，包括上门性的校培训以及讲座类的大培训，培训人员多为内部资深同行以及所聘请的外部专家人士。为保障数据收集的完整性、全面性与准确性，加之受制于经费缺乏的影响，第三方教育评估机构多会聘请一部分兼职人员参与数据收集以及初期访问调查工作，对于这部分人员，机构多对其进行技术手段方面的培训。对于其所选聘的核心全职员工，其往往掌握着扎实的评价技术与方法，而评估理论知识较为缺乏，且往往缺乏一定的学科知识背景，对于这部分人员，机构更侧重于对其进行教育理念以及知识理论培训。

第三方教育评价机构对于人员发展的重视在其人员构成上可见一斑，企业性质的民营性第三方教育评价机构设有专门的技术培训人员为机构成员提供培训服务。①

## 三、中国社会第三方参与教育评价的机制

### （一）评估人员构成

对于依托于政府部门的第三方教育评价机构来说，其拥有提供给员工体制内编制的权力，故而其吸引着评估领域专家前来就职，机构人员专业素养较高，如上海市教育评估院具有高级专业技术职称者占比 29.7%，博士生占比 21.6%，硕士生占比 62.1%。② 与此同时，受事业编制影响，这类第三方教育评价机构能够提供的专职工作岗位有限，人员规模较小。如，上海市教育评估院现有专职人员 37 名；浙江省教育评估院核定事业编制 15 人；温州市教育评估院核定事业编制仅 8 人。由于规模有限，除管理人员外，评估人员也多按照专业领域进行组织管理，负责各自领域内评估方案制定、工具研发、数据清洗与分析等相关评估工作。

对于民办民营性第三方教育评价机构而言，由于其与政府直属第三方

① 王璐、邹靖：《市场机制下第三方教育评估机构的发展：机遇、路径与挑战》，《教育测量与评价》2020 年第 9 期。

② 上海市教育评估院：《本院简介》，2020 年 10 月 7 日，见 http：//www.seei.edu.sh.cn/Default.aspx？tabid=161。

教育评价机构和依托于学术机构的第三方教育评价机构不同，本身不具有官方权威性以及专业权威性。为增强其竞争能力、提升公众信任度，这类第三方教育评价机构往往选聘高校教学科研人员或政府管理人员担任机构领导或指导专家。如，广东省教育评估协会名誉会长为中山大学原党委书记、国家教育咨询委员会委员，会长莫雷和常务副会长黄崴分别是华南师范大学原副校长、教授兼任博士生导师以及岭南师范学院副院长、教授兼博士生导师。① 上海市教育评估协会历届领导不乏上海市教育委员会、上海市人大教科文卫委等政府部门的现任或退休干部。② 大连必由学教育网络股份有限公司，由国家督学、辽宁省人民政府督学王允庆，大连教育学院教授孙宏安，北京师范大学心理学院教授刘红云等担任指导专家以给予评估团队强大的智力支持。③ 由于不受事业编制名额限制，加之专业综合人员的缺乏，出于评估业务的需要，尤其是发展较好的企业性质的民营性第三方教育评价机构，其人员规模通常较大，且组织成员根据各自专长和分工一般分为三大组成部分：一是负责指标、标准和测量工具的研发以及数据处理和报告出台的专业研究人员，是机构的中坚力量，一般学历水平较高，且有着丰富的学科专业背景与测量统计技术；二是负责数据收集以及访问调查的实施人员，由于这类工作技术要求不高、易于培训且较为灵活，这部分人员一般由固定人员和兼职人员构成；三是机构的管理人员以及项目运行的其他相关人员，包括客服人员、后勤人员、技术培训人员、品牌宣传人员、成果出版人员等。

依托于学术机构的第三方教育评价机构，受依托机构影响，这类机构成员专业性强且规模较大。以北京师范大学中国基础教育质量监测协同创新中心为例，目前该机构已聘用到工作人员 299 位，且其中多为教授、硕士和博士研究生，人员学历水平较高。在专业指导、骨干研发、技术开发、应用推广、行政管理等方面各有人员专职负责。

---

① 《广东省教育评估协会》，2020 年 10 月 7 日，见 https：//gdae.gdedu.gov.cn/gdjyyjy/xstt/202008/113b987f581c4f4d814569d7ebdbc0a6.shtml。

② 上海市教育评估院：《协会概况》，2020 年 11 月 7 日，见 http：//www.seeash.org.cn/xhgk。

③ 必由学：《专家介绍》，2020 年 10 月 7 日，见 http：//www.biyouxue.com/team-introduction/。

### （二）评估业务来源

第三方教育评价机构的业务来源主要分成两类：一类是政府部门委托的评估项目，机构可以通过政府直接定向委托或者投标竞标来承接评估项目，后者具有一定的竞争性。竞争性项目承接流程为：政府招标，机构提供具体的方案（包括经费预算、专家团队构成等）进行投标，机构现场讲标，政府通知竞标结果；另一类是学校、社区、家庭或个人等社会成员所委托的评估项目，双方经过协商谈判之后达成合作意向，机构由此接受委托开展相关评估工作。

一般来说，与政府部门关系密切的第三方教育评价机构更多地承接来源于政府部门委托的评估项目，如民办非企业性质的广东省教育评估协会，虽然与当地教育管理部门不属于行政上的隶属关系，但与广东教育督导协会相同，属于广东省教育研究院下辖的学术团体，接受广东省教育厅业务指导和广东省民政厅监督管理，其不仅与广州市晨旭科技发展有限公司共同承接广东省教育厅转移的广东省省级重点中等职业学校评估职能，还与广东教育督导学会共同承接“高中省一级学校等级评估”“国家级示范性普通高级中学评估”“省一级幼儿园评估”“省级重点中等职业学校等级评估”转移项目资质。而依托于政府部门的第三方教育评价机构往往直属国家政府部门管辖，与官方政府联系紧密，设立的初衷便为通过承接政府的教育评估职能，加快政府职能转变，更好地落实“管、办、评”分离政策，因而评估项目基本上都来自于政府委派。相对于与政府部门联系较不紧密的企业性质的民营性第三方教育评价机构则更多地承接来源于学校、社区、家庭或个人等分散的社会成员或组织所委托的评估项目。

由于业务来源方特质的不同，第三方教育评价机构所开展的具体的评估活动也有所区别，主要体现在评估经费、评估人员、评价指标、结果自主权等方面。

首先，在评估经费方面，政府委托的评估项目，其预算经费有时直接由政府给定，有时由竞标机构根据自己的评估方案给出经费预算，之后的项目经费完全由政府支付，但整体经费偏低，与评估难度不符，机构盈利空间小；而非政府方面委托的评估项目，经费由委托方与第三方教育评价机构协商制定，因而机构可以在这一协商过程中根据评估难度、规模大小与委托方讲价定价，相对来说盈利空间较大。

在评估人员方面，由于政府官方委托的项目后期审核较为严格，因而在承接此类评估项目的时候，第三方教育评价机构往往会组织项目评估领域的专家加入并指导机构内部人员组成的评估小组开展工作；而非政府方面委托的评估项目，则大多直接选派机构内部人员组成评估小组开展工作，缺乏行业专家指导。

其次，在评估指标方面，对于承接的政府委托的评估项目，机构往往根据国家教育部或省市教育厅所下发的教育评估有关标准、方案等制定评估维度与量级标准；而对于非政府方面委托的评估项目的评估指标的制定，机构往往有更大的自主性空间，可以围绕委托方的评估需求，更有针对性、有重点地设置评估标准。有时机构会自行编制评估问卷，甚至将这一工作再行外包，如北京民生智库科技信息咨询有限公司在开展评估项目的过程中，也会寻找第四方在问卷编制、数据清洗等方面提供支持。自行编制问卷虽然有一定的灵活性，但发挥空间过大，往往导致评估指标的随意性较强，专业性与权威性难以得到保障。

另外，在结果自主权方面，主要分为审核及公示两方面来讨论。在结果审核方面，原则上评估结果不仅应当接受委托者和公众的监督考核，还应接受专业领域的“元评估”。但由于我国大多数省市缺乏相应的行业自律组织对评估结果进行再评估，而上海市教育评估协会、广东省教育评估协会等行业自律性组织，由于发展起步晚等原因，仅仅起到表面凝聚作用、审核监管较为宽松，对第三方教育评价机构的评估工作进行再评估的能力与机制还未发育完全，仅是该行业自律组织的雏形，故而对评估结果进行审核的责任往往由委托方自行承担。因而在政府委托的评估项目中，第三方教育评价机构的结果自主权往往较小，而在非政府方面委托的评估项目中，完全受市场调节，缺乏监管机构，第三方教育评价机构的自主权又往往过大；结果公布方面，如果是政府委托第三方教育评价机构对省内或市内的学校进行评估，则是否向社会公布结果由政府决定，如若是学校或社会个人直接委托第三方教育评价机构对自己进行评估，则由学校或社会个人决定是否向社会公布评估结果，总而言之，结果是否公布由委托方决定。

对于结果的运用，一般而言，第三方教育评估结果被用于质量监测、阶段性评价、改善教育教学活动或制定评估标准等方面。对于政府部门来说，评估结果还常被用于政策制定和决策。一般而言，第三方教育评价机构有责任对委托方和被评方解读结果报告，并对相关人员进行培训，以使其能够在实践环节将评估结果合理利用，起到为改善而评估，而非为诊断而评估的作用。

（三）评估模式

总体来说，第三方教育评价机构的评估流程大致呈现如下模式：在评估工作开始前，根据政府、学校和社会用人单位的评估需求，通过直接委托或招标竞标等方式，接受其委托，与委托方签订合同，明确评估中双方的责任与义务，为委托方提供评估服务。接着组建评估组，根据政府或社会用人部门制定的政策及标准，结合被评者的自我价值取向研制评估方案，通知被评对象，对其实施评估。[①] 在“管办评分离”的大背景下，一般来讲第三方教育评价机构主要接受政府部门委托对学校进行教育评估，即“第一方”通常为教育主管部门，“第二方”为被管理与评价的承担教育任务的学校。此类教育评价活动中，政府、学校和第三方教育评价机构三方各自的责任与义务如下：

1. 政府

首先，政府应当根据相关文件，委托选取第三方进行评价。根据规定，政府可以采用公开招标、邀请招标、竞争性谈判、单一来源委托等方式，其中，公开招标应当作为主要方式。公开招标应依照法律、法规以及有关规定，按照既定程序组织开标、评标并确定中标单位。

---

① 慕彦瑾：《我国社会中介性教育评估组织的培育及发展研究》，硕士学位论文，西北师范大学教育学院，2005 年，第 36 页。

在确定最终委托的第三方组织后，政府应当就第三方开展教育评价工作提出具体要求，确定评价目标以及评价的一级维度。比如武汉市江岸区教育局在引入第三方后，确立了从“学生品德发展水平、学业发展水平、身心发展水平、兴趣特长养成、学业负担状况”等 5 个维度进行教育质量评价，并由第三方制定出具体的评价指标体系和评价方案。区教育局对其指标体系和方案征求各方意见认可后，作为甲方与第三方（乙方）签订了具有法律效应的文本合同①，也即政府对于第三方评价方案具有最终的决定权。

在评价过程中，政府可以协助评价，为第三方提供所需要的信息和资料。比如教育部委托西南大学课题组进行义务教育均衡情况的评价，就需要通知到各个抽样学校，配合课题组的调查，如果通知不到位，学校不知道课题组的意图，则会阻碍评价进程。因此，政府在评价过程中，需要协同第三方与被评价方的关系。此外，在评价过程中政府有权对第三方评价进行过程和质量监控，如因第三方机构存有违反协议或其他违规违纪行为，有权视情节轻重，给予核减委托经费、终止委托业务、取消委托资格等处理。

在评价结束后，除支付委托费用，政府还应合理利用评价结果，促进学校改进。比如 W 市 J 区教育局在全区教育系统召开了两次“‘第三方’参与教育质量综合评价推广会议”，会上该教育局委托的第三方机构对教育质量综合评价的理念、依据、方式、方法等作了详细的解读，对评价过程中发现的学校特色给予充分肯定②，对于评价中发现的问题给予有针对性的反馈。将评价结果呈现给利益相关方，对被评学校进行奖励问责，最终目的仍然应当落脚于帮助被评价方进行改进与提升。

2. 第三方教育评价机构

首先是制定评价方案。在评价开始前，第三方组织应当认真学习委托方的要求，对于要求不合理或实在有困难的地方，应当及时提出。通过与委

---

① 童其贵：《引入第三方机构参与教育质量综合评价的实践与思考——以武汉市江岸区为例》，《现代中小学教育》2016 年第 7 期。

② 童其贵：《引入第三方机构参与教育质量综合评价的实践与思考——以武汉市江岸区为例》，《现代中小学教育》2016 年第 7 期。

托方协商，按照政策精神和评价目标制定评价方案，并提请相关方向的专家评审和完善，最终将方案报委托方备案。

其次是组建评价小组，开发评价工具。方案确定后，第三方机构应当根据评价的主要方向、工作量组织相关人员。人员在年龄结构、专业方向、学科结构、职称职务等方面分配要合理，并且坚持同校同区域回避性原则。① 开发研究工具、设定指标体系时要注意尽量将笼统的指标细化，同时注意评价方法的多元化，如定量与定性相结合等。

再次是评价开展后，第三方应进入评价现场开展评价。在评价过程中，应当做到以下基本条款：保证评价过程客观公正，对评价质量负责，不得向被评价方收取费用或报酬，不得接受被评价方的礼品礼金等。同时承担协调沟通职能，作为中介机构，使三者之间的信息能够得到及时地传达与交流。科学合理地运用评价工具开展评价，不提与评价无关的要求，应收集真实数据，汇报真实分析结果，不得弄虚作假。

最后应汇报工作进程、呈现评价结果。向委托方提交专业性的评价报告及相关成果，用清楚明了、易于理解的方式公布向各利益相关方呈现并讲解评价结果。评价结果的公布并不是评价过程的结束，在结果公布后，政府依据评价结果要求被评价方进行整改，第三方教育评价机构应当对整改学校上交的材料进行审核，根据整改的情况决定是否组织专家组进行回访，并将整改情况反馈给政府，第三方有权收取委托费用，并可以对数据进行深入分析，但未经委托方同意或授权，不得将有关评价数据、结果、报告发表或用于其它用途。

3. 学校

作为被评价方，学校的工作较少，主要是配合评价，不弄虚作假。在评价前，学校不需要进行准备工作。在评价开始后，应当积极配合和协助第三方评价机构的工作，允许评价人员进入学校场域开展实地观察、发放问

① 杨静：《初中学校第三方绩效评估方案初探》，硕士学位论文，宁波大学教师教育学院，2015 年，第 5 页。

卷、开展访谈等各项工作。以友好的态度对待工作人员，不干涉工作人员的评价结果。根据评价工作需要，及时提供相关情况介绍、报表和自评报告等材料，并对其真实性负责。学校对于评价结果有知情权并且有权拒绝第三方机构提出的与评价事项无关的要求。

评价结束后，被评学校应当认真学习评价报告，针对报告中提出的问题，提交整改方案。整改方案要包括预期的整改目标、具体的整改时间、采取的整改措施，并附上相关的佐证材料。

## 第四节　中国市场机制下的第三方教育评价

### 一、供求机制下：社会第三方参与教育评价发展迅速，但发展质量有待提升

在2010年《国家中长期教育改革和发展规划纲要（2010—2020年）》颁布以前，我国民间的教育评价机构的发展尚处于萌芽的阶段，由工商部门批准成立的民营性的教育评价机构在2010年以前非常少，通过浏览各省工商行政管理局官网，仅查询到4家民营性教育评价机构。但自2010年《国家中长期教育改革和发展规划纲要（2010—2020年）》颁布后，特别是2015年教育部《关于深入推进教育管办评分离促进政府职能转变的若干意见》发布以来，教育评估开始加快引入市场机制，将第三方教育评价机构纳入政府购买服务范围，政府层面对于第三方教育评价机构的需求增大。一方面，越来越多的教育评估的项目开始由政府委托给社会组织和专业机构去承担；另一方面，社会其他组织机构受政府态度转变的影响，也逐渐接受任何第三方教育评价机构提供的服务，自发寻找第三方教育评价机构为其提供服务。受供求机制的影响，第三方教育评估市场迅速活跃起来，国内教育第三方评估机构进入快速发展阶段，众多从事教育评估服务的民营企业也开始兴起。据第三方教育评价联谊会、北京市教育评估监测第三方机构库、青岛市教育评价第三方机构库以及广东、上海等地区的教育评估协会相关的文献和

访谈所获取的信息汇总统计显示，截至2019年，我国已有47所在实际运营，且获得了同行和社会认可的民营性教育第三方评估机构。不仅出现了一批在创业初期就将自己定位于专注提供教育第三方评估业务的第三方评估机构，在供求机制的作用下，不少在运营初期并非从事教育评估业务的第三方教育评价机构随着市场对于教育第三方评估需求量的不断增加，凭借自身独有的技术优势与评估经验，开始拓展业务范围，将企业新的发展点聚焦到第三放教育评估领域中去。

在这样的背景下，社会第三方参与教育评价的项目类型丰富，涉及学前教育、基础教育、高等教育、高职教育、成人教育以及跨境教育等领域。但由于不同领域的项目需求量不同，如随着教育部相继出台《关于推进中小学教育质量综合评价改革的意见》和《关于做好中小学教育质量综合评价改革实验工作的通知》等相关文件，拉开我国中小学综合改革的序幕，自2013年以来，基础教育领域的第三方评估项目需求较大。由于缺乏市场准入机制和行业调度机制，不少第三方教育评价机构都集中于基础教育评估领域，造成行业同质化发展，不仅不利于各评估机构发挥自身优势形成品牌效应，还会由于供过于求造成一定的资源浪费，不利于第三方教育评估行业的突破性发展。与此同时，由于我国还未建立起系统的、有广泛代表性的高等教育认证市场准入监督体系，导致受供求关系影响进入第三方教育评价领域的机构组织良莠不齐，影响整个行业的质量和公信力建设。

## 二、价格机制下：社会参与第三方教育评价资源配置向优，但受政府影响作用有限

目前我国已有的第三方教育评价机构，无论是民办民营性第三方教育评价机构还是政府部门直属第三方教育评价机构以及依托于学术机构的第三方教育评价机构，无论与政府联系程度如何，其本身作为“第三方”具有一定的独立性，属于市场活动，受市场机制影响。价格机制作为市场机制的重要组成部分对于社会参与第三方教育评估这一市场行业具有一定的资源配置调度作用。如，我国第三方教育评价机构的主要项目来源分为两大类：一是

政府委托专项，二是学校、社区、家庭或个人等社会成员委托评估项目。相较于后者来说，前者的项目经费普遍偏低，如某第三方教育评价机构负责人表示："政府项目利润很低、关于教育的整体费用偏低。"而第三方教育评估项目往往运行成本很高，利润空间窄，较低的项目经费不足以维持高质量评估工作的成本，导致机构在政府委托项目方面只能获得较少的利润。如此能够在一定程度上促使第三方教育评价机构将承接焦点不单单集中在政府项目，同时重视拓展来源于个人以及其他社会组织的评估项目，使得社会参与第三方教育评价行业领域资源配置保持一定的均衡性。

然而尽管政府项目的盈利空间有限，但其权威性与项目的稳定性对于第三方教育评价机构而言也是某种利好，不少民办民营性第三方教育评价机构由于自身缺乏专业性和社会认可性，倾向于积极承接政府项目。与此同时，依托于政府部门的第三方教育评价机构以及部分民办非企业的第三方教育评价机构，由于在机构建设方面与政府联系紧密，其主要业务来源甚至主要职责便是承接政府委托的第三方教育评估项目。因而，从此角度而言，价格机制促进社会参与第三方教育评价资源配置向优的调度作用是有限的。

### 三、竞争机制下：社会参与第三方教育评价活力激发，但不规范行为凸显

市场语境下，竞争是普遍存在的，随着第三方教育评价机构规模的不断壮大，竞争激烈程度也与日俱增。相对于依托于政府部门的第三方教育评价机构、与政府联系紧密的部分民办非企业教育评价类组织，其拥有先天优势，即政府能够为其提供稳定的项目来源以维持其运转，以及依托于学术机构的第三方教育评价机构由于其依托对象的特殊性，其项目来源也较为稳定。企业性质的第三方教育评价机构先天缺乏稳定的项目来源，而一方面社会层面广泛采用第三方教育评估的意识与机制尚未形成，加之其专业性和权威性缺乏，公信度较低，来源于社会层面的委托项目较少；另一方面就政府招标的要求来看，许多新兴的第三方教育评估企业由于缺乏相关评估经验很难在政府招标竞争中最终得标，这就造成这类第三方教育评价机构面临着强

大的竞争压力。

为了提升自身竞争力，保障生存与发展，独立性更强的民营性第三方教育评价机构不断创新精进评估技术，部分机构不仅采用大数据技术，还将其与互联网相结合形成自身核心技术。例如，麦可思作为中国首家高等教育数据与咨询机构其 2018 年出台的大学生就业报告就是从大数据的角度对于各专业、各行业的就业情况进行了整体的统计①；上海思来氏信息咨询有限公司就首创了全样本大数据的调研，在某些业务上也会尝试利用 iPad 移动互联终端来记录教育过程性数据；重庆天正教育评估监测咨询服务中心作为我国西南地区开展“互联网 +”第三方教育评估的试点单位也在第三方评估中运用先进的信息技术优势以及高端的平台优势开展教育评估业务②。与此同时，为了保障客观性与专业性，提升自身公众认可程度与公信力，部分第三方教育评价机构尤其是民营性第三方教育评价机构，往往在项目开展上做得更细、更深入，强调第一手的数据和实证调研，认真的态度使其拥有独特的竞争力。例如北京民生智库科技信息咨询在对学校进行评估时，都是组织人员亲自去校方走访，对家长发放问卷也都是直接入户，不经过学校管理层，不受到教育行政的约束，往往能够各方获得更为真实的一手数据；另一方面，与政府联系较为不紧密的第三方教育评价机构意识到，尽管因此其缺乏稳定的项目来源，但独立性与中立性便是其独特的竞争优势，便积极建设评估过程中的保密和回避制度以发展自身优势。如北京民生智库科技信息咨询有限公司在项目评估过程中实行封闭管理，评估人员不会和被评方接触，以防其提前采取措施干扰数据资料收集，同时坚持保密制度，只有核心成员组知道不同成员的目的地与评估内容，以防消息泄露。如此，在竞争机制的作用下，第三方教育评价机构的活力被激发，部分第三方教育评价机构不断创新精进技术、保障评估质量、坚持第三方评估独立性与公立性特征，不仅

---

① 《2018 年中国大学生就业报告》从大数据角度反映专业就业状况，2020 年 10 月 8 日，见 http：//www.mobiletrain.org/about/info/8628.html。

② 向帮华、刘青、白宗颖：《教育 4.0 背景下第三方教育评估路径探究》，《教育探索》2017 年第 6 期。

带动了行业生产率的提高，还形成了良好的行业生态。在这部分机构的带动下，部分与政府部门联系紧密而丧失了改革发展动力的第三方教育评价机构也在积极探索适合自身的发展之路。

与此同时，由于我国尚未建设其专门的机构组织对社会第三方参与教育评价行业进行监督监管，相关管理监督制度建设也尚不完备。目前在上海、广州等地建设起的行业自律协会以及全国范围的第三方联谊会虽然在某种程度上承担起了行业机构资质认证的工作，但由于缺乏相关法律和法规的保护，其强制性和规范性还相对较弱。目前第三方教育评估市场仍然充斥着一些恶意竞争行为，如有些机构在市场竞争中会运用远低于成本的价格提供产品，采取提速、降质的发展路径。这一恶意投标的行为不仅会损害其他教育评估企业的利益，也会使得第三方教育评估市场陷入混乱，损害公共的教育利益。一些企业的负责人还表示在政府招投标这一市场化交易过程中，由于其时间周期长，人员交往密切，一些不良同行可能还会与一些唯利是图的政府官员进行“桌下”交易，这一不公平竞争的行为给其他评估企业造成了困扰，污染了市场公平竞争的良好氛围与环境。

### 四、风险机制下：社会参与第三方教育评价积极发展，但面临中立性缺失风险

风险机制是指在市场活动中组织机构追求盈利的行为与面临亏损、破产之间的联系与作用机制。在产权明晰的条件下，风险机制是保障市场健康运行的基本条件，不合格的企业可能面临亏损或破产的风险。① 对于第三方教育评价机构而言，基本的发展前提便是要有充足的经费和足够的项目，缺乏业务来源与经费都会导致停办停运的风险。但据多家第三方教育评价机构反映，在刚开始运营还未拥有一定口碑之前，所接项目的多少是不稳定的，而若长时间没有承接到评估业务，这部分机构可能会面临资金断裂的风险，

① 罗紫初、洪璇：《现代文化市场体系中政府与市场的角色定位探析》，《出版科学》2015 年第 2 期。

走向停运或破产。为防止此类风险的发生，第三方教育评价机构往往会走上“送评上门”的道路，即积极主动推介自我，如此不仅有利于机构本身的存活发展，还有利于在社会认知层面普及第三方教育评估的概念并获得认同。如上海思来氏信息咨询有限公司（以下简称“思来氏”）在创业之初就被许多教育教学机构拒之门外，在很长一段时间没有项目，为防止破产停运的风险，思来氏积极主动推介自我并帮助社会教育教学机构了解“第三放教育评估”的概念、内涵和意义，通过此举，思来氏不仅摆脱了资金断裂的风险，目前也已经成为中小学教育评估寻求帮助的常客，第三方教育评价机构的概念也越来越深入人心。

另一方面，公众信任与认可对于第三方教育评价机构的存在发展意义重大，缺乏公信力的第三方教育评价机构也难以实现可持续发展。因而，为防止丧失公众信任导致停办停运，第三方教育评价机构往往在承接项目时量力而行，在评估过程当中也尽职尽责，评估后也积极提供培训讲解等售后服务，在前、中、后期都理性思考、认真负责，从而避免了重大项目交由难以胜任的第三方教育评价机构承担，不仅做到“各尽其用”，第三方教育评估质量也得到保障。不少第三方教育评价机构也有效配置利用自身资源，将有限的精力与资源投入到某一专业领域，并针对这一方向不断积累评估经验，增强技术，实现自身品牌特色优势。如，晨旭教育评估有限公司自 2015 年承接政府重点中职院校等级评估项目以来，连续三年的第三方评估工作获得行业认可，并且与多所职业院校建立合作关系，开展战略合作计划助力职校发展，该机构之后便将评估业务重点聚焦于职业学校评估领域上来，集中时间、资源、人力推动职校评估能力的发展，积累专业评估知识及技能，形成了自己的品牌特色，实现自身专业性、可持续性发展。这些机构不仅实现了自身优质发展，也促进了社会第三方参与教育评价在实现领域拓宽的同时，实现深度和质量等方面的提升。

与此同时，高风险常常与高收益相伴，这也激励第三方教育评估打破常规，积极拓展新的评估领域。如上海市教育评估会率先启动“中外合作办学建立认证机制的研究”，积极开拓缺乏第三方评估案例与经验的领域，而没有先例意味着可能难以获得公众认可从而缺乏项目来源，没有经验意味着在评估进行过程中可能会面临难以进展的风险，但作为新领域的开拓者甚至是唯一承办者，一旦成功便可获得源源不断的收益来源，积极开拓的上海市教育评估协会于2011年正式被上海市教育委员会委托以中外合作办学机构项目的认证工作与质量保障工作。思来氏则在以“诊断结果”为导向的教育评估大背景下，大胆提出并坚持以“改进结果”为导向，这一创举也为其赢得了源源不断的项目来源与经济收益。

但也需注意，一旦创新失败，第三方教育评价机构尤其是民办民营性第三方教育评价机构由于缺乏后盾保障，则往往由于入不敷出面临破产的风险。而为规避项目缺乏从而带来的资金断裂的风险，不少第三方教育评价机构也会积极向政府靠拢，青睐于政府层面委托的第三方教育评估项目而忽略社会层面的评估需求；与此同时，与政府保持过密联系，也往往会使其丧失独立性与客观中立性，违背社会第三方将参与教育评价的初衷。

## 第五节　中国政府、行业自律组织与社会第三方参与教育评价

### 一、外部支持与规范：政府教育督导部门与社会第三方参与教育评价

#### （一）政府教育部门对第三方教育评价机构的支持

政府教育部门对社会第三方参与教育评价的支持主要体现在项目支持和结果运用两方面。作为独立运营的机构，第三方教育评价机构需要一定的项目来源以维系自身发展，而社会第三方参与教育评价作为新兴事物，社会认可度较低，来源于社会个体或组织的项目较少。政府教育部门通过购买服务的方式将部分教育评价项目委托给第三方教育评价机构，为社会第三方参与教育评价的发展提供一定支持。如北京市人民政府教育督导室曾于2017年将“北京市职业院校职业技能人才培养质量督导评估标准研究”这一项目委托给北京民生智库信息咨询有限公司开展；深圳市人民政府教育督导室

将“深圳市学习型社区”督导评估职能转移至深圳市高德教育评估研究中心承接；北京师范大学中国基础教育质量监测协同创新中心全国学校体育联盟（教学改革）于2017年承接了北京市人民政府教育督导室委托的“北京市中小学校体育督导评估标准的研究”，通过调研全国中小学的体育状况，进而为北京市中小学体育督导评估标准的制定提供依据；温州市教育评估院的主要项目来源为受市人民政府教育督导室和市教育局委托，负责对全市各类学校和其它教育机构办学质量、办学效益进行评价；① 北京市人民政府督导室曾将“北京市中小学校体育督导评估标准的研究”项目委托给全国学校体育联盟（教学改革）开展，后者通过调研全国中小学的体育状况，为北京市中小学体育督导评估标准的制定提供依据。

其次，政府教育部门对第三方教育评价机构评估结果的运用意味着政府对于第三方教育评价机构的认可，权威机构的肯定有助于提升社会第三方参与教育评价这一新兴事物的知名度和社会认可度。《广东省教育督导规定》明确指出：“教育督导机构应当将社会组织提供的评估报告、监测结果作为实施教育督导的重要参考。”② 北京教育科学研究院也通过承担基础教育领域的第三方教育评估项目，对中小学以及北京市区教委的教育教学质量进行评估诊断，为北京市和区县两级教育行政和教育督导部门提供质量监测服务并提供决策依据。教育督导部门除了依据第三方教育评价机构的评估结果进行质量监测、办学监管以及行政决策外，还会委托第三方机构重构评估指标，如北京市2017年委托实施的9项教育督导评估监测项目中，有7项都为评估标准的研究（见表7–2）。政府将第三方教育评估的结果作为教育宏观决策的依据，以作出新的教育决策或者对已有的教育政策进行及时调整和优化，改进教育管理，以及委托第三方教育评估机构重构或构建评估指标，都体现了政府部门这一权威机构对于社会参与第三方教育评价的专业性

① 温州教育评估网：《评估院简介》，2020年11月13日，见 http：//edu.wenzhou.gov.cn/col/col1335509/index.html。

② 《广东省教育督导规定》，2020年10月7日，见 http：//zwgk.gd.gov.cn/006939748/201709/t20170928_724432.html？from=singlemessage。

的认可，而这种认可有助于提升社会层面对于社会第三方参与教育评价的认可度。

**表 7–2　北京市委托实施的教育督导评估监测项目及委托实施单位（2017 年）**

| 序号 | 项目名称 | 财政隶属 | 资金额（万元） | 委托实施单位 |
|---|---|---|---|---|
| 1 | 北京市中小学体育督导评估标准研究 | 市财政 | 20 | 北京师范大学全国学校体育联盟 |
| 2 | 北京市中小学民族教育督导评估标准研究 | 市财政 | 20 | 北京市民族教育学会 |
| 3 | “教育督导扫描”研发编制 | 市财政 | 20 | 北京创星伟业信息技术有限公司 |
| 4 | 《北京市教育督导条例》立法研究 | 市财政 | 30 | 天雨丰华（北京）教育文化发展有限公司 |
| 5 | 北京市职业院校职业技能人才培养质量督导评估标准研究 | 市财政 | 30 | 北京民生智库科技信息咨询有限公司 |
| 6 | 北京民办高等学校办学状况与质量督导评估标准研究 | 市财政 | 30 | 北京市高等教育学会 |
| 7 | 北京地区高等教育发展质量监测评价标准研究 | 市财政 | 40 | 清华大学教育研究院 |
| 8 | 北京地区高等学校本科专业评估标准研究 | 市财政 | 40 | 北京教育评估院 |
| 9 | 北京地区高等学校与科研院所研究生培养质量督导评估标准研究 | 市财政 | 48 | 北京理工大学研究生教育研究中心 |

资料来源：北京市教育委员会、北京市人民政府教育督导室：《北京市人民政府教育督导室教育评估监测项目委托实施管理办法》。

### （二）政府教育部门对第三方教育评价机构的规范

随着教育领域“管办评分离”改革的不断推进，近十年来，政府积极制定政策推进第三方教育评价的发展，但是目前我国在国家层面还没有形成对于第三方评估机构的统一规范。而在地方层面，一些省、市教育主管部门和政府教育督导部门积极探索对第三方教育评价机构进行不同方式和不同程度的监管，其中第三方机构入库机制是一个关键举措。

率先建立入库机制的是北京市人民政府教育督导室。北京市人民政府教育督导室于2016年5月印发了《北京市人民政府教育督导室关于委托第三方机构开展教育评估监测工作暂行办法》(以下简称《暂行办法》)。北京市人民政府督导室委托开展教育评估监测，适用本办法。2017年5月北京教育督导室又发出《关于建立教育评估监测第三方机构库的通知》，面向社会公开遴选教育评估监测第三方机构。经公开报名、资格审查、专家评审等程序，最终确定了15家第三方机构名单（见表7–3）。

**表7–3　北京市第三方教育评估库入选机构**

| 序号 | 机构名称 | 所在地区 |
|---|---|---|
| 1 | 宏调信息咨询（北京）有限公司 | 北京 |
| 2 | 北京明远教育书院 | 北京 |
| 3 | 大连必由学教育网络股份有限公司 | 大连 |
| 4 | 中创智汇（北京）管理咨询有限公司 | 北京 |
| 5 | 北京海标教育咨询有限公司 | 北京 |
| 6 | 平方创想教育科技（北京）有限公司 | 北京 |
| 7 | 北京中教创新软件发展研究院 | 北京 |
| 8 | 北京京师乐学教育科技有限公司 | 北京 |
| 9 | 中国教育科学研究院职业与继续教育研究所 | 北京 |
| 10 | 北京市海淀区首师科技教育培训公司 | 北京 |
| 11 | 北京七彩同盟文化交流发展有限责任公司 | 北京 |
| 12 | 北京汉龙思琪数码科技有限公司 | 北京 |
| 13 | 全国高校信息资料研究会质量监测分会 | 北京 |
| 14 | 中立方（北京）教育科技股份有限公司 | 北京 |
| 15 | 北京京师世范教育科技有限公司 | 北京 |

资料来源：北京教育督导室《关于建立教育评估监测第三方机构库的通知》。

基于《暂行办法》及相关法律制度规定，北京市人民政府教育督导室颁发《北京市人民政府教育督导室教育评估监测第三方机构库管理办法》，其中规定了第三方机构的资格认定及第三方机构库（以下简称机构库）的建立、使用和管理。同时也要求北京市人民政府教育督导室坚持标准公开、严格准入、动态管理的原则，建立、使用和管理机构库，接受社会监督。这种双向规定不仅在一定程度上保证了机构库竞争的公平性，又保障了机构库的监测评估质量。另外，为规范实施委托第三方机构开展教育评估监测，加强对委托第三方机构开展教育评估监测项目实施情况的管理，保证委托开展教育评估监测项目质量和效果，依据《暂行办法》，北京市人民政府教育督导室研究制定《北京市人民政府教育督导室教育评估监测项目委托实施管理办法》《北京市人民政府教育督导室 2017 年委托实施教育督导评估监测项目公告》《北京市人民政府教育督导室教育督导评估与质量监测专家委员会管理办法》《北京市人民政府教育督导室教育评估监测委托实施项目成果验收办法》《北京市人民政府教育督导室教育督导评估监测项目委托实施评审工作方案》。这些文件的颁发对第三方机构的选拔、项目实施以及评估作出了相应的规定，进一步推动了北京市第三方机构的规范化发展。

在北京市的影响下，山东省青岛市也积极采取了这一措施。青岛市教育局先后于 2016 年 1 月 15 日颁布了《青岛市政府决策落实第三方评估办法(试行)》①，2017年11月29日发布了《青岛市关于委托第三方机构开展教育评价办法（暂行)》②，并于一年后的2018年11月12日发布了《关于公布教育评价第三方机构库入库机构名单的通知》③，积极支持第三方教育评价机构参与各项评估业务，经过筛选，有 27 家机构入选政府拟委托项目的机构库(见表 7–4)。

---

① 青岛政务网：《关于印发〈青岛市关于委托第三方机构开展教育评价办法（暂行)〉的通知》，2017 年 11 月 29 日，见 http：//www.qingdao.gov.cn/n172/n24624151/n24625415/n24625429/n24625443/171129154817788226.html。

② 青岛政务网：《关于公布教育评价第三方机构库入库机构名单的通知》，2018 年 11 月 12 日，见 http：//www.qingdao.gov.cn/n172/n24624151/n24625415/n24625429/n24625443/181112114427582412.html。

③ 青岛市教育局：《关于公布教育评价第三方机构库入库机构名单的通知》，2018 年 11 月 12 日，见 http：//www.qdedu.gov.cn/n32561912/n32561915/181112114427582412.html。

**表 7–4 青岛市第三方教育评估库入选机构**

| 编号 | 青岛市素质教育促进会 | 所在地区 |
|---|---|---|
| 1 | 青岛希达数据研究院有限公司 | 青岛 |
| 2 | 青岛因材科教信息咨询有限公司 | 青岛 |
| 3 | 中国海洋大学 | 青岛 |
| 4 | 青岛大学 | 青岛 |
| 5 | 青岛海达优客信息技术有限公司 | 青岛 |
| 6 | 山东优客信息产业有限公司 | 青岛 |
| 7 | 青岛培德润智教育咨询有限公司 | 青岛 |
| 8 | 尤尼泰振青会计师事务所 | 青岛 |
| 9 | 青岛石屋书院教育管理有限公司 | 青岛 |
| 10 | 山东岛城律师事务所 | 青岛 |
| 11 | 山东省眼科研究所（青岛眼科医院） | 青岛 |
| 12 | 山东华文基础教育研究与评价中心 | 青岛 |
| 13 | 山东智动脑力教育科技有限公司 | 济南 |
| 14 | 山东北斗教育研究院 | 济南 |
| 15 | 山东省泰山教育创新研究院 | 潍坊 |
| 16 | 上海闻政管理咨询有限公司 | 潍坊 |
| 17 | 中国教育科学研究院职业与继续教育研究所 | 上海 |
| 18 | 北京公众学业科技服务有限公司 | 北京 |
| 19 | 北京京师世范教育科技有限公司 | 北京 |
| 20 | 北京汉龙思琪数码科技有限公司 | 北京 |
| 21 | 北京汉龙思琪数码科技有限公司 | 北京 |
| 22 | 北京创星伟业信息技术有限公司 | 北京 |
| 23 | 北京润智汇教育咨询有限公司 | 北京 |
| 24 | 北京京师立原教育科技研究院 | 北京 |
| 25 | 北京智慧云教育科学研究院 | 北京 |
| 26 | 北京菲尔麦德咨询有限公司 | 北京 |
| 27 | 全国高校信息资料研究会 | 北京 |

资料来源：青岛市教育局：《关于公布教育评价第三方机构库入库机构名单的通知》，2018 年 11 月 12 日，见 http：//www.qdedu.gov.cn/n32561912/n32561915/181112114427582412.html。

## 二、内部支持与规范：行业自律组织与社会第三方参与教育评价

由于我国政府尚未在国家层面形成一定的监管与规范制度，同时也未设置专门的机构负责对第三方教育评价机构进行组织及监管。我国第三方教育评价为了实现自身规范化、有序性以及可持续性发展，在其行业内部发展形成了一定的行业自律组织。依据管辖范围，可以分为地方层面的行业自律组织以及全国性的行业自律组织，它们都担负起了促进第三方教育评价机构规范、交流、沟通的职能。①

### （一）地方层面的行业自律组织

由于民办非企业的第三方教育评价机构在隶属关系上与政府部门完全脱钩，是在人、财、物方面具有独立性的法人单位，同时部分这类第三方教育评价机构与当地政府部门保有一定联系，如上海市教育评估协会第四届会长由上海市人大教科文卫委主任委员担任；② 广东省教育评估协会接受广东省教育厅业务指导和广东省民政厅监督管理，在具有独立性的同时，也带有一定的官方色彩的权威性。故而，这类第三方教育评价机构往往在第三方教育评估领域充当行业自律组织的角色，形成了地方层面的行业自律组织。③

#### 1. 以广东省教育评估协会为例

广东省教育评估协会是为适应“推进教育管办评分离，提升教育治理体系和治理能力现代化”需要，由广东省有关教育机构及教育工作者，关心和支持教育评估事业的机构自愿组成，于 2014 年 3 月 25 日经广东省民政厅同意成立的，从事教育评估科学研究、实践服务、教育培训等活动的专业性、非营利性社会组织，是目前广东省教育评估领域唯一的省级协会，目前共有单位会员和个人会员 500 余名。其主要职能职责包括开展教育评估理论

---

① 王璐、王世赟、尤铮：《国际视野下第三方教育评价机构的规范、认证与行业自律行为研究》，《现代教育管理》2020 年第 5 期。

② 上海市教育评估院：《协会概况》，2020 年 11 月 7 日，见 http：//www.seeash.org.cn/xhgk。

③ 王璐、王世赟、尤铮：《国际视野下第三方教育评价机构的规范、认证与行业自律行为研究》，《现代教育管理》2020 年第 5 期。

研究、教育评估业务服务、教育评估学术交流、教育评估专业培训等各项活动并积极促进教育评估队伍交流与合作。协会接受广东省教育厅和广东省民政厅监督管理，与广东教育督导协会一样，同属于广东省教育研究院下辖的学术团体。在某种程度上，广东省教育评估协会在广东省内起着行业自律组织的作用。

广东省教育研究院院长汤贞敏曾言："在广东乃至全国，社会评估机构无论在数量上还是社会影响力上都非常有限，不利于教育评估的客观、科学、公平和公正性。广东省教育评估协会成立后，在一定程度上可以整合各级各类教育评估专家资源，促进管理思想、信息资源和教育理念的交流，促进教育评估工作科学研究，便于凝聚各有关方面的力量和智慧，共同促进广东省民办教育事业科学发展。"① 由此可见，广东省政府期望教育评估协会承担起第三方教育评估行业自律的职能，为政府进行省内第三方教育评估机构的整合。广东省教育评估协会实行的单位会员制在一定程度上为政府完成了这项工作。但是就目前来看，这种整合仅仅是机构组织的表面凝聚，其对第三方教育评价机构的评估过程与结果进行监管和再评估的能力尚未发育完全，仅是该行业自律组织的雏形。

2. 以上海市教育评估协会为例

上海市教育评估协会的产生即是为克服上海教育评估市场存在着的"一多二乱"的现象（即：评估项目多，评估政策不统一，评估标准相冲突），以及评估人员资质认定缺乏法律支持和培训工作缺乏机构组织这一情况，自发组织形成的行业自律性组织机构。

作为一个自律性组织机构，上海市教育评估协会的职能或其业务范围主要包含以下几个方面：（1）在上级主管部门的指导下，对各级各类评估机构进行协调组织，加强本协会的自我管理，维护评估市场秩序。（2）根据有关法规授权或政府委托，负责评估机构行业准入的资质认证工作，并对专兼

① 《成长与发展：民办教育评估事业的新思考——访广东省教育研究院院长汤贞敏》，2020年11月21日，见 https://gdae.gdedu.gov.cn/gdjyyjy/yjcgu/202008/2c844f56e1fd423c9c0515706bf3f4ca.shtml。

职人员的资格进行认定。(3)从实际出发，组织研制对各类学校及其他教育机构进行评估的指标体系和实施方案，设置评估教育教学活动及相关人员的各类指标模块和质量标准。(4)按照协会自律的要求，制定评估工作规程和服务质量标准，规范教育评估行为，并接受社会各界对协会成员的评估工作投诉。(5)负责指导协会成员的业务工作，组织开展教育评估培训活动，积极推动与教育评估相关的各项课题研究，并与国内外相关机构开展省际和国际评估业务合作与学术交流。(6)提供教育评估咨询服务，发布教育评估信息，创办相关的学术刊物和改革实验基地，评审推广各地好的经验和做法，出版相关科研成果。(7)协调会员之间以及与其他组织或服务对象之间的关系，承担法律法规授权、政府委托以及章程规定的其他职能。(8)积极开发教育评估项目。在发挥评估协会的资源优势，主动争取政府的评估委托基础上，面向市场自主开发一些评估项目，以增强协会发展的活力和动力。①

为进一步加强对于第三方教育评价机构的管理和审核，上海市教育评估协会专门制定了《上海市教育评估协会教育评估机构资质认可方案》(以下简称《认可方案》)以对第三方教育评价机构进行资质审核和认定。根据《认可方案》的规定，第三方教育评价机构需要按照以下的工作标准评定细则(见表7–5)达到80分(满分100分)才能被认可为合格的第三方教育机构。这一认可结果的时效为3年，3年过后，协会需要对机构的资质进行复评。关于具体的认可工作程序，主要包括以下7步：(1)申请单位开展自评。(2)申请单位提交自评报告。(3)专家组审阅申报单位的自评材料。(4)专家组实地考察。(5)专家组出具认可工作报告。(6)上海市教育评估协会教育评估机构资质认可为会员审定，专家组认可工作报告。(7)上海市教育评估协会对经过认可合格的教育评估机构颁发由协会统一印制的注明有效期的《上海市教育评估机构资质认可证书》并授予注明有效期的《上海市教育评估协会资质认可单位》的铜牌。②

---

① 郑令德、金同康、李亚东：《开创上海教育评估事业新局面——对上海市教育评估协会建设与发展的思考》，《中国高等教育评估》2005年第2期。

② 《上海市教育评估协会教育评估机构资质认可工作方案》，2020年11月21日，见 http：//www.seeash.org.cn/Articles/Details/1473。

**表 7–5 上海市教育评估协会认可工作标准评定细则（2016 年 11 月）**

| 一级指标 | 二级指标 | 观测点 | 评估方法 | 赋分标准 |
|---|---|---|---|---|
| 1. 人员30分 | (1) 机构专职人员不少于3人，且队伍结构合理。(10分)<br>(2) 持有上海市教育评估协会认可的从业证书的人数不少于5名。(10分)<br>(3) 有能满足评估工作需要且相对稳定的专家团队。(10分) | 1. 核对人员工资表<br>2. 查阅评估人员从业证书<br>3. 查阅评估档案文件 | 查阅资料 | (1) 人员少于3人一票否决。<br>(2) 有证书的从业人员5名及以上满分，少一名扣2分。<br>(3) 专家团队能满足工作需要5分，相对稳定5分。 |
| 2. 经费和财务状况20分 | (1) 机构注册资金不少于10万元人民币。(10分)<br>(2) 机构财务状况良好，财会人员持证上岗，能保证机构正常运作。(10分) | 1. 核对验资报告<br>2. 查阅年度审计、财务报告<br>3. 财务人员上岗证 | 查阅资料 | (1) 注册资金不足10万元为零分。<br>(2) 财务状况良好5分，财会两人持证上岗5分，缺少一证扣2.5分。 |
| 3. 场所和设备10分 | (1) 有固定且相对独立的工作场所。(5分)<br>(2) 满足工作需要的硬件设备。(5分) | 1. 查阅租赁协议（或者划拨使用的文件）<br>2. 电话、电脑、打印机、复印机、传真机等 | 查阅资料、实地考察 | (1) 固定场所3分；独立场所2分。<br>(2) 硬件设备缺少一件扣1分。 |
| 4. 制度和管理10分 | (1) 评估资料完整、真实。(3分)<br>(2) 有完善的机构管理制度，并能有效实施。(3分)<br>(3) 有良好的信誉、无违规违纪行为和投诉现象。(4分) | 1. 查阅评估档案资料<br>2. 查阅管理制度<br>3. 了解奖惩纪录 | 查阅资料、访谈 | (1) 评估资料完整真实3分。<br>(2) 有制度1分，有效实施2分。<br>(3) 无违规违纪和投诉现象4分。 |
| 5. 创新与发展10分 | (1) 注重评估理论研究(5分)<br>(2) 与时俱进，改进评估方法、手段、工具。(5分) | 1. 查阅发表文章、研究成果等<br>2. 查阅会议资料、培训资料等 | 查阅资料、访谈 | (1) 有理论研究成果5分。<br>(2) 改进评估方法、手段、工具5分。 |

续表

| 一级指标 | 二级指标 | 观测点 | 评估方法 | 赋分标准 |
| --- | --- | --- | --- | --- |
| 6. 业绩 20 分 | (1) 2014 年 3 月至今组织完成三种及以上不同类型的评估项目，或者对 20 个以上的评估对象开展评估工作。(10 分) | 1. 查阅评估档案资料<br>2. 查阅年检审计、财务报告 | 查阅资料 | (1) 基准分 10 分。未达到三类、20 个对象的按所占百分比递减；<br>(2) 年营业额基准分 10 分，未达到 50 万营业额按所占百分比递减。 |
| | (2) 年营业额 50 万以上。(10 分) | | | |

根据以下的认可工作标准评定细则可以看出，上海市教育评估协会在对机构进行资格认定的时候，对于人员的专业性以及机构过去以往的业绩赋予了相当大的关注。除此之外，还注重鼓励第三方教育评估机构进行评估理论的研究。将评估指标如此细分并进行量化的方式，方便了教育评估协会资质认可的规范性，也具有了更强的实操性，为创建以及新生的教育评估机构的发展提供了参照的标准和努力的方向。但是就其资质认可的工作程序来看，对于机构评估所采用的方法多是通过审阅资料和实地考察，第三方教育评估机构并不需要通过与协会评估专家面对面的问题答辩来获得资质认定；并且 80 分的基线要求总体来看并不是太高，因此从这两点来看，上海市教育评估协会对于机构的合格认定还是相对宽松的。但是与此同时，协会对机构的评定成绩只有 3 年的有效期，3 年过后，评估机构还需要参加协会所组织的复评工作，从这一点可以看出，上海市教育评估协会的评估是具有持续性的，反复的资质复评工作有助于保证第三方教育评估的质量，并一定程度上对教育评估机构的发展起到了监督和鼓励的作用。

### （二）全国性的行业自律组织——以全国第三方教育评价机构联谊会为例

目前，我国仅有一所全国性的行业自律组织即全国第三方教育评价机构联谊会（以下简称“联谊会”），在一定程度上弥补了第三方教育评价机构全国性横向联系机制缺失的问题。

作为一个民间组织，联谊会由中华教育改进社等单位于 2015 年 11 月

15 日联合发起成立。联谊会章程中对该组织的性质作出了定位：从事教育评价相关的学术、开发、应用、教学单位及其他相关的企事业单位、公益组织等机构在自愿的基础上组成的，不受地区、部门和所有制的限制，具有全国性和非营利性，开放的联谊群体。联谊会旨在为第三方评估机构提供一个全国性的横向交流的平台，其职能在于：（1）明确第三方教育评价的职能定位。（2）建立第三方教育评价行业标准。（3）培养教育评价专业人才。（4）提高对第三方教育评价结果的使用和认识水平。（5）建立多元和多样性的第三方教育评价机构。（6）发展教育评价的定制服务。（7）建立第三方教育评价结果使用机制。经过几年的发展，全国第三方教育评价机构联谊会的影响力在逐步扩大，目前已有上百家第三方评估机构加入了该联谊会。联谊会主要通过以下活动来促进第三方评价机构的专业性和公信力。

1. 制定评价标准与规范

共同治理、自我治理是该联谊会的一大特色。共同治理措施之一就是要求每个入会的机构认同联谊会的章程，同时签署《全国第三方教育评价机构联谊会公约》和《全国第三方教育评价机构联谊会教育评价实施专业规范》这两个文本。储朝晖强调，《公约》是内部治理的约定，主要解决会员的责任和权利，成立专家委员会，是保证联谊会的品质的重要机制。而《规范》则是整体维护自己的声誉所必须要有的，是最初步的框架。从事第三方教育评价，就必须遵守这个框架。

《规范》共包括 7 章：总则、评价原则、服务范围、评价实施、权利与义务、自律与监督、附则。在评价原则部分，《规范》强调了教育评价应遵循科学、客观、独立的原则；在评价实施部分，《规范》提出了评价工作开展的程序：（1）成立评价项目组，确定项目负责人及成员；（2）研究制定评价实施方案；（3）根据工作需要，选用相关评价工具，准备必要的工作文件；（4）运用科学的评价方式方法，采集相关信息数据；（5）对评价信息进行科学分析，形成评价报告；（6）向委托方提交评价报告，必要时提出改进建议及措施；（7）向委托方移交评价项目档案，含委托方提供的相关资料；（8）依据需要，跟踪验证被评价方改进情况及效果。

2. 对第三方评估机构进行认证

为进一步促进我国第三方教育评价机构的专业性，充分发挥联谊会在第三方教育评价领域的专业优势，更好地起到引导与示范作用，联谊会开展了对第三方教育评价机构的专业资质认证评估。为此，联谊会成立了由教育评价、教育管理及相关领域专家组成的专家委员会对提出申请的机构进行认证，会员单位并不是当然地通过了认证，会员单位必须通过认证过程才会被授予资格认证证书。在目前40多家会员单位中，已有4家通过了资格认证。

资质认证是专家对参评机构诊断和授信的过程。专业资质合格评估主要依据会员单位的各方面条件进行综合考量，来决定其专业资质的合法性，主要包括：法律基础、经济基础、专业基础、组织结构和影响力；会员单位教育评估活动的经济效益和社会效益；会员单位所实施的教育评估方面，即评估的有用性、可实施性、公平性和准确性；会员单位在教育评价方面取得的学术成果（论文、课题、研究报告等）；以及会员单位的发展规划等。

3. 搭建交流与研究平台

除了承担行业自律的职能，全国第三方教育评价机构联谊会还成为各会员单位交流和研究的平台。自2015年联谊会成立起，其每年都会组织年会研讨会、论坛和资质评估会议，来促进组织共同体的发展。如2017年围绕“联合、专业、自律”的主题召开年会，2018年围绕“评价助推质量提升”的主题召开了年会。其目的是以联合促发展，推动中国第三方教育评价的良性与健康发展，建立更多专业水平高、服务质量好的第三方教育评价机构，完善中国教育评价体系，推动中国教育办得更好。

## 第六节　中国第三方教育评价的特点、价值、挑战

### 一、中国第三方教育评价的特点

首先，社会第三方参与教育评价具有较强的独立性。所谓独立性，是指独立于作为“第一方”的被评方，以及作为“第二方”的委托方，在第

三方教育评价领域，委托方通常为教育主管部门，被评方通常为接受政府教育主管部门管理的教育教学机构或团体。教育第三方评估机构与“第一方”“第二方”的利益相关性和制约性不强，不受政府和被评机构意志的支配和管理，强调评估过程及检测结果的客观、公平、公正，独立性是开展第三方评价的基础。相比于传统的政府评价与学校自评，第三方教育评价由于具有独立性，从而能够更为客观中立地依据实际情况得出相关评估结论，或以独立的判断提出不同于政府这个办学主体与管理主体的见解与观点，从而为我国教育事业发展提供更为客观公正且全面综合的视角。

其次，社会第三方参与教育评价具有较强的专业性。其专业性主要体现在机构的专业性、人员的专业性，以及评估方式、手段、工具的专业性。机构的专业性则强调了第三方机构的身份认同问题，一般为社会威望较高的科研院所、高等院校、学术团体、民间智库等，且必须有能力、有实力、有规模承担监督、评测，具有前沿的科研基础作为评估活动的支撑。人员的专业性强调了评估人员的专业背景和资质，其中包括专业的知识、熟练的技能、科学的方法、有效的流程等方面的专业性。目前，不仅上海、广东等省市分别成立教育专家资源库以及教育评估专家库，前者为第三方教育评价组织提供专业支持与技术指导，后者则吸纳各个领域的评估专家队伍以为第三方教育评价机构（尤其是依托于政府部门的第三方教育评价机构）提供专业的评估团队。与此同时，民办民营性第三方教育评价机构员工的学历水平也比较高，多为硕士和博士，且其专业多为教育学、测量学、社会学等与教育评价相关的领域，除此之外还积极评聘退居二线或退休的教育行政人员、教育研究人员、名优校长以及教师担任评估指导专家，从而充分体现和保障了第三方教育评价机构在人员构成方面的专业性。另外，评估方式、手段、工具的专业性则是指第三方机构重视大量的数据调查、以研究为基础的评估方案和工具，严谨的数据分析。我国各类第三方教育评价机构不仅在项目评估过程中使用专业科学的评估技术与方法，还积极开展培训与交流工作，以实施学习并以发展的眼光引进国际国内前沿的教育评估技术，促进评估技术专业化发展。

另外，社会第三方参与教育评价的过程具有社会参与性，主要体现在评估主体、评价媒介以及评估结果方面。不同于以往，我国多由政府教育督导部门对教育事业发展进行评估，评估主体单一。由于第三方教育评价机构的多元性，涉及政府、企业、协会以及科研院所等多类组织单位，社会第三方参与教育评价本身在主体层面具有多样性；与此同时，第三方教育评价机构的组织成员遴选工作向社会全面开放，能够吸纳不同领域的相关公众代表，不仅在机构性质层面，还在微观机构成员层面实现了评估主体的社会参与性。评价媒介方面，传统的评估方式包括问卷、访谈、观察、现场测评等，仅涉及评估方与被评方两方，社会参与度较低，而在以互联网技术为媒介的大数据时代，评估方能够借助网络汇集各方意见，从而在评估方式上实现从“二维”向“多维”的转变。此外，评估过程的社会参与性还包括评估结果的透明公开，第三方教育评价机构的评估结果受到社会各方的监督。

与此同时，社会第三方参与教育评价还必须要保证公正性。正是由于“第一方评估”（被评方自评）与“第二方评估”（委托方评估）分别作为某一教育教学活动的实施者与管办者，在涉及一些重大问题时，其客观性、有效性和公正性难以保证，由此便需要委托第三方教育评价机构进行评价，从而弥补“第一方评估”与“第二方评估”的不足。第三方评估的实施过程中必须强调过程的公正性和结果的公正。过程的公正性体现在评估人员的自身素质、个人立场、专业态度，同时能够科学而有效地使用评估技术和方法；评估结果的公正性强调对评估质量作出客观而公正的判断。本质上来讲，独立性、专业性与社会参与性在某种程度上都是为了让第三方教育评价机构保证评估的公正性，否则社会第三方参与教育评价便失去了其意义所在。

## 二、中国第三方教育评价的价值

### （一）推进管办评分离改革，推动实现教育发展新格局

在我国，社会第三方参与教育评价的发展与“管办评分离”的提出密不可分。2010年，《国家中长期教育改革和发展规划纲要（2010—2020年）》对推进“管办分离”提出要求，指出要“推进政校分开，管办分离”，建设

“依法办学、自主管理、民主监督、社会参与的现代学校制度”。[①]2013 年党的十八届三中全会作出的《中共中央关于全面深化改革若干重大问题的决定》又进一步指出要“深入推进管、办、评分离，扩大省级政府教育统筹权和学校办学自主权，完善学校内部治理结构，强化国家教育督导，委托社会组织开展教育评估监测。”[②] 在这样的改革要求下，教育部先后发布《关于确定教育管办评分离改革试点单位和试点任务的通知》以及《关于深入推进教育管、办、评分离促进政府职能转变的若干意见》，积极培育并发展第三方教育评价机构，以建立健全政府、学校、专业机构和社会组织等多元参与的教育评价体系，推进管办评分离改革。

所谓的管办评分离改革是指要改变目前我国政府既管理教育又包揽评价教育的现状。引入第三方评价有利于打破政府集办学主体、管理主体以及评价主体于一身的“大统一”和“集权制”管理模式，构筑健康良性的管、办、评关系。与此同时，教育部指出：到 2020 年，要基本形成教育公共治理新格局，为基本实现教育现代化提供重要制度保障，而所谓的教育公共治理新格局是指“政府依法管理、学校自主办学、社会各界依法参与和监督”的治理样态。[③] 积极引入并培育第三方教育评价组织机构，有助于推进管办评分离改革，推动实现“政府管教育、学校办教育、社会评教育”的教育发展新格局。

（二）促进教育评价体系完善、理念革新与方法创新

社会第三方参与教育评价有助于改变以“政府评”为主，辅以“各级各类学校组织自评”的局面，促进社会各方共同参与的多元教育评价体系的形成。这种多元教育评价体系不是人为提出的，而有其必要性。过去以政府

① 《国家中长期教育改革和发展规划纲要（2010—2020 年）》，2010 年 7 月 29 日，见 http：//www.moe.gov.cn/jyb_xwfb/s6052/moe_838/201008/t20100802_93704.html。

② 《中共中央关于全面深化改革若干重大问题的决定》，2013 年 11 月 15 日，见 http：//www.gov.cn/jrzg/2013-11/15/content_2528179.htm。

③ 《教育部关于深入推进教育管办评分离促进政府职能转变的若干意见》，2015 年 5 月 6 日，见 http：//www.moe.gov.cn/srcsite/A02/s7049/201505/t20150506_189460.html。

督导评估为主的局面，由于政府既是管理者也是评价者，其作出的评估结果往往缺乏客观性与公正性从而缺乏公信力。由教育评估专家构成的政府教育督导部门所开展的评价活动，其专业性和权威性不言而喻，但由于评价主体的单一、社会参与度低难以获得公众信服。罗尔斯（John Bordley Rawls）的正义理论指出：社会公正不仅有实质正义的要求，还必须内嵌形式和程序上的正义。[①] 一方面，第三方教育评价机构由于其机构类型以及组织成员的多样性，社会第三方参与教育评价有助于改变评价主体单一的局面，增强教育评价层面的社会参与度，实现形式和程序上的正义；另一方面，第三方教育评价机构作为独立于管理者与办学者的专业评价机构，其独立性与专业性能够保障评估过程与结果的客观性与公正性，实现实质正义。如此作出的评价结果才能真正使被评方和公众及社会接受，从而推动有关组织积极思考如何根据评估结果进行改善。

与此同时，社会第三方参与教育评价有助于教育评价领域评价方式及评价理念的革新。一方面，第三方教育评价机构在市场机制的作用下，积极创新、日益精进，促进评价方法的革新，如大数据、“互联网 +”等技术纷纷被引入到教育评价中来，增值评价法也日益受到关注；另一方面，第三方教育评价机构为实现自身可持续发展，在日常从事教育评估工作的同时，积极学习并引进国内外先进评价理念。与此同时邀请行业专家对机构成员进行培训讲学，并组织机构成员开展各类交流研讨活动，在学习与交流的过程当中，具有创新性的教育评价理念易被催发并被积极落实到评估实践过程当中，如思来氏在积极反思与研讨的过程中，提出要以“改进结果”作为教育评价的导向。如此这些都有助于教育评价领域评价理念的革新。

### （三）服务政府教育监管与决策职能，助力教育行政部门改革发展

对各级各类教育进行监管并在宏观层面上制定相关政策、指明改革发展方向是政府部门的职责。部分地方教育管理部门缺乏相应的专业人才与评

---

① 肖国芳、杨银付：《管办评分离背景下高等教育第三方评估的价值意蕴、实践困境及突破路径》，《高校教育管理》2020 年第 5 期。

估技术，通过委托第三方教育评价机构承接部分教育评估项目，对地方教育教学活动整体现状与发展水平进行评估，服务政府部门监管各级各类教育的职能。如黄陂区教育局由于无法解决制定评估指标和组建评估团队的难题，便委托华大教师教育研究院这一第三方教育评价机构对辖区初级中学进行评估，履行教育监管职能。另一方面，政府可以依据第三方教育评价机构的评价结果，基于本地区教育水平发展现状以及存在的问题进行教育决策，由于第三方教育评价机构的独立性与专业性，其所提出的独到发现与专业见解，有助于政府部门更加科学全面地进行教育决策。与此同时，通过委托第三方教育评价机构对评估指标进行研究研制，有助于为政府部门提供评估依据以便于后期自发自行开展教育评价活动、进行教育监管与决策。

政府在担当教育治理主体的同时，还会转变为教育评估对象，如社会对政府的高等教育政策绩效进行评估。面对此类要求，通过委托独立于政府部门且具有社会参与性的第三方教育评价机构对政府进行评估，既有助于从客观专业的角度审查政府的教育绩效，也有利于反映各方意见，实现社会及公众对于政府部门的监管。依据此，政府部门基于客观专业的多方意见明确自身问题以及发展方向，从而推动部门内部改革，提高行政效力与服务效率。与此同时，将繁杂的难以开展或业已成熟的教育评估项目交由第三方教育评价机构进行，有助于为教育行政部门留下更多的时间与空间进行教育监管与决策，并积极反思自身问题以加强内部建设与改革。

### （四）服务多方主体教育评价需要，发挥教育评价个性化与改进效能

在实施“管办评分离”改革之前，主要以政府教育督导部门对教育教学活动进行评价，而这类评价往往是出于服务政府监管与决策职能的需要，但实际上，除政府之外，学校、教师以及学生个人等都对教育评价有一定的自发需要。如，四川省内江天立（国际）学校天骄班及家长曾聘请独立第三方重庆天正教育评估监测中心给每个学生评价监测，提供相应的个体监测评估报告。第三方教育评价机构为拓展业务、维持运营与实现发展，不断考察社会需求，意识到社会层面个人以及机构团体对于教育评价的需要，通过开发提供相关服务，满足多方主题的教育评价需要。

相较于政府各级各类教育机构统一进行的教育评价，第三方教育评价机构能够根据委托方自身的需要，量体裁衣，提供更具有针对性的个性化评价服务，以此得出的评估结果有利于满足委托方的实际需要、解决委托方的实际问题。与此同时，政府开展的教育评估项目以及政府委托第三方教育评价机构开展的评估项目结果都由政府决定是否向被评方与社会公众公开，作为被评方的个人、机构或组织有不知晓评估结果的可能，从而难以明确自身发展水平与问题所在从而作出改进。第三方教育评价机构接受社会各方委托对其进行评价，如此后者便既是委托方又是被评方，其知情权能够得到保障。另外，政府进行的评估项目一般服务于政府监管与决策需求，即大多是以诊断为导向，而非以改进被评方为导向。而一些第三方教育评价机构不仅从理念上引入和坚持以“结果改进”为导向提供教育评估服务，大多数第三方教育评价机构在评估结束后还会提供解读和培训服务，以让被评方充分了解评估结果的具体内涵，在日后实践过程中充分利用评价结果改进教育教学活动。

## 三、中国第三方教育评价面临的挑战

### （一）对政府依赖度较高，独立性受到质疑

第三方教育评价的优势在于它独立于政府和被评价方之外，与二者没有直接的利益相关，因而立场中立，评价客观，具有较强的独立性。然而事实上，我国第三方教育评价机构作为新兴事物，难以纯靠自身力量实现建设发展，对政府具有或多或少的依赖性。

如依托于政府部门的第三方教育评价机构以及依托于学术型高校或科研院所的第三方教育评价机构，本质还是受政府主管。对于前者来说，其多由政府自上而下推动建立，在人事任免和项目实施方面难免受到政府一定的干预，基本不能独立于政府。有学者将其定位为“官办民营”。[①] 对于后者

① 慕彦瑾：《我国社会中介性教育评估组织的培育及发展研究——兼论我国社会中介性基础教育评估组织的建立》，硕士学位论文，西北师范大学，2005 年。

来说，依托于学术机构的第三方教育评价机构虽然从理论上来讲更具备独立性，但是受当前国内大环境的制约，无法在完全脱离官方支持的情况下发展。公立高校与公立中小学在现有体制下与政府是“一母二子”关系，依托于公立高校的第三方教育评价机构很难设置相对独立的评价标准。①

而对于民办民营性第三方评价机构，虽然不受政府的直接领导，但是其项目却要由政府或者学校出资，这就使得其在评价中存在一些权力制衡。评价机构的绝大部分业务来自于政府的项目委托，对政府有着较强的依赖性，评价权最终还是掌握在官办中介组织手里，实质还是政府在评价教育。比如某第三方评价的满意度问卷调查表明，广大师生家长对该市义务教育学校相关工作高度认可。② 网上公布的报告中没有提出任何问题。

由此可见，我国许多第三方评价机构或在权力的控制下，或在金钱的束缚下，难以真正脱离政府和学校，如此第三方教育评价的独立性受到质疑。

（二）专业人才缺乏，部分机构专业性难以保障

目前众多依托于政府部门的半官方性的第三方教育评价机构由于具有政府的支持，其专业性和权威性可以得到保障，依托于学术机构的第三方教育评价机构也因挂靠对象之便具有较高的专业性。而对于许多民办民营性第三方教育评价机构而言，专业性是其面临的最大问题。③ 一方面，专业性实现的核心在于拥有具有教育评估专业背景的专业人员。但目前我国高校系统并未设立专门的教育评估专业，造成我国从事专业评价的人才匮乏。其次，由于民办民营性第三方教育评价机构缺乏编制及薪酬等保障，对人才吸引力较弱，尤其是在发展初期难以吸引年富力强、经验丰富的专业人员。④ 在多

---

① 储朝晖：《迟迟不就位的第三方教育评价》，《云南教育》（视界时政版）2016 年第 2 期。

② 深圳市教育局政策法规处：《市教育局“试水”义务教育满意度第三方调查：师生家长对教育高度认可》，2020 年 11 月 21 日，见 http：//www.sz.gov.cn/jyj/home/jyxw/jyxw/201504/t20150423_2861941.htm。

③ 胡志强、胡文娟、陈学军：《中介组织参与高等教育评估：缘由、挑战与应对》，《高等理科教育》2016 年第 3 期。

④ 王晶晶：《民间第三方教育评估机构公信力的构建》，《中国教育学刊》2016 年第 1 期。

方权衡之下，这类机构通常会聘请相关领域的专家来给予评估团队智力支持。但就其人选来看，选聘专家以兼职居多，并且很多已经退居二线或退休，缺乏活力。与此同时，在没有专业考核标准和评判的基础上，有些机构聘用所谓专家的随意性较大，不仅花费了巨大资金，也未能实现专业性发展。另外，今后还可能出现的问题是，由于市场上有资质的专家在数量上并不会有太多变化，随着第三方教育评价需求的增大，这批人员还将成为机构竞相聘请的对象，潜存哄抬专家“出场费”的可能。①

（三）政府良性监管缺位，市场乱象频发

目前我国仅在政策层面提倡政府部门引进第三方教育评价服务，促进社会参与第三方教育评价的发展，然而尚未建立专门的机构对第三方教育评价机构进行监督与管理，并未形成统一的法律政策以促进第三方教育评价机构的规范化发展，相关准入机制、监管机制以及激励机制尚未建设完全。政府良性监管的缺位，造成我国第三方教育评价过分受市场机制影响，乱象频发。如在市场机制的作用下，为降低项目来源与稳定性风险，部分第三方教育评价机构会刻意与政府部门加强联系，而关系越近，第三方教育评价机构的中立性也将越低，评估结果的客观性也将难以保障；部分第三方教育评价机构为获得更多额外“收入”，收受贿赂对评价结果进行造假，即为牟利自发主动放弃中立性与客观性立场；另外，还存在不少第三方教育评价机构为竞得项目，采取恶意降价、贿赂项目负责人等失范行为。

（四）行业自律组织尚不成熟，难以实现自主规范化发展

尽管目前我国已形成地方层面的行业自律组织以及全国性的行业自律自治，但一方面各地行业自律组织发展成熟度不一，部分地方对于当地第三方教育评价机构的审核监管有限，尚未起到真正的行业自律作用。如广东省教育评估协会仅对广东省当地第三方教育评估机构起到表面凝聚的作用，其对第三方教育评价机构的评估过程与结果进行监管和再评估的能力尚未发育完全，仅是该行业自律组织的雏形。另外还有不少省市尚未建立起地方层面

① 储朝晖：《迟迟不就位的第三方教育评价》，《云南教育》（视界时政版）2016年第2期。

的行业自律组织。而全国性行业自律组织由于自身发展起步较晚，处于发展初期强制力有限，难以弥补地方层面行业自律组织的缺位以及影响力有限等问题。与此同时，作为行业自律组织，无论是地方层面的抑或是全国性的行业自律组织，均缺乏必要的强制性，仍有不少未经资格审核的第三方教育评价机构在任意发展，行业自律组织所制定的资格认定、过程监管等规定仅对组织内部成员有效。

而行业自律组织作为行业内部为了协调彼此之间的经营活动，沟通信息，自发组织起来的一种社会中介机构，唯有加强其自身建设和发展，才能够克服政府层面的行政化干扰以及市场层面的唯利性阻碍。目前我国第三方教育评价行业自律组织发展程度以及影响力有限，难以发挥上述效能，造成第三方教育评价机构良莠不齐，难以实现自主规范化发展。

（五）作为新兴事物，公信力面临挑战

所谓公信力是指社会对某一机构的认可和信任。从文化角度看，由于一直以来我国受权威文化的影响，总是认为权力大的一方是对的，公众们也就更容易接受官方的评价和结果，对于非官方的、没有权利的部门机构作出的评价总是难以接受。一直以来我国以往的评估都主要以官方评估为主，成功运作的评估机构也多有官方背景，而大部分第三方教育评价机构无论在数量上还是质量上都“相形见绌”，社会影响力也极其微弱，从而公众对其认识程度及接受程度较低。而对于依靠市场而存在发展的第三方教育评价机构，社会公众对其持观望和怀疑态度会使其面临卖方稀少、业务短缺以及资金断裂的风险，公众对第三方评价丧失信任，也会影响社会第三方评价理念的引入，不利于社会第三方参与教育评价的发展，甚至可能会影响国家深化教育改革的进程。而不少第三方教育评价机构不注重利用互联网、广告等传播媒介对自己的评价优势及成果进行宣传，机构网页一度停运，更使第三方教育评价难以走进民众、提升自身公信力。

# 第八章　中国香港特别行政区第三方教育评价的机制与模式

在我国香港特别行政区，以考试及评核局（Hong Kong Examinations and Assessment Authority，以下简称“考评局”）为核心的第三方评估机构在基础教育质量监测中发挥着重要的作用，使香港教育质量监测始终保持高度的科学性，评价工作表现出显著成效。随着粤港澳大湾区的建设推进，香港地区和祖国内地的协同发展不断深入，研究香港地区的发展经验，有助于推进内地社会第三方参与教育评价机制的完善与发展。

## 第一节　香港地区基础教育评价体系概况

提高教育质量是当今世界各国和地区教育改革和发展的主旋律，一个国家或地区的教育质量高低与其教育评价体系的完善与否有着密不可分的联系。由于历史因素，香港地区教育评价体系的发展受到中西方文化的双重影响，在评价组织、评价内容、评价主体和评价工具等方面都具有鲜明特点。

### 一、香港地区教育评价体系的变革历程

香港地区教育评价体系改革历经三个阶段，最终于2002年形成了以学校自评为主、校外评估为辅的教育教学表现评估制度，并一直沿用至今。

（一）回归前

在香港回归之前，香港地区一直借鉴英联邦时期的教育质量保证评估体系（Quality Assurance Inspection，以下简称 QAI）。QAI 是一个由国家或地区层面的教育领导机构提出并实施的教育管理和评价体系，目的是通过相关的评估措施，保证国家或地区教育方针政策及具体目标的落实，确保学校教育质量不断提升。该体系最重要的两个部分是计划和评估：计划包括学校计划、部门计划和教师的个人行动计划，计划的制定有明确的要求、规范的程序和详细的步骤；评估分为内部评估和外部评估，是对学校教育质量进行监测的重要手段。QAI 体系在英联邦国家和地区得以长期运用，对规范学校管理、促进学校可持续发展方面确实起到了一定的作用。但是由于它本身的局限性，例如周期长、范围广、成本高、人力物力耗费大等一系列问题，QAI 体系在香港地区的实施效果并不理想。对于回归前的香港而言，它只是一个可以借鉴的教育质量监测体系框架，并不是一个能够具体实施的范本。可以说，真正的教育评价体系是在香港回归之后才逐渐建立起来的。

（二）回归后

1997年，香港教育统筹委员会[①] 发布第七号报告书，提出设立“质素保证架构”，旨在为香港学生提供优质的学校教育。“质素保证架构”是一个多层次、系统化的质素保证程序，共包括三个层次：第一是学校层面的自我评估。每所学校根据预设的发展目标及其重要性，制订发展计划并加以推行。在学年结束时，学校要对计划执行的情况进行自我评估，制订学校报告，供教师、学生和家长阅览。第二是全港层面的校外评估。由教育署进行质素保证视学，从校外评估的角度检验学校的表现，这一层次是整个质素保证程序的核心内容。为此，教育署引入总体视学模式，重组视学部门，设立“质素保证视学组”。遵循公开透明的原则，派出综合视学队伍到学校进行整体视察，找出各校的优点和不足，提出改善措施并采取适当行动。第三是国际

① 2003 年，香港特区政府实行“局署合并”，教育署纳入教育统筹局，组成新的教育局；2007 年，教育统筹局更名为“教育局”，并沿用至今。

层面的专家评估。为确保质素保证程序恰当、中肯，教育署会邀请本地及海外的专家检讨香港学校的整体表现及质素保证的程序，并向公众发表检讨报告。香港质素保证视学制度的实施，在一定程度上推动了本地区教育评估体系的完善。这一架构的主要特点是以外部评价为主，但这种外控式的总体视学需要耗费大量的人力和物力资源，并且这种方式只能在学校改进上产生短暂作用。

为了进一步完善本地区的教育评估体系，香港教育统筹局于2002年制定了《香港学校表现指标2002》（以下简称《指标2002》），并推行了以学校自评为主、校外评估为辅的教育教学表现评估制度。《指标2002》提出了一整套观察和评估学校的架构及具体指标，并于2003—2004学年开始在全港公立中小学及特殊学校中推广使用。2007年，香港教育局又在《指标2002》的推行经验及数据分析结果基础上，结合相关意见修订形成了《香港学校表现指标2008》并于当年开始实施。以学校表现为核心的教育教学评估是香港学校发展与问责架构的重要内容，其目的是通过全面而系统的校本评估和校外评核，分析学校发展的优势和不足，以调整学校发展的方向、目标和策略，提高教育教学质量，促进学校可持续发展。其中，自我评估是教育教学表现评估制度的主要方式，是促进学校自我完善和持续发展的关键环节，也是香港中小学校实施校本管理的重要举措。从长远来看，内控式的“自我评估”机制有助于提高学校的问责意识和自我更新能力，帮助学校提升教学质量，为学生提供优质教育，促进香港教育事业良性循环发展。

## 二、香港教育评价体系的基本架构

香港现行教育评价体系以“学生表现”为主要内容、以“学校自评”为主要方式。自2002年实施以来，香港教育评价体系在评价组织、评价内容、评价主体和评价工具等方面建立起了较为完善的实施架构，为提高学校教育质量发挥了重要作用。

### （一）评价组织

为了对学校的教育教学表现进行有效评估，香港设立了专门的评估机构——辅导视学处。该处由一名教育署助理署长领导，即总督学，总督学下设有副总督学 1 名，首席督学、高级督学若干名。辅导视学处下设 6 所教学中心和 3 所教材中心，包括数学、英语、社会科目、美工、理科、中国语文 6 所教学中心和公民教育、道德教育（宗教、伦理）、性教育 3 所教材中心。前者的主要职责是发展和改进各科课程和教学，确保学校的质素不断提高；后者的主要职责是进行教学研究，审订教科书及有关教学资料。辅导视学处的各科督学还需要经常访问各校，就不同学科的课程内容、教学方法和资源运用等问题，向学校提出建议和指引，并为教师提供在职训练课程或研习班等。

此外，近几年来香港社会中介和专业团体的评估功能也在逐渐加强。除了目前已有的教育督导和教学辅导机构之外，香港教育质量监测机构也在不断发展。1977 年香港成立考试及评核局（简称“考评局”），负责安排及统筹考试。1981 年，考评局正式成为财政独立及自负盈亏的法定机构，主要负责筹办小学、中学以至于大学入学程度的考试及评核，同时负责举办多项国际及专业资格考试，致力于提供高质素的考试及评核服务，并由训练有素的专业团队提供保障。除了常规的例行考试之外，考评局会定期对学生进行基本能力评估，该评估分为“学生评估”及“全港性系统评估”两种类型，评估范畴包括中文、英文和数学三个科目。“学生评估”是一个网上的评估资源库，目的是了解学生在小 1 至中 3 阶段中、英、数 3 个科目基本能力的学业表现；“全港系统评估”是一项全港范围内统一执行的测试，只在小 3、小 6 和中 3 的学习阶段完结时施行，其反馈形式是总结报告和学校报告，该评估旨在帮助教师和家长了解学生在基本能力方面的强项和弱项，为优化下阶段的教学计划提供指导建议。①

（二）评价内容

在香港，教育的目的是促进学生的全面发展，培养学生终身学习的能

① 香港特区考试及评核局：《香港考试及评核局：基本能力》，2015 年 5 月 22 日，见 http://cd1.edb.hkedcity.net/cd/eap_web/bca/chi/BCA_c3.htm。

力。教育要帮助学生发挥潜能，提高个人质素。其中，“质素”是香港教育评估的一项重要指标，其含义类似于我们常用的“质量”一词。但从语义上分析，二者并不完全相同。“质量”是指事物、产品或工作的优劣程度，或其固有特性满足要求的程度，一般用于描述物体；“质素”是指事物本来的性质、素养，既可用于评价某种物质或产品的质量，也可以用于评价人。与“质量”相比，“质素”更加强调了学生自身的表现及个体的发展。

香港中小学教育教学表现评估依据《香港学校表现指标 2008》（以下简称《指标 2008》）而展开，包括管理与组织、学与教、校风与学生支援、学生表现 4 个范畴，每个范畴又包含了详细的指标。在《指标 2008》中，学生表现是核心内容，学校需要评估学生在“态度和行为”及“参与和成就”两方面的表现，以掌握学生发展的情况。学生表现作为评估的核心内容，涉及多个方面。外在的、显性的行为容易测量，内在的、不易量化的心理活动却很难评估，因此，针对学生表现的评估工作具有一定挑战性。为此，香港教育局开发了一套情意及社交表现评估套件，协助学校评估学生的发展情况和需要以及相关措施在校内推行的成效。这套量表分为适用于小学和中学阶段的两个版本，充分考虑到了不同年龄阶段的学生身心发展水平的差异，以“学习能力”测量为例，小学阶段包括对学生创意思考、批判性思考及解难技巧 3 个方面能力的考查，中学阶段又加入对时间管理能力的考查。的确，小学生的时间观念仍不够明确，而到了中学阶段，学生逐渐可以对自己的时间管理作出合理安排，两套量表内容上的差别考虑到了不同年龄阶段学生的不同特点。学校也可以使用这套工具，对整体或一个群组学生在情意及社交方面的表现进行测量，帮助学校获得有关数据资料。由于每所学校进度不同，学生的背景也有差异，学校在运用各项表现指标进行评估时，会充分考虑自身情况，以配合“校情为本·对焦评估”的原则。

### （三）评价主体

在香港中小学校的自我评估中，评估主体包括所有“持分者”，持分者指利益相关者，即与学校福祉和表现有直接关系的人士，包括教师（校长、副校长及中层管理人员和部门主管）、家长、学生和专责人员（仅指特殊学校）。这些群体作为“持分者”参与学校调查，为学校发展提供意见，可以使评估结果更加全面有效。为了方便学校收集持分者意见，香港教育局设计了一套经过验证的持分者问卷，帮助学校进行自我评估，持分者调查问卷的范围依据《指标 2008》制定。不同的持分者由于身份不同，所参加的调查项目也不同，但是每个持分者被测试所得的结果都将成为学校自评的重要依据。学校可以根据需要安排调查频次，但原则上要在每所学校发展计划完结前进行调查，以评估学校发展计划的成效。该问卷中针对专责人员的调查只适用于特殊学校，而针对学生的调查，特殊学校也会视就读学生的能力适当采用。

与自评不同的是，参与校外评估的人员需要满足更高要求。为了提高外评工作的透明度及专业性，香港教育局通常会邀请知名专家学者提供指导。每支外评队伍亦会邀请一些在职校长及教师担任校外评核人员，从一线教育工作者的角度提供专业意见。为了加强管理，香港教育局对参与校外评估人员的任职资格提出了明确要求：持有认可的大学本科及以上学位，具有 4 年或以上的教学经验，已接受师资培训，已接受视学人员培训。符合上述条件的校内外人士可以受邀成为外评人员，也可以填写职位申请表，通过考核后成为外评人员。外评队伍组建后会根据学校的情况弹性安排驻校人数、日数及程序，通过阅览文件、课堂观察及与持分者进行交流的方式收集资料。在评估时，外评人员必须遵守 5 条原则：以学生利益为重；专业、客观地核实学校自评表现；对外评过程中取得的学校或个人资料严守秘密，保障私隐；清晰、坦诚地与学校沟通；诚实、公正地汇报学校情况。①

（四）评价工具

为了满足评估需要，香港教育局研制出了一系列的评估工具及数据平台，使评估过程及结果更加系统化和专业化。除了上文提到的情意及社交表现评估套件和持分者问卷外，还包括学校增值资料系统和“学校发展与问

---

① 香港特区教育局：《校外评核：学校资》，2015 年 5 月 13 日，见 http：//www.edb.gov.hk/attachment/sc/sch-admin/sch-quality-assurance/sda/esr/esr-info_for_sch_2014_sc.pdf。

责”数据电子平台。

学校增值是一个保密的网上资料系统，用以提供中学的学业增值资料。学业增值是指运用统计方法，以学科为单位，推算学生在公开考试中的预期成绩，并把预期成绩与实际取得成绩相比较。其结果用以显示学校在不同学科提升学生学业表现的相对效能，包括高于预期、达到预期或低于预期三种情况。① 增值计算在统计过程中考虑到了与学业相关的多种因素，包括学生在入学时的能力、同校学生在入学时的平均学习能力、性别、转校情况等。学校增值资料作为自我评估的一项重要数据，能够掌握学生的学业表现及发展情况，检查不同学科的教学成效，改善学生学习。但是，增值数据只是一些统计资料，若想更为准确地掌握不同学科的增值表现，学校还应关注每个年度数据增值的结果以及增值数据在不同年度的变化趋势。学业增值资料只能反映学生的学业表现，对于学生的综合评价还需要考虑非学业方面的因素，从而获得客观全面的考核结果。

“学校发展与问责”数据电子平台是香港教育局开发的一个“一站式”自评数据管理系统，其核心功能包括 7 个模组。在该平台上，学校可以对持分者展开网上调查，对学生进行情意及社交表现方面的评估，以及展开日常的校本问卷和校外评核问卷调查。调查实施后，该平台将协助学校分析、管理自评数据并制作相关报表，帮助学校通过简单程序，在需要时向教育局提交表现评量及调查结果。“学校发展与问责”数据电子平台真正实现了“一站式”服务，大大提升了学校自评工作的效能，减轻了教师的工作量。

经过十几年的发展，香港现行教育评价体系以专业化的评价组织、全面化的评价内容、多元化的评价主体和科学化的评价工具为特色，对本地区学校教育的完善和发展起到了重要推动作用。

---

① 香港特区教育局：《学校增值资料系》，2015 年 5 月 13 日，见 http：//www.edb.gov.hk/attachment/sc/sch-admin/sch-quality-assurance/performanceindicators/2011%20sse%20tools%20chi.pdf。

## 第二节 香港地区第三方教育评价的机构类型

目前，国内外学界对于教育领域第三方评估机构的概念和类型的界定仍没有明确定论。从性质上来讲，社会第三方评估机构应当是一种“中介组织”。什么是中介组织呢？1991 年，美国学者伊尔·卡瓦斯（El-Khawas）提出：“一般来说，中介组织可以描述为是一个正式建立起来的团体，它的建立主要是为了加强政府部门与独立（或半独立）组织的联系以完成一种特殊的公共目的（public purpose）。”① 从这个角度来说，社会第三方评估机构是介于政府和学校之间的“中介组织”。这种中介组织既可以是一种由政府主导创办的半官方性质的机构，也可以是一种完全独立于政府和学校之外的民间机构，或者是一种由学术团体组成的学术机构。其实，机构隶属于谁并不重要，重要的是看它究竟起到了什么样的作用，发挥了什么样的职能。

从职能划分上来看，社会第三方评估机构可以分为三种类型。第一种是研究咨询型的中介机构，其功能在于为政府在教育决策方面提供咨询服务。第二种是宏观协调管理型的中介机构，这种类型的机构要参与政府的一部分教育管理工作。第三种是信息服务型的中介机构，其功能在于承担政府转移出来的公共服务职能，并在协调政府和学校两者之间的关系中发挥重要的信息沟通作用。② 与政府部门自上而下的督导评估和学校内部的自我评估相比，由第三方机构组织的教育评估监测能够有效发挥社会组织独立、专业、权威的特点，充分发挥其监督和评价作用，保证评估过程及结果的科学性、公正性、透明性和价值性。

香港考试及评核局（Hong Kong Examinations and Assessment Authority）前称香港考试局，成立于 1977 年 5 月，是一个行政、财政独立的法定机构，

① Elaine El-Khawas，“External Scrutiny，US style”，in *Tony Becher*：*Governments and Professional Education*，*Society for Research into HE and Open University Press*，1944，pp.62-68.

② 杨晓江：《教育评估中介机构五年研究述评》，《高等教育研究》1999 年第 3 期。

主要筹办小学、中学、大学入学程度的考试及评核，同时也举办多项国际及专业资格考试，致力于提供高质素的考试及评核服务，并由训练有素的专业团队提供保障。考评局自负盈亏，其运营经费主要来自考试费、刊物销售以及为个人或团体提供相关服务的收入，属于一种商业运作型的第三方评估机构。它致力于以专业、具有创意及成效兼备的方式提供有效度、信度和公平的考试以及一系列的评核服务，从而满足教育和社会发展的需要。考评局始终按照三个机构指导原则进行管理与运作：投放资源提升员工潜能；尽力满足服务对象合理的要求；努力维护本局颁授的资历及服务的专业水平。

考评局自成立以来，在香港地区的基础教育质量监测过程中一直发挥着不可替代的作用，是香港地区最核心、最重要的第三方教育评估机构。其特点主要体现在以下三个方面：第一，具有独立性。考评局是一个独立于香港地区教育行政部门的法定机构，它财政独立、自负赢亏，能够承担独立的民事责任。需要指出的是，考评局也具有一定的“官方色彩”。考评局委员会是考评局的决策单位，委员会 16 位成员中，除了当然委员及大学校长会提名的人士外，所有委员均由香港特别行政区行政长官委任。也就是说，在主要核心成员的任命上，考评局仍然受限于香港特区政府。但是，考评局重要决策的制定及日常工作的运转是不会受限于教育行政部门的，总体来说还是有着非常大的自主性和独立性。

第二，具有专业性。专业性之一体现在人员构成上，考评局委员会的成员主要来自中小学、高等院校及政府机构，还有来自商界及工业界的专业人士。以 2016—2017 年的委员会成员组成为例，其中绝大部分均为政府外部人士，并且一半以上为资深教育者，人员任命具有相当严格的选拔与考核制度。考评局的一般工作人员也都是具有丰富专业知识和经验的考评人才，其中包括经验丰富和训练有素的考试行政人员、开发考评及各种测试服务的专家，以及研究和发展评核的专业人员。具体来说，管理层包括主席、副主席各 1 人，全部由政府委任，任期一般为 3 年，人选通常来自商界的专业人士、教育界或学校校长等；委员会是考评局的监管组织，辖下设有多个委员会，在不同范畴为考评局提供协助及意见。委员会由 17 名委员组成，包括

6 名当然委员及 11 名委任委员，其成员由特区政府行政长官委任，主要来自中学、高等院校、课程发展议会、职业训练局及教育局，同时亦有工商及专业界人士；秘书处由 1 名秘书长和 1 名副秘书长领导，共聘用约 380 名全职人员为公众服务，负责处理考评局委员会及其辖下事务委员会的工作。在每年的考试季度中，考评局会聘用接近 8000 名工作人员，担任试卷拟题员、审题员、阅卷员、校对员、题目核分员、口试考官及监考员，其中大部分均为中学及大学的资深教师。专业性之二体现在科学化的测评工具上。例如，为了协助有严重书写困难的特殊学习障碍考生，考评局开发了将语音转换为文字的软件以协助此类考生作答通识教育科目的考试，该软件于 2017 年的考试中正式推行，符合资格的考生可以申请使用相关软件应考。

第三，具有权威性。香港考评局具有严格的内部管理规范，考评局委员会辖下设有各事务委员会（如图 8–1 所示），负责各重要职能。这些委员会按照既定职权范围履行职责，或成立工作小组及小组委员会以处理重要事务。为保证服务质量，考评局还特设了内部审计组，负责检讨和改进内部监控，并对考评局进行风险评估及管理。规范化的管理机制使得考评局的评估过程和结果更加具有科学性和价值性。另外，考评局自 2004 年起受到教育局的委托，每年要定期在小 3、小 6 以及中 3 年级举行全港性系统评估，其评估结果也将以报告的形式递交至最高决策层，政府会根据考评局提供的评估资料，为学校提供适切的支援。也就是说，考评局所得的评估结果具有极强的权威性，它将会直接影响学校在第二年所能获得的资助力度。

## 第三节　香港地区第三方教育评价的主要内容

建立科学完善的基础教育质量监测体系是推进教育发展的重要举措，而健全有力的组织机构能够为质量监测提供专业性、可靠性的保障。作为一个独立于政府和学校之外的第三方评估机构，考评局更多地在服务基础教育质量监测方面发挥作用。它承担了全港地区多项大规模考试及评核服务，包括中学文凭考试、校本评核、全港性系统评估，以及超过 200 个国际及专业考试。

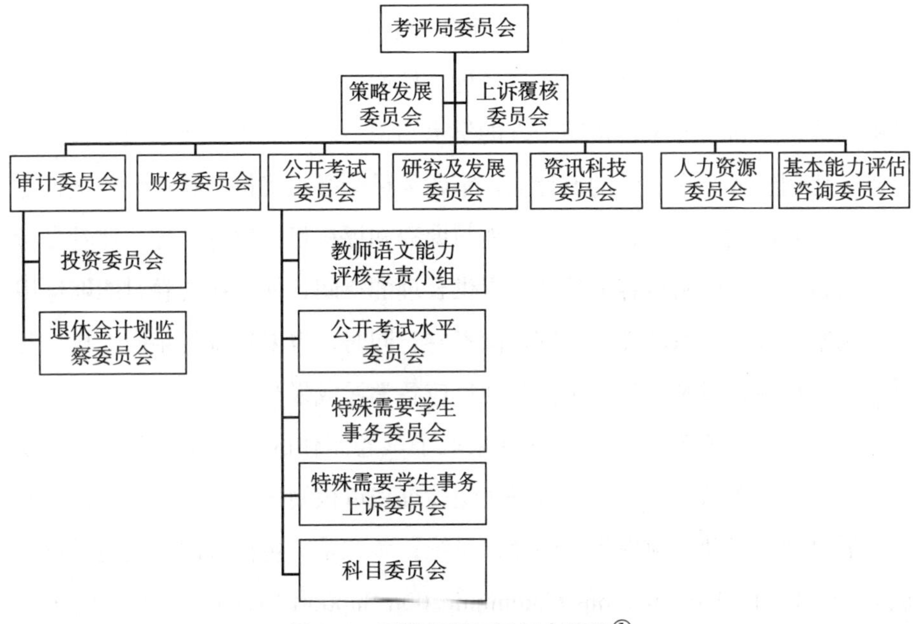


**图 8–1　香港考评局委员会架构①**

## 一、举办香港地区中学文凭考试

香港地区自 2009 年 9 月起推行新学制，为学生提供 6 年中学教育，包括 3 年初中教育和 3 年高中教育。随着新学制的推行，考评局于 2012 年推出香港地区中学文凭考试（The Hong Kong Diploma of Secondary Education Examination，简称“文凭试”）以评核学生的学业程度，并取消了之前的中学会考及高级程度会考。文凭试的成绩可作为学生继续升学（包括海外留学）或就业的凭证。为了保证考试过程更加规范、结果更加科学，考评局还制定了文凭试质素保证框架（HKSDE Quality Assurance Framework），构建了“制作试卷—举办考试—处理及公布成绩—试后检讨机制”这样一个循环往复、持续改进的框架体系。

在制作试卷过程中，各个科目都要成立审题委员会，负责拟订试卷及

① 香港特区考试及评核局：《考评局委员会架构》，2017 年 7 月 29 日，见 http：//www.hkeaa.edu.hk/tc/about_hkeaa/governance/committees/。

参考答案。每个审题委员会设有 5 个职位：1 位试卷主席、2 位审题员、1 位拟题员以及 1 位负责该科的科目经理。他们通常由大专院校的学者、中学教师、课程及科目专家，按照个人的学术知识、教学经验以及拟题专长，以适当的比例组成。在试题的设计上，审题委员会必须确保试卷在涵盖课程范围、水平和用词等方面，都能适当地与课程和评核目标保持一致。评卷参考答案的拟定要使阅卷员容易遵循并提供合理的空间，使其在阅卷时能够运用专业判断，按照一致的评分准则评阅答卷。同时，也要检视每年同一科目各试卷的连贯性，以及试卷能否恰当地反应各学习成果与评核目标的比重。

为确保考试顺利进行，考评局采取了试卷制作的保密和安保措施，专门设立了公开考试资讯中心、考场实地检查和审核制度、处理考试异常情况的投诉机制，以及各项现代化的考试系统。考试系统包括考试场地通讯及支援系统（Public Examinations Communication Support System）、出席记录及答卷收集系统（Attendance and Script Tracking System）、口试录影系统（Oral Recording System）等。此外，考评局还专门制定了一系列试后措施，包括海外审查试卷和答卷、试后检讨、内部审核及风险监察、试卷质素审核、内部试后检讨会议，以确保文凭试能够达到预期高质素的水平。同时，考评局也会将每次的考试结果与家长、学生、学校、本地和海外机构、考试及评核组织、雇主团体、政府、传媒及公众进行沟通，定期收集持分者① 的意见，以进一步改善文凭试的运作，不断提升其持续改进的效能。

## 二、开展校本评核

考评局开展的校本评核主要是指在学校日常的学与教过程中，由学校任课教师评核学生的表现。所有学生必须完成有关科目的校本评核，评核分数也会计入文凭试的成绩中。需要参加校本评核的科目全部来源于甲类科目，共包括 3 门核心科目和 13 门选修科目。考评局自 2012 年推行校本评核

① 持分者是指利益相关者，即与香港地区中学文凭试有直接或间接关系的人士，包括家长、学生、学校、本地和海外机构、考试及评核组织、雇主团体、政府、传媒和公众等群体。

以来，取得了一定成效并获得了社会各界的广泛认可，表 8–1 显示了近几年来校本评核的推行情况。校本评核考察的是学生各方面的综合能力及素养，目的是为了全面评估学生的表现，同时把教学与评估结合起来，让学生从教师的反馈中了解自己的强项与弱点。另外，推行校本评核更为重要的作用在于减少对中学文凭考试成绩的“终极性”依赖，不以单独一次的成绩评价学生，使评估结果更加全面客观。

**表 8–1　参加校本评核的科目及推行情况①**

<table>
<tr><th rowspan="2">类型</th><th rowspan="2">科目</th><th colspan="3">推行校本评核的年份</th><th rowspan="2">比重</th></tr>
<tr><th>2012—2017 年</th><th>2018 年（计划）</th><th>2019 年（计划）</th></tr>
<tr><td rowspan="3">必修科目</td><td>中国语文</td><td colspan="3">推行</td><td>20%</td></tr>
<tr><td>英国语文</td><td colspan="3">推行</td><td>15%</td></tr>
<tr><td>通识教育</td><td colspan="3">推行</td><td>20%</td></tr>
<tr><td rowspan="13">选修科目</td><td>设计与应用科技</td><td colspan="3">推行</td><td>40%</td></tr>
<tr><td>视觉艺术</td><td colspan="3">推行</td><td>50%</td></tr>
<tr><td>资讯及通讯科技</td><td colspan="3">推行</td><td>20%</td></tr>
<tr><td>生物</td><td colspan="3">推行</td><td>20%</td></tr>
<tr><td>化学</td><td colspan="3">推行</td><td>20%</td></tr>
<tr><td>物理</td><td colspan="3">推行</td><td>20%</td></tr>
<tr><td>科学</td><td colspan="3">推行</td><td>20%</td></tr>
<tr><td>中国历史</td><td>推行</td><td colspan="2">取消推行</td><td>20%</td></tr>
<tr><td>历史</td><td>推行</td><td colspan="2">取消推行</td><td>20%</td></tr>
<tr><td>英国文学</td><td>延迟推行</td><td>自愿参与试行</td><td>推行</td><td>20%</td></tr>
<tr><td>科技与生活</td><td>延迟推行</td><td>自愿参与试行</td><td>推行</td><td>30%</td></tr>
<tr><td>中国文学</td><td>延迟推行</td><td>自愿参与试行</td><td>推行</td><td>15%</td></tr>
</table>

① 香港特区考试及评核局：《校本评核》，2017 年 8 月 1 日，见 http：//sc.hkeaa.edu.hk/TuniS/www.hkeaa.edu.hk/tc/sba/。

续表

| 类型 | 科目 | 推行校本评核的年份 | | | 比重 |
|---|---|---|---|---|---|
| | | 2012—2017 年 | 2018 年（计划） | 2019 年（计划） | |
| | 健康管理与社会 | 延迟推行 | 自愿参与试行 | 推行 | 20% |

注：在学校自愿参与试行计划中，学校可选择不提交校本评核分数；或递交校本评核分数，但有关分数不会被计算入学生的文凭试成绩内。

校本评核的参与主体是学校本身，任课教师清楚了解其学生的能力，所以由他们进行校本评核是最适当的。但是在评核过程中，教师未必了解其他学校学生的表现水平，尽管考评局已经提供了有关校本评核的培训课程，所有教师采用的也是相同的评估准则，但部分教师的评核过于宽松或过于严格的现象仍在所难免。为了解决这些问题，确保不同学校之间的评分具有可比性，考评局利用专业的统计方法并结合专家判断，将学校呈交上来的原始分数进行适当调整，具体调整方法如表 8–2 所示。

**表 8–2　校本评核的分数调整方法①**

| | 统计调整 | 专家判断调整 |
|---|---|---|
| 方式 | 统计调整，并以学生作业作为辅助样本 | 专家判断调整，并以统计技术应用作为辅助 |
| 特点 | 用于校本评核与公开考试有相近评核目标的科目 | 用于考生人数较少或校本评核成绩与公开考试表现极不相近的科目 |
| 主要特色 | 根据调整组别内学生在公开考试的表现，利用统计方法决定组别表现水平 | 由学科专家检视学生作业样本，以决定组别表现水平 |

校本评核分数调整的机制主要是对同一组别（通常指一所学校）内学生校本评核原始成绩的平均分和分数分布作出调整。为便于比较不同学校的成绩，一般会以一个调整变数（例如公开考试成绩或检视学生作业样本的结

① 香港特区考试及评核局：《香港中学文凭校本评核分数调整机制》，2017 年 8 月 2 日，见 http：//www.hkeaa.edu.hk/DocLibrary/SBA/HKDSE/HKDSE-SBA-ModerationBooklet_r.pdf。

果）作为参照。具体调整方法包括两个基本要素：第一，参照调整变数，通过比较个别组别内所有学生的平均表现是否高于或低于其他组别，得出每个组别的表现水平；第二，通过比较每个学生与调整组别内所有学生的平均表现，得出该学生的调整分数。简言之，学生的校本评核分数可以通过公式总结如下：

组别表现水平 + 学生的组内差 = 校本评核调整分数①

考评局通过量化的分数调整机制将不同学校呈交的校本评核原始分数进行调整，有利于保证校本评核成绩在不同学校之间的可比性，以确保校本评核结果的公平性；也有利于维持校本评核成绩在年与年之间的信度及效度，将整理后的数据回馈学校，以进一步优化校本评核的施行。

## 三、组织全港性系统评估

自 20 世纪末国际大规模教育评估逐渐兴起，区域教育评估也开始在各个地区的教育体系中活跃。2000 年，香港特区教育统筹委员会发布《终身学习・全人发展——香港教育制度改革建议》，《建议》提出要设立中、英、数 3 个科目的“基本能力评估”（Basic Competency Assessments，简称 BCA），其中“全港性系统评估”（Territory-wide System Assessment，简称 TSA）由考评局承办。TSA 是除文凭试外最具权威性的一项评估测验，所有接受政府资助的学校在指定时段内均须参与。自 2008 年起，TSA 开始采用网上评卷系统，并以“双评审”的方式阅卷。评估科目包括中国语文、英国语文和数学，分别在小学 3 年级、小学 6 年级和中学 3 年级的学习阶段完结时施行（具体内容如表 8–3 所示）。该评估通常被看作是香港教育的“风向标”，它的设立一方面是为了提供全港学生中英数 3 科学习水平的结果，以便政府为有需要的学校提供支持，并监测教育政策执行的成效；另一方面是为了了解各学校中英数 3 科的教学水准是否达到基本水平，促使学校结合评

---

① 香港特区考试及评核局：《香港中学文凭校本评核分数调整机制》，2017 年 8 月 2 日，见 http：//www.hkeaa.edu.hk/DocLibrary/SBA/HKDSE/HKDSE-SBA-ModerationBooklet_r.pdf。

估数据与发展需要，制定优化课程设计的方案。技术上，TSA 以项目反应理论为框架，评估形式纸笔测验为主，口语测验为辅。其中纸笔测验面向全体学生，口语测验则是从参加 TSA 的学校中抽样选取学生。

**表 8–3 全港性系统评估的科目、内容及时间表①**

| 科目 | 内容 | 小学三年级 | 小学六年级 | 中学三年级 |
|---|---|---|---|---|
| 中国语文 | 阅读、写作、聆听、说话、视听资讯 | 85 分钟 | 115 分钟 | 140 分钟 |
| 英国语文 | 阅读与写作、聆听、说话 | 45 分钟 | 80 分钟 | 90 分钟 |
| 数学 | 数、度量、图形与空间、数据处理、代数（仅适用于中三学生） | 40 分钟 | 50 分钟 | 65 分钟 |

## 四、承办其他类型的评核及考试

自 2001 年起，香港特区考评局与教育局合办了教师语文能力评核，以评核考生是否具备任教英语和普通话的能力。评核包括口试、笔试以及只供教师报考的课堂语言运用。考生在所有卷别均得到 3 等级或以上的等级，即被视为符合在学校任教有关科目的语文能力标准。此外，为鼓励终身学习以及配合社会需求，考评局还与超过 120 个世界各地的考试机构、院校、大学、专业团体和政府部门合作举办了 200 余项考试，每年约有 30 万人报名参加。考评局负责举办的大型考试项目主要有：ABRSM 英国皇家音乐学院联合委员会考试、中央音乐学院考试、SAT、中华人民共和国国家司法考试、英国伦敦大学国际课程考试等。考评局将会按照不同机构的特定要求提供考试及评核服务，服务范畴包括命题、保密印制试卷、扫描及评阅答卷（包括网上评卷）、汇报成绩等。

① 香港特区考试及评核局：《2016 年全港性系统评估报》，2017 年 8 月 1 日，见 http：//www.bca.hkeaa.edu.hk/web/TSA/zh/2016tsaReport/priSubject_report_chi.html。

## 第四节　香港地区第三方教育评价的结果运用

“在管办评分离的机制诉求下，教育质量监测的主要任务自然地落到了教育评估机构、质量监测机构、教育科研机构等专业性、技术性机构上。”①香港特区考评局以其先进的研究理念、科学的标准建设、专业的评估队伍和现代的技术工具等优势，逐渐成为推动全港地区基础教育质量监测服务的重要评估机构。然而在这“专业性”和“权威性”的背后，更关键的还是考评局作为一个第三方机构的“独立性”。虽然“专业性”和“权威性”为其提供了实施可能，但是“独立性”才真正为考评局充分发挥质量监测功能提供了实质基础。香港地区基础教育质量监测体现出来的政府与第三方力量的协同合作而互不越位，尤其是对于专业力量的信任，不仅在很大程度上迎合了国际教育评估发展的大趋势，也为内地推进“管办评”分离的治理格局提供了参考价值。

第三方教育评价结果的反馈形式以考评局提供的各类报告为主。例如在全港系统评估结束后，其反馈形式包括学校报告、两份题目分析报告、三份补充报告和学生基本能力报告，具体内容如表 8–4 所示。公众及政府可参考报告中全港性层面的评估数据，参加评估的学校也可获得本校的评估数据。但是报告不会显示个别学生的成绩，也不可用于学校之间和学生之间的比较，每校评估数据只限该校参阅。由于 TSA 属于低风险评估，而且是一套可以帮助学校改善学与教的评估工具，香港特区政府鼓励所有特定年级的学生都参与评估。为此，考评局还专门为特殊教育学生及非华语学生提供了不同的支援措施，便于他们也能够参与其中。

在第三方评价结果的应用上，学校和外评专家组可参考各等级评估标准，结合学校的实际情况及表现，分析与判断学校相关表现指标所在的等级，并提出切实可行的整改意见和发展建议，以促进学校的自我完善和持续

① 周家荣：《基础教育质量监测的机制及体系构建》，《上海教育评估研究》2016 年第 5 期。

**表 8–4　全港性系统评估的反馈形式及内容①**

| 反馈形式 | 反馈内容 |
| --- | --- |
| 学校报告 | 显示全港在校学生在中、英、数三科的基本能力水平表现 |
| 题目分析报告（以卷别为序） | 显示学生在各科各分卷的表现 |
| 题目分析报告（以基本能力为序） | 显示学生在各科中各项基本能力的表现 |
| 补充报告一、二 | 参与“融合教育”计划的学校另外收到“补充报告”版本，报告数据不包括有不同学习需要要的学生和有特殊学习需要的学生 |
| 补充报告三 | 追踪学生在不同学习阶段的表现 |
| 学生基本能力报告 | 全港学生达标的总结、比较合解释，描述中英数三科达到基本能力要求及表现良好的学生的情况并列出范例 |

发展。为切实提高学校工作的透明度，学校须每年向持分者汇报学校自我评估的数据资料，包括学校自评报告、周年报告、持分者意见问卷调查数据等，以便持分者了解学校的发展现状及其教育教学质量与效能。

## 第五节　香港地区第三方教育评价的独特价值

就目前而言，我国内地的教育督导评估主要是由政府主导实施，评估主体和模式较为单一且专业性不足，第三方评估机构仍然处于初步发展阶段，还无法承担大量由政府转移出来的公共服务职能。因此，如何健全完善第三方评估机构成为未来教育改革的一个重要议题。以香港特区考评局为代表的第三方教育评估机构具有较强的独立性，自成立以来一直在全港地区承担着重要的评估及考核任务，发挥着重要价值。考评局的职能更倾向于为全港地区的基础教育质量监测服务，这也是内地第三方评估机构未来改革的一个重要方向。香港地区的发展经验给我们带来的思考是：第三方评估机构要

---

①　香港特区考试及评核局：《2016 年全港性系统评估报告》，2017 年 8 月 1 日，见 http：//www.bca.hkeaa.edu.hk/web/TSA/zh/2016tsaReport/priSubject_report_chi.html。

想获得真正独立，前提是要具备不可替代的专业性和权威性。考评局在技术上的科学性、程序上的规范性以及结果上的客观性使其成为占据全港地区主导地位的评估机构，并为推动基础教育质量监测发展发挥了不可替代的作用。具体来说，其独特价值主要表现在以下四个方面。

## 一、以科学研究为先导，增强综合竞争力

教育质量监测是一项综合性很强的科学，有其自身的规律与意义。第三方评估机构要提高核心竞争力，就必须不断加强考试与评估领域的研究，增强和巩固科研意识，构建有效的科研机制，努力掌握新理论、新政策、新技术。香港特区考评局在这一点上的做法具有独特的价值。考评局下设专门的研究及发展委员会，召集了大量的考评专业研究人员，定期开展考评专题研究，并与本地及海外大学合作，联合进行其他各项研究并提供咨询服务，充分发挥在教育评估领域的优势。其中比较有代表性的项目有："香港高级补充程度通识教育科考试与校本评核报告分数之间的关系和其中潜在因素的量化分析""有关香港中学文凭校本评核分数调整机制的模拟研究""以双评方式评改香港中学文凭通识教育科练习试题答卷的量化分析"等。定期开展的考试与评估研究工作不仅能够提升考评局的专业水平，也能够以研究的专业化带动服务的专业化，不断增强其综合竞争实力。

## 二、以标准建设为依托，提升管理水平

标准建设是第三方评估机构专业化建设的核心和基础。标准建设既包括评估的技术标准和服务标准，也包括第三方机构建设的职能标准和工作规范。教育质量监测是一项专业程度极强的工作，如果没有科学完善的标准体系作为依托，评估工作将会陷入一种"经验式"的实践模式。这类问题在第三方评估机构发展的初期阶段十分常见。为此，香港特区考评局建立了一套完善的质素政策体系，以持续提升考试及评核服务质量。这套政策包括："根据 ISO 9001 品质认证的标准及法定监管的要求，建立一套完善的质素保证系统；常设一个质素保证机制，确保各项流程有适当的监控，并追求持续

改进；建立并保持各项持续优化考试及评核质素的流程；维持本局考评工作的专业水平及颁发的资历水平；在同事间建立信任、团结和合作的文化，以完成共同使命；在局内培育质素管理文化和顾客服务的概念；投放资源提升员工能力、提供专业发展和培训机会；与主要相关人士或团体保持紧密沟通，并满足其合理需要；局内各部门保持足够和有效的沟通，并鼓励同事提出改善服务及工作流程的方案，确保质素目标与质素政策一致。”① 可以看出，完善的质素政策体系为考评局各项工作的顺利开展奠定了坚实基础，也是确保其核心竞争力的关键所在。

### 三、以专业队伍为保证，提供一流服务

教育评估机构的专业化水平首先取决于评估队伍的专业化程度，因此，建立一支高素质的人才队伍是评估机构提升服务质量的重要保障。第三方评估机构要想提升竞争力，首先要优化人员结构，打造一支汇集不同行业和领域的专业队伍；其次要加强培训，不断提升评估队伍的专业化水平；此外还要加强对外联系，借用高校、考试机构及科研机构的力量，共同完成一些高、精、尖的专业化业务。香港特区考评局历来非常重视评估队伍的建设和人才培养。考评局委员会的成员主要来自中小学、高等院校和政府机构，还有来自商界及工业界的专业人士，人员组成范围广泛、结构合理。而且其中绝大部分均为政府外部人士，并且一半以上为资深教育者，人员任命有着严格的选拔与考核程序。考评局的一般工作人员也都是具有丰富专业知识和经验的考评人才，其中包括训练有素的行政人员、开发考评及各种测试服务的专家等。另外，考评局下设的人力资源委员会还会定期组织员工培训，不断加强与香港本地及海外高校和科研机构的密切联系，不断提升服务质量和水平。

---

① 香港特区考试及评核局：《质素政策》，2017 年 8 月 5 日，见 http：//sc.hkeaa.edu.hk/TuniS/www.hkeaa.edu.hk/tc/our_services/Quality_Policy/。

## 四、以信息技术为支撑，推动评估过程的现代化

科学化、系统化的评估工具能够在很大程度上提升评估工作的效率和准确性，使评估结果更加全面客观、具有说服力。在信息技术高度发达的今天，传统的纸笔测验以及访谈式、问卷式的评估手段已经不能完全满足现代教育评估的需求。为此，香港特区考评局以信息技术为支撑，开发了一系列专业化的评估软件和数据平台。例如，应用于中学文凭试的考场通讯及支援系统、出席记录及答卷收集系统、口试录影系统和网上阅卷平台等。还有专门为特殊学习障碍考生设计的可以将语音转换为文字的考试软件，以及为保证评估质量而开发的一套自动化网上系统——评核质素保证平台（Assessment Quality-assurance Platform，简称 AQP）等等。这一系列的现代化评估工具和数据平台，为考评局日常工作的顺利开展提供了技术保障，也使其逐渐成为全港地区不可替代的专业化评估机构。

香港地区第三方教育评价体系的发展紧跟现代化步伐，在促进学校教育不断完善的同时，也极力满足社会发展和时代变化的需要。可以看出，香港地区开展的第三方教育评价，其本意是引导并激励学校发现自身优势和不足，充分发挥学校潜能，凸显教育特色，逐渐缩小与预期目标的差距，最终帮助学生实现自我完善和持续发展。但是在特殊的社会政治环境下，独具特色的香港模式也不是万能的，第三方教育评价所发挥的效能在很多方面受到了阻碍。

香港地区教育界对现有的评估指标及其测量结果一直存在一些误用和误解，这也揭示了目前香港地区教育政策取向中一种强调“可记账性”及片面追求客观测量指标、强调消费者权益和对市场效率的迷信以至于膜拜。近年来，香港地区各大报纸的头版头条铺天盖地报道“中学名气榜”“中学实力榜”，一种过度追求“学校名气”“学校实力”“学生及格率”和“学业增值”排名的心理笼罩着整个教育系统。各个学校为了追求好的名次，片面按照“评估指标”实施学校教育，却忽略了这些指标本身的测量目的以及评估标准是否符合本校的发展情况。教育评估的实质是通过评估结果改进学校教

育，而不是根据评估指标实施学校教育，如果分不清楚这一点，再多专业化、科学化的评估工具和方法也都失去了存在的价值。香港地区目前盛行的大规模教育测验潮流，其本意是帮助学生诊断错误、检验成果、激发学习动机、为学业表现排序，使教育朝着更加均衡和卓越的方向发展。但在实施过程中评估测验却逐渐脱离了原有目的，成了展示教师教学成果及学校教育质量的工具，忽视了原本的受用者——学生本身。教育要讲究适切性，要真正实现学生全面健康地成长，就必须秉持均衡教育的理念，让家长和公众认识到学生多元发展的重要性，而不仅仅是把目光停留在考试成绩上。

# 第九章 比较与总结

前面各章节为社会第三方机构参与教育评价的比较搭建了基础，综合分析不同国家和地区的社会第三方机构参与教育评价，如下五个问题具有共性：第三方机构的产生方式；第三方机构的层次关系；第三方机构的独立定位；第三方机构与政府教育督导的关系；第三方机构的评教内容。本章从上述五个方面对不同国家和地区的第三方评教情况进行国际比较，在此基础上尝试进一步发展第三方机构参与教育评价的理论模式，并为我国第三方机构的发展和评价参与提出相关建议。

## 第一节 比较与分析

纵览各个国家和地区社会第三方机构参与教育评价的工作情况，各个国家和地区均探索建立了符合自身实际的工作模式，整体来看，各自在教育评价工作的组织架构、第三方机构的形式和定位、评价方式和内容等方面均存在一定差异。然而，差异之中也存在一些共同面对的关键议题。

### 一、第三方机构的产生方式

通过前面章节的研究可以发现，各个国家和地区参与教育评价的第三方机构的建设来源无外乎有两种，一是政府力量推动建设；二是其他社会力量自发建立。在这个宏观的二分类之下，随着机构的发展和演进，以及教育评价理念和模式的更新，两种主要类型下又生成了许多不同的子类型。如表9–1所示。本研究认为，各个国家和地区的教育评价第三方机构都能在下表中找到自身的类型定位。

**表 9–1 参与教育评价的第三方机构的生成方式**

| 主类型 | 政府推动 | 机构自建 |
| --- | --- | --- |
| 子类型 | ①政府建设且独立于政府；<br>②政府建设后转制为企业 | ①商业公司；②大学企业；<br>③非营利性机构；④科研机构 |

以上表为框架，首先，在绝大多数国家和地区的第三方机构的成立过程中，均有“政府”和“社会”两种力量的推动，但是推动的方式和程度有所差异，有的国家偏重政府力量，如英国、德国等，有的国家则偏重社会力量，如美国等。其次，除了美国以外，几乎所有国家和地区的第三方机构都受到政府力量的直接推动。美国是市场化和自由化程度最高的国家，鲜有政府力量直接主导建立的相关评价机构，但是联邦政府教育部和各州政府教育主管部门颁布的教育发展标准、推行的教育评价计划等，为第三方机构的生产和发展提供了重要的工作基础和合法性来源。第三，具体而言，相关机构的生成方式包括：

（一）政府推动建设

1. 政府建设且独立于政府。英国是这类机构最典型的国家之一，其“教育儿童服务与技能标准局”（Office for Standards in Education Children’s Services and Skills，简称“教育标准局”）、“资格与考试管理办公室”（Office of Qualifications and Examinations Regulation，简称 Ofqual）、“标准与考试局”（Standard and Testing Agency，简称 STA）均属于这种成立于政府、受助于政府，又与政府保持相对独立的机构。此外，澳大利亚的“课程、评价和报告管理局”（Australian Curriculum，Assessment and Reporting Authority，简称 ACARA）、德国的“教育质量发展研究所”（Institut zur Qualitaetentwicklung im Bildungswesen，简称 IQB）、芬兰的“教育评价中心”（Finnish Education Evaluation Centre）都属于这类具有政府背景且相对独立的机构。

2. 政府建设后企业转制。这类机构最初作为政府部门的组成部分之一，后来随着市场化的改革潮流，而逐渐转制成为法人身份上完全独立于政府的企业组织。中国香港特别行政区的“考试及评核局”（Hong Kong Examinations and Assessment Authority）便属于这类从政府部门转型为企业的单位。

（二）机构自建

1. 商业公司。前文提到的中国香港特区、芬兰等地的第三方评价公司都属于商业公司的范畴，但从形成方式上看，它们属于从政府部门过渡而成的商业公司。此外，美国、英国等国家有不少参与第三方评价的商业公司，它们从成立之初就按照商业公司的定位组建，例如美国的培生教育集团（Pearson Education Group），培生集团到英国之后组成的培生爱德思–伦敦考试委员会（Edexcel Pearson-London Examinations，简称 Edexcel），英国评价与证书联盟（Assessment and Qualifications Alliance，简称 AQA）等，均属于这个类别，它们在相关国家的教育评价活动中发挥着重要作用。

2. 大学企业。在教育评价机构市场化改革的浪潮下，从西方发达国家的经验看，按照企业属性运行已经成为第三方机构的主流模式。包括前文提到的两类：由政府部门转制形成的第三方机构、按照商业公司组建的第三方机构。还有一类商业公司是隶属于大学的企业，例如英国“牛津、剑桥和 RSA 考试局”（Oxford Cambridge and RSA Examinations，简称 OCR），澳大利亚“新南威尔士大学全球公司教育评估中心”（UNSW Global Educational Assessment，简称 GEA）等。高等教育的科研力量和学术资源为这些机构的评教工作提供了有力支撑。

3. 非营利性机构。非营利性的第三方教育评价机构往往有多重属性，它们既作为独立于政府的专业机构，也在一定程度上按照企业的模式运行，还兼有研究机构的特征。但其核心属性更接近于一种行业协会的专业组织。典型代表包括美国的“教育考试服务中心”（Educational Testing Service，简称 ETS），美国各个区域和教育阶段的认证机构（Accreditation Organizations），以及澳大利亚“教育研究委员会”（Australian Council for

Educational Research，简称 ACER）等。

4. 科研机构。科研机构大多与大学相关，而且可能来自多所大学的合作。与大学企业不同的是，这里的科研机构仍然作为大学的组成部分之一，没有按照校办校属企业的模式运行。美国的“斯坦福评价、学习与公平中心”（Stanford Center for Assessment，Learning，and Equity，简称 SCALE），“伯克利评估、评价研究中心”（Berkeley Evaluation and Assessment Research，简称 BEAR）等都属于这个类别，其名称也表明了与相关大学的隶属关系。

## 二、第三方机构的层次关系

了解第三方机构建立的背景、演进的过程、当下的定位，是进一步认识第三方机构其它相关核心议题的重要基础。为了解作为一项制度性安排的第三方机构参与教育评价的关键特征，有必要厘清第三方机构是否存在层次关系。对比本研究涉及的国家和地区，一个重要的发现是，尽管第三方机构相对独立地参与教育评价，但大多数国家和地区内部仍然存在不同层次的第三方机构。虽然它们之间没有行政的科层制关系，但出现了一种类行政体制的层次关系，这无疑是一个有意义的研究发现。所谓层次关系，就是指存在“国家层面—地方层面”的第三方机构或力量。除了美国之外，其他国家和地区无一例外地存在这种层次结构。

英国、澳大利亚、德国、芬兰均设立了国家层面的第三方机构，包括：英国的教育标准局、资格与考试管理办公室、标准与考试局，澳大利亚的课程、评价和报告管理局，德国的教育质量发展研究所，芬兰的教育评级中心。中国香港特别行政区考试及评核局的业务范围也覆盖了全港的学校。国家层面之下，德国建立了州政府层面、学校层面的第三方评价机构，层次关系最为分明和健全。其他国家和地区也存在相应的省 / 区 / 州政府层面，或者学校层面的第三方机构。美国虽然没有国家层面的第三方机构，但美国联邦政府通过实施 NAEP 项目，州政府通过实施标准化测验（Standardized State Assessments），使得一些参与其中的第三方机构具备了全国层面和州层面的教育评价参与权。

## 三、第三方机构的独立定位

分析第三方机构存在的“类行政体制”的层次关系，以及相关国家存在国家层面的第三方机构，实质上指向了第三方机构的一个重要议题——独立定位。根据“管办评分离”的改革所指，第三方机构要与政府（管方）和学校（办方）保持相对独立，以保证客观、公正地开展教育评价。因此，谁来担当独立第三方评价者便成为推动管办评分离、发挥第三方评价独特价值的核心问题。① 通过对相关国家和地区的经验探析，本研究认为，独立定位是一个相对概念，而不是一种绝对状态。在推动管办评分离、引入第三方力量的过程中，有必要对独立性保持客观和理性的认知。就教育活动本身的特性而言，管理、办学、评价三个环节是环环相扣、紧密相连的，三者不可能形成完全独立的关系状态。由此推及第三方评价，第三方机构的评教工作也不可能完全独立于政府和学校的参与。

因此，可以看到在我国《教育部关于深入推进教育管办评分离促进政府职能转变的若干意见》中，指出政府和学校也在开展教育评价，即政府督导和学校自评，第三方机构评教的侧重点与前两者有差异，又要与前两者形成有序的互补。其他国家和地区的经验表明，第三方机构能够依托政府力量，又与政府力量保持相对独立，例如英国的督导机构，英国、德国、芬兰、澳大利亚的国家层面的第三方机构，均具备这样的特性。第三方机构需要在国家的法律框架和政府的政策框架内履行职责，也需要合理的制度安排，使其职能不受到政府或学校的干预。发达国家可供借鉴的成熟经验可以概括为：第三方机构在背靠政府力量、与政府保持相对独立方面实现了巧妙的平衡。所以，应该清晰地认识到，在日益复杂和系统互联的现代社会中，不存在绝对独立的制度安排。第三方教育评价机构的独立定位，核心是使相关机构具有独立开展评教工作的权利、享有独立评教工作不受干预的权利，而不能错误地 / 狭隘地将独立性理解为机构关系或职能本身的独立。

---

① 储朝晖：《迟迟不就位的第三方教育评价》，《光明日报》2016 年 1 月 26 日。

## 四、第三方机构与政府教育督导

正确认识第三方教育评价机构的独立性，有助于厘清第三方机构与教育督导的关系。本研究所涉及的国家和地区，均建立了政府主导的教育督导体系，教育督导与评价制度也成为相关国家和地区的教育基本制度之一。① 但是，由于各个国家和地区的历史传统与实际情况所有不同，教育督导机构和教育督导活动的称谓也存在差异，因此，可以看到在不同国家和地区，存在督导（英国、澳大利亚）、视导（美国、德国）、视学（中国香港地区）、评价（芬兰）等概念。然而，无论称谓存在何种差异，从教育督导部门的设置方式来看，在大多数国家和地区，教育督导本质上代表的是国家和政府的力量，无论是独立设置的督导部门还是混合设置的督导部门，都在很大程度上与教育行政主管部门存在关联。可以说，探讨第三方教育评价机构与教育督导的关系，本质上是探讨它们与政府力量的关系。

本研究涉及的国家和地区中，二者之间的关系可以分为两类：第一，督导兼有第三方机构的属性，社会力量与政府力量有机统一；第二，督导作为纯粹的政府力量，与第三方机构保持独立。无论二者关系如何，第三方机构的教育评价实施和结果，都要为政府决策、学校发展等提供科学依据，在结果使用和影响这一方面，所有国家和地区之间都是相似的。

### （一）督导兼有第三方评价的属性

英国是教育督导体系比较健全、历史比较悠久的国家，在中央政府层面设置了专门的教育督导部门——英国教育标准局。督导部门被定性为半独立的政府机构，这种半独立性体现为：一方面它们是政府机关的组成部分之一，英国教育标准局对国家议会和教育部负责；另一方面，教育督导部门的行政身份、工作开展，又保持相对独立性，不受教育行政部门的制约。在这种工作模式下，督导部门既具有政府背景和行政权威，又是相对独立的考评专业机构，因而可以将督导工作界定为第三方机构参与教育评价。

---

① 王璐：《教育督导与评价制度比较研究》，人民教育出版社 2018 年版，第 434 页。

20 世纪 80 年代以后，芬兰逐渐取消了教育督导工作，政府部门不再开展督导督学，教育督导的职能逐步与教育评价相融合。新世纪以来，芬兰教育评价职能转向了“半政府、半社会”的第三方机构，尤其是随着 2014 年“芬兰教育评价中心”的成立，这种由“半政府、半社会”机构统一实施教育评价和教育督导的趋势显著增强。当前芬兰已经不存在专门的督导部门，督导工作整合进了教育评价工作，因此，芬兰政府力量推动的教育评价机构和部门也兼有第三方机构的性质。

（二）督导与第三方评价保持独立

中国香港地区的教育局设置了专门的督导机构，即教育局下属的辅导视学处。追溯英文原文，中国香港地区使用的是“Inspection”一词，沿用了英国的表达，但在中文中表达为“辅导视学”。辅导视学处作为教育局的下属部门，重点职能在于课程、教材、教法、资源等方面的监管和服务。香港地区的教育评价职能由独立于政府的市场机构——考试及评核局承担，因此，中国香港地区的督导职能与第三方评价是相对独立的。

美国、澳大利亚、德国并没有设置专门的教育督导机构，教育行政管理职能和教育督导职能合二为一，因此，在这些国家的背景之下探讨教育督导，实质上是在探讨其政府力量在教育行政管理体系中的角色和职能。美国、澳大利亚、德国都是“联邦制”的国家，地方政府（省 / 州 / 区）在教育行政管理体系中承担着较大的权责。不同国家的政府力量有所差异，美国教育评价的市场化程度较高，澳大利亚和德国都在国家层面建立了具有政府背景的教育评价机构。但三个国家的教育评价机构都着力于专业性和科学性，并不履行政府的监管职能，所以督导和第三方评价是互相独立的。

## 五、第三方机构的评教内容

在了解不同国家和地区第三方教育评价机构的成立方式、类型定位、层次关系、政府关系等要素后，本部分聚焦第三方机构的评教内容，即“评什么”的问题，对相关国家和地区进行比较分析。整体上，第三方机构参与教育评价的内容可以归纳为“学业水平测评”和“综合素质测评”两类，其中，“学业水平测评”是主要内容，一般以基础教育阶段的学业水平考试和高等教育入学考试为主；“综合素质测评”的内容在各个国家差异较大，共同点在于，近年来越发呈现出多元化和国际化的特征。

### （一）学业水平测评

学业水平测评是指学校开设的学术学科（语文、数学、科学、外语、历史等）的学生成绩测验，这是第三方机构参与教育评价的主要内容和重点内容。政府与第三方机构形成委托或合作的关系，第三方机构以政府制定的教育政策、教育标准、教育目标、课程大纲等为依据，研制考试内容、组织实施考试、发布测评结果。学业水平测试的案例包括：(1）美国联邦政府制定的国家教育进步评估项目（NAEP）和州政府制定的标准化测试等，种类繁多的第三方机构，如美国教育考试服务中心（ETS）、培生集团等都在其中承担着考评工具研发和实施的职能；(2）德国的小学4年级、中学9年级、中学10年级、普通高校入学资格等即为政府制定的教育标准，第三方机构教育质量发展研究所（IQB）依次研制的“高等教育入学资格考试题库”和“教育趋势研究测试”、开展的“全国核心课程比较测试”均属于学业水平测评的范畴；(3）英国教育部制定的国家课程体系（National Curriculum）和学历资格与证书体系（GCSE Qualification Levels）均是学业水平测试的内容，具体的考评工作由半官方机构资格与考试管理办公室（Ofqual）和标准与考试局（STA）负责，考试工具和考务则更多由爱德思（Edexcel）等专业第三方机构来承担；(4）芬兰设置了国家层面的学业水平测评（Learning Outcomes Evaluations）工作要求，按照教育部的相关工作要求和质量标准，对基础教育阶段的学校学科进行考评，第三方机构芬兰教育评价中心是相关测评工作的主要承担者和实施者；(5）澳大利亚自2008年起实施的国家评价项目（NAP）包含了对中小学生学业成绩的追踪评估，政府委托第三方机构课程、评价和报告管理局（ACARA）负责具体的事务。

### （二）综合素质测评

综合素质测评是指学校开设的学术学科的成绩之外，对学生认知、情感、技能等综合能力发展水平实施的测评。由于人的能力要素是多维的，各个国家和地区综合素质测评的形式和方式也存在较大差异。比较有代表性的案例包括：(1) 芬兰对综合素质测评的重视程度极高，把它放在了和学业水平测评平行的位置。芬兰将其命名为“学会学习能力测评”(Learning to Learn Assessment)，测评内容包括学生的语言推理、数量关系、文化理解、逻辑、抽象、学习管理、情感调节等能力。这部分工作主要由第三方机构赫尔辛基大学教育测评中心来实施。(2) 英国同样重视综合素质测评，在英国的教育督导和评价工作中，除了有学业成绩的测评框架，也设计了学生个性发展的测评，具体包括自我认知、自信心、适应能力、约束能力、共情能力等项目。在督导局、Ofqual、STA 等半政府机构和监管机构，以及商业公司的测评过程中，都要对上述内容进行评价。(3) 美国的综合素质测评十分多样，培生集团的天才评价、ETS 在一些州开展的综合评估项目均有综合素质测评的性质。(4) 澳大利亚 ACARA 除了开展学科学业水平测评，也研发了公民素养、信息科技素养等具有综合素质评估性质的测评项目。

近年来，综合素质测评的一个重要维度是国际组织发起的大规模跨国测评，例如世界经济合作组织（OECD）的“国际学生评估项目”(The Program for International Student Assessment，简称 PISA)、国际教育成就评价协会（IEA）发起的“国际数学和科学研究”(Third International Mathematics and Science Study，简称 TIMSS）和“国际阅读素养进步研究”(Progress in International Reading Literacy Study，简称 PIRLS）等。本研究关注的所有国家和地区，无一例外地越发重视对上述国际测评项目的参与，从各国教育改革和发展的实践看，上述项目产生的作用也呈现进一步强化的趋势。

事实上，在 PISA、TIMSS、PIRLS 等国际评价项目中，学术学科仍然是重要内容之一，但本研究认为，“学业水平测评”与“综合素质测评”的意义构建不同，前者更加契合本国教育系统，在本国政策框架下展开，检验本国教育目标和标准的实现程度，例如，检验中国学生的中文水平、检验英国学生的英文水平。国际测评项目虽然以学术学科内容为依托，但其根本目的是通过测试了解学生的语言、科学、数学等维度的素养和能力，在更为概念化的层面开展国际比较，本质不是学业水平的能力测评，例如，用中国学生的中文阅读素养对比英国学生的英文阅读素养是具有科学性的；以英文阅读为基础比较中国学生和英国学生的阅读素养则不具有科学性。此外，超越学术学科的测评也在不断地开发和实施中，例如2018年引入的“全球胜任力测评”等。① 基于上述原因，本研究将国际测评归为综合素质测评的范畴。

## 第二节　理论发展

### 一、从二元结构到三元结构

从“管办评分离”到“社会第三方机构参与教育评价”，深层次的理论问题是政府、学校、社会三方在教育行政管理体系中的权责分配。在倡导“管办评分离”之前，社会力量在教育行政管理体系中的参与程度有限，政府和学校是重要主体，且政府居于主导地位。随着“管办评分离”成为教育改革和发展的导向，社会力量作为第三方被引入教育行政管理体系中，成为聚焦于发挥评价职能的主体之一。因此，理论模式也发生了演进，如图9–1所示。

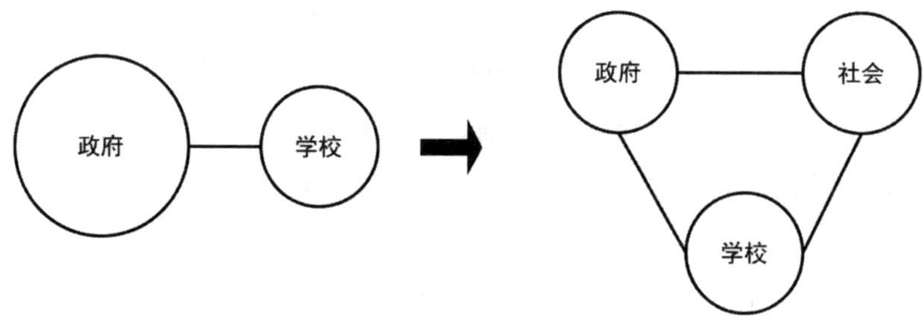


**图9–1　管办评分离前后的理论模式对比图**

图9–1中的左侧表示“政府—学校”二元且政府居于主导地位的教育

---

① 张民选、朱福建：《国际视野下的学生全球胜任力：现状、影响及培养策略——基于PISA 2018全球胜任力测评结果的分析》，《开放教育研究》2020年第6期。

行政管理体制，右侧表示“管办评分离”指导下，政府职能转型、学校主体性增强、引入社会力量后，“政府—学校—社会”三元的教育行政管理体制。在三元结构之下，政府聚焦于对教育的宏观管理和监督，例如发布教育政策、制定教育标准、开展教育督导等；学校成为办学运行的最重要主体，担负学校发展的主体责任；社会力量以第三方机构为主要代表，职能重心是从科学与专业的角度对教育发展进行检测和测评，为教育决策和教育发展提供支撑。

## 二、三元结构之下的理论发展

本研究以“管办评分离”为基本框架，对相关国家和地区的第三方机构参与教育评价展开了研究。研究发现，在“政府—学校—社会”的三元结构关系下，存在着两方面新特征：一是国际维度加入三元结构，日益发展成为第四极；二是国内的社会力量形态和属性十分多元，第三方机构并不完全等于市场机构，以政府力量为依托的第三方机构在许多国家得到了良好的发展。在多元的形式之下，科学研究成为第三方机构的工作核心内容之一。

### （一）从三元到四元的理论探讨

经济全球化推动着教育国际化的进程，在国际组织的倡导下，大规模跨国学生测评项目发展迅速，对许多国家和地区的教育政策和教育实践产生了重要影响，不少国家也愿意借助跨国测评项目的评估结果，帮助自己在国际坐标中找准定位、了解本国教育发展的不足、谋划教育改革的方向。以PISA 项目为例，截至 2020 年，PISA 项目的发起组织 OCED 一共有 36 个成员国家，但已经有 90 余个国家和地区参与 PISA 项目①，包括本研究涉及的所有国家和地区。我国学界的芬兰基础教育研究热潮②、英国向上海学习

① OECD：“ PISA Participants”，2020 年 5 月 4 日，见 http：//www.oecd.org/pisa/aboutpisa/pisa-participants.htm。

② 严文法、张瑶、李彦花：《芬兰教育热的冷思考：基于 PISA 测验的分析》，《内蒙古师范大学学报》（教育科学版）2020 年第 1 期。

数学教育经验并引进上海教材[①]等热点话题，皆由 PISA 的实施和结果发布引起。可见，国际测评日渐成为一支重要的影响因素，撬动三元模型。从三元到四元的理论演进可以表达为下图，当然，本研究认为，这是一种值得关注的趋势，而非已经成为一种成熟的模式。

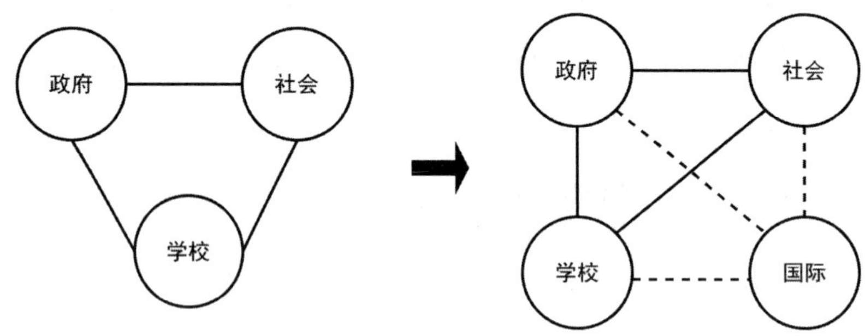


**图 9–2　从三元模式到四元模式的理论图示**

本研究所关注的国家和地区中，国际测评项目与本国的第三方教育评价机构普遍保持着紧密合作关系，因为国际测评项目在本国的落地实施，往往需要本国的第三方教育评价机构来承担。本研究各章节提及的美国教育考试服务中心（ETS）、英国资格与考试管理办公室（Ofqual）、德国质量发展研究所（IQB）、澳大利亚教育研究委员会（ACER）、芬兰教育研究所（FIER）等，都是本国参与 PISA、TIMSS 等项目的协调机构或组织机构。国际测评在相关国家中的重要性也不断提升，例如在德国，各州教育部长联席会议（KMK）将本国的 3 年级和 8 年级州比较测试（VERA）与 PISA 项目放在同等重要的位置。

（二）多元形态之下的共同内核

纵览各个国家和地区的第三方教育评价机构，虽然组织形态各异、机构定位各异，有的国家社会力量和第三方机构基本等同于市场，有的国家社会力量和第三方机构中也有政府的参与，但各国各地之间一个重要且不断强

① 王梦洁：《英国教育大臣访问上海　欲借鉴数学教育经验》，《世界教育信息》2014 年第 7 期。

化的共同点是，这些机构均将科学研究作为自身的重要职能和开展教育评价的重要依托。以科学研究为共同内核的特征体现在两个方面：首先，很多第三方机构都是大学的内设机构、校办企业或受到大学支持的机构，相关高校积极利用教育、心理、统计、测量等学术资源优势支持第三方机构的评教工作。其次，非高校相关的第三方机构，设置了科学研究的部门，开展教育、心理、统计、测量等领域的研究，支撑自己的评教业务。

与大学紧密相关的机构，包括本研究所提及的澳大利亚新南威尔士大学全球教育评估中心（GEA），英国牛津、剑桥和RSA考试局（OCR），美国斯坦福评价、学习与公平中心（SCALE）和伯克利评估、评价研究中心（BEAR），芬兰赫尔辛基大学教育测评中心和于斯屈莱大学芬兰教育研究所，以及德国的质量发展研究所（IQB）。与高校开展合作的优势在于学术研究的历史悠久、基础扎实，能够快速有效地调用相关资源。在与大学没有直接关系的机构中，如美国的培生集团、ETS等，机构内部也都有专职的科研人员队伍。应该说，以科学研究为内核是社会力量和第三方机构参与教育评价的定位使然，也是他们获得合法性和权威性的必要条件。

### 三、不同国家和地区的权责关系分配

以“政府—学校—社会—国际”四元结构理论模型为坐标，分析不同国家和地区教育行政管理体制中的权责关系分配，可以形成如下图示。

图9–3的坐标系中，从坐标原点到四个方向表示对应主体在教育评价体系中的权责从小到大。通过国际比较得知，大多数国家和地区的“政府—学校—社会—国际”四元结构较为均衡，普遍的改革方向是提升学校的自主权，来自其他力量的评价发挥辅助作用，因此本研究制定的图9–3模型，给学校赋予了最高值。政府仍然拥有最大的教育权力，这是各个国家的行政管理制度使然，也是教育政策和教育标准制定的方式使然。英国、芬兰等国家的政府也在第三方机构的工作中有实质性的参与。但是，随着社会和国际力量的责任日益升高，它们之间的权责分配也呈现出较为均衡的状态，尤其在欧洲，政府放权已经成为重要的改革路向。基于上述原因，本研究认为绝大

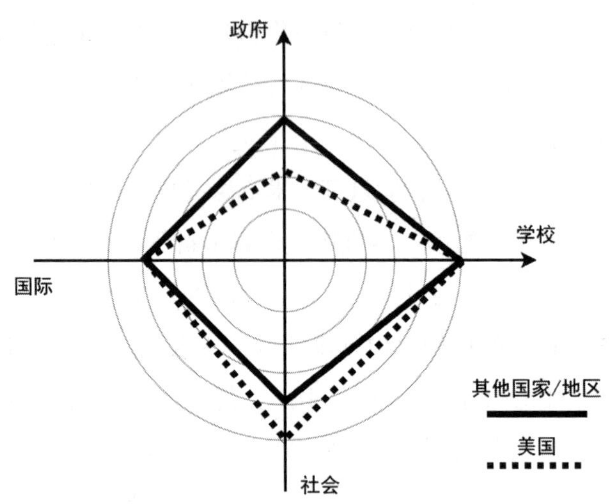


**图 9–3　四元模式下不同国家（地区）的权责关系分配**

多数国家和地区的权责分配情况可以表达为图 9–3 中的实线部分，即学校为主体、其它为辅助，整体关系较为均衡。

美国与其他国家和地区存在一定差异，政府的参与程度较低，除了教育行政部门及其推行的测评项目，更多的工作由社会力量来承担，由市场、大学、非营利性机构等组成的社会力量高度繁荣，形成了鲜明的美国特色。与同为联邦制的国家相比，虽然州政府享有更大的教育管制权，但是澳大利亚和德国的联邦政府除了出台教育政策和教育标准，也引导有关方面组建了第三方机构，参与到全国的教育评价工作中，美国则不存在类似的安排。

## 第三节　借鉴与建议

新世纪以来，我国以“管办评分离”为导向的教育行政管理改革不断推进。以 2007 年“教育部基础教育质量监测中心”挂牌成立、2010 年《国家中长期教育改革和发展规划纲要（2010—2020 年）》（简称《纲要》）、2015 年《教育部关于深入推进教育管办评分离　促进政府职能转变的若干意见》（简称《意见》）等机构和政策为标志，管办评分离在我国取得了实质性的工作进展。2020 年 10 月，中共中央、国务院发布《深化新时代教育评价改革总体方案》(简称《方案》)，作为新中国第一个关于教育评价系统改革的文件①，《方案》为今后较长一个时期我国教育评价的改革指明了方向。同时，通过解读《方案》的有关表述和要求，也可以发现我国现存教育评价体系仍然存在的问题。藉此，也可以对照国际比较研究的发现，找到能够为我所用的部分。

## 一、继续坚持管办评分离的改革方向

延续《纲要》和《意见》等改革要求，《方案》指出，我国要“构建政府、学校、社会等多元参与的评价体系。督导部门统一负责教育评估监测，发挥专业机构和社会组织作用。”《方案》同时指出，我国要“积极开展教育评价国际合作，参与联合国 2030 年可持续发展议程教育目标实施监测评估”。② 通过上述政策表述，不难看出，推进管办评分离、引入社会力量和第三方机构参与教育评价仍然是我国长期坚持的改革方向。与此同时，我国中央政府层面也越发重视国际教育评价项目，引导我国积极参与，并有所作为。这说明，本研究关注的有关国家和地区逐渐形成的“政府—学校—社会—国际”四元结构，在我国也得到了一定程度的体现，参与国际测评项目逐渐成为我国认可和遵循的一种理念和趋势。区别在于，我国并未像德国等国家一样，将国际测评项目放到与国内学业水平测评同等重要的位置。

就我国的实际情况而言，即使在“政府—学校—社会—国际”的四元结构之下，政府仍然是其中最关键的一环，其职能定位和权责理念会对四元结构的平衡状态产生深刻影响，继而影响管办评分离的效果和第三方参与的实际成效。通过国际比较研究，我国能在相关国家和地区的实践中得到的启

① 赵婀娜、吴月：《用好教育改革的指挥棒（专家解读〈深化新时代教育评价改革总体方案〉)》，《人民日报》2020 年 10 月 20 日。

② 《深化新时代教育评价改革总体方案》，2020 年 10 月 13 日，见 http：//www.moe.gov.cn/jyb_xxgk/moe_1777/moe_1778/202010/t20201013_494381.html。

发有：政府力量和社会力量并不是矛盾冲突的，在适当的制度安排下，政府力量和社会力量能够实现和谐共生，极大增进管办评分离的效果、发挥教育评价的实效。

首先，无论是在联邦制的德国和澳大利亚，还是在高度信奉教育自由的芬兰，中央政府（联邦政府）都依托自身的力量建立了教育评价机构，一定程度上类似于我国2007年成立的“教育部基础教育质量监测中心”。在后来的发展路径中，其他国家的政府机构先后完成转型，转变为完全独立于政府的企业，或者相对独立于政府的部分，成为第三方教育评价机构。这种过渡式的机构演进路径或许与我国继续深化改革开放、继续推行市场经济的宏观政策背景是契合的。

其次，即使我国仍然不具备将政府机构彻底转制为企业或半政府机构的成熟条件，英国教育督导部门的经验也表明，作为半独立政府机构的教育督导部门，同样能够以科学专业且相对独立的第三方的形式履行相应职能。英国与我国一样，中央政府的力量强大，政府督政督学的历史悠久，20世纪末以来，英国政府利用半独立政府机构的定位，顺应科学化专业化的潮流改革督导工作，探索出了行之有效的路径。在我国继续全面深化改革和推动政府职能转型的政策背景下，教育部下设的督导部门和基础教育质量监测中心等机构，或许具备转型的潜能，使它们成为依托政府且相对独立的第三方机构不失为改革探索的切入点。

## 二、发挥大学的专业作用和中介作用

《深化新时代教育评价改革总体方案》指出，要“支持有条件的高校设立教育评价、教育测量等相关学科专业，培养教育评价专门人才”。从国际经验和我国已有实践来看，高等教育机构加入一国的教育评价事业已经成为一种通行的做法。根本上，高等教育机构拥有的学术资源，契合了教育评价越发科学化和专业化的工作要求。此外，在西方国家的背景下，许多参与教育评价的大学是私立大学，或者是大学的校办企业，这样也使得参与方具有了第三方机构的属性。在我国的背景下，高等教育机构无疑是一支重要的力量，许多大学已经深度参与到我国的教育评价事业中。

大学参与教育评价的优势体现在两方面：首先，大学作为一种高度专业化的组织，以传承、研究、融合和创新高深学术为使命①，随着教育统计、教育测量等成为专门化的学术领域，大学逐渐比其他机构拥有更多的专业资源和更高的专业权威，因此大学能够在教育评价中发挥较大的专业作用。其次，正是由于其专业性和专业权威的存在，大学在我国的社会结构中，往往享有较高的社会认可度和独特的社会地位。大学参与的工作、发布的成果，具有较高的公信力，因此大学能够在政府和基础教育学校之间起到中介作用。随着我国大学将一些职能（出版、基础教育办学、培训等）转向市场，大学相关机构以第三方的身份参与教育评价也具备较大的可行性，有利于在依托大学专业权威和第三方评价的独立性之间达成必要的平衡。

长远地看，从专业作用的角度出发，大学参与教育评价的趋势还需要进一步加强；从中介作用的角度出发，大学参与教育评价的方式也有待进一步优化。目前我国大学发起或加入的教育评价专业机构包括：教育部基础教育质量监测中心（北京师范大学）、中国基础教育质量监测协同创新中心（北京师范大学、华东师范大学、华中师范大学、东北师范大学、西南大学、陕西师范大学等）。此外，还有西南大学评估组（西南大学）、清华大学基础教育评估项目课题组（清华大学）等项目制的工作机制。这些机构或项目积极利用大学学术资源开展第三方评价，取得了良好的成效。但与此同时，评价过程中行政理性和技术理性之间的张力仍然存在，双方的独立性还需加强。此外，“检测”频率过高，监测评价异化为鉴别评比、评价和改进脱节等仍是普遍现象。② 现存的问题说明，大学参与教育评价的中介作用有待加强，大学进一步转向第三方机构的模式运行不失为可行路径，既不会损减已有的专业权威，也有利于保障评价职能的独立性。

① 工冀生.《大学文化的科学内涵》，《高等教育研究》2005 年第 10 期。

② 辛涛、赵茜：《基础教育质量监测评价体系的取向、结构与保障》，《国家教育行政学院学报》2020 年第 9 期。

## 三、让第三方机构进入核心评价环节

《深化新时代教育评价改革总体方案》指出，教育评价要“减轻基层和学校负担，严格控制以考试方式抽检学校和学生。”并要求各级党委和政府“坚决纠正片面追求升学率倾向，坚持正确政绩观，不得下达升学指标或将中高考升学率与奖惩挂钩。”并统筹好“学业负担和社会满意度”等问题，创造良好的“教育生态”。上述表述无疑指出了我国教育评价制度存在的一些实质问题。应该说，从政策布局和机构实践两个方面看，我国的“管办评分离”和“第三方机构参与教育评价”都取得了一定的成效，但是教育评价中“考试任务重、考试压力大、片面追求升学率、课外补习扭曲与异化”等事关“社会满意度”的顽疾仍然没有得到有效缓解。“疯狂的宇宙补习中心海淀黄庄”“教育内卷化”等新旧热词仍然牵动着人们的神经。究其本质，基础教育领域“唯分数、唯升学”的难题仍旧根深蒂固。如本研究第一章所述，引入社会第三方评价，除了克服行政管理体制的弊端，也包含应对评价顽疾的政策初衷，因为第三方机构参与教育评价的长远目标是推动现代教育治理体系的构建，而唯分数和唯升学的评价顽疾无疑与现代教育治理体系是背道而行的。

在我国的背景下，为了真正让第三方评价发挥实效、有效应对现存的评价顽疾，有必要让第三方机构深入到核心的考试评价环节。其他国家的经验表明，第三方机构在开展教育质量监测的过程中，将中小学关键阶段的学业水平考试和大学的入学考试纳入了职能范围，第三方机构在国家政策的指导下，研发考试工作、组织考试实施、发布考试结果，以质量监测为使命的同时，又有效深入到了核心考评工作中。如德国的 3 年级和 8 年级的学科比较测评（VERA），美国的国家教育进展评估（NAEP）高等教育入学考试（ACT 和 SAT）等。将质量监测和学业水平考试有机统一，不仅有效减轻了考评压力和负担，也极大增强了第三方评价的实效性。

就我国的实际而言，初中学业水平考试（中考）、高等学校招生全国统一考试（高考）等核心考试还无法像德国、美国等一样，完全交给第三方机构。但在一些非选拔性又具有一定重要性的考试中，例如小学毕业考试、普通高中学业水平考试（会考）等，可以探索将考评工作与质量监测有机统一，鼓励第三方机构的参与，循序渐进地使第三方机构参与到核心考评环节。如果仅仅引导第三方机构对教育质量进行监测，现行考试评价制度存在的顽疾仍将难以解决，教育评价的“导向、鉴定、诊断、调控、改进”综合作用无法发挥，“鉴定”仍然一方独大，良好的“教育生态”也就无从谈起。

## 四、进一步丰富第三方机构的数量和类型

《深化新时代教育评价改革总体方案》指出，教育评价要“积极探索学生各年级学习情况全过程纵向评价、德智体美劳全要素横向评价。”推动管办评分离、引入社会力量开展第三方教育评价，既是对“政府—学校—社会”三方关系的协调，也是对政府职能转型的推动。从评价本身而言，第三方教育评价、教育质量监测等举措也要促进人们评价观念的转变。长期以来，评价等同于考试，评价结果等同于考试成绩，考试成绩直接与学生升学、学校奖惩、政府政绩紧密挂钩，引发了一系列的问题，扭曲和异化了教育的本质。因此，国家将“全过程纵向评价”和“全要素横向评价”写进《方案》，用于指导今后的教育评价改革工作，为第三方机构参与教育评价指明方向和抓手。

其它国家和地区的经验表明，第三方机构应该研发专门的考试工具和考试内容，在政府和学校的支持下，通常采取委托、购买服务等形式，使第三方机构的考试测评工作进入学校。例如英国资格与考试管理办公室（Ofqual）和标准与考试局（STA）与爱德思等市场机构负责的 KS1-2（小学毕业时）KS2-4（中学毕业时）增值评价等。第三方机构需要借助考试工具，在职能优势和业务营收方面建立长效发展机制。在我国，由北京师范大学牵头的中国基础教育质量监测协同创新中心开展的相关工作，取得了良好的社会效益。但整体上，与其他国家和地区相比，就我国教育事业的整体体量而言，类似的第三方机构的数量仍然偏低、第三方机构的活力仍然不够。虽然今天的社会事业发展更加看重质量而非规模，但一定的规模仍然是保障质量

的必要基础。

国际比较研究说明，多样的类型和充足的数量是各个国家和地区开展第三方教育评价的共同特征。美国是社会力量参与教育评价最为活跃的国家，政府介入程度低，第三方机构的数量众多、类型丰富。澳大利亚也建立了多样的第三方机构，服务国家教育评估项目和各地各校的教育评价。德国按照联邦—州—校的层次结构，分级建立了多种类型的第三方机构。中国香港地区的第三方机构均来自政府、最终走向市场，目前以香港特区考核局为主要代表，虽然数量有限，但较好地匹配了当地基础教育事业的体量。英国和芬兰在政府力量与社会力量协同方面形成了有效模式，第三方机构类型健全、活力强。

在我国，除了高校发起和具有政府背景的各省市教育科学研究院（所）以外，完全按照市场机制运行、获得社会和同行认可的第三方评价机构目前有 47 所，其中北京占据 25 所。① 可见，我国市场力量在第三方评价中的数量和分布仍然有待优化。因此，充足的数量、均衡的分布，仍然是现阶段我国推进管办评分离、引导社会第三方参与教育评价应该重点解决的基础性问题之一。

### 五、政府要完善对第三方机构的监管机制

管办评分离必然要求有大量社会专业机构参与承担管理、督导、评估以及办学的职责，委托社会组织开展教育评估监测是必然趋势，而目前可以依靠的比较成熟的专业机构数量少，质量不高，难以承担起这些职责。在西方发达国家，政府并非亲自去评估学校的教育质量，而更加关注对评估中介机构的监管，注重设立全国性的元评估管理机制，众多的评估机构需要获得国家层面的认证委员会或国家教育部门的许可后才能开展评估工作，这一措施保障了第三方评估机构的资质和高水准，保证了这些机构的权威性和公信

---

① 王璐、邹靖：《市场机制下第三方教育评估机构的发展：机遇、路径与挑战》，《教育测量与评价》2009 年第 9 期。

力。我国相关部门应该建立第三方机构资质的标准和要求，可以从以下几方面入手：

进一步提升法律保障。法治是治国的基本方略，党的十八大报告提出要更注重法治在国家治理和社会管理中的重要作用。从英美的经验来看，都制定和颁布了相应的法律法规，英国《2008 教育与技能法》和《独立督导团的认证：独立学校第三方督导的部门意见》规定了第三方监管机构的审批标准和条件，美国 1965 年颁布的《高等教育法》和 1968 年公布的《高等教育法》修正案，授权教育办公室设立“认证和学校资格专员”来统一认证机构，同时建立了正式的资质认证标准和程序。我国应借鉴国际经验制订关于第三方机构监管的法律法规，确立第三方教育评估的合法性、独立性和科学性，规范各方权责，通过法律建设有力保障已经评估实践。

进一步完善认证标准。如何认证形形色色的教育评估机构，是目前我国第三方教育评估发展过程中的一个薄弱环节。目前北京市教育督导办公室作为先行者，建立了第三方教育评估机构的入库机制。成立于 2015 年的全国第三方教育评价机构联谊会，制定了公约与规范，对入会机构成员作出认证，但是与英美相比，我国对第三方评估机构的认证标准还显得比较简单，不够翔实。从英美两国的标准来看，两国都十分强调第三方评估或认证机构的独立性、人员队伍的专业性，评估过程的规范与科学性，机构运营的经费保障，以及报告与程序的公开性。

在规范的同时，政府要扶持和支持新兴的第三方教育评估机构的发展，政府可以将某些招标的业务委托给其中发展较为成熟的第三方教育评估机构与具有一定发展潜力的新兴第三方教育评估合作完成。政府也需要给予民营性第三方教育评估机构更多信任，对待第三方教育评估企业与半官方的教育评估机构要“一碗水端平”，逐步下放更多的教育第三方评价招标项目，简化招标的手续，鼓励民营企业参与投标。

### 六、第三方教育评估机构在可持续发展上下功夫

第三方教育评估机构关键是要提升专业性和公信力。积极吸收国外先

进的教育评价理念与技术，促进企业教育评价理念的发展与更新。最重要的还是在于自身要舍得引进和培养人才，舍得投入技术研发。为了在激烈的市场竞争中立足，突破业务来源不足的困境，第三方教育评估机构需要对内确立发展定位和重点领域，发挥自身的资源和专长，在某一特定的评价领域做大做强，扩大声望和影响，加强自身的品牌建设。

# 主要参考文献

## 一、中文文献

《〈2018年中国大学生就业报告〉从大数据角度反映专业就业状况》，2020年10月8日，见http：//www.mobiletrain.org/about/info/8628.html。

《北京市人民政府教育督导室关于委托第三方机构开展教育评估监测工作暂行办法》，2020年10月9日，见http：//www.bjedu.gov.cn/xxgk/zxxxgk/201606/t20160603_12748.html。

《成长与发展：民办教育评估事业的新思考——访广东省教育研究院院长汤贞敏》，2020年11月21日，见https：//gdae.gdedu.gov.cn/gdjyyjy/yjcgu/202008/2c844f56e1fd423c9c0515706bf3f4ca.shtml。

《关于深入推进教育管办评分离　促进政府职能转变的若干意见》，2015年5月6日，见http：//www.moe.gov.cn/srcsite/A02/s7049/201505/t20150506_189460.html。

《广东省教育督导规定》，2020年10月7日，见http：//zwgk.gd.gov.cn/006939748/201709/t20170928_724432.html? from=singlemessage。

《广东省教育评估协会》，2020年10月7日，见https：//gdae.gdedu.gov.cn/gdjyyjy/xstt/202008/113b987f581e4f4d814569d7ebdbc0a6.shtml。

《国家中长期教育改革和发展规划纲要（2010—2020年）》，2010年7月29日，见http：//www.moe.gov.cn/jyb_xwfb/s6052/moe_838/201008/t20100802_93704.html。

《教育部2015年工作要点》，2020年10月9日，见http：//www.moe.gov.cn/jyb_sjzl/

moe_164/201502/t20150212_185801.html。

《教育部关于深入推进教育管办评分离促进政府职能转变的若干意见》，2015 年 5 月 6 日，见 http：//www.moe.gov.cn/srcsite/A02/s7049/201505/t20150506_189460.html。

《教育信息化深化应用，海云天教育测评主推管理变革》，2018 年 11 月 19 日，见 http：//www.itestcn.com/610/2016/20160503174846773670807/20160503174846773670807_.html。

《民政部关于探索建立社会组织第三方评估机制的指导意见》，2020 年 10 月 9 日，http：//www.gov.cn/gongbao/content/2015/content_2912374.html。

《上海市教育评估协会教育评估机构资质认可工作方案》，2020 年 11 月 21 日，见 http：//www.seeash.org.cn/Articles/Details/1473。

《上海市人民政府关于促进民办教育健康发展的实施意见》，2017 年 12 月 27 日，见 http：//www.shanghai.gov.cn/nw2/nw2314/nw2319/nw12344/u26aw54537.html？from=timeline&isappinstalled=0。

《深化新时代教育评价改革总体方案》，2020 年 10 月 13 日，见 http：//www.moe.gov.cn/jyb_xxgk/moe_1777/moe_1778/202010/t20201013_494381.html。

《深圳英葵教育服务中心》，2018 年 11 月 21 日，见 http：//www.szinquiry.com。

《中共教育部党组关于加强落实工作的意见》，2020 年 11 月 21 日，见 http：//www.moe.gov.cn/srcsite/A02/s7049/201803/t20180312_329702.html。

《中共中央关于全面深化改革若干重大问题的决定》，2013 年 11 月 15 日，见 http：//www.gov.cn/jrzg/2013-11/15/content_2528179.htm。

《中国大学评价课题组承认收费》，2020 年 10 月 6 日，见 http：//news.sina.com.cn/c/2009-05-06/112615579646s.shtml。

《中国第三方教育评价发展的机遇和挑战》，2020 年 10 月 6 日，见 http：//www.sohu.com/a/209995906_763487。

北京译泰教育科技有限公司官网，2018 年 11 月 19 日，见 http：//www.onetarget.cn/index.html。

必由学：《专家介绍》，2020 年 10 月 7 日，见 http：//www.biyouxue.com/team-introduction/。

蔡娟：《新世纪以来澳大利亚学校改进的举措与挑战》，《外国中小学教育》2018年第2期。

曾瑞鑫：《第三方评估助力青岛教育发展“互联网＋评价”促进质量全面提升》，2020年10月9日，见http：//www.china.com.cn/education/2016-05/06/content_38394766.htm。

陈兴明、李璇、郑政捷：《我国高等教育第三方评估组织发展现状研究》，《黑龙江高教研究》2018年第7期。

陈学敏：《英国“教育行动区”计划探究》，硕士学位论文，苏州大学教育学院，2010年，摘要。

陈志强：《荷、美、澳三国高等教育外部质量保证体系的特点探析》，《比较教育研究》2012年第7期。

陈志伟：《德国全日制学校教育发展现状及启示》，《外国中小学教育》2016年5期。

程晗：《义务教育学校管理标准（试行）重点解读》，《人民教育》2014年第22期。

储朝晖：《迟迟不就位的第三方教育评价》，《光明日报》2016年1月26日。

储朝晖：《迟迟不就位的第三方教育评价》，《云南教育》（视界时政版）2016年第2期。

褚宏启、贾继娥：《教育治理与教育善治》，《中国教育学刊》2014年第12期。

褚宏启：《教育治理以共治求善治》，《教育研究》2014年第10期。

丁瑞常、刘强：《芬兰教育质量监测体系探析》，《比较教育研究》2014年第9期。

丁瑞常：《芬兰教育评价中心：社会第三方参与教育评价的新模式》，《比较教育研究》2017年第7期。

董琦：《德国PISA测试结果及其引发的反思》，《德国研究》2013年第1期。

范国睿：《教育制度变革的当下史：1978—2018——基于国家视野的教育政策与法律文本分析》，《华东师范大学学报》（教育科学版）2018年第5期。

方乐：《美国政府与高等教育认证机构之间关系的研究》，硕士学位论文，上海师范大学教育科学学院，2005年。

高兵等：《管办评分离的本质探析与实现路径》，《教育评论》2015年第3期。

广东省教育评估协会官网，见http：//www.gdjypg.org.cn。

郭爽：《澳大利亚教育督导制度特点对我国的启示》，《基础教育研究》2019年第19期。

国家教育督导团办公室：《当代中国教育督导——重要法规·经典文献》，人民教育出版社 2007 年版。

胡伶：《我国教育行政职能变革：趋势、难点和对策——透析上海浦东新区“管办评”分离与联动改革的实践》，《教育实践与研究》（中学版）2008 年第 11 期。

胡志强、胡文娟、陈学军：《中介组织参与高等教育评估：缘由、挑战与应对》，《高等理科教育》2016 年第 3 期。

黄华：《从半日制到全日制——德国中小学学制改革在争议中艰难前行》，《比较教育研究》2012 年第 10 期。

教育部关于印发《国家教育事业发展第十二个五年规划》的通知，2020 年 11 月 21 日，见 http：//www.moe.gov.cn/srcsite/A03/moe_1892/moe_630/201206/t20120614_139702.html。

孔静：《澳大利亚全国读写与计算能力评价项目研究》，硕士学位论文，东北师范大学教育学部，2019 年。

李新翠：《G20 国家教育研究丛书　澳大利亚基础教育》，同济大学出版社 2015 年版。

李新翠：《澳大利亚基础教育》，同济大学出版社 2015 年版。

李亚东：《构建“政府管、学校办、社会评”教育管理新格局——兼论我国教育行政管理体制的创新》，《辽宁教育研究》2007 年第 11 期。

李雁冰：《论教育评价专业化》，《教育研究》2013 年第 10 期。

李志涛：《PISA 测试推动下的德国教育政策改革：措施、经验、借鉴》，《外国中小学教育》2017 年第 6 期。

刘利民：《管办评分离是学校改革的新起点》，《中国教育学刊》2015 年第 12 期。

刘利民：《新形势下我国基础教育管办评分离思考》，《中国教育学刊》2015 年第 3 期。

罗紫初、洪璇：《现代文化市场体系中政府与市场的角色定位探析》，《出版科学》2015 年第 2 期。

慕彦瑾：《我国社会中介性教育评估组织的培育及发展研究——兼论我国社会中介性基础教育评估组织的建立》，硕士学位论文，西北师范大学教育学院，2005 年。

彭莉莉：《迈向能力取向的教育质量控制：德国国家教育标准的考察》，《教育发展研究》2012 年第 24 期。

彭正梅：《求取与反思：新世纪以来全球教育改革研究及中国教育传统的初步考察》，福建教育出版社 2015 年版。

钱一呈：《外国教育督导与评价制度研究》，中央广播电视大学出版社 2006 年版。

青岛市教育局：《关于公布教育评价第三方机构库入库机构名单的通知》，2018 年 11 月 12 日，见 http：//www.qdedu.gov.cn/n32561912/n32561915/181112114427582412.html。

青岛政务网：《关于公布教育评价第三方机构库入库机构名单的通知》，2018 年 11 月 12 日，见 http：//www.qingdao.gov.cn/n172/n24624151/n24625415/n24625429/n24625443/181112114427582412.html。

青岛政务网：《关于印发〈青岛市关于委托第三方机构开展教育评价办法（暂行）〉的通知》，2017 年 11 月 29 日，见 http：//www.qingdao.gov.cn/n172/n24624151/n24625415/n24625429/n24625443/171129154817788226.html。

人民网：《教育部副部长：管办评分离　强化国家教育督导》，2014 年 3 月 9 日，见 http：//lianghui.people.com.cn/2014npc/n/2014/0309/c376678-24580355.html。

上海教育：《本市试点用第三方机构对教育机构进行评价和质量监督》，2020 年 10 月 6 日，见 http：//www.shmec.gov.cn/web/xwzx/show_article.html？article_id=94761。

上海教育：《上海市教育评估院》，2018 年 7 月 6 日，见 http：//www.shmec.gov.cn/web/jyzt/zsdw/jyzt_show.php？id=4。

上海市教育评估院：《本院简介》，2020 年 10 月 7 日，见 http：//www.seei.edu.sh.cn/Default.aspx？tabid=161。

上海市教育评估院：《目前本市各区县教育评估机构总体情况》，2018 年 7 月 6 日，见 http：//www.seei.edu.sh.cn/Default.aspx？tabid=153&ctl=Details&mid=609&ItemID=942&SkinSrc=［L］Skins/jypgy_1fen/jypgy_1fen。

上海市教育评估院：《协会概况》，2020 年 11 月 7 日，见 http：//www.seeash.org.cn/xhgk。

深圳市教育局政策法规处：《市教育局“试水”义务教育满意度第三方调查：师生家长对教育高度认可》，2020 年 11 月 21 日，见 http：//www.sz.gov.cn/jyj/home/jyxw/jyxw/201504/t20150423_2861941.htm。

施建祥：《管办评分离体制下我国高等教育评估转型研究》，《上海教育评估研究》

2015 年第 2 期。

苏君阳、曹大宏：《试析健全统筹有力、权责明确的教育管理体制——基于〈国家中长期教育改革和发展规划纲要（2010—2020 年）〉的思考》，《中国教育学刊》2010 年第 10 期。

苏君阳：《教育督导学》，北京师范大学出版社 2012 年版。

孙菊红、董碧水：《浙江成立教育评估院》，《课堂内外·教研论坛》2013 年第 3 期。

汤贞敏：《广东教育评估发展报告》，广东高等教育出版社 2013 年版。

陶涛：《澳大利亚的学监制度及其启示》，《吉林教育》2008 年第 33 期。

田薇：《美国高等教育第三方评估研究》，硕士学位论文，河南师范大学教育科学学院，2018 年。

童其贵：《引入第三方机构参与教育质量综合评价的实践与思考——以武汉市江岸区为例》，《现代中小学教育》2016 年第 7 期。

王定华：《透视美国教育》，北京大学出版社 2012 年版。

王冀生：《大学文化的科学内涵》，《高等教育研究》2005 年第 10 期。

王建梁、郭万婷：《"专业化发展"理念下的澳大利亚教育智库建设——以澳大利亚教育研究委员会为例》，《高校教育管理》2014 年第 2 期。

王晶晶：《民间第三方教育评估机构公信力的构建》，《中国教育学刊》2016 年第 1 期。

王丽佳、卢乃桂：《教育问责的理论基础与实践模式：英、美、澳三国的考察》，《比较教育研究》2013 年第 1 期。

王璐、王琳琳：《香港特别行政区教育评估体系探析》，《比较教育研究》2016 年第 5 期。

王璐、王世赟、尤铮：《国际视野下第三方教育评价机构的规范、认证与行业自律行为研究》，《现代教育管理》2020 年第 5 期。

王璐、王世赟：《厘清"管、办、评"职责，构建政府、学校、社会新型教育治理关系》，《教育测量与评价》2018 年第 5 期。

王璐、王小栋：《英国第三方教育评估的发展与规范：基于英国独立学校督导团的研究》，《外国教育研究》2018 年第 2 期。

王璐、邹靖：《市场机制下第三方教育评估机构的发展：机遇、路径与挑战》，《教育测量与评价》2009 年第 9 期。

王璐：《教育督导与评价制度比较研究》，人民教育出版社 2018 年版。

王璐：《英国教育督导与评价》，山西教育出版社 1993 年版。

王梦洁：《英国教育大臣访问上海　欲借鉴数学教育经验》，《世界教育信息》2014 年第 7 期。

王宁、郄海霞：《日本短期大学第三方评价的经验与启示——以日本高等教育评价机构为例》，《中国职业技术教育》2016 年第 24 期。

温州市教育评估网：《评估院简介》，2020 年 10 月 6 日，见 http：//www.wzjypgy.com/showarticle-333.aspx。

伍玉松：《学校承担的义务教育第三方评估报告在京发布》，2020 年 10 月 9 日，见 http：//uzone.univs.cn/dispNews2.action? itemId=2008_748028。

香港特区考试及评核局：《2016 年全港性系统评估报》，2017 年 8 月 1 日，见 http：//www.bca.hkeaa.edu.hk/web/TSA/zh/2016tsaReport/priSubject_report_chi.html。

香港特区考试及评核局：《考评局委员会架构》，2017 年 7 月 29 日，见 http：//www.hkeaa.edu.hk/tc/about_hkeaa/governance/committees/。

香港特区考试及评核局：《香港考试及评核局：基本能力》，2015 年 5 月 22 日，见 http：//cd1.edb.hkedcity.net/cd/eap_web/bca/chi/BCA_c3.htm。

香港特区考试及评核局：《香港中学文凭校本评核分数调整机制》，2017 年 8 月 2 日，见 http：//www.hkeaa.edu.hk/DocLibrary/SBA/HKDSE/HKDSE-SBA-ModerationBooklet_r.pdf。

香港特区考试及评核局：《校本评核》，2017 年 8 月 1 日，见 http：//sc.hkeaa.edu.hk/TuniS/www.hkeaa.edu.hk/tc/sba/。

香港特区考试及评核局：《质素政策》，2017 年 8 月 5 日，见 http：//sc.hkeaa.edu.hk/TuniS/www.hkeaa.edu.hk/tc/our_services/Quality_Policy/。

香港特区政府教育局：《校外评核：学校资》，2015 年 5 月 13 日，见 http：//www.edb.gov.hk/attachment/sc/sch-admin/sch-quality-assurance/sda/esr/esr-info_for_sch_2014_sc.pdf。

香港特区政府教育局：《学校增值资料系》，2015 年 5 月 13 日，见 http：//www.

edb.gov.hk/attachment/sc/sch-admin/sch-quality-assurance/performanceindicators/2011%20sse%20tools%20chi.pdf。

向帮华、刘青、白宗颖：《教育 4.0 背景下第三方教育评估路径探究》，《教育探索》2017 年第 6 期。

肖国芳、杨银付：《管办评分离背景下高等教育第三方评估的价值意蕴、实践困境及突破路径》，《高校教育管理》2020 年第 5 期。

辛涛、赵茜：《基础教育质量监测评价体系的取向、结构与保障》，《国家教育行政学院学报》2020 年第 9 期。

熊建辉、俞可：《国际大规模教育评估的影响力——以 PISA，TIMSS 和 PIRLS 为例》，《人民教育》2014 年第 2 期。

严文法、张瑶、李彦花：《芬兰教育热的冷思考：基于 PISA 测验的分析》，《内蒙古师范大学学报》（教育科学版）2020 年第 1 期。

杨光富：《美国大学入学考试 SAT 改革述评》，《全球教育展望》2015 年第 1 期。

杨静：《初中学校第三方绩效评估方案初探》，硕士学位论文，宁波大学教师教育学院，2015 年。

杨晓江：《教育评估中介机构五年研究述评》，《高等教育研究》1999 年第 3 期。

尤铮：《何为一所优秀的美国中小学：对四大区域认证标准的比较分析》，《外国中小学教育》2019 年第 3 期。

余凯、杨烁：《第三方教育评估权威性和专业性的来源及其形成——来自美、英、法、日四国的经验》，《中国教育学刊》2017 年第 4 期。

张可创、李其龙：《德国基础教育》，广东教育出版社 2005 年版。

张民选、朱福建：《国际视野下的学生全球胜任力：现状、影响及培养策略——基于 PISA 2018 全球胜任力测评结果的分析》，《开放教育研究》2020 年第 6 期。

赵婀娜、吴月：《用好教育改革的指挥棒（专家解读〈深化新时代教育评价改革总体方案〉）》，《人民日报》2020 年 10 月 20 日。

郑令德、金同康、李亚东：《开创上海教育评估事业新局面——对上海市教育评估协会建设与发展的思考》，《中国高等教育评估》2005 年第 2 期。

钟君：《澳大利亚义务教育质量监测体系的建立及对我国教育质量监测的启示》，《考试研究》2014 年第 6 期。

周海霞：《德国主体中学消亡现象探析》，《全球教育展望》2018 年第 8 期。

周家荣、李慧勤：《教育管办评分离：实质基础、行动逻辑和体制障碍》，《高等教育研究》2016 年第 7 期。

周家荣：《基础教育质量监测的机制及体系构建》，《上海教育评估研究》2016 年第 5 期。

邹礼程、洪明：《美国基础教育第三方评价及其启示——以尼奇公司“美国最佳公立高中”排行为例》，《教育测量与评价》2019 年第 4 期。

## 二、外文文献

*Act on the Finnish Education Evaluation Centre* 2003 年，第 1995 条，2020 年 11 月 20 日，见 http：//karvi.fi/app/uploads/2016/05/ 3-Act-on-FINEEC.pdf。

*Act on the Finnish Education Evaluation Centre* 2013 年第 1295 条，2020 年 11 月 20 日，见 http：//karvi.fi/app/uploads/2016/05/3-Act-on-FINEEC.pdf。

*Assessing Learning-to-Learn：A framework*，2020 年 11 月 20 日，见 https：//researchportal.helsinki.fi/en/publications/assessing-learning-to-learn-a-framework。

*Assessing Learning-to-Learn：A framework*，2020 年 11 月 20 日，见 https：//researchportal.helsinki.fi/en/publications/assessing-learning-to-learn-a-framework。

*Assessment of education*，2020 年 11 月 20 日，见 https：//ktl.jyu.fi/en/research/assessment。

*Basic Education Act* 1998 年第 628 条。*Amendments up to I* 2004 年第 126 条。

*CEA today*，2020 年 11 月 20 日，见 https：//www.helsinki.fi/en/networks/centre-for-educational-assessment/history-the-story-of-cea。

*Enhancement-Led Evaluation At The Finnish Education Evaluation Centre*，2020 年 11 月 20 日，见 https：//karvi.fi/app/uploads/2020/04/KARVI_T1120.pdf。

*ERA*，2017 年 11 月 23 日，见 http：//www.aqa.org.uk/contact-us/secure-services/enhanced-results-analysis。

*Evaluating the state of the Finnish education system：Results of the Finnish education evaluation*，2020 年 11 月 20 日， 见 https：//karvi.fi/app/uploads/2019/10/KARVI_T1419.pdf。

*Finnish primary school pupils' performance in learning to learn assessments*：*A longitudinal perspective on educational equity*，2020 年 11 月 20 日，见 http：//urn.fi/URN：ISBN：978-951-51-0186-0。

*Government Decree on the Finnish Education Evaluation Centre*，2020 年 11 月 20 日，见 http：//karvi.fi/app/uploads/2016/05/3-Act-on-FINEEC.pdf。

*History-the story of CEA*，2020 年 11 月 20 日，见 https：//www.helsinki.fi/en/networks/centre-for-educational-assessment/history-the-story-of-cea。

*History of Finnish Institute for Educational Research*（*FIER*），2020 年 11 月 20 日，见 https：//peda.net/jyu/ktl/50en。

*Institut zur Qualitaetsentwicklung im Bildungswesen*，2018 年 11 月 1 日，见 https：//www.iqb.hu-berlin.de/institut。

*International and national centre for education research*，2020 年 11 月 20 日， 见 https：//ktl.jyu.fi/en/research。

*Introduction of Finnish Institute for Educational Research*，2020 年 11 月 20 日， 见 https：//ktl.jyu.fi/en/introduction。

*Key changes to qualifications regulation come into effect*，2016 年 5 月 22 日，见 https//www.gov.uk/government/news/key-changes-to-qualifications-regulation-come-into-effect。

*Learning outcomes evaluations*（*Pre-primary and basic education*），2020 年 11 月 20 日，见 http：//karvi.fi/en/pre-primary-and-basic-education/learning-outcomes-evaluations/。

*Learning outcomes evaluations*（*Vocational education*），2020 年 11 月 20 日， 见 http：//karvi.fi/en/publication/learners-with-immigrant-backgrounds-within-the-finnish-education-system/。

*Learning outcomes in Swedish language and literature in the final stage of basic education in 2019*，2020 年 11 月 20 日，见 https：//karvi.fi/app/uploads/2020/10/KARVI_1820.pdf。

*Main research areas and research teams*，2020 年 11 月 20 日，见 https：//ktl.jyu.fi/en/research。

*My Tenders PRO for Ofqual*，2017 年 11 月 15 日，见 https：//ofqual.mytenders.co.uk/PastTenders.aspx. 2017-11-15。

*National Plan For Education Evaluation 2016—2019*，2020 年 11 月 20 日，见 https：//karvi.fi/app/uploads/2016/06/National-Plan-for-Education-Evaluations-2016-2019.pdf。

*New national core curriculum for basic education：focus on school culture and integrative approach*，2020 年 11 月 20 日， 见 new-national-core-curriculum-for-basic-education.pdf（oph.fi）。

*New tools for assessing the quality*，2020 年 11 月 20 日，见 https：//www.helsinki.fi/en/networks/centre-for-educational-assessment/history-the-story-of-cea。

*Ofqual annual report for the period 1 April 2016 to 31 March 2017*，2017 年 12 月 25 日，见 https：//www.gov.uk/government/publications/ofqual-annual-report-for-the-period-1-april-2016-to-31-march-2017。

*Organization*，2020 年 11 月 20 日，见 https：//ktl.jyu.fi/en/introduction/organization。

*Procurement at Ofqual*，2017 年 11 月 2 日，见 https：//www.gov.uk/government/organisations/ofqual/about/procurement#types-of-eu-tender。

*Recognition application：guidance for the Criteria*，2017 年 11 月 15 日，见 https：//www.gov.uk/government/publications/application-for-recognition-supporting-information/recognition-application-guidance-for-the-criteria#criterion-c-resources-and-financing。

*Reforming Regulation of Vocational Qualifications*，2016 年 5 月 22 日，见 https//www.gov.uk/government/speeches/reforming-regulation-of-vocational -qualification。

*Research Funding*，2020 年 11 月 20 日， 见 https：//www.helsinki.fi/en/research/research-environment/research-funding。

*Results of national evaluation activities regarding the state of the education system2020*，2020 年 11 月 20 日，见 https：//karvi.fi/en/2020/11/03/results-of-the-finnish-education-evaluation-although-the-majority-enjoy-school-a-slight-increase-in-competence-differences-overshadows-equality/。

*Summary of Four National Assessments of Mathematics Learning in the 9th Grade of Basic Education，1998—2004*，2020 年 11 月 20 日，见 http：//www.oph.fi/download/4769

7_4_matikkaa_englanniksi.pdf。

*Teaching results in Finnish*，*Grade 6-Results from an evaluation conducted in spring 2018*，2020 年 11 月 20 日，见 https://karvi.fi/app/uploads/2019/04/Abstract_0619.pdf。

*Ten things you didn't know about OCR examining*，2017 年 12 月 7 日，见 http://ocr.org.uk/Images/302849-ten-things-you-didn-t-know-about-ocr-examining.pdf。

*The aims of the research group and the trial test in Helsinki*，2020 年 11 月 20 日，见 https://www.helsinki.fi/en/networks/centre-for-educational-assessment/history-the-story-of-cea。

*The board of Finnish Institute for Educational Research*，2020 年 11 月 20 日，见 https://ktl.jyu.fi/en/introduction/board。

*The Borad and The University collegium*，2020 年 11 月 20 日，见 https://www.helsinki.fi/en/ihmiset-0/the-board-the-university-collegium。

*The challenge for equity and excellence in bilingual Finland*：*evidence for future successful action*，2020 年 11 月 20 日，见 https://jyx.jyu.fi/bitstream/handle/123456789/60240/978-951-39-7535-7_PISA_verkkoon.pdf? sequence=1&isAllowed=y.pdf。

*Who is to produce and who is to choose*?，2017 年 11 月 22 日，见 http://www.cfee.org.uk/sites/default/files/Who%27s%20to%20produce%20who%27s%20to%20choose_web%20ready.pdf。

Finnish Education Evaluation Centre：*FINEEC Rules of procedure*，2020 年 11 月 20 日，见 http://karvi.fi/app/uploads/2016/05/7-FINEEC-Rules-of-Procedure.pdf。

ACARA：*Annual report 2019—2020*，2020 年 10 月，见 https://acara.edu.au/docs/default-source/corporate-publications/acara-annual-report-2019-20-lr.pdf。

ACARA：*Assessment and reporting*：*improving student performance*，2017 年 8 月 13 日，见 http://www.acara.edu.au/myschool/moreinformation.html。

ACARA：*Enterprise Agreement 2017*，2017 年 11 月 2 日，见 http://www.acara.edu.au/docs/default-source/corporate-publications/acara-enterprise-agreement-2017-（fwc-approved）-（1）.pdf。

ACARA：*Measurement Framework for Schooling in Australia 2015*，2015 年，见

https：//www.acara.edu.au/docs/default-source/default-document-library/measurement-framework-for-schooling-in-australia-2015_may-2019.pdf? sfvrsn=176a7107_2。

ACARA：*National Assessment Program—Literacy and Numeracy*（*NAPLAN*），2014 年，见 http：//www.nap.edu.au/naplan/naplan.html。

ACER：*School Tests*，2017 年 6 月 13 日，见 http：//www.acer.edu.au/tests/school/。

ACER：*ACER 2018—2019 Annual Report*，2020 年 11 月 8 日，见 https：//research.acer.edu.au/cgi/viewcontent.cgi? article=1022&context=ar。

ACER：*Financial Report 2019*，2020 年 11 月 8 日，见 https：//acncpubfilesprodstorage.blob.core.windows.net/public/45222177-39af-e811-a95e-000d3ad24c60-2c87ba71-a1e7-4bb6-9a25-4b7320c6f6c1-Financial%20Report-b86f6ddc-d305-ea11-a811-000d3ad1caaa-Audited_Accounts_Signed_01_10_2019_reduced_size.pdf。

ACER：*History*，2017 年 6 月 15 日，见 https：//www.acer.org/au/about-us/corporate-profile/history。

ACER：*Organizational Chart*，2017 年 10 月 15 日，见 https：//www.acer.org/about-us/organisational-chart。

ACER：*School Tests*，2017 年 6 月 13 日，见 http：//www.acer.edu.au/tests/school/。

AQA：*CERP Researchers*，2017 年 11 月 23 日，见 https：//cerp.aqa.org.uk/researchers。

AQA：*CERP*，2017 年 12 月 25 日，见 https：//cerp.aqa.org.uk/about-cerp。

Bayerisches Staatsministerium fuer Unterricht und Kultus：*2019 Qualitaetssichterung*，2019 年 5 月 18 日，见 https：//www.km.bayern.de/lehrer/qualitaetssicherung-und-schulentwicklung/qualitaetssicherung.html。

Bayerisches Staatsministerium fuer Unterricht und Kultus：2010 *Externe Evaluation an Bayerns Schulen*，2019 年 4 月 22 日，见 https：//www.isb.bayern.de/download/12817/externe_evaluation_2010_online.pdf。

BEAR：*About BEAR*，2020 年 10 月 12 日，见 https：//bearcenter.berkeley.edu/page/about-bear。

Bildungsforschung und Bildungsinformation.BERLIN-Studie：*Zentrale Ergebnisse der wissenschaftlichen Begleitstudie zur Berliner SchulstrukturreformZusammenfassung für die Presse*，2018 年 11 月 24 日，见 www.dipf.de/de/forschung/projekte/berlin-studie。

British Educational Suppliers Association：*Key UK education statistics*，2019 年 11 月 21 日，见 https：//www.besa.org.uk/key-uk-education-statistics/。

CERP：*Assessment Design*，2017 年 11 月 22 日，见 https：//cerp.aqa.org.uk/research-themes/assessment-design。

CFEE：*Who is to produce and who is to choose*？，2017 年 11 月 22 日，见 http：//www.cfee.org.uk/sites/default/files/Who%27s%20to%20produce%20who%27s%20to%20choose_web%20ready.pdf。

D. Turner，"An analysis of Independent Schools Inspectorate reports to assess the state of school libraries in the independent secondary school sector in England and Wales"，Library Management，Vol.27，No. 4/5（2006），pp.279-286.

Der Senat von Berlin BildJugSport：2005 *ueber Ein Leitbild fuer die offene Ganztagsgrundschule*，2019 年 6 月 18 日，见 https：//www.berlin.de/sen/bildung/schule/ganztaegiges-lernen/ganztagsschulen/。

Eduardo Andere M，Teachers' Perspectives on Finnish School Education Creating Learning Environments. Springer International Publishing，2014，p. 88.

Educational Testing Service："The Origins of Educational Testing Service"，Princeton，NJ：ETS，1992. p.6.

Elaine El-Khawas，"External Scrutiny，US style"，in Tony Becher：Governments and Professional Education，Society for Research into HE and Open University Press，1944，pp.62-68.

ETS：*ETS Products & Services*，2020 年 10 月 15 日， 见 https：//www.ets.org/products/？ WT.ac=products_testproducts_alpha_38990_URLoverwrite_180130。

External Review of the Finnish Education Evaluation Centre：*Self-assessment Report*，2020 年 11 月 20 日， 见 http：//karvi.fi/app/uploads/2016/05/FINEEC-Self-Assessment-Report.pdf。

Finnish Education Evaluation Centre：*FINEEC Rules of procedure*，2020 年 11 月 20 日，

见 http：//karvi.fi/app/uploads/2016/05/7-FINEEC-Rules-of-Procedure.pdf。

Finnish Education Evaluation Centre：*FINEEC Rules of procedure*，2020 年 11 月 20 日，见 http：//karvi.fi/app/uploads/2016/05/7-FINEEC-Rules-of-Procedure.pdf。

Finnish National Board of Education：*Tasks and Service*，2020 年 11 月 20 日，见 http：//www.oph.fi/english/about_us/tasks_and_services。

Department for Education：*Approval of lndependent Inspectorates of lndependent Schools*，2014 年 8 月 12 日，见 https：//www.gov.uk/government/uploads/system/uploads/attachment_data/file/343345/Independent_inspectorates_departmental_advice.pdf。

GOV.UK：*Ofsted' s new inspection arrangements to focus on curriculum，behaviour and development*，2019 年 5 月 14 日，见 https：//www.gov.uk/government/news/ofsteds-new-inspection-arrangements-to-focus-on-curriculum-behaviour-and-development。

Heikki K. Lyytinen：*The History of Education Evaluation in Finland*，2020年11月19日，见 http：//www.ekk.edu.ee/vvfiles/0/lyytinen.pdf。

ICSEA：*About My school*，2017 年 11 月 2 日，见 http：//docs.acara.edu.au/resources/Information_Sheet_Simplified_Chine.pdf。

Independent School Inspectorate：*Guide to International Inspections*，2017年4月15日，见 http：//www.isi.net/schools/international-schools/guide-to-international-inspections。

Independent School Inspectorate：*Handbook for the Inspection of Schools Inspection Framework*，2016 年月 14 日，见 http：//www.isi.net/site/downloads/HandbookInspectionFramework201609.pdf。

Insititut zur Qualitaetsentwicklung im Bildungswesen：*2018 IQB-Bildungstrend Bericht*，2019 年 11 月 27 日，见 https：//box.hu-berlin.de/f/b63eb63a2e9941afa852/？dl=1。

Insititut zur Qualitaetsentwicklung im Bildungswesen：*IQB-Bildungstrend. Beispielaufgaben*，2019 年 11 月 20 日，见 https：//www.iqb.hu-berlin.de/bt/BT2018/Beispielaufgaben。

Insititut zur Qualitaetsentwicklung im Bildungswesen：2018 *IQB-Bildungstrend-2018. Bericht*，2019 年 11 月 25 日，见 https：//box.hu-berlin.de/f/b63eb63a2e9941afa852/？dl=1。

Institut fuer Schuqualitaet der Laender Berlin und Brandenburg：*2016 ISQ-Bericht zur*

*Schulqualitaet*，2018 年 11 月 25 日，见 https：//www.isq-bb.de/wordpress/wp-content/uploads/2017/03/ISQ_Bericht_Schulqualitaet_2016.pdf。

Institut fuer Schuqualitaet der Laender Berlin und Brandenburg：*2016 ISQ-Bericht zur Schulqualitaet*，2018 年 11 月 3 日，见 https：//www.isq-bb.de/wordpress/wp-content/uploads/2017/03/ISQ_Bericht_Schulqualitaet_2016.pdf。

Institut fuer Schuqualitaet der Laender Berlin und Brandenburg：*2016 ISQ-Bericht zur Schulqualitaet*，2018 年 11 月 27 日，见 https：//www.isq-bb.de/wordpress/wp-content/uploads/2017/03/ISQ_Bericht_Schulqualitaet_2016.pdf。

Institut für Schuqualität der Länder Berlin und Brandenburg：*Ueber uns*，2020 年 9 月 26 日，见 https：//www.isq-bb.de/wordpress/das_isq/。

Institut zur Qualitaetentwicklung im Bildungswesen：*2018 IQB-Bildungstrend 2016*，2019 年 5 月 14 日，见 https：//www.iqb.hu-berlin.de/bt/BT2016/Bericht/BT2016_Bericht.pdf。

Institut zur Qualitaetsentwicklung im Bildungswesen，2018 年 11 月 9 日，见 https：//www.iqb.hu-berlin.de/vera。

IQB：*Ueber das IQB Organisation*，2020 年 9 月 26 日，见 https：//www.iqb.hu-berlin.de/institut/about。

IQB：*Bildungsstandards.Kompetenzstufenmodelle.MSA.Sprachgebrauch*，2020 年 1 月 12 日，见 https：//www.iqb.hu-berlin.de/bista/ksm。

Janison Education Group Limited：*Acquisition of UNSW Global Educational Assessments*，2020 年 5 月 19 日，见 https：//content.janison.com/hubfs/05.%20Investor%20Relations/01.%20Financial%20Documents/01.%20Presentations/unsw-global-educational-assessments-acquisition-presentation_janison-education-group.pdf。

Janison Education Group Limited：*Acquisition of UNSW Global Educational Assessments*，2020 年 5 月 19 日，见 https：//content.janison.com/hubfs/05.%20Investor%20Relations/01.%20Financial%20Documents/01.%20Presentations/unsw-global-educational-assessments-acquisition-presentation_janison-education-group.pdf。

K. Maurice，Kogan & M. Margaret. “An Evaluation of evaluators：the Ofsted system of school inspection", in C. Cedric (ed.) An Inspector Calls, London: Kogan Page Limited, 1999, p.16.

KMK: *2003 Bildungsstandards im Fach Deutsch fuer den Mittleren Schuabschuluss*, 2019 年 10 月 5 日，见 https://www.kmk.org/fileadmin/Dateien/veroeffentlichungen_beschluesse/2003/2003_12_04-BS-Deutsch-MS.pdf。

KMK: *2019 Bildungsmonitoring. Verfahren zur Qualitätssicherung auf Schulebene*, 2019 年 1 月 6 日，见 https://www.kmk.org/themen/qualitaetssicherung-in-schulen/bildungsmonitoring/verfahren-zur-qualitaetssicherung-auf-schulebene.html。

Kuhn, Hans-Jürgen, Anspruch, "Wirklichkeit und Perspektiven der Gesamtstrategie der KMK zum Bildungsmonitoring/Claim, Reality and Perspectives of the Overall Strategy of the KMK", Die Deutsche Schule; Münster Vol. 106, Iss. 4, (April 2014) pp.414-426.

Kultusminister Konferenz 2015: *Gesamtstrategie der Kultusministerkonferenz zum Bildungsmonitoring*, 2015 年 6 月 11 日，见 https://www.kmk.org/fileadmin/Dateien/veroeffentlichungen_beschluesse/2015/2015_06_11-Gesamtstrategie-Bildungsmonitoring.pdf。

Kultusminister Konferenz: *2012 Bildungsstandards der Kultusministerkonferenz*, 2019 年 5 月 22 日，见 https://www.isq-bb.de/wordpress/wpcontent/uploads/2017/03/ISQ_Bericht_Schulqualitaet_2016.pdf.https://www.kmk.org/themen/qualitaetssicherung-in-schulen/bildungsstandards.html。

Landesinstitut für Schulentwicklung (LS): *ergleichsarbeiten VERA8. Nutzung der Ergebniss im Rahmender Qualitaetsicherung inSchulen*, 2019 年 12 月 7 日，见 https://www.lsbw.de/site/pbsbwnew/get/documents/KULTUS.Dachmandant/KULTUS/Dienststellen/ls-bw/Lernstandserhebungen/dokumente/vera8docs/v8_Handreichung_Nutzung_Ergebnisse.pdf。

Landesinstitut für Schulentwicklung (LS): *ergleichsarbeiten VERA8. Nutzung der Ergebniss im Rahmender Qualitaetsicherung inSchulen*, 2019 年 12 月 7 日，见 https://www.lsbw.de/site/pbsbwnew/get/documents/KULTUS.Dachmandant/KULTUS/Dienststellen/ls-bw/Lernstandserhebungen/dokumente/vera8docs/v8_Handreichung_Nutzung_Ergebnisse.pdf。

legislation.gov.uk/ukpga/2008/25/pdfs/ukpga_20080025_en.pdf。

Ministry of Education，Quality Criteria for Basic Education，Helsinki：Ministry of Education Press，2009，pp.28-35.

National Assessment of Educational Progress：*About Us*，2020 年 12 月 13 日， 见 https：//nces.ed.gov/nationsreportcard/contracts/history.aspx。

National Board of Education，A Framework for Evaluating Educational Outcomes in Finland，National Board of Education，1999，pp.24-25.

National Board of Education：*A Framework for Evaluating Educational Outcomes in Finland*，National Board of Education：1999，p.29.

nnuSimola，RistoRinne，JanneVarjo，Han—nelePitkanen & JaakkoKauko. "Quality Assurance and Evalu—ation (QAE) in Finnish Compulsory Schooling-a National Model or just unintended Effects of Radical Decentralisation"，Journal of Education Policy，(April，2009)，p.166，170-171，173.

OECD：*PISA Participants*，2020 年 5 月 4 日， 见 http：//www.oecd.org/pisa/about pisa/pisa-participants.htm。

Ofqual：*Regulatory framework for national assessment*，2017 年 11 月 15 日， 见 https：//www.gov.uk/government/publications/regulatory-framework-for-national-assessments。

Ofqual：*About us*，2017 年 11 月 6 日， 见 https：//www.gov.uk/government/organi sations/ofqual/about。

Ofqual：*about*，2017 年 11 月 7 日，见 https：//www.gov.uk/government/organisations/ofqual/about。

OFSTED：Framework for Inspecting Schools 2003，London：Ofsted，p.5.

Ofsted：*Education inspection framework*，2019 年 9 月 2 日， 见 https：//assets.publi-shing.service.gov.uk/government/uploads/system/uploads/attachment_data/file/801429/Education_inspection_framework.pdf。

Ofsted：*School inspection handbook*，2019 年 11 月， 见 https：//assets.publishing.service.gov.uk/government/uploads/system/uploads/attachment_data/file/843108/School_inspection_handbook_-_section_5.pdf。

Pearson Edexcel：*Result Plus*，2017 年 12 月 28 日，见 https：//qualifications.pearson.

com/en/support/Services/ResultsPlus.html。

Pearson：*Grade enquiries and appeals in 2015 Pearson marked*，2015 年，见 https：//qualifications.pearson.com/content/dam/pdf/Support/Quality%20Assurance/EAR-Infographic.pdf。

Richard J. "Shavelson：A Brief History of Student Learning Assessmen"，Association of American Colleges and Universities，2007. p.12.

Sälzer，C. & Reiss，K. "PISA 2015. Eine Studie zwischen Kontinuität und Innovation"，Münster：Waxmann. 2016，pp. 13-44.

SCALE：*About Scale*，2020 年 10 月 12 日，见 https：//scale.stanford.edu/about。

Schipolowski，S.，Haag，N. & Böhme，K. "Anlage und Durchführung." in IQB-Bildungstrend 2015. Sprachliche Kompetenzen am Ende der 9. Jahrgangsstufe im zweiten Ländervergleich，P. Stanat，K. Böhme，S. Schipolowski & N. Haag（Hrsg.），Münster：Waxmann. 2016，pp. 95-119.

Senatsverwaltung fuer Bildung，Jugend und Familie：*Schulische Intergration*，2019 年 6 月 10 日，见 https：//www.berlin.de/sen/bjf/fluechtlinge/schulische-integration/。

Siegle，T.，Schroeders，U. & Roppelt，A. "Anlage und Durchführung des Ländervergleichs"，Münster：Waxmann. 2013，pp.101-122.

The Programme for International Student Assessment，*Message form Pisa 2000*，Paris：Organisation for Economic Cooperation and Development，2004，p.9.

UNSW Global：*Educational assessments*，2018 年 10 月 31 日， 见 https：//unswglobal.unsw.edu.au/educational-assessments/。

W. Brain，& G. John，Inspecting Schools，holding schools to account and helping schools to improve，Buckingham：Open University Press，2996，p.125.

W. Christopher，& G. John（eds.）. Philosophy of Education，The Key Concept（Second Edition），London：Routledge，2008，p.103.

# 附录　第三方教育评价机构访谈提纲

姓名：________ 职位：________ 工作部门：________

访谈时间：______________

第三方教育评价机构的成立时间，第三方评价机构的建立动因。

第三方教育评价机构的人员构成（专业背景、培训、资质）。

第三方教育评价机构的资质获取途径。

第三方教育评价机构的工作内容和职能（对学校、教师、学生进行评价）。

第三方评价机构采用的评价标准是如何制定的？

第三方评价机构采取的评价方法是什么？

第三方评价机构的评价结果是否公布？

您认为第三方评价机构存在哪些优势？

您认为第三方评价机构面临哪些问题和挑战？

第三方教育评价机构的评价工作与政府教育督导部门的评价工作的区别。

第三方教育评价机构与政府教育督导部门的关系，是否合作？如何合作？

您认为第三方评价机构的评价结果对促进学校改进有哪些意义？实现哪些价值？

# 后　记

本专著是在全国教育科学规划项目“管办评分离下社会第三方参与教育评价的机制与模式比较研究”（项目批准号：BDA150022）的研究基础上形成的最终成果，项目由北京师范大学国际与比较教育研究院承担，在本研究院和兄弟院校同仁的共同努力下合作完成。

全书各章的分工如下：第一章：王璐、尤铮；第二章：唐一鹏、尤陆颖；第三章：王世赟；第四章：刘云华、石玥；第五章：丁瑞常，龚杰，周书颖；第六章：邱武霞、罗媛、李欣蕾；第七章：王文静、王璐、邹靖；第八章：王琳琳；第九章：尤铮、王璐；全书由王璐总体负责。

因水平所限，书中错误在所难免，敬请学界同仁批评指正。

作　者

2022 年 12 月